Die Abschreckungswirkung der Todesstrafe

Eine qualitative Metaanalyse

Inauguraldissertation
zur Erlangung der Doktorwürde
der Juristischen Fakultät der Ruprecht-Karls-Universität Heidelberg

vorgelegt von

Christian Tobias Folter
Rechtsanwalt aus Frankfurt am Main

2014

Berichterstatter: Prof. Dr. Dieter Dölling
                      Prof. Dr. Dieter Hermann

D1726955

Dr. Christian Tobias Folter

Geburtsdatum: 16. Mai 1984
Geburtsort: Karlsruhe
Nationalität: Deutscher

Schulbildung	August 1994 bis Juli 2003	Goethe-Gymnasium Gaggenau
	Juli 2003	Abitur (Leistungskurse: Mathematik und Chemie), Durchschnittsnote: 1,0
Wehrdienst	Juli 2003 bis April 2004	Grundwehrdienst in der 4. Kompanie des Lazarettregiments 41, Horb am Neckar
Studium	Oktober 2004 bis Januar 2009	Studium der Rechtswissenschaft an der Ruprecht-Karls-Universität Heidelberg, Spezialisierung: Kriminalwissenschaften
	Januar 2009	Erste juristische Prüfung, Gesamtnote: 9,56 Punkte (vollbefriedigend)
Promotion	Februar 2009 bis Februar 2014	Thema: *Die Abschreckungswirkung der Todesstrafe – Eine qualitative Metaanalyse*, Betreuer: Prof. Dr. Dieter Dölling, Institut für Kriminologie der Universität Heidelberg
Referendariat	Oktober 2010 bis Oktober 2012	Referendariat im Oberlandesgerichtsbezirk Karlsruhe, Landgerichtsbezirk Konstanz
	Oktober 2012	Zweite juristische Staatsprüfung, Gesamtnote: 10,39 Punkte (vollbefriedigend)
Berufserfahrung	Oktober 2008 bis Januar 2009	Wissenschaftliche Mitarbeit bei *White & Case LLP*, Standort Frankfurt, Rechtsbereich Wirtschaftsstrafrecht
	Februar 2009 bis Juli 2010	Wissenschaftliche Mitarbeit bei *Clifford Chance LLP*, Standort Frankfurt, Rechtsbereich Corporate
Berufstätigkeit	Seit Februar 2013	Rechtsanwalt *bei Hengeler Mueller Partnerschaft von Rechtsanwälten mbB*, Standort Frankfurt, Rechtsbereich Litigation
Publikation	März 2009	*Auslegung der Merkmale «Aufenthalt» und «Wohnsitz» des Tatbestands über fakultative Vollstreckungshindernisse im Rahmenbeschluss über den Europäischen Haftbefehl*, European Law Reporter ELR, März 2009 n° 3, S. 112-115
Sprachkenntnisse	Deutsch:	Muttersprache
	Englisch:	Verhandlungssicher
	Französisch:	Grundkenntnisse
	Latein:	Großes Latinum
Engagement	Seit Juli 2006	Fußballclub Obertsrot e. V.

Christian Tobias Folter

Die Abschreckungswirkung der Todesstrafe

Kriminalwissenschaftliche Schriften

herausgegeben von

Prof. Dr. Heinz Schöch (Universität München)
Prof. Dr. Dieter Dölling (Universität Heidelberg)
Prof. Dr. Bernd-Dieter Meier (Universität Hannover)
und Prof. Dr. Torsten Verrel (Universität Bonn)

Band 42

LIT

Christian Tobias Folter

Die Abschreckungswirkung der Todesstrafe

Eine qualitative Metaanalyse

LIT

Gedruckt auf alterungsbeständigem Werkdruckpapier entsprechend
ANSI Z3948 DIN ISO 9706

Bibliografische Information der Deutschen Nationalbibliothek
Die Deutsche Nationalbibliothek verzeichnet diese Publikation in der
Deutschen Nationalbibliografie; detaillierte bibliografische Daten sind
im Internet über http://dnb.d-nb.de abrufbar.

ISBN 978-3-643-12567-5
Zugl.: Heidelberg, Univ., Diss., 2013

© LIT VERLAG Dr. W. Hopf Berlin 2014
Verlagskontakt:
Fresnostr. 2 D-48159 Münster
Tel. +49 (0) 2 51-62 03 20 Fax +49 (0) 2 51-23 19 72
E-Mail: lit@lit-verlag.de http://www.lit-verlag.de

Auslieferung:
Deutschland: LIT Verlag Fresnostr. 2, D-48159 Münster
Tel. +49 (0) 2 51-620 32 22, Fax +49 (0) 2 51-922 60 99, E-Mail: vertrieb@lit-verlag.de
Österreich: Medienlogistik Pichler-ÖBZ, E-Mail: mlo@medien-logistik.at
E-Books sind erhältlich unter www.litwebshop.de

Meinen Eltern

Inhaltsverzeichnis

Erster Teil: Einführung

>>I have inquired for most of my adult life about studies
that might show that the death penalty is a deterrent, and
I have not seen any research that would substantiate that
point.<<

Janet Reno, *78. United States Attorney General*, am 20. Januar 2000

Untrennbar wie kaum eine andere Art der Sanktion ist die Todesstrafe verbunden mit der Diskussion um ihre Abschreckungswirkung. Einesteils
wird angenommen, dass die Todesstrafe potentielle Täter von einer Tatbegehung abschreckt, ebenso wird ihr ein solcher generalpräventiver Effekt
von anderer Seite abgesprochen. Gespalten wie Philosophie und Moralthe-
ologie in der Frage um diese Art der Strafe, kommt auch die sozialwissen-
schaftliche Forschung zu keinem einmütigen Ergebnis. Die vorliegende
Arbeit fokussiert im Wege einer Metaanalyse auf die theoretische und empirische Debatte um die negative generalpräventive Wirkung der Todesstrafe in einer bis dato nicht berücksichtigten Art und Weise. Im ersten Teil
sollen aufbauend auf einer knappen Einführung in den Themenbereich der
Todesstrafe der Gesamtkontext und das Forschungsprojekt, dem diese Metaanalyse entstammt, sowie das Vorgehen erläutert und im Zuge dessen der
Fortschritt, den sich der Autor von der Analyse verspricht, vermittelt werden.

1. Themenbereich Todesstrafe

Todesstrafe ist die Tötung eines Menschen als staatliche Reaktion auf die
Verwirklichung einer Straftat, derer er für schuldig befunden wurde. Wie
alle Arten von Strafen setzt die Todesstrafe Gesetze voraus, die Straftatbestände definieren, für die Hinrichtungen vorgesehen sind; Mord ist das am

häufigsten mit der Todesstrafe geahndete Delikt, nicht jedoch das einzige.[1] Die Vollstreckungspraktiken sind vielseitig. Der Exekution geht in der Regel ein Todesurteil durch einen Spruchkörper nach einem gerichtlichen Verfahren voran, das in die Vollstreckung der Todesstrafe mündet; die richterliche Gewalt wird an Instanzen delegiert, die nach einem weitgehend gleichen, geregelten Verfahren richten.[2]

1.1 Kultur- und rechtshistorische Entwicklung der Todesstrafe

Die Todesstrafe ist möglicherweise so alt wie das Strafrecht selbst.[3] Sie gehört nach dem Kenntnisstand über die Frühgeschichte des Rechts zum Urbestand der Strafvorstellungen, indem sie als natürliche Reaktion auf schweres Unrecht, etwa die Tötung eines Sippenmitglieds, erscheint. Die Todesstrafe ist „klassischer Ausdruck des Talionsgedankens".[4] In frühe Zeiten zurückreichend etabliert sie sich erst mit der Ausbildung entsprechender Herrschaftsverbände als von der Obrigkeit verhängte Sanktion für begangenes Unrecht im Sinn einer Normübertretung; zuvor trug sie häufig noch den Charakter einer nicht nur symbolischen Ausstoßung aus der jeweiligen Gemeinschaft.[5]

Nahezu alle Strafrechtskodifikationen der Menschheitsgeschichte bis weit in die Gegenwart hinein sehen die Todesstrafe vor: vom *Codex Hammurabi* (um 1750 vor Christus) über das römische und germanische Recht (*Corpus Iuris Civilis, Schwaben-* und *Sachsenspiegel*) bis hin zur *Constitutio Criminalis Carolina* (1532), die einen Höhepunkt in der Entwicklung zu-

---

[1] Folgende Aufstellung von Bojčević (2007, S. 17) gibt – ohne Anspruch auf Vollständigkeit – einen Überblick über Tatbestände, für die in den letzten Jahren Todesurteile verhängt oder sogar vollstreckt wurden: Besitz von Cannabis (Brunei Darussalam), Steuerhinterziehung und Zuhälterei (Volksrepublik China), Vergewaltigung und Ehebruch (Iran), Entführung eines Fährschiffs (Kuba), Drogenhandel (Malaysia), außerehelicher Geschlechtsverkehr (Nigeria), Blasphemie (Pakistan), versuchte Vergewaltigung (Saudi-Arabien), bewaffneter Raubüberfall (Sudan), versuchter Cannabisschmuggel (Vereinigte Arabische Emirate), Betrug (Vietnam).
[2] Bondolfi (1996, Sp. 901).
[3] Schroeder (2001, S. 145).
[4] Rüping/Jerouschek (2007, S. 82).
[5] Dreier, in: Dreier (2008, Art. 102 Rn. 1).

nehmender Ausdehnung der Todesstrafe im Mittelalter markiert.[6] Die Todesstrafe erscheint später in den naturrechtlichen Kodifikationen des *Allgemeinen Landrechts für die preußischen Staaten* von 1794 und des *Code
Penal* von 1810 bis hin zu einschlägigen Straf- und Verfassungsgesetzen
des 19. und 20. Jahrhunderts.

Im abendländischen Altertum und Mittelalter war die Todesstrafe das am
meisten verbreitete Strafmittel, sie war Sanktion auch für vergleichsweise
leichte Delikte sowie für schwere Verbrechen in vielfältig variierter (heute
als grausam empfundener) Form. Die Differenzierung strafrechtlicher
Sanktionen fand in weitem Umfang innerhalb der einen Sanktion der Todesstrafe statt, so, wie man heute mit der zeitlichen Freiheitsstrafe gewissermaßen eine der Tat möglichst präzise entsprechende Sanktion zu ver-
hängen sucht.[7]

Ein Wandel des Strafsystems bahnte sich zur Mitte des 16. Jahrhunderts
an, als unter dem Eindruck von massenhafter Bettelei wie Landstreicherei
der Bau von Besserungsanstalten begann.[8] In Anlehnung an die ursprünglich als Einrichtungen der Armenpflege gedachten *„Houses of Correction"*
in London und anderen Städten Englands entwickelten sich – beginnend
mit dem in Amsterdam im Jahr 1595 errichteten ersten Zuchthaus auf dem
Kontinent – Strafanstalten, besonders für Diebe, denen bei Besserungsfä-
higkeit durch den Einsatz von Erziehungsmitteln die Todesstrafe erspart
werden sollte. Das System einer einigermaßen planmäßig gelenkten Freiheitsstrafe verbreitete sich zunehmend über die ganze damalige Kulturwelt,
woraus sich – wenn auch nur allmählich – eine Einschränkung der Todesstrafe ergab.

Erst mit der Blütezeit der Aufklärung im 18. Jahrhundert entfaltete sich eine wirksame humanistische Programmatik gegen die Todesstrafe. Es

---

[6] Loos (2005, Sp. 451) führt die extensive Anwendung der Todesstrafe zu dieser Zeit auf
mangelnde Sanktionsalternativen zurück, zumal sich das Konzept der Freiheitsstrafe noch
nicht entwickelt oder gar durchgesetzt gehabt habe; Ähnliches gilt gemäß Krause (2004,
S. 20 ff., 73 ff.) für die Antike.
[7] Vgl. Leder (1980, S. 276, 203 ff.); vgl. auch Büchert (1956, S. 9 ff.).
[8] Vgl. hierzu Büchert (1956, S. 11); vgl. auch Rüping/Jerouschek (2007, S. 94 ff.).

4

zeichnete sich eine Eindämmung ihrer inflationären Anwendung durch die weitgehende Beschränkung des Kreises der Kapitalverbrechen auf Tötungsdelikte ab, wie sich auch die Zahl und Art der qualifizierten Vollzugsformen verminderte. Bedeutendster Motor der Opposition war der Mailänder Strafrechtler Cesare Beccaria mit seiner 1764 veröffentlichten epochemachenden Schrift *„Dei delitti e delle pene"*,[9] der die Todesstrafe wegen ihres angeblichen Widerspruchs zu gesellschaftsvertragstheoretischen Prämissen ablehnte und durch (exzessive) Zwangsarbeit ersetzen wollte. Gleichwohl war diese Haltung auch unter den Vertretern der modernen europäischen Aufklärung eher die Ausnahme: John Locke, Montesquieu und Jean-Jacques Rousseau waren allesamt Verfechter der Todesstrafe. Immanuel Kant, der begründete: „Hat er aber gemordet, so muß er sterben",[10] wie später auch Georg Wilhelm Friedrich Hegel und Arthur Schopenhauer nahmen direkten Bezug auf Beccarias Werk, und zwar mit zum Teil scharfer Ablehnung; den ersteren beiden geboten ihre am Vergeltungsgedanken orientierten absoluten Straftheorien jedenfalls die Aufrechterhaltung der Todesstrafe für Kapitalverbrechen.[11]

Die mit der Philosophie der Aufklärungsepoche aufkommende Tendenz zur Abschaffung beziehungsweise Einschränkung der Todesstrafe spiegelt sich auch in der Gesetzgebung wider.[12] Zwar kennt eine dauerhafte ausnahmslose Abschaffung erst das 20. Jahrhundert, verschiedene Anläufe in diese Richtung wurden jedoch bereits vorher unternommen – wenn auch zumeist zeitnah revoziert. Die ersten Schritte zur Einstellung der Todesstrafe im ausgehenden 18. Jahrhundert blieben oft noch tastende Versuche. Weder die Abschaffung in der Toskana durch Großherzog Leopold 1786

---

[9] Zu Beccarias – von der katholischen Kirche 1766 auf den *Index librorum prohibitorum* gesetztem – Werk vgl. statt vieler Deimling (1989, S. 11 ff.).
[10] Zitiert bei Dreier, in: Dreier (2008, Art. 102 Rn. 11, Fn. 23).
[11] Zu einem knappen Überblick über klassische Originaltexte von Platon bis Camus vgl. Pieper (2003); zur Debatte im 19. Jahrhundert vgl. Martschukat (2000, S. 207 ff.) mit dem Hinweis darauf, dass in der ersten Hälfte des 19. Jahrhunderts zunehmend pragmatische Gründe wie eben die empirische Auswertung der Effekte und des Nutzens der Todesstrafe in das Zentrum der Argumentation rückten.
[12] Vgl. hierzu Azzola, in: Wassermann (1989, Art. 102 Rn. 7).

noch die durch seinen Bruder Kaiser Joseph II. in Österreich 1787 waren
von Dauer und auch die von den Gedanken der Aufklärung getragene Revolution in Frankreich beseitigte die Todesstrafe dort nicht, während sich
Preußen auf gewisse verfahrensmäßige Erschwerungen beschränkte.

Im 19. Jahrhundert sind erstmals auf Gesetzes- und Verfassungsebene Ansätze zur Einschränkung auf wenige(r) Delikte beziehungsweise auf den
Verzicht des Vollzugs der Todesstrafe und ihre Umwandlung auszumachen.[13] Die Paulskirchenverfassung von 1849 fungierte hierzulande mit ihrer Abschaffung im Grundsatz (mit Ausnahme des Kriegs- und Seerechts)
als Vorreiter;[14] ebenso ist die bereits Mitte des 19. Jahrhunderts erfolgte
Abschaffung der Todesstrafe in den US-Bundesstaaten Wisconsin und Michigan zu erwähnen.[15] Von hier an stellt sich die Geschichte der Abschaffung der Todesstrafe zwischenzeitlich als wechselhaft dar, eine Reihung
von Abschaffung, Wiedereinführung und neuerlicher Abschaffung ist nicht
die Ausnahme.[16]

Unter dem Eindruck von Kolonialismus und Nationalkriegen europäischer
Staaten, von Nationalsozialismus, Schreckensherrschaften und Weltkrieg
erfuhr die Abschaffung der – vielfach als Machtinstrument missbrauchten
– Todesstrafe in vielen westlichen Gesellschaften im 20. Jahrhundert mehr
und mehr Zuspruch.[17] Albert Schweitzer begründete mit seiner „Ehrfurcht
vor dem Leben" eine neue ökologische Ethik. Der existentialistische Dich-
ter Albert Camus wie auch der Philosoph Jean-Paul Sartre engagierten sich
nachhaltig für die Abschaffung, und auch in den christlichen Religionsge-

---

[13] Dreier, in: Dreier (2008, Art. 102 Rn. 20).
[14] Zur Bedeutung des Abschaffungsbeschlusses durch die Frankfurter Nationalversammlung
für die moderne Verfassungsentwicklung vgl. Düsing (1952, S. 29 f.).
[15] Zu einem detaillierten Überblick über die Geschichte der Abschaffung der Todesstrafe in
Deutschland von 1849 bis hin zum heutigen Artikel 102 des Grundgesetzes vgl. Hohmann
(2002, S. 250 ff.); zu einem historischen Rückblick auf die Vereinigten Staaten von Amerika
vgl. Martis (1991, S. 126 ff.).
[16] Vgl. exemplarisch Sachsen: Abschaffung 1849, Wiedereinführung 1850, neuerliche Abschaffung 1868.
[17] Zur Ausdehnung des Anwendungsbereichs der Todesstrafe im NS-Regime vgl. Düsing
(1952, S. 200 ff.).

meinschaften setzte ein Umdenken zur Unvereinbarkeit der Sanktion mit dem christlichen Glauben und der Rechtsstaatlichkeit ein.[18]

1.2 Status quo der Todesstrafe

Aktuelle Zahlen von *Amnesty International* besagen, dass 139 Staaten die Todesstrafe nicht mehr anwenden, während 58 nach wie vor an ihr festhalten. Dabei ist innerhalb der 139 Staaten, die von einer Anwendung der Todesstrafe absehen, zu differenzieren: 95 haben die Todesstrafe restlos abgeschafft, 9 sehen sie nur noch im Ausnahme- oder Kriegsrecht vor und in 35 Staaten ist sie *de facto* abgeschafft, das heißt, es gibt ein offizielles oder zumindest lang anhaltendes Hinrichtungsmoratorium, obwohl die Todesstrafe im Gesetz vorgesehen ist und eventuell sogar noch Todesurteile verhängt werden.[19]

Der Trend geht augenscheinlich zur Abschaffung (Abolition) der Todesstrafe. Hatten zu Beginn des 20. Jahrhunderts mit Venezuela, San Marino und Costa Rica nur 3 Staaten die Todesstrafe vollständig abgeschafft, so waren es zum Zeitpunkt der Verkündung der *Allgemeinen Erklärung der Menschenrechte* durch die Vereinten Nationen im Jahr 1948 8 Staaten; es wurde also etwa alle zehn Jahre in einem Land die Todesstrafe völlig abgeschafft. 1979, als *Amnesty International* den ersten weltweiten Bericht über die Todesstrafe herausgab, hatten 18 Staaten restlos auf die Todesstrafe verzichtet. Das Tempo hatte sich demnach auf grob eine Abschaffung in drei Jahren erhöht. In den letzten dreißig Jahren hat im Durchschnitt knapp alle fünf Monate ein Staat die Todesstrafe vollständig abgeschafft, die Zahl der totalen Abolitionsstaaten der Todesstrafe hat sich in dieser Zeit mehr als verfünffacht.

---

[18] Vgl. Dreier, in: Dreier (2008, Art. 102 Rn. 13); repräsentativ für die prinzipielle Anerkennung der Todesstrafe in der katholischen Rechts- und Sozialphilosophie bis in die 1960er Jahre hinein vgl. Althaus (1955, insbesondere S. 22 ff.).

[19] Aktuelle Angaben über Retentionsstaaten und Abolitionsstaaten (das heißt Staaten mit beziehungsweise ohne Todesstrafe) können dem Internet unter http://www.amnesty.org/en/death-penalty/abolitionist-and-retentionist-countries (Stand 20.09.2010) entnommen werden.

Von den mehr als 50 Staaten, die seit 1985 die Todesstrafe abgeschafft haben, haben sie – mit Nepal, Gambia, Papua-Neuguinea und den Philippinen – lediglich 4 wieder eingeführt. Nepal hat die Todesstrafe inzwischen ohne zwischenzeitliche Exekution wieder vollständig abgeschafft, auch in Gambia und Papua-Neuguinea wurden seit ihrer Wiedereinführung keine Todesurteile vollstreckt. Lediglich auf den Philippinen fanden nach der Wiedereinführung am 1. Januar 1994 zwischen Februar 1999 und Dezember 2000 sieben Exekutionen statt; seit Dezember 2000 gab es dort ein inoffizielles Hinrichtungsmoratorium, ehe im Jahr 2006 die Todesstrafe erneut vollständig abgeschafft wurde.

Die Staaten, die die Todesstrafe abgeschafft haben, machen zunehmend von der Möglichkeit Gebrauch, die Abschaffung durch internationale Verträge abzusichern. Zu nennen ist in diesem Zug das *Zweite Fakultativprotokoll zum Internationalen Pakt über bürgerliche und politische Rechte zur Abschaffung der Todesstrafe* der Vereinten Nationen von 1989. Dieses Protokoll schreibt die Abschaffung der Todesstrafe in Friedenszeiten vor und wurde bisher von 72 Staaten ratifiziert und weiteren 3 gezeichnet. Daneben existieren regionale Verträge wie das Protokoll zur *Amerikanischen Menschenrechtskonvention zur Abschaffung der Todesstrafe* von 1990, das Vorbehalte für Kriegszeiten zulässt und bis dato von 11 amerikanischen Staaten ratifiziert wurde. Schließlich gibt es auf europäischer Ebene die Protokolle Nr. 6 und Nr. 13 zur *Konvention zum Schutze der Menschenrechte und Grundfreiheiten* von 1982 beziehungsweise 2002. Protokoll Nr. 6 lässt die Todesstrafe nur in Kriegszeiten und Zeiten drohenden Krieges zu, die Unterzeichnung dieses Protokolls und die Zusage seiner Ratifikation ist Voraussetzung für den Beitritt zum Europarat. 46 Staaten sind beigetreten; von Russland wurde das Protokoll bisher lediglich unterzeichnet, was angesichts der Tatsache, dass Russland die Frist zur Ratifikation nach seinem Beitritt zum Europarat weit überschritten hat, zu Spannungen mit dem Rat geführt hat. Protokoll Nr. 13 sieht die vollständige Abschaffung der Todesstrafe vor, mithin auch in Kriegszeiten und Zeiten der unmittelbaren Kriegsgefahr, und wurde bisher von 42 europäischen Staaten ratifiziert und 3 weiteren gezeichnet.[20]

2. Gesamtkontext

Aus den im vorigen Abschnitt genannten Zahlen ergibt sich auch, dass eine Vielzahl von Nationen und Bundesstaaten dem Trend zur Abschaffung trotzt und weiterhin an der Todesstrafe als Sanktionsalternative festhält; teilweise wird gar über deren Wiedereinführung nachgedacht. Dazu ein aktuelles populäres Beispiel: In Mexiko löste die deutliche Zunahme von Gewaltverbrechen im brutalen Drogenkrieg seit der Abschaffung der Todesstrafe im Jahr 2005 immer wieder Debatten über eine Wiedereinführung aus, zuletzt im Frühjahr 2009; am 21. Januar 2009 stimmten fast alle Fraktionen einem Antrag der *Grünen Umweltschutzpartei* zu, Expertengremien die Wiedereinführung der Todesstrafe prüfen zu lassen.[21] Dass die Todesstrafe auch in Deutschland abgeschafft und derzeit gar weitgehend ohne rechtspolitisches Interesse ist,[22] ändert mithin nichts an der Bedeutsamkeit der Sanktion, ohnehin nicht in wissenschaftlicher Hinsicht.

Als Begründung für die Beibehaltung oder Ausweitung der Todesstrafe wird von den Befürwortern angeführt, dass ihre Androhung, Verhängung oder Vollstreckung abschreckend wirke. Die negative Generalprävention als Teil der relativen Strafzwecktheorien ist auch in der Öffentlichkeit eine der häufigsten Begründungen für die Todesstrafe.

Grundsätzlich kann jede Art von Strafe – vom absoluten Strafzweck des Sühnegedankens abgesehen – generalpräventive und spezialpräventive Wirkungen haben. Bei der Todesstrafe entfällt nun im Fall ihrer Vollstreckung die Spezialprävention in Form der Resozialisierung des Täters oder einer Warnung an ihn; bleibt es bei der bloßen Verhängung der Todesstrafe, so hat primär das Substitut der Haftstrafe diese spezialpräventiven Wirkungen. Übrig bleibt für die Todesstrafe nur die Sicherung des Täters, die

---

[20] Stand aller Zeichnungs- und Ratifikationsstände ist der 30. März 2010.
[21] Vgl. http://www.focus.de/politik/ausland/drogenkrieg-mexiko-prueft-die-todesstrafe_aid_364166.html (Stand 20.09.2010).
[22] So Tröndle (2004, S. 40).

negative Generalprävention durch die Abschreckung anderer möglicher Täter oder die positive Generalprävention durch die normative Stabilisierung der Allgemeinheit. Da sich jedoch die Separationsfunktion grundsätzlich auch mit einer lebenslangen Haftstrafe oder Sicherungsverwahrung realisieren lässt und weil von den generalpräventiven Wirkungen die Abschreckung anderer einleuchtender und der Öffentlichkeit leichter zu vermitteln ist, steht diese im Vordergrund der Diskussion um den Zweck der Todesstrafe.[23]

Die Sanktionierung mit dem Tod und die tatsächliche Hinrichtung überführter Täter wirke abschreckend auf potentielle andere Täter (absoluter Abschreckungseffekt) und halte diese wirksamer von einer Straftat ab als angedrohte Freiheitsstrafen (relativer Abschreckungseffekt). Teilweise wird darin der einzige Weg gesehen, einer allgemeinen Zunahme von Gewaltverbrechen und Gefährdung der öffentlichen Sicherheit zu begegnen; fehle die schwerstmögliche Strafe in der Palette der Strafandrohungen, stelle dies die Wirkung und Glaubwürdigkeit des staatlichen Rechtsschutzes insgesamt in Frage.

2.1 Theoretischer Gesamtkontext

2.1.1 Theorie der negativen Generalprävention

Wissenschaftliche Grundlage der Debatte ist die generalpräventive Abschreckungstheorie, häufig bezeichnet als Theorie der negativen Generalprävention: Die Verhängung von Strafen soll dazu dienen, andere von der Begehung von Straftaten abzuschrecken, die in Gefahr sind, ähnliche Delikte zu begehen.[24] Als eine Ausprägung der relativen Straftheorien sieht sie die Legitimation von Strafe nicht in der Vergeltung des begangenen Unrechts, sondern macht diese von präventiven Wirkungen abhängig – „poena relata ad effectum" –,[25] bezieht die Wirkungen im Gegensatz zur spezialpräventiven Orientierung auf die Gesamtheit der Gesellschaftsmit-

---

[23] Martis (1991, S. 151).
[24] Maurach/Zipf (1992, S. 67).
[25] Jescheck/Weigend (1996, S. 71).

glieder[26] und stellt zudem auf die negative Intention der Abschreckung ab, der die Erhaltung und Stärkung des Vertrauens in die Bestands- und Durchsetzungskraft der Rechtsordnung als positive Dimension gegenübersteht.[27]

Während teilweise untechnisch von der negativen Generalprävention der Strafe oder der Verhängung von Strafen gesprochen wird, können die Effekte dadurch systematisiert werden, dass sie auf die verschiedenen Ebenen der Strafrealisierung bezogen werden. Das erste Stadium würde demnach in der generellen Androhung der Strafe und ihrem warnenden, vielleicht sogar Tatimpulse hemmenden Einfluss liegen. Ein weiteres Stadium der Strafrealisierung wäre der Ausspruch des Urteils und die darin ausgedrückte Missbilligung des überführten Täters. Schließlich käme der Vollzug der Strafe als andere abschreckendes Übel in Betracht.[28]

Davon, dass von Strafe schon immer eine abschreckende Wirkung erwartet wurde, zeugen gerade die grausamen, in der Öffentlichkeit ausgetragenen Bestrafungen in archaischen Zeiten wie auch die drakonischen Strafen nach dem islamischen Strafrecht der Scharia, genauso wie die in jüngerer Vergangenheit vermehrt praktizierten öffentlichen Hinrichtungsspektakel, beispielsweise im Iran.[29]

In der kriminologischen, strafrechtswissenschaftlichen und ökonomischen Literatur findet der Strafzweck der generalpräventiven Abschreckung Anklang. Bereits die Hauptvertreter der klassischen Schule der Kriminologie stellten im 18. Jahrhundert Überlegungen zur abschreckenden Wirkung von Strafen an. In seiner bereits genannten Schrift *„Dei delitti e delle pene"* von 1764 erklärte Cesare Beccaria die Vorbeugung von Verbrechen zur Hauptmaxime jedes guten Gesetzgebers, der die gesamte durch einen

---

[26] Eisenberg (2005, S. 587); Abschreckung stellt zwar auch eine (negative) Ausprägung der Spezialprävention dar (vgl. Maurach/Zipf (1992, S. 67)), diese ist jedoch nicht Gegenstand in Rede stehender Forschung und scheidet für den Fall der Todesstrafe ohnehin aus.
[27] Roxin (2006, S. 80).
[28] Zum Ganzen vgl. Müller (1996, S. 10 f.).
[29] Eisele (1999, S. 10); zur öffentlichen grausamen Hinrichtung von 16 Menschen in Teheran im August 2007 vgl. http://debatte.welt.de/kommentare/30956/das+beredte+schweigen+-ueber+den+horror+im+iran (Stand 17.08.2010).

Gesellschaftsvertrag vereinigte Gesellschaft repräsentiert, wobei gute Gesetzgebung in der Kunst bestehe, die Menschen zum größtmöglichen Glück zu führen.[30] Er postuliert einen Zweck der Strafe, den Schuldigen daran zu hindern, seinen Mitbürgern abermals Schaden zuzufügen, vor allem aber die anderen davon abzuhalten, das Gleiche zu tun.[31] Die Wirkung der Strafe auf den (möglichen) Verbrecher präzisiert er dahingehend, dass sie für diesen ein Übel darstelle, welches den aus dem Verbrechen erwachsenden Vorteil überwiege.[32] Für die Abschreckungswirkung einer Strafe sei die Schnelligkeit ihrer Verhängung und Vollstreckung von besonderer Bedeutung, da mit der Verkürzung des Zeitraums zwischen Begehung und Bestrafung einer Tat die Auffassung der Ahndung als unausbleibliche Auswirkung des Delikts durch die Gesellschaft steige.[33] Neben der Schnelligkeit sei die Gewissheit und Unausbleiblichkeit der Strafe das effektivste Mittel zur Bekämpfung von Straftaten; die Sicherheit einer milden Strafe übersteige den Abschreckungsgrad einer strengen Strafe, deren Eintritt ungewiss sei und die daher Hoffnung auf Straflosigkeit fördere.[34] Unter anderem mit generalpräventiven Erwägungen begründet Beccaria auch seine Ablehnung der Todesstrafe, da diese auf die Bevölkerung weit weniger abschreckend wirke als lebenslänglicher Freiheitsentzug unter Zwangsarbeit.[35]

Desgleichen gilt Jeremy Bentham als Vertreter des negativen Präventionsgedankens. Auch er legt – im Sinn eines hedonistischen Utilitarismus – zugrunde, dass eine gesellschaftliche Verfassung genau dann gerecht sei, wenn sie die Summe des Glücks beziehungsweise Nutzens der Gesamtheit der Mitglieder einer Gesellschaft maximiere.[36] Da jedoch die Verhängung einer Strafe stets die Auferlegung eines Übels darstelle, könne sie nur dadurch gerechtfertigt sein, dass durch sie ein noch größeres Übel vermieden

---

[30] Beccaria (1764a, S. 61, 167).
[31] Beccaria (1764a, S. 84).
[32] Beccaria (1764a, S. 121).
[33] Beccaria (1764a, S. 104 ff.).
[34] Beccaria (1764b, S. 121 ff.).
[35] Beccaria (1764a, S. 125 ff.).
[36] Baurmann (1981, S. 19).

werde, von weiteren Straftaten mithin abgeschreckt werde, und so die gesellschaftliche Nutzenbilanz gesteigert werde.[37] Im Umkehrschluss sei eine Strafe dann nicht legitimiert und habe zu unterbleiben („Cases Unmeet for Punishment"), wenn sie ineffektiv sei, indem sie mangels Abschreckungswirkung kein zur Schadensverhinderung geeignetes Mittel darstelle.[38] Der Bezug zur negativen Generalprävention wird bei Bentham insofern durch ein konstruiertes System der menschlichen Verhaltensbeeinflussung im Bereich krimineller Handlungen hergestellt, dessen vermutete Abschreckungswirkung auf dem hedonistischen Kalkül beruht, demzufolge der Mensch in der Lage ist, alle mit seiner Handlung verbundenen Freuden und Leiden aufzuaddieren und in einer Bilanz zu saldieren.[39] Mit der Todesstrafe befasste sich Bentham weniger im Hinblick auf ihre Abschreckungswirkung als vielmehr im Hinblick auf ihre fehlende Reversibilität (englisch: „remissibility"); die Todesstrafe bedrohe nach seiner Auffassung deshalb, aber auch wegen ihrer inkonsequenten Vollstreckung, das Gefüge des Gesetzes als solches.[40]

Als klassischer Vertreter respektive Begründer der Theorie der negativen Generalprävention wird der Rechtsgelehrte Johann Anselm Feuerbach angesehen.[41] Seine *Theorie des psychologischen Zwangs* basiert auf dem rationalistischen Menschenbild der Aufklärung, das den Menschen als ein Vor- und Nachteile seiner Handlung vernünftig abwägendes Wesen sieht.[42] Da der Mensch nach Lust strebe, könne ihm bewusst gemacht werden, dass dem Lustgewinn jeder Übertretung von Gesetzen ein größeres Übel folgen werde; bei Personen mit rechtswidrigen Neigungen müsse durch die Strafdrohung eine entgegengesetzte Motivation geschaffen werden, welche die Begehung der geplanten Straftat verhindere.[43] „Der Zweck des Gesetzes und der in demselben enthaltenen Drohung, ist daher Abschreckung von

---

[37] Bentham (1823, S. 170, inkl. Fn. 1).
[38] Bentham (1823, S. 171 ff.).
[39] Vgl. Schernikau (1992, S. 26).
[40] Vgl. Marschelke (2008, S. 222).
[41] Hermann (1992, S. 520).
[42] Neumann/Schroth (1980, S. 35).
[43] Feuerbach (1799, S. 43 ff.).

der mit dem Uebel bedingten That".[44] Feuerbach sieht mithin den generalpräventiven Effekt insbesondere in der gesetzlichen Androhung von Bestrafung als erstem Stadium der Strafrealisierung, Vollstreckung soll nur
mittelbar abschreckend wirken, insoweit eine wirksame Androhung erst
durch Vollstreckung ermöglicht werde.[45]

In jüngerer Vergangenheit hat Gary S. Becker[46] die generalpräventiven
Abschreckungstheorien von der philosophisch-verbalen auf die operationalisierbare Ebene mathematisch-ökonomischer Modelle übertragen.[47] Beckers Forschungsbeitrag thematisiert das Konzept der „erwarteten Strafe",
wobei „erwartet" im Sinn des mathematischen Erwartungswerts zu verstehen ist. Die erwartete Strafe hänge von der Höhe der Strafe und der Wahrscheinlichkeit ab, mit dieser in Konsequenz einer Straftat tatsächlich konfrontiert zu werden; mathematisch ausgedrückt sei sie daher das Produkt
dieser beiden Faktoren, demzufolge bei Nullwertigkeit eines Faktors keinerlei Abschreckung existieren könne. Dass negative Generalprävention
nicht allein auf Strafhöhe, sondern ganz besonders auch auf Strafwahrscheinlichkeit fußt, bedeutet auch einen Erkenntnisgewinn sowohl für das
theoretische Verständnis der Formulierung der Abschreckungshypothese
als auch für deren kriminalpolitische Verwertung.[48] In Anlehnung an Becker hat eine Reihe von Autoren den Ansatz nicht nur in ökonometrischer
Hinsicht weiterentwickelt, sondern auch entsprechende empirische Überprüfungen der Aussagen durchgeführt[49] – insbesondere der Ökonom Isaac
Ehrlich, der für die vorliegende Arbeit aufgrund seiner intensiven Ausei-

---

[44] Feuerbach (1799, S. 49).
[45] Vgl. Hermann (1992, S. 522), der daher der Feuerbachschen Straftheorie eine generalpräventive Rechtfertigung des Strafens abspricht.
[46] Becker (1968).
[47] Dölling/Entorf/Hermann/Häring/Rupp/Woll (2007, S. 194).
[48] Zum Ganzen vgl. Antony/Entorf (2003, S. 169 f.); vollständige Substitutionalität von
Strafwahrscheinlichkeit und Strafhöhen kann gleichwohl nicht die Folge sein, da unverhält-
nismäßige Strafhöhen die Glaubwürdigkeit des Rechtssystems erschüttern und die resultierende verminderte Normakzeptanz (positive Generalprävention) die eventuell erzielte Verbesserung durch Abschreckung (negative Generalprävention) mehr als kompensieren könnte
(Dölling/Entorf/Hermann/Häring/Rupp/Woll (2007, S. 207, Anm. 2)).
[49] Vanberg (1982, S. 21).

nandersetzung mit der Abschreckungswirkung der Todesstrafe erhebliche Bedeutung hat.

Aufbauend auf den Überlegungen zur generalpräventiven Abschreckungs-wirkung in der Literatur soll der einleitend formulierte Kernsatz einer ge-neralpräventiven Rechtfertigung des Strafens in Hypothesen übersetzt wer-den, was Voraussetzung für eine empirische Überprüfung ist:[50] Auf der Makroebene sind Art, Höhe und Wahrscheinlichkeit staatlicher Sanktionen konditional für Umfang und Schwere von Delinquenz in einer Gesell-schaft, wobei dieser Zusammenhang durch Kausalbeziehungen auf der Mikroebene der Individuen entsteht. Für die Individualebene – und damit für die subjektive Wahrnehmung des objektiven Sachverhalts – kann for-muliert werden, dass mit perzipierter (1) steigender Sanktionsschwere (Sanktionsdrohung eines Gesetzes und tatsächliche Sanktionen), (2) stei-gender Sanktionswahrscheinlichkeit und (3) steigender Sanktionsschnel-ligkeit jeweils die Wahrscheinlichkeit einer Normübertretung sinkt.[51]

2.1.2 Theoretische Diskussion um die Abschreckungswirkung der Todesstrafe

In Theologie, Philosophie und Ethik, vor allem aber auch in der Jurispru-denz ist der theoretische Streit um die Rechtfertigung der Todesstrafe nicht endgültig ausgetragen,[52] wobei sich dies für die generalpräventiven Effekte insbesondere mit Blick auf die Situation in den Vereinigten Staaten ergibt. Über die konkrete Auswirkung der Todesstrafe als Abschreckungsmittel gibt es theoretische Ansätze, die diese Wirkung bejahen, wie auch solche, die das Gegenteil vertreten.

Erstere stellen in Anlehnung an die drei oben für Strafen allgemein formu-lierten Hypothesen Behauptungen für die Todesstrafe im Speziellen auf, wobei in diesem Fall Hypothese (1) schon auf das bloße Bestehen der Sanktionsdrohung zu beziehen wäre, sodass bereits für die Einführung be-

---

[50] Dölling/Hermann (2003, S. 138).
[51] Vgl. Eisele (1999, S. 11).
[52] Für die Rechtsphilosophie vgl. etwa die Diskussion zwischen Günther Jakobs und Rainer Zaczyk bei Siller/Keller (1999, S. 151 f.).

ziehungsweise Existenz der Todesstrafe ein abschreckender Effekt postuliert würde. Die Todesstrafe als schwerste Strafe soll auch die größte abschreckende Wirkung haben, schon durch ihre abstrakte Androhung im Gesetz. Dies gelte erst recht, wenn sie auch vollstreckt werde, da dann auch das Hinrichtungsrisiko für jeden potentiellen Täter sichtbar werde.

Ihre Warnfunktion kann eine Strafe natürlich nur dann ausüben, wenn – was bei der Todesstrafe für Mord im Allgemeinen zutreffen dürfte – ihre Existenz dem Täter bekannt ist, wenn der Täter bei der Planung oder der Begehung der Tat auch daran denkt, dass er bestraft werden könnte, und wenn er diese Strafe als Übel ansieht, das er vermeiden möchte. Die abschreckende Wirkung der Todesstrafe müsste folglich bei im Voraus planenden Tätern größer sein als bei Affekttätern, Geisteskranken oder unter Alkoholeinfluss Stehenden. Ausgehend vom erstgenannten bewusst Handelnden werden Verhaltensmodelle entworfen, die eine Untersuchung der abschreckenden Wirkung der Todesstrafe ermöglichen sollen. Derartigen Modellen liegt zugrunde, dass utilitaristische Abwägungen (Kosten gegen Nutzen) zwischen dem Rechtssystem als unabhängiger und dem delinquenten Verhalten als abhängiger Variable vermitteln und im Fall von Abschreckung die rationale Wertentscheidung zugunsten einer delinquenten Handlung durch eine Erhöhung der individuellen Kosten bei gleichbleibendem Nutzen beeinflusst werden soll.[53] Der potentielle Täter wägt die Vorteile, die er durch die illegale Handlungsweise erwartet, gegen die durch sie drohenden Nachteile ab und bestimmt dadurch seinen möglichen Nutzen aus der Handlung. Übersteigt der Nutzen, der aus der illegalen Handlung gezogen werden soll, den Nutzen, der durch alternative legale Handlungsweise erreicht werden kann, so wird die illegale Handlung begangen; die legalen Handlungsmöglichkeiten hängen von der sozialen und ökonomischen Stellung ab. Die Todesstrafe (in Gesetz beziehungsweise Praxis) vergrößert in diesem Modell den zu befürchtenden Nachteil, sodass der erwartete Nutzen aus der Straftat den alternativen Nutzen aus der legalen Handlung unter

---

[53] Dölling/Hermann/Simsa (1993, S. 180).

Umständen nicht mehr übersteigt.[54] Dementsprechend werde vor der Begehung eines Mordes sprichwörtlich „zweimal nachgedacht", wenn als Konsequenz der eigene Tod in Betracht kommt.

Andererseits könnte der Todesstrafe auf theoretischer Ebene die Abschreckungseffektivität abgesprochen werden, weil sie ein Beispiel von Grausamkeit gebe.[55] Demnach soll die Androhung und insbesondere die Vollstreckung der Todesstrafe die Gesellschaft „brutalisieren" und speziell zur Begehung von Morden stimulieren; Verrohung statt Abschreckung wäre demnach zu erwarten. Der Staat zeige mit der Hinrichtung, dass er den Wert eines Menschenlebens nicht schätze – zumal sich Justizirrtümer und damit Hinrichtungen Unschuldiger niemals vollkommen ausschließen ließen. Von Exekutionen könnte die Botschaft ausgehen, dass es gerecht sei, einen Übeltäter umzubringen, tödliche Rache wäre legitimiert.[56] Die meisten Menschen identifizierten nicht sich selbst mit den Hingerichteten; sogar bei potentiellen Mördern dürfte eine Identifikation mit den Hingerichteten ausbleiben, da sie – überführt der Begehung von Verbrechen der Grausamkeit und Feigheit ohne vorherige Provokation und nachfolgende Reue – regelmäßig als wenig attraktiv gelten.[57] Stattdessen werde der zum Tode Verurteilte mit Feinden und verhassten Personen gleichgesetzt, sodass Lynchmorde oder andere als gerecht empfundene Morde in Imitation des staatlichen Verhaltens ausgelöst würden. Indessen könnten Suizidgefährdete, die sich mit dem Hingerichteten identifizieren, Exekutionen auch als Anstoß für ihren eigenen Selbstmord nehmen.[58]

---

[54] Zum Ganzen vgl. Martis (1991, S. 152 f.).
[55] So schon Beccaria (1764a, S. 129 f.).
[56] Bowers/Pierce (1980, S. 456).
[57] Thomson (1999, S. 130).
[58] Suizide sind freilich generell selten rein private Entscheidungen, sondern auch immer von der Umwelt beeinflusst, wobei insbesondere dem medial vermittelten Nachahmungseffekt von Selbsttötungen eines Prominenten (*Werther-Effekt*) entscheidende Bedeutung zukommt: Im Anschluss an den stark publizierten Freitod des Fußball-Nationaltorwarts Robert Enke Anfang November 2009 beispielsweise kam es zu einer drastischen Steigerung von Suiziden, „den Preis für die Berichterstattung könne man später in Menschenleben zählen" („Nachspiel" (*Süddeutsche Zeitung Magazin* 7/2010, S. 26 ff.)).

Um größtmögliche Breitenwirkung und somit den stärksten Abschreckungseffekt zu erzielen – so ein verwandtes Gegenargument – müssten
die Befürworter konsequenterweise für öffentliche Hinrichtungen von Tätern eintreten.[59] Aufgrund drohender schädlicher Einflüsse auf Publikum
und Opferangehörige wie auch Menschenwürdebeeinträchtigungen der Beteiligten dürfte dies in modernen Rechtsstaaten jedoch ausgeschlossen sein.
Gleiches gelte dann aber für heimliche beziehungsweise nur den Opferan-
gehörigen bekanntgegebene Hinrichtungen. Diese Inkonsequenz lasse
vermuten, dass das Abschreckungsargument überwiegend nur vorgescho-
ben sei.

Generell in Zweifel gezogen wird die Theorie der negativen Generalprävention mit dem Argument, der Einzelne dürfe nicht den Zwecken des
Staats beziehungsweise der Gesellschaft geopfert werden. Werde eine Person bestraft, um andere von der Begehung gleicher oder anderer Straftaten
abzuschrecken, so werde sie nur als Mittel zur Einwirkung auf andere begriffen und dadurch zu einem bloßen Objekt staatlichen Handelns degra-
diert; darin liege ein Verstoß gegen die Menschenwürde.[60] Dieser Vorwurf
tritt umso drastischer im Fall des Einwirkungsmittels Todesstrafe hervor.
Außerdem könne eine abschreckende Wirkung von Strafen schon deshalb
generell entfallen, weil der Täter annehme, er werde ohnehin nicht er-
wischt.[61] Bei einem kühl geplanten (Tötungs-)Verbrechen wird vermutet,
dass der Täter erst handelt, wenn er der Meinung ist, dass das Risiko überführt zu werden, gering ist.

Ferner wird teilweise unter dem Blickwinkel der Präventionsresistenz eingewandt, dass die von der Abschreckungstheorie zugrunde gelegte Prämisse rational handelnder Menschen vielfach nicht der Wirklichkeit entspre-
che: Straftaten seien oft nicht das Ergebnis rationaler Abwägung, sondern
mehr oder weniger spontane Akte, die sich in hochangespannten sozialen
Situationen des Streits und des Konflikts ereigneten. Gerade die mit To-

---

[59] Vgl. hierzu Leder (1980, S. 295).
[60] Naucke u. a. (1971, S. 136); Bruns (1967, S. 324 ff.).
[61] Dölling/Entorf/Hermann/Rupp/Woll (2007, S. 634).

desstrafe bedrohten Tötungstaten seien Konflikt- und Affektdelikte, mit denen augenscheinlich überhaupt wenige rationale Gedanken einhergingen, sodass sie kaum von einem „zweiten Nachdenken" beeinflusst würden.[62] Die generalpräventive Abschreckungstheorie ist somit generell, vor allem aber für den Spezialfall der Todesstrafe, umstritten. Sowohl zugunsten der Abschreckungs- als auch zugunsten der konträren Brutalisierungsthese ließe sich eine Reihe von Einzelfällen und Beispielen anführen, welche die jeweilige Annahme auf theoretischer Ebene stützen. In der Tat kann kaum bezweifelt werden, dass sich einzelne Menschen in die eine oder in die andere Richtung beziehungsweise gar nicht beeinflussen lassen. Von Interesse ist jedoch, ob die Todesstrafe insgesamt mehr abschreckt als eine lebenslange Freiheitsstrafe, die regelmäßig die Alternative zur Todesstrafe darstellt, oder gar die stimulierende Wirkung überwiegt. Es ist nach Befunden zu fragen, aus denen sich Bestätigung oder Widerlegung der Abschreckungshypothese im Hinblick auf die Todesstrafe ergeben. Da die Theorie der negativen Generalprävention auf Annahmen über tatsächliche Zusammenhänge zwischen Strafrecht und Kriminalitätsumfang beruht, ist sie grundsätzlich einer empirischen Überprüfung zugänglich.[63]

2.2 Empirischer Gesamtkontext

Die Auseinandersetzung mit der Frage, ob von der Todesstrafe tatsächlich eine negative Generalprävention ausgeht, ist Gegenstand diverser empirischer Studien. Diese Studien stellen einen Ausschnitt aus der Vielzahl erfahrungswissenschaftlicher Untersuchungen zur generalpräventiven Ab-

---

[62] Thomson (1999, S. 130); vgl. aber die Relativierung dieser Kritik bei Köberer (1982, S. 201 f.), der feststellt, dass es – trotz Plausibilität der Argumentation über die Qualifizierung von Tötungsdelikten als Spontandelikte – nach wie vor eine Anzahl vorsätzlicher Tötungen gebe, bei denen der Täter seine Risiken kalkuliere und nach dieser Kalkulation handle (beispielsweise die Figur des „bezahlten Killers"), sodass in Anbetracht der Existenz dieser „rational" handelnden Tätergruppe die Annahme einer abschreckenden Wirkung (zumindest theoretisch) nicht ausgeschlossen sei; wie groß der Kreis der rational handelnden Mörder sei, spiele letzten Endes keine Rolle, da das – im Übrigen auch den in der Folge relevanten ökonometrischen Prüfverfahren zugrunde liegende – Modell der rationalen Wahl zwischen Verhaltensalternativen nur dann verfehlt sei, wenn gesichert sei, dass alle Tötungsverbrechen in diesem spezifischen Sinn „irrational" seien.
[63] Vgl. Dölling/Entorf/Hermann/Rupp/Woll (2007, S. 635).

schreckungswirkung des Strafrechts dar. Sie arbeiten mit unterschiedlichen Forschungsdesigns und Methoden und werden sowohl mit Aggregat- als auch mit Individualdaten durchgeführt. Als Datenquellen dienen insbesondere Kriminalstatistiken, Befragungen und Experimente, mithin klassische Erhebungsmethoden der empirischen Sozialforschung. Analysiert werden Querschnitts- und Längsschnittsdaten. Art und Umfang der untersuchten Populationen, Delikte und Sanktionsarten sowie die Operationalisierungen der abhängigen und unabhängigen Variablen variieren erheblich; Kontrollvariablen werden in unterschiedlichem Umfang berücksichtigt und es kommen unterschiedliche statistische Auswertungsmethoden zum Einsatz.

Offenbar wird der Begrenztheit empirischer Befunde generell über Replikation begegnet; angesichts der Fülle bereits vorhandener Resultate ist der Nutzen weiterer empirischer Studien zur generalpräventiven Abschreckungswirkung des Strafrechts eher gering. Stattdessen erscheint es sinnvoll, den Informationsgehalt der vielfältigen bisherigen Veröffentlichungen zu diesem Thema effizienter zu nutzen. Es liegt nahe, zunächst die geschätzten Abschreckungswirkungen in den Primäranalysen auf ihre Übereinstimmung hin zu überprüfen. Jedoch sind die Ergebnisse zur negativen Generalprävention insgesamt inkonsistent; Interpretationen der Befunde in Richtung Widerlegung des Modells der strafrechtlichen Abschreckung[64] stehen solche gegenüber, die dem Modell Realitätsgehalt attestieren.[65] Die Zunahme empirischer Studien geht keineswegs mit einer Zunahme empirisch fundierten Wissens einher. Alles in allem sind die gesicherten Kenntnisse zur Effektivität der Generalprävention gering, lediglich auf der Plausibilitätsebene – teils auch nur spekulativ – lassen sich Zusammenhänge von generalpräventiven Wirkungen des Strafens formulieren.[66]

---

[64] So Schumann (1996, S. 293 f.), der Unterschieden der Strafhöhe und der Geschwindigkeit der Aburteilung eine nennenswerte Präventivwirkung abspricht.
[65] So Jung (2007, S. 103).
[66] Vgl. Kreuzer (2004, S. 207).

2.3 Forschungsprojekt

2.3.1 Profil des Forschungsprojekts

Auf der Basis dieser Erkenntnis entwickelte sich ein von der *Deutschen Forschungsgemeinschaft (DFG)* gefördertes Forschungsprojekt des Instituts für Kriminologie der Universität Heidelberg und des Volkswirtschaftlichen Instituts der Technischen Universität Darmstadt zum quantitativen methodenkritischen Vergleich kriminologischer und ökonomischer Untersuchungen zur negativen Generalprävention. Es wird das Ziel verfolgt, in interdisziplinärer Zusammenarbeit die empirischen Primärergebnisse zu integrieren und die Heterogenität innerhalb der Befunde zu ergründen. Auf dieser Grundlage kann entschieden werden, inwieweit methodisch abgesicherte, robuste Erkenntnisse über die postulierte Abschreckungswirkung von Sanktionen vorliegen und wie gegebenenfalls ein erfolgreiches Konzept für ein zukünftiges Untersuchungsdesign aussehen könnte.

Traditionell wurde eine Zusammenfassung inkonsistenter Befundlagen über die Erstellung narrativer Übersichtsarbeiten versucht. Hierbei handelt es sich einerseits um kürzere Berichte über die bisherige Forschung zu Beginn eines Originalbeitrags (dieser Weg wird im Fall der Studien zur Abschreckungsforschung häufig begangen), andererseits um ausführlichere und systematischere Übersichtsartikel, die die bisherigen Forschungsergebnisse in informativer und wertender Weise zusammenfassen. Heute gilt die Methode jedoch aus wissenschaftstheoretischer und praktischer Perspektive als inadäquat.[67] Einer der Gründe für die Unangemessenheit des narrativen Vorgehens ist die rezente Befundexplosion in den Wissenschaften, welche auch auf dem Gebiet der Forschung zur Abschreckungswirkung des Strafens auszumachen ist;[68] es wird regelmäßig weder klar, ob alle verfügbaren Studien rezensiert wurden, noch, auf welcher Basis die Autoren ihr Gesamtfazit gezogen haben.[69] Als Instrumentarium zur systemati-

---

[67] Zur Kritik an traditionellen Integrationsmethoden vgl. Fricke/Treinis (1985, S. 12 ff.).
[68] Vgl. Dölling (1990, S. 1), der von einer „nicht mehr zu überblickenden Zahl" empirischer Untersuchungen zur Generalprävention spricht.
[69] Yang/Lester (2008, S. 455).

schen Ausarbeitung von Zusammenhängen zwischen Forschungsvorgehen und -resultaten wird stattdessen die Metaanalyse gewählt. Die metaanalytische Integrationsforschung ist einerseits eine Antwort auf die Kritik an den traditionellen Integrationsmethoden, andererseits eine Reaktion auf die gestiegenen Anforderungen an eine Befundintegration.[70]

Die Metaanalyse ist eine „statistische Studie über Studien", eine „Analyse von Analysen".[71] Motiviert von der Inkonsistenz der Primärstudienergebnisse findet zur systematischen Aufklärung der Varianz empirische Forschung über bisherige Forschung statt.[72] Die Metaanalyse ist als systematische und umfassende (möglichst vollständige) Untersuchung empirischer Einzelstudien zur Erlangung eines zusammenfassenden Überblicks und einer validen Einschätzung der bisher in der Literatur bekannt gewordenen Forschungsergebnisse zu einer bestimmten Theorie oder Hypothese zu verstehen. Mit den Integrationsmethoden der Metaanalyse sollen die Bedingungen, unter denen die heterogenen Forschungsresultate der Originalarbeiten zustande kamen, genauer untersucht werden. Eventuelle systematische Zusammenhänge zwischen bestimmten Resultaten und dem jeweiligen inhaltlichen und methodischen Vorgehen sollen aufgedeckt werden; als Diskrepanzursachen kommen dabei insbesondere Forschungsdesign oder Rahmenbedingungen der Untersuchungen in Betracht.[73] Da die Metaanalyse regelmäßig keinen Zugang zu den Rohdaten hat, werden Studienbefunde und zugrunde liegende statistische Schätzungen wie Korrelationen, Häufigkeitsunterschiede oder Signifikanzen gesammelt und systematisch ausgewertet. Dennoch ist die Metaanalyse kein bloßes statistisches Verfahren, vielmehr werden unter diesem Sammelbegriff eine Vielzahl qualitativer und quantitativer Forschungsmethoden zusammengefasst,[74] die je nach Fragestellung und Befundlage flexibel einsetzbar sind – Einschlägigkeit und Utilität der Verfahren sind stets individuell zu prüfen.

---

[70] Vgl. Cooper/Hedges (1994, S. 522).
[71] Glass (1976, S. 3).
[72] Rustenbach (2003, S. 8).
[73] Antony/Entorf (2003, S. 168).
[74] Vgl. Rosenthal/Di Matteo (2001, S. 62).

Bei verantwortungsvollem Einsatz sind die metaanalytischen Integrations-methoden vergleichsweise unbelastet von Objektivitäts- und Reliabilitäts-problemen und liefern replizierbare, umfassende, systematische und unver-zerrte Befundevaluationen.[75] Sämtliche vorteilhafte Eigenschaften des sub-jektiv-narrativen Reviews bleiben gewahrt; gegenüber der Primärforschung zeichnen sich metaanalytische Befundintegrationen durch erhöhte Präzisi-on, Reliabilität und Teststärke aus.[76] Letztlich können Integrationsbefunde auch potentiell Forschungslücken aufdecken beziehungsweise auf Fehl-entwicklungen hinweisen, Maßnahmen zur Verbesserung der Publikati-onspraxis identifizieren und so aussichtsreiche Wege für künftige empiri-sche Untersuchungen aufzeigen.

2.3.2 Untersuchungskonzept des Forschungsprojekts

Ziel des besagten Forschungsprojekts ist sowohl die Erfassung des Aus-maßes an Übereinstimmung als auch die Analyse der Diskrepanzen der empirischen Untersuchungen zur negativen Generalprävention. Im Hin-blick darauf, dass existente Metaanalysen zu diesem Untersuchungsgegen-stand lediglich partieller Natur sind, soll die Integrationsstudie „nicht nur methodologisch bedeutsame Ergebnisse zur Abschreckungsforschung er-bringen, sondern auch Aussagen über die Gültigkeit der generalpräventiven Abschreckungstheorie ermöglichen".[77]

Als erster Schritt der Befundintegration wurde versucht, relevante empiri-sche Primärstudien möglichst vollständig über systematische Literaturre-cherchen zu ermitteln und zu beschaffen.[78] Die Recherche erfolgte in sech-zehn kriminologischen, sozialwissenschaftlichen und ökonomischen Da-tenbanken mit den Suchbegriffen „Abschreckung", „Generalprävention", „negative Generalprävention", „general deterrence" und „deterrence", ab-hängig von der Datenbank in den Kategorien Titel, Schlagwort, Abstract oder Volltext. Zusätzlich wurden die Literaturlisten zentraler Monogra-

---

[75] Beelmann/Bliesener (1994, S. 222 ff.).
[76] Rustenbach (2003, S. 8).
[77] Dölling/Entorf/Hermann/Häring/Rupp/Woll (2007, S. 195).
[78] Detaillierte Beschreibung bei Rupp (2008, S. 70 ff.).

phien ausgewertet. Das erste Suchergebnis ergab 9.422 Literaturangaben, die in eine Literaturverwaltungsdatenbank aufgenommen wurden. Nach mehreren Selektionsschritten wie der Eliminierung von Doppelnennungen und thematisch nicht einschlägigen Studien ergaben sich 700 Untersuchungen (Stand August 2006), von denen arbeitsteilig in Darmstadt die ökonomischen Studien und in Heidelberg die kriminologischen und sozialwissenschaftlichen Studien anhand eines Erhebungsbogens ausgewertet und in eine Datenbank eingegeben wurden.

Es galt, die Primärstudien hinsichtlich der Integrationsfragestellungen und -ziele angemessen zu kodieren, zu klassifizieren und zu bewerten. Zur Erfassung wurde ein Erhebungsinstrument entwickelt, das sich aus zwei Teilerhebungsbögen zusammensetzt:[79] ein Teilerhebungsbogen zum Untersuchungsdesign, der Daten zu bibliographischen Angaben, Fachdisziplin von Autor und Publikationsorgan, Untersuchungsmethode, Population und Stichprobe, Qualitätskriterien sowie die Beurteilung der Befunde der Untersuchung durch die Autoren der jeweiligen Studie in Hinsicht auf die Gültigkeit der Abschreckungshypothese erfasst; außerdem ein Teilerhebungsbogen zu den Untersuchungsergebnissen, der berücksichtigt, ob die Abschreckungsvariable in der Untersuchung explizit Untersuchungsgegenstand oder Kontrollvariable ist, wie unabhängige und abhängige Variable operationalisiert werden, welche Kontrollvariablen berücksichtigt werden, welche Modellspezifikationen vorgenommen werden und wie das Ergebnis der Messung lautet. Pro Studie wurden weit mehr als 100 Variablen erhoben.

Zielsetzung der Untersuchung ist die Betrachtung aller empirischen Ergebnisse je Studie, basierend auf den geschätzten Effekten hinsichtlich der Abschreckungshypothese.[80] Da im Teilbereich der ökonomischen Studien die Robustheit des berechneten Effekts häufig durch Variation des zugrunde liegenden Modells überprüft wird, ist in ihrem Fall die Anzahl der Effektschätzungen erheblich größer als bei den kriminologischen und sozial-

---

[79] Vgl. Dölling/Entorf/Hermann/Rupp/Woll (2007, S. 637 f.).
[80] Vgl. Dölling/Entorf/Hermann/Häring/Rupp/Woll (2007, S. 196).

24

wissenschaftlichen Untersuchungen, wenngleich sich die Modelle oft nur minimal unterscheiden. Daher wurde bei den ökonomischen Studien nach dem Zufallsprinzip jeweils nur eine dieser Variationen pro Delikt ausgewählt, während bei den kriminologischen und sozialwissenschaftlichen Studien alle Effektschätzungen erhoben wurden.

Auf der Ebene der Effektschätzungen wird eine Vielzahl von Statistiken in den Primäranalysen angegeben, zumeist Korrelations- oder Regressionskoeffizienten in unterschiedlicher Ausprägung. Um Vergleichbarkeit herzustellen, wurden – soweit realisierbar – die Effektschätzungen in t-Werte umgerechnet, wobei diese zur Vermeidung potentieller Verzerrungen durch divergierende Anzahlen eingegebener Messwerte je Studie so gewichtet wurden, dass von jeder Studie rechnerisch die gleiche Anzahl von Effektschätzungen berücksichtigt wurde.[81] Der t-Wert ist eine Statistik, die meist in inferenzstatistischen Analysen zur Berechnung der Irrtumswahrscheinlichkeit eingesetzt wird und eine dimensionsunabhängige (nicht von den Einheiten der verwendeten Variablen abhängige) Vergleichbarkeit garantiert; sein Einsatz in Metaanalysen ist gängig.[82] Die t-Werte sind so kodiert, dass negative Werte Bestätigung, positive Werte Falsifikation der Abschreckungshypothese bedeuten. Um Unterschiede in den Fallzahlen zu kompensieren und direkte Komparabilität zu gewährleisten, wurden die t-Werte normalisiert; t-Werte mit kleiner Fallzahl wurden angepasst durch Berechnung der t-Werte, die man bei hoher Fallzahl, aber unveränderter Irrtumswahrscheinlichkeit für die Schätzung erhalten würde. Infolgedessen beträgt der kritische Wert für die Abgrenzung zwischen signifikanten und nichtsignifikanten t-Werten durchweg t=−1,96, bei Unterschreitung dieses Werts ist der Zusammenhang auf dem Fünf-Prozent-Niveau theoriekonsistent signifikant.[83] Wird auf der Studienebene eine Bestätigung der Abschreckungshypothese angenommen, so basiert dies regelmäßig auf theoriekonsistenten und signifikanten Schätzresultaten.

---

[81] Detaillierte Beschreibung bei Rupp (2008, S. 77 ff.).

[82] Stanley (2001, S. 175).

[83] Vgl. Dölling/Entorf/Hermann/Häring/Rupp/Woll (2007, S. 197, inkl. S. 207, Anm. 7).

2.3.3 Integration in das Forschungsprojekt

Studien zur Abschreckungswirkung von Strafrecht lassen sich zweckmäßig nach jeweilig angewandter Datenerhebungsmethode und Auswertungsverfahren gruppieren, so auch die dem Forschungsprojekt zugrunde liegenden Erstanalysen. Die klassische Differenzierung der empirischen Sozialforschung hat bei der metaanalytischen Kodierung und Klassifizierung der Primärstudien Niederschlag gefunden. Das Gesamtbild ergibt: Die Analyse von (Kriminal-)Statistiken und von Befragungen wurde am häufigsten eingesetzt, außerdem wurden Experimente durchgeführt.[84] Auch wenn sich sämtliche Studien zur Todesstrafe methodisch der Untersuchung von Kriminalstatistiken bedienen (in wenigen Fällen zusätzlich quasi-experimenteller Elemente oder natürlicher Experimente), so wurden diese doch wegen der Sonderstellung der Sanktion Todesstrafe und der damit einhergehenden unverhältnismäßigen Fülle an Arbeiten separat erfasst;[85] gerade im Hinblick auf die in den Modellen gewählten unabhängigen Variablen müssen sich Eigentümlichkeiten ergeben. Von der Grundgesamtheit des Forschungsprojekts von 700 Studien behandeln insgesamt 82 kriminalstatistische Studien die Abschreckungshypothese im Hinblick auf die Sanktion der Todesstrafe. Vorliegende Arbeit stellt sich als eigenständige Metaanalyse dieser 82 Studien einschließlich der zugehörigen 792 Effektschätzungen sowie der dazu erfassten Variablen und Daten zu Studiendesign und -aufbau dar, bei gleichfalls metaanalytischem Profil bildet besagter Teilausschnitt separierter Studien den Untersuchungsgegenstand. Ist im Folgenden von „Studien" und „Effektschätzungen" die Rede, so bezieht sich der Verfasser grundsätzlich nur auf solche, die zu diesem Untersuchungsgegenstand gehören, es sei denn, es wird ausdrücklich etwas anderes gesagt. Faktisch eingebettet in ein umfassendes Forschungsprojekt, können Datensatz und Auswertung der empirischen Primärergebnisse in vorliegender Arbeit sowohl im deskriptiven Teil als auch für die metaanalytische Begründung der Befunddiskrepanzen nutzbar gemacht werden.

---

[84] Nicht angewandt werden im Rahmen der Präventionsforschung etwa die verschiedenen Methoden der Beobachtung (Eisele (1999, S. 20, Fn. 9, S. 29, Fn. 17)).
[85] Dölling/Entorf/Hermann/Häring/Rupp/Woll (2007, S. 199).

3. Zielsetzung und Aufbau der Arbeit

Vor einer Skizzierung von Ziel und Forschungsvorgehen vorliegender Arbeit soll klargestellt werden, dass diese sich nicht in die oftmals emotional geführte theoretische Diskussion um die Todesstrafe einreihen soll. Jene Debatte, die häufig an einer unklaren Verwendung von Begriffen – beispielsweise dem schillernden Sühnebegriff[86] – krankt, entspringt insbesondere dem Versuch einer positiven ethischen Begründung dieser speziellen Art der Sanktion durch die absoluten Straftheorien.[87] Abgesehen vom historischen Überblick über die Todesstrafe wird in vorliegender Arbeit auf philosophische Bezüge, aber auch auf anthropologische, ethische und humanitäre Entgegnungen weitgehend verzichtet, sie werden allenfalls am Rand berührt. Ohnehin ließe sich den seit Langem diskutierten moraltheologischen und philosophischen Argumenten kaum noch etwas hinzufügen, wie auch die Frage nach der Grausamkeit sowie das Problem des oft unzureichenden Rechtswegs bei Verhängung der Todesstrafe in den einzelnen Staaten ausreichend behandelt sind.[88]

Gegenstand dieser kriminologischen Arbeit ist vielmehr eine sachlich-nüchterne Metaanalyse primäranalytischer Studien; die Arbeit beschäftigt sich ausschließlich mit empirischer Forschung zur Sanktion der Todesstrafe auf der Basis der dargestellten relativen Straftheorie der negativen Generalprävention. Für eine erfahrungswissenschaftliche Behandlung der Problematik Todesstrafe geben rational nicht zugängliche Erwägungen jedoch nichts her.[89]

---

[86] Vgl. Martis (1991, S. 2 ff.).

[87] Zur im Bezug auf die Todesstrafe hoch umstrittenen absoluten Straftheorie lediglich ein Zitat des zweiten russischen Präsidenten Wladimir Putin vom 7. Februar 2006: „Jede Strafe hat verschiedene Ziele, sie schließen Besserung und Vergeltung ein. Im Fall der Todesstrafe gibt es keine Besserung, nur Vergeltung. Es ist sogar unklar, wem die Vergeltung gilt, da die vom Staat eliminierte Person danach nichts mehr fühlt" [Übersetzung vom Verfasser].

[88] Zur Grausamkeit vgl. Leder (1980, S. 229, 232 ff., 244 ff.) und Keller (1968, S. 245 ff.); zum Rechtsweg in jedem Land vgl. Amnesty International (1989, S. 121 ff.).

[89] Vgl. auch Helfer (1975, S. 343).

3.1 Zielsetzung

Der Einstufung des Verfassers zufolge bejahen die Autoren der zugrunde liegenden 82 Studien in 26 Fällen eine negative generalpräventive Wirkung der Todesstrafe mehr oder minder nachhaltig. Etwa 30 Prozent der Studien kommen demnach zu dem Ergebnis, dass die Todesstrafe in Gesetz oder Praxis eine Abschreckungswirkung aufweist. Greift man auf den Datensatz zu, so lässt sich diese Feststellung anhand von Variablen auf der Ebene der Studien sowie der Effektschätzungen jedenfalls tendenziell manifestieren. Zum einen ist dort erfasst, wie die Studienautoren die Untersuchungsbefunde für Gewaltdelikte[90] auf einer Skala beurteilen, die sich von völliger Zustimmung über teilweise Zustimmung und teilweise Ablehnung bis hin zu völliger Ablehnung der Abschreckungshypothese erstreckt: Wenn der Abschreckungsgrad durch die Wahrscheinlichkeit, wegen eines Gewaltdelikts hingerichtet zu werden (Strafwahrscheinlichkeit), erfasst wird, wird der Abschreckungshypothese in 17 Prozent der Fälle (11 von 65 Studien) voll zugestimmt. Bei der gesetzlichen Androhung der Todesstrafe für ein Gewaltdelikt (Strafhöhe beziehungsweise -art) liegt volle Zustimmung zwar in 17 (von 39) Fällen beziehungsweise bei 44 Prozent vor, inwiefern jedoch (separate) Aussagen zum Abschreckungsausmaß der gesetzlichen Androhung der Todesstrafe von Bedeutung sein können, muss erst im Verlauf der Arbeit präzisiert werden; im Übrigen konnte eine Beurteilung der Abschreckungseffekte von Strafhöhe beziehungsweise -art in weniger als der Hälfte der Studien (39) ausgemacht werden, was die Aussagekraft der Häufigkeitszahl beschränken könnte. Beim Blick auf die Ebene der Effektschätzungen liegt der Anteil theoriekonsistenter und signifikanter Effektschätzungen (das heißt t-Wert $t \leq -1{,}96$) in den Studien zur Todesstrafe bei 30 Prozent. Es lässt sich somit resümieren, dass die Ergebnisse der Autoren auf der Studien- und Effektebene einer durchgängigen

---

[90] Zwar haben manche Autoren auch Befunde für Eigentumsdelikte und sonstige Delikte beurteilt, diese wenigen Einschätzungen werden jedoch wegen der geringen Relevanz dieser Delikte für die Frage nach einer Abschreckungswirkung der Todesstrafe außer Acht gelassen.

Tendenz folgen und ein weitgehend einheitliches Bild partieller Abweichung abgeben.

Die vorliegende Arbeit beschränkt sich in ihrem Hauptteil weitgehend auf eine Untersuchung der Ursachen und Kritik dieser abweichenden Ergebnisse, die restlichen 70 Prozent der Studien (und Effektschätzungen) werden allenfalls vergleichend diskutiert. Sehr gute Gründe sprechen dafür, die wenigen Studien zu untersuchen, die die Abschreckungswirkung der Todesstrafe bejahen. Wird über eine erst- oder abermalige Einführung der Todesstrafe nachgedacht, so liegt die Bürde eines Nachweises generalpräventiver Wirkung unstreitig bei den Verfechtern der Sanktion. Ist in rechtspolitischen Fragen weder die eine noch die andere Seite durchschlagend begründet, so trifft nach den allgemeinen Regeln die Beweislast den, der Änderung beabsichtigt: Wer verändern will, muss begründen und beweisen; kann er das nicht, bleibt es bei den beschlossenen Regeln.[91] Für Retentionsstaaten (das heißt Staaten mit Todesstrafe) im Fall von Abschaffungsforderungen könnte die Situation analog beurteilt werden und die Gegner der Beibehaltung der Todesstrafe müssten den Nachteil der Nichterweislichkeit der Abschreckungswirkung tragen, andernfalls es bei der getroffenen Entscheidung bliebe. Beansprucht der Staat aber das Recht, in einen geschützten Freiheitsbereich einzugreifen, so trägt er die Beweislast für die gesetzlichen Voraussetzungen dieses Eingriffs.[92] Ungeachtet ethisch-moralischer Wertungen dürfte der durch die Normierung der Todesstrafe mögliche Eingriff in das Recht auf Leben des Straftäters schwerer wiegen als ein Eingriff in dessen Freiheit[93] (allein diese wäre im Fall einer alternativen Haftstrafe betroffen), sodass sich mit der stärkeren Eingriffsintensität eine Verlagerung der Nachweispflicht begründen ließe, gewisser-

---

[91] Vgl. Kriele (2003, S. 176 ff.), der entsprechend im Hinblick auf die verfassungsrechtliche Verankerung des Prinzips der Menschenwürde argumentiert.

[92] Vgl. Dawin, in: Schoch/Schmidt-Aßmann/Pietzner (2009, § 108 Rn. 105).

[93] Dies wird schon dadurch bedingt, dass das Recht auf Leben die Voraussetzung für die Ausübung aller Freiheitsrechte ist, mithin auch der körperlichen Bewegungsfreiheit (vgl. Murswiek, in: Sachs (2009, Art. 2 Rn. 8)); auch im deutschen (Straf-)Recht etwa wird dem Rechtsgut Leben höhere abstrakte Wertigkeit auf Eingriffsseite eingeräumt als der Freiheit (vgl. Erb, in: von Heintschel-Heinegg (2003, § 34 Rn. 110)).

maßen kraft Verfassungsrechts: Unter dem Gesichtspunkt der Rechtferti-
gungsbedürftigkeit hoheitlicher Rechtseingriffe erscheint eine permanente
Zuweisung der Beweislast an die Verfechter der Todesstrafe plausibel, jedenfalls nicht abwegig. Diesen Überlegungen entsprechend liegt es immer
an den Befürwortern der Todesstrafe, die Situation des *non liquet* um deren
Abschreckungswirkung aufzulösen.

Eine Hauptaufgabe der Metaanalyse liegt darin, Gründe für abweichende
Ergebnisse der Einzelstudien zu ermitteln.[94] Vor dem Hintergrund der dargestellten Beweisobliegenheit bei den Verfechtern der Todesstrafe in Kombination mit der Befundverteilung und dem Bild partieller Abweichung
verspricht eine Annäherung an die Debatte von Seiten der affirmativen
Studien Reiz: Es sollen Gründe für die partiell divergenten Ergebnisse ermittelt werden, eventuelle systematische Zusammenhänge zwischen dem
Resultat einer Abschreckungswirkung und dem jeweiligen inhaltlichen und
methodischen Vorgehen aufgedeckt und die Tragfähigkeit und Aussagekraft dieser Befunde überprüft werden. Der Integrationsstudie steht infolgedessen die Frage voran, warum einem überwiegenden Teil der Originalarbeiten zur empirischen Untersuchung der Abschreckungswirkung der
Todesstrafe mit ablehnendem Ergebnis ein Anteil von annähernd einem
Viertel der Studien gegenübersteht, der die Abschreckungshypothese im
Hinblick auf die Todesstrafe bejaht. Es werden die (divergenten) Arbeiten
untersucht, denen scheinbar eine Falsifikation der Nullhypothese zur Abschreckungswirkung der Todesstrafe gelingt. Infolge der Ursachensuche
für die Diskrepanz der Ergebnisse einschließlich der qualitativen Bewertung der abweichenden Befunde soll sich eine valide Einschätzung des
Forschungsstands und mittelbar zum Bestehen des Abschreckungseffekts
der Todesstrafe treffen lassen.

Zur Umsetzung dieses Forschungsziels wird primär mit einer Metaanalyse
qualitativer Art gearbeitet.[95] Durch die metaanalytische Integrationsmetho-

---

[94] Dölling/Entorf/Hermann/Häring/Rupp/Woll (2007, S. 195).
[95] Zu Diskussion und Feststellung, dass die metaanalytische Integrationstechnik qualitative
Verfahren jedenfalls nicht ausschließt, vgl. auch Fricke/Treinis (1985, S. 16 f.).

dik sollen Objektivitäts- und Reliabilitätsprobleme weitgehend ausgeschlossen werden. Mittels qualitativer Vorgehensweise bei der Untersuchung der Primäranalysen sollen befundrelevante methodische Probleme und Eigenheiten, aber auch generelle Einschränkungen insbesondere der Studien, die zu einem Abschreckungseffekt der Todesstrafe kommen, aufgedeckt werden. Durch Entwicklung einer methodenspezifischen Typologie und Auseinandersetzung mit den einzelnen Methoden soll eine bessere Beurteilung dieser Studien und ihrer Ergebnisse ermöglicht werden. Aufgrund der Überschaubarkeit der Studienanzahl von 82 kann eine qualitative Analyse geleistet werden. Zwar kann diese nicht zu einer endgültigen Entscheidung über Diskrepanzursachen gelangen, sie kann gleichwohl maßgebliche Anhaltspunkte für methodentypische Resultate und Methodenartefakte liefern und womöglich Ausgangspunkt für eine umfassende quantitative Metaanalyse empirischer Abschreckungsstudien zur Todesstrafe sein und deren Grundlage bilden.

3.2 Aufbau

Hieraus ergibt sich der Aufbau für vorliegende Arbeit: Im zweiten Teil soll als Vorstufe für die zentrale qualitative Metaanalyse eine Beschreibung des Untersuchungsgegenstands erfolgen. Die deskriptive Methodik der Metaanalyse gliedert sich in eine Charakterisierung von fünf repräsentativen Studien(typen) zur Abschreckungswirkung der Todesstrafe sowie eine studien- und effektschätzungsbezogene Deskription der Grundgesamtheit von Primäranalysen anhand des zugrunde liegenden Datensatzes. Die Charakterisierung einiger (stellvertretender) typischer Werke soll dem Leser einen Überblick über die klassischen Methoden der empirischen Untersuchung des Abschreckungseffekts der Todesstrafe geben und ihm den Untersuchungsgegenstand dieser Metaanalyse näherbringen. Die darauffolgende Deskription aller 82 Studien in ihrer Gesamtheit verfolgt das Ziel eines Gesamtüberblicks über die erfassten Daten. Schließlich sollen in der entscheidenden qualitativen Analyse im dritten Teil anknüpfend daran die Ursachen für die Ergebnisdiskrepanz auf verschiedenen Ebenen aufgezeigt und ferner die Arbeiten affirmativen Ausgangs untersucht werden. Es werden die Studien beurteilt, die die Abschreckungshypothese im Hinblick auf die Todesstrafe bejahen, während die Studien mit anderem Ergebnis, die den Hauptanteil ausmachen, nur mittelbar und vergleichend diskutiert werden. Hierfür wird beim Studienautor, bei Studieneigenarten, auf Datenebene, auf theoretisch-methodischer Ebene, auf statistischer Ebene und auf interpretatorischer Ebene angesetzt. Abschließend werden im vierten Teil die Ergebnisse dieser Arbeit – auch im Hinblick auf nachkommende Forschung – zusammengefasst sowie interpretiert und wird ein Fazit gezogen.

Zweiter Teil: Deskription des Untersuchungsgegenstands

Wie oben festgestellt, fällt unter die Integrationstechnik der Metaanalyse
eine Vielzahl unterschiedlicher Forschungsmethoden, welche je nach Fragestellung und Befundlage flexibel einsetzbar sind, sofern sie sich im Einzelfall als einschlägig und nützlich erweisen. Vor der qualitativen Metaanalyse zur Ermittlung der Ursachen abweichender Ergebnisse und ihrer
Beurteilung erscheint eine Deskription des zugrunde liegenden Untersuchungsgegenstands notwendig und zweckmäßig. Ähnlich wie bei Primäranalysen steht der Heranziehung deskriptiver Elemente bei Metaanalysen
nichts entgegen.[96]

Dem Leser sollen in Vorbereitung der qualitativen Analyse systematischer
Zusammenhänge zwischen dem Befund einer Abschreckungswirkung der
Todesstrafe und dem jeweiligen Vorgehen diese Verfahren, Daten und Methoden nahegebracht und die Untersuchungen präsentiert werden. Es werden zunächst einzelne, als mehr oder weniger repräsentativ für andere Studien erachtete Werke vorgestellt, bevor die Grundgesamtheit auf Studien-
wie auf Effektschätzungsebene zur Einordnung der Einzelanalysen beschrieben wird.

1. Repräsentative Studien

Den Einstieg der deskriptiven Methodik bildet die detaillierte Charakterisierung von fünf repräsentativen Werken zur empirischen Überprüfung der
Abschreckungswirkung der Todesstrafe. Diese Beschreibung soll dem Leser einen Überblick über die typischen Studienarten und -methoden der
empirischen Untersuchung des Abschreckungseffekts der Todesstrafe vermitteln.

Die jeweiligen Studien differieren in ihrem Repräsentativitätsgrad, stehen
jedoch allesamt für eine gewisse methodische Ära respektive einen For-
schungsstatus der Abschreckungsforschung, sodass sich eine Darstellung
in chronologischer Reihenfolge ihrer Publikation anbietet.

---

[96] Vgl. Fricke/Treinis (1985, S. 18).

„Die typische Studie zur Todesstrafe verwendet registrierte Daten aus den USA zur Anzahl von gemeldeten Verbrechen, wobei entweder Regionen oder Perioden, in denen Androhung, Auferlegung oder Anwendung der Todesstrafe variieren, verglichen werden" [Übersetzung vom Verfasser],[97] konstatieren die Projektleiter in einer ihrer Veröffentlichungen über das die vorliegende Metaanalyse mitumfassende Forschungsvorhaben. Unabhängig von ihrer Gültigkeit für den kompletten Studiensatz ist diese Aussage bereits im Vorlauf zur chronologischen Dokumentation im Hinblick auf die Terminologie „Vergleich" zu präzisieren. Den ersten Versuchen zur empirischen Überprüfung der Abschreckungswirkung der Todesstrafe lagen in der Tat vorwiegend zwei Konzepte zugrunde, es wurden Vergleiche der Tötungsdeliktshäufigkeit (nicht -raten) entweder in Staaten mit und ohne Todesstrafe oder vor und nach Hinrichtungen angestellt. Jene „Studien" waren aber schlichtweg zu grob, um aussagekräftige Ergebnisse zu generieren.[98] Diese Erkenntnis veranlasste eine Reihe von Untersuchungen in den Vereinigten Staaten von Beginn des 20. Jahrhunderts bis in die 1960er Jahre, die zwar nach wie vor statt verfeinerter statistischer Verfahren simple komparatistische Techniken bemühten; diese verglichen jedoch Tötungsdeliktsraten in benachbarten oder anderweitig vergleichbaren Staaten mit und ohne Todesstrafe beziehungsweise Tötungsdeliktsraten für Staaten vor und nach der Abschaffung und/oder Wiedereinführung der Todesstrafe. Analysen benachbarter Staaten und Vorher-Nachher-Analysen haben den Vorteil, dass sie wichtige Faktoren berücksichtigen, die die Tötungsraten beeinflussen, ohne jedoch zu den Strafjustizfaktoren zu zählen; so unterscheiden sich Staaten möglicherweise in ihrer demographischen Zusammensetzung, der sozialen Struktur und kulturellen Mustern.[99]

1.1 Studie von Schuessler und weitere komparatistische Analysen

Während von den frühen Untersuchungen keine in die Metaanalyse eingegangen ist, reiht sich die Studie von Karl F. Schuessler *„The Deterrent*

---

[97] Übersetzung nach Dölling/Entorf/Hermann/Rupp (2009, S. 219).
[98] Bailey/Peterson (1994, S. 55).
[99] Bailey (1980b, S. 183 f.).

Influence of the Death Penalty" aus dem Jahr 1952[100] in die Kategorie der weiterentwickelten Vergleichsanalysen ein. Sie steht hier stellvertretend für die komparatistischen Analysen.

Schuessler gliedert seine Arbeit in sechs Themenkomplexe, die er größtenteils als Fragen formuliert. So fragt er (1) nach der Eignung von US-Statistiken zur Messung des Abschreckungseffekts der Todesstrafe, (2) nach dem Abschreckungsgesichtspunkt als Erklärung für Entwicklungen in Tötungs- und Hinrichtungsrate, (3) ob sich weniger Morde in Staaten mit Todesstrafe ereignen als in solchen ohne, (4) ob die unterschiedliche Anwendung (Vollstreckung) der Todesstrafe zu differierenden Tötungszahlen führt, (5) nach der Vereinbarkeit der Abschreckungsthese mit Unterschieden in der Mordrate diverser Bevölkerungsteile sowie (6) nach einer allgemeinen Bewertung des Abschreckungswerts der Todesstrafe. Schuesslers Antworten und Materialauswertung sind den Fragen entsprechend gegliedert. Er benutzt die Sterbestatistik des *United States Bureau of the Census*, um die Mordrate in den USA festzustellen, weil er diese Statistik für die 1930er und 1940er Jahre als am zuverlässigsten erachtet. Er vergleicht die Entwicklung der Tötungsrate zwischen 1930 und 1949 mit der der Hinrichtungsrate, US-Bundesstaaten mit Todesstrafe mit solchen, die die Todesstrafe abgeschafft hatten (auch unter Berücksichtigung von benachbarter Lage), und die Entwicklung der Mordrate nach Abschaffung der Todesstrafe in Schweden und den Niederlanden. Zudem stellt er zur Überprüfung des Abschreckungseffekts der Gewissheit von Exekutionen die Hinrichtungsrate pro 1.000 Tötungsverbrechen zwischen 1937 und 1949 der Tötungsrate in 41 Todesstrafen-Bundesstaaten gegenüber; zur Prüfung der Robustheit der Ergebnisse teilt er diese Staaten in vier Gruppen je nach Höhe der Tötungsrate ein, berechnet jeweils die durchschnittlichen Tötungsdelikts- und Hinrichtungsraten und setzt beide in ein Verhältnis.[101] Überdies untersucht er stellvertretend für Tötungen und Hinrichtungen von

---

[100] Schuessler (1952).

[101] Vgl. Bailey (1980b, S. 184), der die Studie von Schuessler (1952) als eine der ersten bezeichnet, die den Einfluss der Gewissheit von Exekutionen (im Unterschied zur bloßen gesetzlichen Androhung der Todesstrafe) einem empirischen Test unterzieht.

Mitgliedern bestimmter Bevölkerungsteile die weibliche und die dunkel-
häutige Population, ehe er ein Fazit zieht und generelle Einschätzungen
abgibt.

Die Ergebnisse dieser analytischen Vergleiche stützen die Abschreckungsthese nicht, ein spezieller Abschreckungswert der Todesstrafe sei mangels
Einflusses der Hinrichtungsraten auf die Tötungsraten widerlegt. Vielmehr
schließt Schuessler aus seinen Befunden, die relative Mordhäufigkeit in einer gegebenen Population sei eine Funktion der kulturellen Bedingungen,
unter denen die Gruppe lebe. Schon die Erkenntnis, dass die Tötungsdeliktsrate große – von Faktoren wie Geschlecht, Rasse, Umwelt, Jahres-
zeit und deren Wirkung untereinander abhängige – Differenzen aufweise,
deute an, dass ein Tötungsakt eher ein komplexes soziologisches Ereignis
als eine simple, von der Abschreckungswirkung der Todesstrafe kontrollierte Reaktion sei. Genauso bestärke die bekannte Kritik mangelnder Uni-
formität der Vergleichsobjekte bei Gegenüberstellung von Staaten mit und
ohne Todesstrafe indirekt, dass eine Mordtat das Ergebnis einer Kombination sozialer Umstände sei, von denen die Todesstrafe nur ein – sogar be-
wiesen unwesentlicher – Umstand sei.

An der Untersuchung von Schuessler sowie an weiteren Untersuchungen
des amerikanischen Kriminalsoziologen Thorsten Sellin, die ebenfalls ver-
gleichende Analysen der Mordraten in Staaten mit und ohne Todesstrafe[102]
beziehungsweise in Staaten vor und nach Abschaffung und/oder Wiedereinführung der Todesstrafe enthalten,[103] orientierten sich in der Folge diverse andere Autoren. Sie kommen ebenfalls zu dem Ergebnis, dass die
Todesstrafe kein effektives Abschreckungsmittel gegen Tötungsdelikte
darstellt.

Die der Metaanalyse zugrunde liegenden Studien stammen von Albert P.
Cardarelli,[104] von Cleobis H. S. Jayewardene[105] und von William C. Bailey

---

[102] Sellin (1967).
[103] Sellin (1955) und Sellin (1959).
[104] Cardarelli (1968).
[105] Jayewardene (1973).

aus den Jahren 1974[106] und 1975.[107] Ergänzend zur Studie von Schuessler soll die spätere und zugleich ausführlichere der beiden Studien von Bailey betrachtet werden. Bailey verwendet Daten aus lediglich zwei Jahren und untersucht die generalpräventive Wirkung der Todesstrafe (insbesondere) auf Mord ersten Grades als die schwerste Art von Mord. Seine Daten stammen von den Gefängnisverwaltungen in 42 US-Bundesstaaten und sind solche über die Insassen, die 1967 und 1968 wegen Mordes ersten Grades („First-Degree Murder") und wegen – etwa mangels Planung im Voraus als weniger verwerflich einzustufenden – Mordes zweiten Grades („Second-Degree Murder") schuldig gesprochen und ins Gefängnis eingeliefert wurden. Bailey bedient sich dieser Daten, da die Statistiken des *Federal Bureau of Investigation*, des *Federal Bureau of Prisons* und des staatlichen Gesundheitswesens keine Angaben enthielten, die sich ausschließlich auf Mord ersten Grades beziehen, die Todesstrafe aber ganz überwiegend nur für diese Art von Verbrechen verhängt werde; daneben benutzt er aber auch die Angaben des *FBI* über Tötungsdelikte.

Bailey kommt zu dem Ergebnis, dass in beiden Jahren die Raten von Mord ersten und zweiten Grades wie auch die Rate aller Tötungsdelikte in den Staaten, die die Todesstrafe beibehalten haben, größer sind als in den Staaten, die die Todesstrafe abgeschafft haben. Von den benachbarten Staaten hätten über 60 Prozent der Todesstrafen-Staaten höhere Raten von Mord ersten Grades und unter 30 Prozent geringere als ihre Nachbarstaaten ohne Todesstrafe. Weiterhin vergleicht Bailey – über benachbarte Staaten hinaus – Staaten mit und ohne Todesstrafe, die sich in bestimmten sozioökonomischen (Familieneinkommen, Bildung) oder demographischen Faktoren (Anteil der nicht-weißen Bevölkerung, Anteil der Altersgruppe zwischen 18 und 44 Jahren an der Gesamtbevölkerung, Größe der Bevölkerung, Bevölkerungsdichte, in städtischen Gebieten angesiedelter Bevölkerungsanteil) ähnlich sind: Er stuft die Staaten für jeden der sieben Faktoren in drei Gruppen ein („low", „moderate", „high") und vergleicht für jede Gruppe

---

[106] Bailey (1974).
[107] Bailey (1975).

die Raten von Mord ersten und zweiten Grades wie auch die Rate aller Tötungsdelikte in den Staaten, die die Todesstrafe beibehalten haben, mit den
Raten in den Staaten, die sie abgeschafft haben. Bailey stellt fest, dass mit
nur einer Ausnahme in jeder dieser Gruppen und in beiden Jahren die Raten bezüglich der drei untersuchten Verbrechensgruppen in den Todesstrafen-Staaten höher sind als in den Staaten ohne Todesstrafe. Dieses Ergebnis erbringe auch ein entsprechender Vergleich der drei verschiedenen Tötungsraten in Staaten mit und ohne Todesstrafe unter Berücksichtigung der
Rate für schwere Körperverletzung.[108] Schließlich bestehe zwar eine negative Korrelation zwischen der Hinrichtungsrate (also der Gewissheit von
Exekutionen) und der Mordrate, dieser Zusammenhang sei aber – wie im
Übrigen schon bei Schuessler – verschwindend gering. Alles in allem lasse
sich feststellen, dass sich die Raten von Mord ersten und zweiten Grades
und aller Tötungsdelikte weitgehend identisch verhalten, dennoch stünden
die Ergebnisse im Einklang mit früheren Untersuchungen und damit gerade entgegen den Prognosen der Abschreckungshypothese.

Nach Darstellung der Studien von Schuessler und Bailey lässt sich der zu
jener Zeit herrschende Tenor in der empirischen Forschung zur Abschreckungswirkung der Todesstrafe nachvollziehen, welchen Sellins „unum-
gängliche Schlussfolgerung", dass die Todesstrafe – weder in Gesetz noch
Praxis – Einfluss auf Tötungsraten habe,[109] erfasst. Schuessler resümiert:
*„Die Tatsache, dass zugunsten der Todesstrafe noch mit ihrer Abschre-
ckungswirkung argumentiert wird, dürfte Ausdruck der Eigenschaft von
Menschen sein, Tradition mit Beweiskraft zu verwechseln, und derer Befä-
higung, bewährte Verhaltensweisen zu rechtfertigen"* [Übersetzung vom
Verfasser].[110]

---

[108] Die Heranziehung dieses Vergleichs wird damit begründet, dass dieselben Kausalfaktoren
für tödlich endende wie für nicht-tödlich endende Körperverletzungen verantwortlich seien, es
sei oftmals „das reinste Glück" (vgl. Bloch/Geis (1962, S. 278 f.)), das Körperverletzung von
Tötungsdelikt separiere.
[109] Sellin (1967, S. 138).
[110] Übersetzung nach Schuessler (1952, S. 62).

1.2 Studie von Ehrlich

Den bisher präsentierten Untersuchungen über den Zusammenhang zwischen Mordrate und Todesstrafe haften vor allem zwei Probleme an:[111] Zum einen stehen oft nur in unzureichendem Maß Daten über die Mordrate über längere Zeiträume hinweg zur Verfügung und insbesondere sind spezielle Daten über schwere Morde, für die die Todesstrafe verhängt werden könnte, meist gar nicht vorhanden. Zum anderen wird nach wie vor die Veränderung anderer Faktoren (beispielsweise der sozialen Umstände oder der Aufklärungsquote für Tötungsverbrechen als generalpräventivem Faktor), die die Tötungsdeliktsrate beeinflussen könnten, nicht ausreichend berücksichtigt – durch den Vergleich mit benachbarten Staaten etwa erfolgt lediglich eine mittelbare Berücksichtigung.

Wenn auch ansatzweise in manchen vorangegangenen Studien erwähnt, wird eine weitere Voraussetzung für die Prüfung der Generalpräventionsthese nicht hinreichend theoretisch erfasst und deshalb auch nicht empirisch überprüft: Im Rahmen der Berücksichtigung aller Einflussfaktoren auf den Täter muss insbesondere die Realität der Sanktion in Rechnung gestellt werden, wobei unter Realität nicht nur die Art der Sanktion zu verstehen ist, sondern auch die Größe der Wahrscheinlichkeit, gefasst, verurteilt und der Sanktion unterworfen zu werden. Unter Umständen weitaus bedeutender als die Existenz beziehungsweise Abwesenheit der Todesstrafe in verschiedenen Staaten ist daher ihre Anwendung, die Vollstreckung.[112]

Neuere multivariate, statistisch verfeinerte Analysen der Beziehung zwischen Exekutionsraten und Mordraten in mehreren Staaten und über bestimmte Zeitintervalle bemühten sich, diesen Kritikpunkten jedenfalls teilweise Rechnung zu tragen. Den Anfang hierzu machte der Ökonom Isaac Ehrlich im Jahr 1975 mit seinem Beitrag „*The Deterrent Effect of Capital*

---

[111] Vgl. hierzu Martis (1991, S. 175).

[112] Vgl. Ehrlichs Vorwurf an Sellin, dass dessen Studien damit zu informellen Vorzeichentests der einfachen Korrelation von rechtlichem Status der Todesstrafe und Mordraten im Vergleich zwischen einigen Staaten werden (Ehrlich (1975b, S. 222)).

Punishment: A Question of Life and Death",[113] der als die bekannteste empirische Studie zur Abschreckungswirkung der Todesstrafe gilt, auch – aber nicht nur –, weil er zu dem Ergebnis gelangt, dass jede Hinrichtung im Untersuchungszeitraum sieben bis acht weitere Tötungsdelikte verhindert hat, also Menschen konkret durch die Vollstreckung der Todesstrafe von Tötungen abgeschreckt werden. Entsprechend ihrer Bedeutung für die empirische Forschung zur negativen generalpräventiven Wirkung der Todesstrafe und damit gerade auch für die vorliegende Arbeit soll diese Studie im Folgenden ausführlicher beschrieben werden – hinsichtlich ihrer allgemeinen theoretischen Grundlagen und ihrer Methode der empirischen Überprüfung.[114]

1.2.1 Ehrlichs Theorie des rationalen Mörders

Ehrlichs Untersuchung basiert auf der Annahme, dass sich das Verhalten des rationalen, eine Entscheidung treffenden Mörders als Sonderfall des allgemeinen rationalen Verhaltens auffassen lässt, welches in einer grundlegenden Nutzenfunktion dargestellt werden kann. Ausgehend davon, dass der Mörder wie alle Menschen nach Nutzenmaximierung strebt, ergibt sich als Voraussetzung für die Begehung eines Mordes, dass der erwartete Nutzen der Tat für den Mörder den zu erwartenden Nutzen durch eine alternative legale Handlung übersteigt. Eine mathematisch bestimmte Formulierung der Funktionsbeziehung, die diesen Zusammenhang ausdrückt, lautet verbalisiert: Eine hinreichende Bedingung für einen rationalen Mord liegt dann vor, wenn die Summe des Nutzens, der sich aus der Konsumtion des Mörders in verschiedenen Realitätszuständen nach der Tat (gewichtet mit der Eintrittswahrscheinlichkeit dieser „States of the World") ergibt, bei Mordbegehung größer ist als der Nutzen einer anderen Handlungsalternative. Nur in diesem Fall wird ein Mord begangen.

Wie bereits erwähnt, ist Ehrlich in Fortführung von Beckers Ansätzen die Übertragung der generalpräventiven Abschreckungstheorien von der philo-

---

[113] Ehrlich (1975a).

[114] Zur Deskription werden neben der Originalarbeit (Ehrlich (1975a)) die deutschsprachigen Erläuterungen bei Köberer (1982, S. 203 ff.) herangezogen.

sophisch-verbalen auf die operationalisierbare Ebene ökonometrischer Modelle zuzuschreiben. So bringt die dargestellte Formalisierung einen Ertrag, der über die bloße abstrakte Formulierung hinausgeht. Die mathematische Bestimmung der mutmaßlichen Zusammenhänge ermöglicht eine Ableitung bestimmter Implikationen dieser Theorie durch mathematische Verfahren; es können dadurch weitere Aussagen über das darin gefasste Untersuchungsobjekt für bestimmte Realitätsmodelle gewonnen werden. Nach Ehrlich lässt sich etwa ein Modell der Realität nach einem Mord mit lediglich vier Realitätszuständen entwerfen: Entweder (1) der Mörder wird nicht gefasst, (2) der Mörder wird gefasst, aber nicht wegen Mordes verurteilt, (3) der Mörder wird wegen Mordes verurteilt, aber nur zu einer Freiheitsstrafe, oder (4) der Mörder wird verurteilt und hingerichtet. Für jede der Alternativen kann eine Eintrittswahrscheinlichkeit ermittelt werden, wobei die Wahrscheinlichkeit der Zustände (2) bis (4) jeweils von der Wahrscheinlichkeit der vorhergehenden Zustände abhängt. Es lässt sich ableiten, dass die partiellen Elastizitäten (das Ausmaß, in dem eine Variable auf die Änderung einer anderen Variablen reagiert) des erwarteten Nutzens aus dem Mord in Bezug auf diese Wahrscheinlichkeiten sich so verhalten, dass die Elastizität bezüglich der Wahrscheinlichkeit, gefasst zu werden, größer ist als die Elastizität bezüglich der Wahrscheinlichkeit, verurteilt zu werden, und diese wiederum größer ist als die Elastizität bezüglich der Wahrscheinlichkeit, exekutiert zu werden. Unter der Prämisse, dass der rationale Mörder Nutzenmaximierung anstrebt, ergeben sich aus den theoretischen Erwägungen zu diesem Realitätsmodell mithin abgestufte Konsequenzen (Anreize zu Mord) entsprechend dem erwarteten Nutzen aus einem Mord beziehungsweise den Wahrscheinlichkeiten, mit denen der Mörder gewissen Stufen des Sanktionsprozesses unterworfen wird. Soll die Realität durch die Theorie angemessen erfasst sein, so muss eine empirische Überprüfung eine ähnliche Hierarchie der Elastizitäten hervorbringen.

Ferner entwickelt Ehrlich unter dem Blickwinkel effizienter Strafverfolgung, dass Verurteilungsrate und Hinrichtungsrate nicht nur die Mordrate, sondern sich auch wechselseitig beeinflussen, weil die Gesellschaft bei einem Sinken einer dieser Raten die andere erhöht, um dieselbe generalprä-ventive Wirkung zu erzielen. Für die empirische Analyse hat dies zur Fol-ge, dass der einfache Korrelationskoeffizient zwischen Schätzungen der Mordrate und der Hinrichtungsrate als Indikator für die abschreckende Wirkung untauglich ist. Zur Erfassung jener Interdependenzen muss mit komplizierten Instrumenten der empirischen Untersuchung gearbeitet wer-den, beispielsweise geeigneten multiplen Regressionsrechnungen.

1.2.2 Ehrlichs empirische Überprüfung der Abschreckungshypothese

Mangels Quantifizierbarkeit in ihren wichtigsten Variablen (insbesondere dem erwarteten Nutzen aus dem Mord) lässt sich eine empirische Untersu-chung der Abschreckungswirkung der Todesstrafe nicht mithilfe der For-meln von Ehrlichs allgemeinem Modell durchführen. Stattdessen greift Ehrlich für seine „Supply-of-Murders Function" auf eine Funktion vom Typ *Cobb-Douglas* zurück, die in der Mikro- und Makroökonomie wie auch der Produktionswirtschaft als Produktions- respektive Nutzenfunktion eingesetzt wird. In solchen Produktionsformeln wird ein mathematischer Zusammenhang zwischen dem Ausstoß eines bestimmten Produkts und den Größen bestimmter Produktionsfaktoren aufgestellt, in dem sich die zahlenmäßige Abhängigkeit der als abhängige Variable angenommenen Produktenmenge von den anderen Faktoren berechnen lässt.

Als abhängige Variable wählt Ehrlich die Mordrate in einem bestimmten Jahr, berechnet auf Grundlage der Anzahl der Morde und vorsätzlichen Tö-tungsverbrechen pro 1.000 Einwohner der USA; zudem bezieht er die Ver-haftungswahrscheinlichkeit,[115] die Verurteilungswahrscheinlichkeit und die Hinrichtungswahrscheinlichkeit ein. Die Daten für die Mordrate einerseits und die Daten für die Verhaftungs- und Verurteilungswahrscheinlichkeit andererseits entnimmt Ehrlich den *Uniform Crime Reports* des *FBI*. Die Exekutionswahrscheinlichkeit hängt von der Anzahl der Verurteilten und

---

[115] In den USA wird unter Aufklärung regelmäßig die Verhaftung mindestens eines Tatver-dächtigen mit anschließender Anklage und Übergabe an ein Gericht zur weiteren strafrechtli-chen Verfolgung verstanden (vgl. beispielsweise Federal Bureau of Investigation (1999, S. 199)).

damit ebenfalls von den *FBI*-Angaben ab; Ehrlich misst sie auf sechs ver-schiedene Arten, da Exekutionen erst in gewissem Zeitabstand auf Verur-teilungen folgen, was von Bedeutung für die objektive Prognose der Wahr-scheinlichkeit sei, dass eine Verurteilung wegen Mordes in eine Exekution mündet. Dem Problem mangelnder Berücksichtigung eventuell die Mord-rate beeinflussender Faktoren versucht Ehrlich dadurch zu begegnen, dass einige sozioökonomische wie auch demographische Variablen als exogene Variablen[116] miteinbezogen werden; Ehrlich wählt etwa Erwerbsquote, Ar-beitslosenrate, Pro-Kopf-Einkommen, Anteil der Altersgruppe zwischen 14 und 24 Jahren an der Gesamtbevölkerung, im Übrigen Pro-Kopf-Ausgaben für Polizei, Größe der Gesamtbevölkerung und Anteil der nicht-weißen Bevölkerung. Die Parameter der Funktion, insbesondere die Elastizitäten der endogenen und exogenen Variablen bezüglich der Mordrate, werden mithilfe einer hochentwickelten Regressionsrechnung geschätzt, die ein Isolieren der gegenseitigen Beeinflussung der endogenen Variablen ermög-licht.

Ehrlich untersucht Daten der gesamten Vereinigten Staaten von Amerika für den Zeitraum von 1933 bis 1969. Anhand der gewählten Datensätze für jedes Jahr im Untersuchungszeitraum kann er den Zusammenhang der Va-riablen mithilfe seiner ökonometrischen Regressionsanalyse schätzen. Er geht von einem multiplikativen (statt additiven) Effekt der Faktoren, die die Mordrate bestimmen, aus und setzt logarithmische (statt natürliche) Werte der genannten Variablen in die Formel ein. Die erhaltenen Ergebnis-se stimmen laut Ehrlich überein mit den Erwartungen aufgrund seines the-oretischen Modells, und zwar nicht nur in Bezug auf die Vorzeichen der Elastizitäten, sondern auch auf das zahlenmäßige Verhältnis. So findet er negative Elastizitäten von Verhaftungs-, Verurteilungs- und Hinrichtungs-wahrscheinlichkeit, was ein Absinken der Mordrate bei Steigen der jewei-ligen Wahrscheinlichkeit bedeutet. Erwartungsgemäß sei die negative Re-

---

[116] Exogene Variablen sind Größen, die selbst nicht durch die endogenen Variablen beein-flusst werden, diese jedoch determinieren; im Gegensatz dazu sind endogene Variablen Grö-ßen, die gemeinsam voneinander abhängig sind und vom Modell erklärt werden (Stöwe (1977, S. 22)).

aktion für die Wahrscheinlichkeit, gefasst zu werden, am stärksten und bei der Wahrscheinlichkeit, hingerichtet zu werden, am geringsten. Zusätzlich zur Bestätigung der wichtigsten Hypothesen des theoretischen Modells findet Ehrlich unter anderem eine positive Elastizität bezüglich der Arbeitslosenrate. Schließlich versucht Ehrlich unter der Überschrift „Deterrence or Incapacitation" dem naheliegenden Zweifel vorzubeugen, der beobachtete Effekt negativer Elastizität beruhe statt auf Abschreckung auf endgültiger (negativer) Spezialprävention. Wenn man – schon sehr unrealistisch – davon ausginge, dass jeder potentielle Mörder pro Jahr einen Mord begeht, und dann berechnete, wie viele Morde dadurch entfallen, dass ein bestimmter Prozentsatz der Mörder durch eine Verurteilung endgültig unschädlich gemacht wird, ergäben sich laut Ehrlich keine so stark negativen Elastizitäten wie er sie ermittelte. Werden seine Resultate also auf eine abschreckende Wirkung zurückgeführt, so quantifiziert Ehrlich diese – wie einleitend angedeutet – infolge seiner Berechnungen so, dass durch jede zusätzliche Hinrichtung pro Jahr im Untersuchungszeitraum sieben bis acht weitere Tötungsdelikte verhindert wurden („Tradeoff between Executions and Murders"[117]).

In einer späteren Studie von 1977[118] untersucht Ehrlich anhand von Querschnittsdaten getrennt die US-Bundesstaaten, die die Todesstrafe abgeschafft haben, und die, die sie beibehalten haben, für die Jahre 1940 und 1950; er bezieht auch die generalpräventive Wirkung einer lebenslangen Freiheitsstrafe mit ein. Ehrlich stützt mit dieser Studie die Resultate seiner Längsschnittsstudie, obwohl die Staaten ohne Todesstrafe eine niedrigere Mordrate als die anderen Staaten hatten, was er jedoch anderen demographischen Variablen zuschreibt. Zudem kommt er zu der Schlussfolgerung, dass die Todesstrafe eine größere abschreckende Wirkung hat als die verhängten Haftstrafen.

---

[117] Vgl. Sunstein/Vermeule (2005), die das Konzept eines „Life-Life Tradeoffs" in der Debatte um die Todesstrafe diskutieren.
[118] Ehrlich (1977b).

1.2.3 Nachwirkungen von Ehrlichs Befunden

Bereits im Anschluss an die Publikation von Ehrlichs Zeitreihenstudie von 1975 versuchten mehrere Forscher, mit ähnlichen Daten aufgrund der gleichen Methode Ehrlichs Ergebnisse zu replizieren. Davon berichten wenige ähnliche Ergebnisse, wenige Untersuchungen stützen Ehrlichs Theorie; von den der Metaanalyse zugrunde liegenden Studien sind dies die Arbeiten von James A. Yunker,[119] Kenneth I. Wolpin[120] und Stephen K. Layson.[121] Wolpin wählt für seine Untersuchung von Mord- und Hinrichtungsraten Daten aus England und Wales statt den Vereinigten Staaten und berechnet für seinen Untersuchungszeitraum 1929 bis 1968 eine Reduktion um etwa vier Morde bei einer zusätzlichen Hinrichtung eines verurteilten Mörders. Zudem beanspruchen die Zeitreihenanalyse kanadischer Daten und die aktualisierte Zeitreihenanalyse von Ehrlichs US-Daten durch Layson (1983 und 1985), die Erkenntnisse von Ehrlich und Wolpin zu bestätigen. Ungleich größer als bei Ehrlich fällt der „Life-Life Tradeoff" bei Yunker aus, der quantitativ von einer Abschreckung von 156 Morden durch eine Exekution ausgeht, jedoch von qualitativ mit Ehrlichs Untersuchung vergleichbaren Resultaten spricht.

Obwohl Ehrlich bereits in seiner Studie von 1975 abschließend vermerkt, dass seine Ergebnisse nicht bedeuten, dass die Todesstrafe notwendigerweise eine wünschenswerte Sanktionsform (englisch: „desirable form of punishment") ist und zu rechtspolitischen Konsequenzen zwingt, wurden seine Resultate umgehend auf Schauplätzen rechtspolitischer Diskussionen verwendet.[122] Noch wenige Jahre zuvor hatte der Oberste Gerichtshof der USA im Fall *Furman v. Georgia*[123] mit fünf zu vier Stimmen[124] entschieden, dass ein Verstoß gegen die amerikanische Verfassung vorliegt, wenn der uneingeschränkte Ermessensspielraum von Richter und Geschworenen

---

[119] Yunker (1976).

[120] Wolpin (1978).

[121] Layson (1983) und Layson (1985).

[122] Vgl. hierzu Donohue/Wolfers (2005, S. 792); vgl. auch Köberer (1982, S. 206 f.).

[123] Furman v. Georgia, 408 U. S. 238 (1972).

[124] Zu den variierenden Begründungen des Mehrheitsvotums vgl. Decker/Kohfeld (1984, S. 368); vgl. auch Reinbacher (2010, S. 129 f., inkl. Fn. 38).

bei der Verhängung von Todesurteilen zu einer willkürlichen und unberechenbaren Rechtsprechung führt. Diese Entscheidung hatte zwar im Wesentlichen Rassendiskriminierung bei der Strafzumessung zum Gegenstand, die separaten Stellungnahmen der einzelnen Richter zeigten jedoch, dass sich diese in Bezug auf die Nebenfrage der Wirksamkeit der Todesstrafe als Abschreckungsmittel weitgehend auf die Untersuchungen von Sellin und anderen stützten. Im Fall *Fowler v. North Carolina*[125] rückte das Problem der Generalprävention weiter in den Fokus, als die Verteidigung der Todesstrafe generell die Abschreckungswirkung absprach und damit einen Verstoß gegen den achten Zusatzartikel der amerikanischen Verfassung ausmachte, der grausame und ungewöhnliche Strafen (englisch: „cruel and unusual punishments") verbietet. Eine solche grausame und ungewöhnliche Strafe wäre jedoch der Entwicklung der Rechtsprechung des *Supreme Court* zufolge unter Umständen zu vermuten, wenn die Strafe exzessiv und unnötig und damit wirkungslos ist. Unter anderem in dieses Verfahren führte *United States Solicitor General* Robert H. Bork Ehrlichs Werk als empirischen Beweis für die abschreckende Wirkung und damit für die Verfassungsmäßigkeit der Todesstrafe in einer Stellungnahme („*Amicus Curiae* Brief") ein. Der Gerichtshof beendete das Moratorium in der Entscheidung *Gregg v. Georgia*[126] durch Aufrechterhaltung diverser Todesstrafen-Statuten – gleichwohl argumentierend, man habe sich nicht auf diese empirischen Beweise verlassen.[127]

Umso mehr aber kamen nun in der Literatur kritische Überprüfungen von Ehrlichs Befunden auf, auch für den Fall, dass die Frage der abschreckenden Wirkung (und damit der „Richtigkeit" von Ehrlichs Studie) einmal unmittelbar entscheidungserheblich würde.

---

[125] Fowler v. North Carolina, 428 U. S. 904 (1976).
[126] Gregg v. Georgia, 428 U. S. 153 (1976).
[127] Vgl. auch Manski (1978, S. 422, Fn. 21).

1.3 Studie von Bowers/Pierce und weitere kritische Replikationsstudien

Immer wieder als Vorreiter dieser Vielzahl von Studien, die Ehrlich kritisieren, wird die schon in ihrem Titel aussagekräftige Arbeit „*The Illusion of Deterrence in Isaac Ehrlich's Research on Capital Punishment*" von William J. Bowers und Glenn L. Pierce aus dem Jahr 1975 angeführt.[128] In der Mehrzahl kommen die Neuanalysen der Resultate Ehrlichs und seiner Anhänger nämlich zu dem Ergebnis, dass aufgrund ihrer Daten eine abschreckende Wirkung der Todesstrafe nicht festzustellen ist.[129] Die Studie von Bowers/Pierce steht hier stellvertretend für die kritischen Replikationsstudien.

Bowers/Pierce versuchen in ihrem Beitrag, der zu der vom *Yale Law Journal* im Lauf des Jahres 1975 veröffentlichten Artikelserie zur Rezension der vorhandenen Beweise zur abschreckenden Wirkung der Todesstrafe gehört, die Resultate Ehrlichs nachzubilden. Dabei werfen sie Ehrlich Fehler auf Datenebene und analytischer Art vor. So stellen sie die Verwendung von *FBI*-Daten in Frage und kommen zu dem Schluss, dass Ehrlichs Resultate extrem empfindlich darauf reagieren, ob die logarithmische Spezifikation (Ehrlich nimmt eine Schätzung der multiplikativen Funktion vor, in die die Logarithmen der Variablen statt deren natürliche Werte eingehen) gewählt wird und ob die Daten für den letzteren Teil des Untersuchungszeitraums einbezogen sind. Auf die jeweiligen Kritikpunkte an den die Abschreckungswirkung der Todesstrafe bejahenden Studien wird in diesem Kapitel nur knapp eingegangen, eine detaillierte Auseinandersetzung erfolgt im Zuge der qualitativen Metaanalyse im dritten Teil.

Von den Beiträgen, die die Erkenntnisse Ehrlichs kritisieren, sind neben dem von Bowers/Pierce beispielsweise auch die von Peter Passell,[130] von

---

[128] Bowers/Pierce (1975).

[129] Zu einem Ausschnitt der allein bis 1976 erschienenen kritischen Replikationsstudien zu Ehrlichs Zeitreihenuntersuchung vgl. Zeisel (1976, S. 333 ff.).

[130] Passell (1975).

ihm und John B. Taylor,[131] von Kenneth L. Avio,[132] von Stephen S. Brier und Stephen E. Fienberg[133] sowie von Brian E. Forst[134] Gegenstand vorliegender Untersuchung; auch die kritische Auseinandersetzung mit dem Beitrag von Ehrlichs Anhänger Yunker durch James A. Fox[135] liegt der Metaanalyse zugrunde.

Der 1977 veröffentlichten Studie von Ehrlich ist die von Passell sehr ähnlich, der ebenfalls anhand der unterschiedlichen Mordraten in 41 (1950) beziehungsweise 44 (1960) Bundesstaaten untersucht, ob Hinrichtungen abschreckend wirken. Er verwendet dieselben Datenquellen und eine Reihe gleicher Kontrollvariablen. Während Ehrlich sich auf die Veröffentlichung von Ergebnissen für die Jahre 1940 und 1950 beschränkt, verwertet Passell Daten aus 1950 und 1960. Im Gegensatz zu Ehrlich kommt Passell nicht zum Ergebnis einer abschreckenden Wirkung der Todesstrafe; die Hinrichtungsrate scheint keine unabhängige Variable in der Determination der Mordrate zu sein. Er findet jedoch Hinweise darauf, dass ein systematischer Einfluss der Mordrate auf die Exekutionsrate besteht, mit steigender Mordrate würden mehr schuldig gesprochene Mörder hingerichtet.

Die beiden Studien (von Ehrlich aus dem Jahr 1977 und von Passell aus dem Jahr 1975) stellt Forst gegenüber und fragt in der Überschrift seiner Arbeit: „Capital Punishment and Deterrence: Conflicting Evidence?". Zudem untersucht er die Veränderungen bei einigen Variablen, die die Mordrate beeinflussen können (auch bei der Hinrichtungsrate), zwischen 1960 und 1970 – in einem Zeitraum also, in dem die Mordrate anstieg. Forst berücksichtigt in seiner Analyse ähnlich wie Ehrlich einige demographische und soziale Kontrollvariablen und als Sanktionsvariablen die Hinrichtungsrate, die Rate der Morde, die mit einer Verurteilung endeten, sowie die durchschnittliche Länge der Haftzeit für Mörder; zudem konstruiert er bei der Kontrolle seiner Ergebnisse auf Robustheit die Hinrichtungsrate

---

[131] Passell/Taylor (1977).
[132] Avio (1979).
[133] Brier/Fienberg (1980).
[134] Forst (1983).
[135] Fox (1977).

als unabhängige Variable auf vier verschiedene Arten. Forst kommt zu dem Ergebnis, dass keine der alternativen Bestimmungen der Hinrichtungsrate einen abschreckenden Effekt der Todesstrafe auf Morde offenbart. In zwei Fällen zeigt sich indessen, dass Hinrichtungen sogar zu mehr Morden führen. Allerdings stehen die Ergebnisse für die Verurteilungsrate im Einklang mit der Abschreckungshypothese, sodass Morde durch die Verurteilung und Inhaftierung von Mördern verhindert werden könnten. Forst positioniert sich gegen Ehrlich und konstatiert letztendlich in Anlehnung an Amsterdam,[136] dass die Todesstrafe ein Ausnahmefall ist, auf den die Abschreckungstheorie nicht anwendbar ist, da die eigentlich Gewaltgeneigten durch eine verstärkte Anwendung der Todesstrafe nicht abgeschreckt werden, während die Mehrheit der Gesellschaftsmitglieder ausreichend durch anderweitige strafrechtliche und soziale Sanktionen abgeschreckt wird, sodass für diese die Todesstrafe eine überflüssige Sanktion darstellt.

Vergleichbar zur Studie von Bowers/Pierce versuchen auch Passell/Taylor in ihrem Beitrag den Befund von Ehrlich zu reproduzieren, und auch sie stellen fest, dass dieser nur unter ungewöhnlich restriktiven Umständen Bestand hat. Auch sie führen das Auftreten von Abschreckung auf die logarithmische Form der Regressionsgleichung und die Daten nach 1962 zurück, können aber für den Fall der Berücksichtigung einer konventionellen linearen Funktionsform und des Ausschlusses der späten Datengrundlage keine Abschreckungswirkung der Todesstrafe ausmachen. Dies bringt sie zu der Schlussfolgerung, dass es klug wäre, auf der Basis von Ehrlichs Forschung die Abschreckungshypothese weder zu akzeptieren noch zu verwerfen.

Desgleichen scheiterte auch das Bemühen, Ehrlichs Resultate mit Daten aus Kanada zu wiederholen. Avio, Wirtschaftswissenschaftler an der *University of Victoria*, folgert nach der methodisch äquivalenten Analyse kanadischer Zeitreihendaten von 1926 bis 1960, dass es – ungeachtet der

---

[136] Amsterdam (1977, S. 42).

50

Korrektheit der US-Studien über die Todesstrafe – scheinbar wenige An-
zeichen dafür gibt, dass sich kanadische Straftäter während der Untersu-
chungszeitspanne in einer den Abschreckungseffekt der Todesstrafe bestätigenden Weise verhalten haben.

Was Häufigkeit in Verweisen und Zitierungen in anderen Arbeiten angeht,
steht der Musterstudie von Bowers/Pierce diejenige von Brier/Fienberg nur
geringfügig nach; auch sie wird oft herangezogen, wenn es darum geht,
Ehrlichs Bestätigung der Abschreckungshypothese als bloßes Ergebnis
willkürlicher und zweifelhafter Annahmen und Analyseverfahren zu bewerten. Nach einer Erörterung möglicher empirischer Untersuchungstypen
von Abschreckung beschreiben Brier/Fienberg das ökonometrische „Be-
cker-Ehrlich Model for Crime and Punishment" einschließlich genereller
Probleme bei der empirischen Realisierung dieses Modells. Zudem nehmen sie Replikationen und Zusatzanalysen veröffentlichter empirischer
Tests des Modells vor – einerseits von solchen, die mit Querschnittsdaten
für 1960[137] und entsprechend 1970[138] arbeiten, andererseits der geläufigen
Längsschnittsstudie von Ehrlich. Ihre Ergebnisse fassen sie dahingehend
zusammen, dass das Modell von Becker und Ehrlich an eklatanten Mängeln leidet, dass seine Heranziehung für aggregierte Daten einer bislang
nicht erbrachten Legitimation bedarf, dass die Daten, die zu seiner empirischen Überprüfung verwendet werden, regelmäßig zu unseriös sind, dass
empirische Realisierungen des Modells schwerwiegende statistische Unzulänglichkeiten aufweisen und schließlich, dass selbst bei Akzeptanz des
Modells und der zu seiner Anwendung ausgewählten Daten Ehrlichs bejahende Schlussfolgerungen zur abschreckenden Wirkung von Strafe im Allgemeinen und Todesstrafe im Speziellen einer sorgfältigen statistischen
Prüfung nicht standhalten. So wird die Studie oftmals auch generell als
Zeugnis dafür herangezogen, dass ökonometrische Analysen nur wenig

---

[137] Ehrlich (1973).
[138] Forst (1976).

zum Verständnis der abschreckenden Wirkung von Sanktionen beigetragen haben.[139]

Schließlich reiht sich in die kritischen Replikationsstudien Fox' „*Evaluation of Yunker's Model*" ein; diese beanstandet Methode, Daten und extreme Resultate der Ausgangsstudie von Yunker und behauptet eine ernsthafte Fehlspezifikation zu erkennen. Fox leitet damit ein, dass der von Yunker ermittelte „Life-Life Tradeoff" von 156 Morden Ehrlichs Ergebnis der Verhinderung von sieben bis acht Tötungsdelikten durch eine Exekution vergleichsweise trivial erscheinen lässt, dass aber zugleich die Fehler in Yunkers Analyse Ehrlichs Studie vergleichsweise fehlerlos erscheinen lassen. In einem Wortspiel definiert er den Anspruch seines Artikels dahingehend, dass dieser von der unkritischen Akzeptanz der Ausgangsstudie „abschrecken" soll. Um dieses Ziel zu erreichen, offenbart er Fehler Yunkers in dreierlei Hinsicht, insbesondere aber bei der Spezifikation des Modells. Er hält diesem vor, das Angebot-Nachfrage-Modell sei für die Erklärung ökonomischer Beziehungen gültig, nicht aber automatisch auch für die Erklärung der Todesstrafe, und insoweit habe Yunker – statt einem zum Datenset passenden Modell – ein zum Modell passendes Datenset gefunden, was die Logik der Spezifikation pervertiere. Wenn Yunker auch für sein offenes Eingeständnis der Anhängerschaft des konservativen Lagers (und damit der Anwendung der Todesstrafe) zu loben sei, so habe diese Voreingenommenheit offensichtlich seine Analyse gelenkt. Abwertend legt Fox nach, dass es im Fall von Yunkers Studie nicht einmal nötig sei, das – bei Auftauchen einer neuen Studie pro Abschreckungswirkung gewöhnlich den letzten Ausweg für Abolitionisten darstellende – Arsenal an metaphysischen Kritiken und theoretischen Ausreden auszuschöpfen, weil die Studie schon anfällig sei für „grundlegende, interne, methodologische Kritik".

Da Originalarbeiten immer kritische Replikationen und Kommentare hervorrufen und die Zeitreihenanalyse Ehrlichs aus dem Jahr 1975 eine in Methode und Ergebnis außerordentlich provokante Ausgangsstudie darstellt,

---

[139] Vgl. etwa Decker/Kohfeld (1990, S. 177).

könnte die Beschreibung von Studien, deren Antrieb eine kritische Auseinandersetzung mit jener war, an dieser Stelle um eine Vielzahl von Untersuchungen ergänzt werden. So versäumt es fast keiner der nach 1975 erschienenen Beiträge, die dieser Metaanalyse zugrunde liegen, zumindest
mit wenigen Worten auf Ehrlich (beziehungsweise seine Anhänger) zu
verweisen. Gleichwohl soll es für vorliegende Deskription bei der genannten Auswahl bleiben, da besagte sechs Studien am ehesten als echte Repli-
kationsarbeiten zu begreifen sind, infolgedessen durch die Studie von Bo-
wers/Pierce repräsentiert werden.

1.4 Studie von Bailey/Peterson und weitere Studien zur Hinrichtungspublizität

Eine neue Tendenz in der Forschung zur Abschreckungswirkung der Todesstrafe stellte die Berücksichtigung der öffentlichen Wahrnehmung dar.
Die Theorie der Generalprävention beinhaltet neben einer Motivationstheorie (Wissensverwertung im Handeln) vorgeschaltet eine Kommunikationstheorie (Wissensvermittlung über die Strafrechtspflege).[140] Befürworter der
Abschreckungstheorie hatten daher schon lange behauptet, dass die Publi-
zität von Sanktionen bedeutenden erzieherischen, moralisierenden und
normbestätigenden Zwecken dient[141] und dass die Informiertheit der
Normadressaten über Androhung und Anwendung des Gesetzes Grundvoraussetzung für die Wirksamkeit von Sanktionen ist.[142] Ohne Kenntnis über
Merkmale der Strafverfolgung sei deren objektive Existenz mit bestimmten
Stufen der Strenge, Wahrscheinlichkeit und Schnelligkeit ohne Bedeutung.
Angewandt auf die Todesstrafe wäre die mediale Berichterstattung über
Hinrichtungen eine notwendige Bedingung für eine potentielle Abschreckungswirkung der Todesstrafe; diese dürfte kaum Einfluss auf die Mord-
rate haben, wenn die Öffentlichkeit über ihre Vollstreckung nicht ausrei-
chend informiert ist. Hinrichtungen, über die ausführlich in den Medien be-

---

[140] Schumann/Berlitz/Guth/Kaulitzki (1987, S. 4); vgl. auch Bailey/Peterson (1994, S. 56):
„[D]eterrence is a communication theory".
[141] Vgl. Bailey/Peterson (1997, S. 144).
[142] Gibbs (1975, S. 140 ff.).

richtet wird, müssten eine größere Abschreckungswirkung haben und in geringeren Tötungsraten resultieren als solche, denen ein geringes Medieninteresse entgegengebracht wird. Über den Grad der Öffentlichkeit, den eine Hinrichtung erfährt, könnte mithin die Vermittlung von Androhung und Anwendung der Normen operationalisiert werden.[143] Auf die Notwendigkeit einer Heranziehung der Medienberichterstattung über Exekutionen als erklärende Variable in der Determination der Tötungsrate wird im Rahmen der qualitativen Metaanalyse noch ausführlicher einzugehen sein; an dieser Stelle genügt die Feststellung, dass traditionelle kriminalstatistische Studien diese in der Regel nicht geleistet hatten (im Übrigen auch nicht hatten leisten können), diverse Studien seit den frühen 1980er Jahren sich mit obiger Begründung aber darum bemühten.

Stellvertretend für diesen neuartigen Forschungsanspruch steht hier die differenzierende Untersuchung von William C. Bailey und Ruth D. Peterson aus dem Jahr 1989.[144] Sie fasst außerdem vorangegangene Abschreckungsanalysen der Hinrichtungspublizität zusammen, greift auf deren Vorarbeiten zurück und diskutiert sie. Dabei sind die Studien von David P. Phillips,[145] Sam G. McFarland[146] und Steven Stack[147] zu nennen, die ebenfalls im metaanalytischen Datensatz miterfasst wurden.

Der Gedanke einer systematischen Untersuchung der direkten Wirkung von medial beachteten Hinrichtungen auf die Mordrate war nicht vollständig neu. Bereits 1935 erforschte Robert H. Dann[148] die Zahl der Morde in einem Zeitraum von jeweils 60 Tagen vor und nach fünf Hinrichtungen in Philadelphia in den Jahren 1927 und 1929 bis 1932, über die ausführlich berichtet wurde; seine Zählung ergab 91 Morde vor und 113 Morde nach diesen fünf Hinrichtungen, mithin einen Anstieg von 22 Morden respektive 4,4 Morden pro Hinrichtung. Ähnliche Ansätze und Ergebnisse von Wil-

---

[143] Vgl. Eisele (1999, S. 109); vgl. auch Bailey/Peterson (1997, S. 144).
[144] Bailey/Peterson (1989).
[145] Phillips (1980).
[146] McFarland (1983).
[147] Stack (1987).
[148] Dann (1935).

liam F. Graves[149] und Leonard Savitz[150] Mitte der 1950er Jahre sowie von David R. King[151] 1978 ließen Kriminologen schlussfolgern, dass selbst solche Hinrichtungen, die starkes mediales Interesse erfahren, keine abschreckende Wirkung auf potentielle Mörder entfalten.

Motiviert von jenen Versuchen und dem vorläufigen Resümee untersuchte Phillips 1980 die wöchentlichen Mordraten der Jahre 1858 bis 1921 in London vor und nach 22 Hinrichtungen. Die Studie kommt zu dem Ergebnis, dass ausführliche Zeitungsberichterstattung über jeweilige Hinrichtungen die Mordrate in der „Execution Week" und der darauffolgenden Woche um knapp 36 Prozent reduziert hat; je häufiger und intensiver dabei über die Exekutionen öffentlich berichtet worden war, desto größer war der Rückgang der Morde. Allerdings schränkt Phillips ein, dass dieser anfängliche Abschreckungseffekt nach drei bis fünf Wochen „verpufft" war und sich die durchschnittliche Mordrate nach einem starken Anstieg wieder auf dem vor den Hinrichtungen herrschenden Niveau einpendelte. Entscheidende Frage dieser Studie ist, ob sich die Ergebnisse für das England des 19. Jahrhunderts mit einer relativ niedrigen Mordrate auf die hochindustrialisierten Länder des 20. Jahrhunderts übertragen lassen. Phillips selbst zweifelt daran, da die englische Justiz wenig Zeit zwischen Festnahme und Exekution verstreichen ließ ((1) „swift"), die verhängte Todesstrafe so gut wie immer vollstreckte ((2) „certain") und der Prozess äußerst detailliert durch Journalisten beschrieben wurde ((3) „described in great, gruesome detail"); daher schließt Phillips mit der Aufforderung zu einer Nachfolgestudie mit aktuelleren amerikanischen Daten.

Diesem Appell kommt McFarland drei Jahre später nach; er findet in seiner Studie, die die Untersuchung von Phillips mit US-Daten wiederholt, noch nicht einmal Indizien für den dort ermittelten kurzfristigen Abschreckungseffekt medialer Berichterstattungen über Hinrichtungen. Nach einem zehnjährigen Moratorium der Vollstreckung der Todesstrafe wurden

---

[149] Graves (1956).
[150] Savitz (1958).
[151] King (1978).

in den Vereinigten Staaten in den Jahren 1977 bis 1981 wieder vier Todesurteile vollstreckt. Über jede dieser Hinrichtungen wurde in den Massenmedien (Fernsehen und Zeitung) intensiv berichtet, doch McFarland sieht
keine von ihnen für einen Rückgang der Mordrate verantwortlich, führt
diesen – falls vorhanden – stattdessen auf außergewöhnliche meteorologi-
sche Bedingungen (strenger Winter, Blizzard, niedrige Temperaturen) zurück. Er schließt daraus, dass jedenfalls Phillips' spezielles Bild von Abschreckung unter Berücksichtigung der öffentlichen Wahrnehmung (englisch: „particular pattern of deterrence") im Hier und Jetzt der amerikanischen Gesellschaft nicht auftritt.

Auch Stack erforscht die Beziehung zwischen der Berichterstattung über
Hinrichtungen und Mordraten, genauer: monatlichen Mordraten in den
USA im Zeitraum 1950 bis 1980. Dabei operationalisiert er die Intensität
der Berichterstattung als die Anzahl der Eintragungen im *New York Times
Index* und im *Facts on File Index*, einem nationalen Index führender Zeitungen, und teilt die Hinrichtungen, die im Untersuchungszeitraum vollstreckt wurden, ein nach hoher, mittlerer und geringer medialer Präsenz.
Zudem bezieht er zur Isolierung einschlägiger Effekte Variablen zu Arbeitslosenrate und Alter wegen der starken Korrelation dieser Faktoren mit
der Mordrate als Kontrollvariablen mit ein. Stack findet einen signifikanten
Rückgang der Mordraten in Monaten, in denen ausführlich über Hinrichtungen berichtet wurde, und quantifiziert, dass ein groß aufgemachter Artikel über eine aktuelle Hinrichtung 30 Morde im Monat der Publikation
verhindert, sodass die 16 stark publizierten Exekutionen im Untersuchungszeitraum 480 Leben retteten. Allerdings merkt er an, dass nur beiläufig erwähnte Hinrichtungen ohne Einfluss auf die Mordrate bleiben und
dass Variablen zu Arbeitslosigkeit sowie Anteil der Altersgruppe zwischen
16 und 34 Jahren an der Gesamtbevölkerung um ein Vielfaches mehr die
Mordrate beeinflussen als die „Publicized Execution Story"-Variable.

Bailey/Peterson legen nun in der zeitlich letzten der Analysen der Exekuti-
onspublizität die beschriebenen Studien von Phillips, McFarland und Stack
zugrunde, diskutieren die Adäquanz der unmittelbar vorangehenden und

bis dato anspruchsvollsten Arbeit von Stack und replizieren diese. Hierbei kommen sie zu der Erkenntnis, dass es keinen Anhaltspunkt für Stacks Interpretationen gibt, da diese auf konzeptionellen und methodischen Fehlern beruhen; sie finden keinen konsistenten Beweis für einen signifikanten Zusammenhang von Hinrichtungen und ihrer Medienberichterstattung mit Mordraten. Zwar stellt die von Stack vorgenommene Einbeziehung von Kontrollvariablen ohne Zweifel einen Fortschritt dar, doch erweitern Bailey/Peterson Alter und Arbeitslosenrate um weitere soziodemographische Faktoren. Ferner dehnen sie den Untersuchungszeitraum auf die Jahre 1940 bis 1986 aus, um eine größere Variation der Häufigkeit von Hinrichtungen und der Mordrate einbeziehen zu können; somit bleiben die zugrunde liegenden Hinrichtungsraten nicht auf eine Phase des kontinuierlichen Rückgangs, gipfelnd in einem zehnjährigen *De-facto*-Moratorium (1967 bis 1977), beschränkt, sondern werden um die 1940er und 1980er Jahre ergänzt, in denen viele Exekutionen vorgenommen wurden. Zudem interpretieren Bailey/Peterson die abhängige Variable Mordrate konventionell als die Anzahl der Morde auf 100.000 Einwohner und nicht wie Stack auf Einwohner über 16 Jahre, um Verzerrungen durch Veränderungen der Altersstruktur der Bevölkerung zu vermeiden. Ihre differenzierende Analyse liefert Bailey und Peterson *„kein Indiz dafür, dass die nationale Medienaufmerksamkeit für Hinrichtungen die angenommene abschreckende Wirkung auf Mordfälle zwischen 1940 und 1986 hatte"* [Übersetzung vom Verfasser].[152]

Wenn auch letztendlich ohne Einfluss auf diesen Befund, hat William C. Bailey (teilweise in Zusammenarbeit mit Ruth D. Peterson) in drei weiteren Studien aus den Jahren 1990,[153] 1991[154] und 1994[155] die Medienberichterstattung über Hinrichtungen zum Gegenstand gemacht. Allerdings operationalisiert er diese dabei nur noch als Televisionsaufkommen, da das Fernsehen der Tageszeitung mittlerweile den Rang als wichtigste Nach-

---

[152] Übersetzung nach Bailey/Peterson (1989, S. 739).
[153] Bailey (1990).
[154] Peterson/Bailey (1991).
[155] Bailey/Peterson (1994).

richtenquelle der Amerikaner abgelaufen hat;[156] Sendezeit im Fernsehen beachtet in den dargestellten Studien bis dahin nur McFarland teilweise.[157] Dabei differenziert Bailey nochmals zwischen Quantität (englisch: „amount") und Qualität (englisch: „type") der Fernsehnachrichten, findet aber nur einen zufälligen Zusammenhang zwischen der Menge der Fernsehberichterstattungen über Exekutionen und Tötungsraten und kann auch keinen konsistenten Beweis für Abschreckung feststellen, wenn nach verschiedenen Typen der Fernsehberichterstattung – beispielsweise besonders detaillierten im Gegensatz zu nüchternen Präsentationen von Hinrichtungen – differenziert wird.

In einer Gesamtschau lässt sich festhalten, dass die in diesem Kapitel zusammengestellten Studien der Metaanalyse sich zwar hinsichtlich ihrer Methodik (Berücksichtigung medialer Berichterstattung über Hinrichtungen) einheitlich verhalten, hinsichtlich ihrer Ergebnisse jedoch variieren: Während die Arbeit von Stack eine Abschreckungswirkung der Todesstrafe ableitet, kommen Phillips (jedenfalls langfristig) und McFarland wie Bailey/Peterson dazu, dass die Todesstrafe beziehungsweise Medienberichterstattung über Hinrichtungen nicht abschreckend wirkt.

1.5 Studie von Fajnzylber/Lederman/Loayza und weitere Studien mit anderem Forschungsziel

Der gegenwärtige wissenschaftliche Dialog um die Abschreckungswirkung der Todesstrafe ist geprägt von Kontroversen und Uneinigkeit. Aktuellere Studien nehmen oftmals Debatten oder Vorgänge auf politischer Ebene zum Anlass für eine Untersuchung der abschreckenden Wirkung der Todesstrafe; besondere Bedeutung wurde beispielsweise der Entscheidung des Gouverneurs des US-Bundesstaats Illinois, George Ryan, beigemessen,

---

[156] So bedienen sich Bailey/Peterson (1994, S. 62) eines Zitats von Bower (1985, S. 17) und stellen fest, dass das Fernsehen als die „kompletteste", „intelligenteste" und „am wenigsten voreingenommene" Nachrichtenquelle angesehen wird.
[157] Für die bis dato als Indikator für Öffentlichkeit nahezu ausschließlich herangezogenen Printmedien waren insbesondere Vorliegen eines Indexes, Auflagenhöhe und den Exekutionen gewidmete Beachtung entscheidend (vgl. Phillips (1980, S. 143); vgl. auch Peterson/Bailey (1991, S. 376)).

der am Ende seiner Amtszeit im Jahr 2003 alle – zu diesem Zeitpunkt 167 (darunter vier Frauen) – zum Tode verurteilten Gefängnisinsassen von Illinois begnadigte. Er wandelte deren Todesurteil in eine lebenslange Haftstrafe um und begründete seine Entscheidung damit, dass das amerikanische Rechtssystem „willkürlich und unberechenbar und daher unmoralisch" sei.[158] So knüpfen – wenn auch teils nur mit wenigen Worten – Hashem Dezhbakhsh und Joanna M. Shepherd,[159] Paul R. Zimmerman[160] wie auch John J. Donohue und Justin Wolfers[161] an diese Entscheidung respektive das bereits seit 2000 in Illinois geltende Vollstreckungsmoratorium an, wobei erstere Arbeiten im Einklang mit der Abschreckungshypothese stehen, während Donohue/Wolfers hierfür keinen Nachweis finden können und das eigentliche Problem von fehlerhaften (affirmativen) Untersuchungen weniger in ihrer Existenz als in deren Einsatz durch die Politik zur Durchsetzung der Wiedereinführung der Todesstrafe sehen. In der methodischen Umsetzung sind bei den aktuelleren Studien obendrein wenige Gemeinsamkeiten auszumachen.

Aktuellere Studien dieser Metaanalyse weisen wenige Übereinstimmungen im Hinblick auf Befund und Methodik auf. Es fällt aber auf, dass viele neuere Arbeiten nicht den Anspruch einer Erforschung der Beziehung zwischen Todesstrafe und Tötungsraten oder gar explizit des Abschreckungseffekts der Todesstrafe haben. Sie beschäftigen sich vielmehr schwerpunktmäßig mit gesellschaftlichen und politischen Bedingungen für oder besonderen Erscheinungen von Kriminalität. Auch weil an diversen Stellen im Laufe dieser Metaanalyse auf solche Untersuchungen mit anderem Forschungsziel (als dem der Abschreckungswirkung der Todesstrafe) zurückzukommen ist, soll als letzte Studie in diesem ersten Teil der deskriptiven Methodik ein Stellvertreter dieser aktuellen Studien präsentiert werden.

---

[158] Vgl. hierzu „Death Penalty Reforms Lauded" (*Chicago Tribune* vom 24.11.2003, Sektion „Metro", S 1 ff.).
[159] Dezhbakhsh/Shepherd (2003); auch Dezhbakhsh/Rubin/Shepherd (2003).
[160] Zimmerman (2004).
[161] Donohue/Wolfers (2005).

Es handelt sich um eine Arbeit von Pablo Fajnzylber, Daniel Lederman und Norman Loayza aus dem Jahr 2002, die überschrieben ist mit der Frage „*What Causes Violent Crime?*".[162] Diese Studie zeichnet sich dadurch aus, dass sie generell länderübergreifend die Determinanten für Gewaltkriminalitätsraten von Industrie- und Entwicklungsländern für den Zeitraum von 1970 bis 1994 analysiert. Hierbei wird der Regression ein Basis-/ Kernmodell mit fünf vornehmlich ökonomischen Variablen zugrunde gelegt, die möglicherweise auf Verbrechensraten einwirken; als erklärende Variablen gewählt werden die verzögerte („lagged") Kriminalitätsrate (Erklärung von Kriminalität durch Kriminalität), die Wirtschaftswachstumsrate (anhand *BIP*), das Durchschnittseinkommen der Bevölkerung (anhand *BNE* pro Kopf), das Maß an Einkommensungleichheit (anhand *Gini-Koeffizient*) sowie der durchschnittliche Bildungsabschluss der erwachsenen Bevölkerung. Zudem erfährt das Modell entlang vier Dimensionen Erweiterungen, nämlich unter Berücksichtigung von illegaler Drogenaktivität (Drogenproduktion und -besitz), von demographischen Charakteristika (Urbanisierungsgrad und Alterszusammensetzung), von im weitesten Sinn kulturellen Faktoren (Kontinent/Region und Religion) und von Abschreckungsfaktoren wie Polizeipersonal pro 100.000 Einwohner und Existenz beziehungsweise Abwesenheit der Todesstrafe. Bereits anhand dieses Studienprofils wird deutlich, dass die Frage der abschreckenden Wirkung der Todesstrafe nur eine untergeordnete Rolle in der Untersuchung von Fajnzylber/Lederman/Loayza spielen kann. Der Anspruch der Arbeit ist ein anderer; es geht darum, „*die sozialen und ökonomischen Ursachen von Gewaltkriminalitätsraten in einer globalen Auswahl von Ländern zu verstehen*" [Übersetzung vom Verfasser].[163] Methodisch zeigt sich dies darin, dass die Abschreckungsvariablen Polizeiaufkommen und Todesstrafenstatus in der Untersuchung Kontrollvariablen sind – und nicht explizit Untersuchungsgegenstand. Zudem wird für Letztere lediglich die gesetzliche Androhung der Todesstrafe in den entsprechenden Ländern als grober

---

[162] Fajnzylber/Lederman/Loayza (2002).
[163] Übersetzung nach Fajnzylber/Lederman/Loayza (2002, S. 1324).

Indikator für die Strafstrenge herangezogen, die Anwendung der Todesstrafe als Indikator für die Strafwahrscheinlichkeit bleibt außer Acht. Das
Fazit der Studie stellt sich dementsprechend dar, die vier Erweiterungen
(um je zwei Kontrollvariablen) werden lediglich hinsichtlich ihrer Auswirkungen auf Vorzeichen und statistische Signifikanz der erklärenden sozioökonomischen Variablen relevant. Für die binäre Todesstrafenvariable ermitteln die Autoren einen negativen Koeffizienten und leiten daraus eine
Bestätigung des negativen (im Sinn eines absenkenden) Einflusses von
Präventionsbemühungen auf Tötungsdelikte ab.

Daneben zu nennen ist die Untersuchung von Eric Neumayer aus dem Jahr
2003,[164] die an diversen Stellen auf Fajnzylber/Lederman/Loayza verweist
und sich der ebenso weit gefassten Frage annimmt, ob „gute Politik" (englisch: „good policy") Gewaltverbrechen reduzieren kann. Neumayer untersucht gleichfalls auf Nationenebene, ob zusätzlich zu Modernisierung, Be-
völkerungscharakteristika und kulturellen Faktoren auch Politik in Sachen
Wirtschaft, Staatsführung und Gleichheit Tötungsdelikte als Inbegriff von
Gewaltverbrechen determiniert. Zur Feststellung des Einflusses von Staatsführung verwendet er mit demokratischer Herrschaftsform, Respektierung
von Menschenrechten und Abwesenheit der Todesstrafe drei Variablen;
auch in dieser Untersuchung wird die Todesstrafe lediglich als Kontrollvariable erfasst. Neumayer behauptet, die von ihm gefundenen Ergebnisse
seien vergleichbar mit denen bei der Suche nach Ursachen für Bürgerkrie-
ge;[165] dieselben Prozesse, die Gewaltverbrechen steuern, seien auch verantwortlich für Gewaltausbrüche in Form von Bürgerkriegen. Zur Todesstrafe erklärt er, dass ihre Abschaffung Tötungsraten absenke; Schätzungen
unter Vorbehalt erbringen eine Reduzierung der Tötungsrate um 2,2 Tötungen pro 100.000 Menschen bei Abschaffung der Todesstrafe.

Neben der Studie von Neumayer weisen von den zum Untersuchungsgegenstand der Metaanalyse gehörenden Arbeiten auch die von John Mike-

---

[164] Neumayer (2003).
[165] Für diese verweist er auf Blomberg/Hess (2002), Hegre/Ellingsen/Gates/Gleditsch (2001)
und Collier/Hoeffler (2002).

sell und Maureen A. Pirog-Good,[166] von Steven D. Levitt,[167] von Robert J. Kaminski und Thomas B. Marvell[168] und von Joanna M. Shepherd[169] Parallelen zu Fajnzylber/Lederman/Loayza auf. Auch diese Studien arbeiten nicht mit dem Anspruch einer Erforschung der Beziehung zwischen Todesstrafe und Tötungsraten oder gar explizit des Abschreckungseffekts der Todesstrafe, sie setzen sich vielmehr andere, umfassendere Ziele. Während Mikesell/Pirog-Good nach dem Einfluss staatlicher Lotterien auf Verbrechen fragen und den Todesstrafenstatus eines Bundesstaats als Proxy-Variable (Variable, die eine Eigenschaft misst, die der direkten Messung nicht zugänglich ist) für die dortige generelle Strafstrenge heranziehen, beschäftigt sich Levitt mit verschiedenen methodologischen Strategien zur Identifizierung der Beziehung zwischen Arbeitslosigkeit und Verbrechen, wobei er für eine Panelanalyse die staatliche Exekutionsrate pro 1.000 Strafgefangene als bloßen Bestandteil einer Größe von verschiedenen Kontrollvariablen heranzieht. Kaminski/Marvell widmen sich Polizistentötungen (im Vergleich zu Tötungsdelikten an sich) und präsentieren neuartige Daten hierzu vom *National Law Enforcement Officers Memorial Fund* (*NLEOMF*); sie messen der Todesstrafe insofern Relevanz bei, als Polizistenmörder die Hauptkandidaten für Exekutionen seien und daher die Todesstrafe gerade Polizistentötungen reduzieren müsste, würde sie einen Abschreckungseffekt haben. Ihre Untersuchungen ergeben einen solchen Abschreckungseffekt von Exekutionen auf Polizistenmörder aber nicht. Shepherd sondiert die Auswirkungen der sogenannten *„Truth-in-Sentencing"*

---

[166] Mikesell/Pirog-Good (1990).
[167] Levitt (2001).
[168] Kaminski/Marvell (2002).
[169] Shepherd (2002).

(*TIS*)-Gesetzgebung[170] auf Polizei, Staatsanwälte und Kriminelle in Land-
kreisen („County-Level") in den Vereinigten Staaten; sie kommt zu dem
Ergebnis, dass die *TIS*-Gesetzgebung Gewaltverbrechen abschreckt, der
Koeffizient der Hinrichtungswahrscheinlichkeit als Regressor in der Gleichung, die Tötungsdelikte als abhängige Variablen erklären soll, hat einen
negativen und statistisch signifikanten Wert.

Hinsichtlich Methodik und Befund zeichnet sich ein einheitliches Bild aktueller Untersuchungen nicht ab. Die Studien von Mikesell/Pirog-Good,
Levitt, Kaminski/Marvell und Shepherd nehmen sich mit Lotterien, Arbeitslosigkeit, Polizistentötungen und „*Truth-in-Sentencing*"-Gesetzge-
bung gesellschaftlicher und politischer Bedingungen für oder besonderen
Erscheinungen von Kriminalität an, die vordergründig nicht zwingend mit
der Todesstrafe und deren abschreckender Wirkung in Verbindung stehen.
Genau wie die allgemein gefassten Untersuchungen von Neumayer und
Fajnzylber/Lederman/Loayza sind die Arbeiten aber in vorliegende Metaanalyse integriert, jedenfalls Teile ihrer Effektschätzungen sind unter Verwendung der Todesstrafen-/Abschreckungsvariablen als Kontrollvariable
(und nicht Hauptvariable) zustande gekommen.[171]

---

[170] „*Truth-in-Sentencing*" (*TIS*) bezeichnet in den USA als Teil des „Determinate
Sentencing" das Prinzip, dass die abgesessene Haftstrafe eines Gefangenen etwas mit der
Strafe zu tun haben soll, zu der er verurteilt wurde; der wegen eines Gewaltverbrechens verurteilte Häftling soll in Beschränkung der Möglichkeit der vorzeitigen bedingten Entlassung aus
dem Strafvollzug einen „beträchtlichen Anteil" seiner ursprünglichen Strafe (meist mindestens 85 Prozent) tatsächlich verbüßen. *TIS*-Gesetze wurden erstmals 1984 vom Bundesstaat
Washington erlassen, bis 2008 hatten es der District of Columbia und 34 weitere Bundesstaaten ihm gleichgetan (zum Ganzen vgl. National Institute of Corrections (1995); vgl. auch
Kunz (2008, S. 285)).
[171] Auch andere aktuelle Studien dieser Metaanalyse weisen – wenn deren Effektschätzungen
im Datensatz auch mit der Todesstrafe als Hauptvariable verzeichnet sind – vergleichbare
Tendenzen auf. So widmen sich beispielsweise Pablo Fajnzylber und Daniel Lederman und
Norman Loayza (Fajnzylber/Lederman/Loayza (1998)) schon generell den Determinanten nationaler Tötungs- und Raubraten, Jeffrey A. Miron (Miron (2001)) dem Einfluss von Drogen
und Waffen auf Gewalt(-kriminalität) sowie Frank A. Sloan, Bridget A. Reilly und Christoph
Schenzler (Sloan/Reilly/Schenzler (1994)) den Effekten verschiedener staatlicher Aktivitäten
auf die alkoholbedingte Sterberate; auch in diesen drei Studien sind die Todesstrafe und ihre
Abschreckungswirkung nicht primäres Forschungsproblem.

2. Grundgesamtheit

Die zweite Stufe der deskriptiven Methodik bildet eine studien- und effekt-schätzungsbezogene Beschreibung der dieser Arbeit zugrunde liegenden Gesamtheit von Primäranalysen zur Abschreckungswirkung der Todesstrafe. Zum einen wird mit dieser Deskription aller 82 Studien – wie schon mit der vorangehenden selektiven Beschreibung – das Ziel eines Überblicks verfolgt, nunmehr eines Gesamtüberblicks über die relevanten erfassten Daten. Gleichzeitig dient sie aber auch der Vorbereitung der qualitativen Analyse des sich anschließenden dritten Teils: So sind sämtliche präsentierte Statistiken zu Elementen des Studiendesigns oder der Untersuchungsergebnisse von Relevanz (und damit vorbereitend) für die qualitative Metaanalyse; sie soll anknüpfend an die folgende Beschreibung Ursachen für die festgestellte Heterogenität innerhalb der Befunde auf verschiedenen Ebenen ergründen, ferner die Arbeiten gerade affirmativen Ausgangs beurteilen, während die anderen Studien mittelbar und vergleichend diskutiert werden.

2.1 Studienbezogene Deskription

Die Deskription der Grundgesamtheit findet auf zwei Ebenen statt, auf der der (82) Studien und der der (792) Effektschätzungen. Als Grundlage dient der einschlägige Teilausschnitt aus dem Gesamtdatensatz des erörterten Forschungsprojekts. Alle in diesem Kapitel präsentierten Tabellen, Grafiken und Ausführungen sollen zunächst die Kenntnisse über studienbezogene Variablen des Datensatzes schärfen. Vorangehend werden in Tabelle 1 sämtliche vorliegender Metaanalyse zugrunde liegende Studien – nach dem Nachnamen ihres Autors alphabetisch geordnet, einschließlich Publikationsjahr – aufgeführt und es wird in Anbetracht der Forschungsfrage jeweils vermerkt, falls der Studienautor der Einstufung des Verfassers zufolge eine negative generalpräventive Wirkung der Todesstrafe explizit bejaht und im Ergebnis vertritt, dass die Todesstrafe in Gesetz oder Praxis mehr oder minder nachhaltig eine Abschreckungswirkung aufweist. Dass eine Bestätigung der Abschreckungshypothese nach Wertung des Verfassers in

26 Studien das Resultat ist, wurde im Zuge der Präzisierung der Forschungsfrage dieser Arbeit bereits festgestellt. Eine Differenzierung – insbesondere nach Art des potentiellen Abschreckungseffekts der Todesstrafe
– wurde bewusst unterlassen, da vorliegende Arbeit sämtliche existenten
Befunde erklären soll, welche in ihrem Ergebnis vom Tenor einer Widerlegung der Abschreckungshypothese im Hinblick auf die Todesstrafe abweichen. Zur Vervollständigung wird zusätzlich – soweit möglich – angegeben, wie die Studienautoren laut Datensatz die Untersuchungsbefunde für
die Strafwahrscheinlichkeit und Strafhöhe bei Gewaltdelikten auf einer
Skala beurteilen, die sich von völliger Zustimmung (–2) über teilweise Zustimmung (–1) und teilweise Ablehnung (1) bis hin zu völliger Ablehnung
der Abschreckungshypothese (2) erstreckt. Die Wertung des Verfassers
stimmt nicht in allen Fällen mit der Einstufung im Datensatz überein.

Tabelle 1: Überblick über die erfassten Studien

Studienautor (Publikationsjahr)	Studienbefund entspre-chend	
	Verfasser	Daten-satz
Avio (1979)	2	
Avio (1988)	1	1
Bailey (1974)		
Bailey (1975)	–1	
Bailey (1976)	2	
Bailey (1977)	–1	
Bailey (1978a)	1	2
Bailey (1978b)	1	1
Bailey (1980a)	1	1
Bailey (1980b)	–1	
Bailey (1982)	2	
Bailey (1983)	1	

Bailey (1990)		1	
Bailey (1991)		1	2
Bailey (1998)		1	
Bailey/Peterson (1989)		1	
Bailey/Peterson (1994)		2	
Bowers/Pierce (1975)		2	
Brier/Fienberg (1980)			2
Cardarelli (1968)		2	
Cheatwood (1993)		2	
Chressanthis (1989)	Bestätigung	−2	
Cloninger (1977)	Bestätigung	−1	−2
Cloninger (1987)	Bestätigung	−1	−2
Cloninger (1992)	Bestätigung	−2	
Cloninger/Marchesini (2001)	Bestätigung	−2	
Cover/Thistle (1988)		−1	1
Decker/Kohfeld (1984)		2	2
Decker/Kohfeld (1990)		1	
Dezhbakhsh/Rubin/Shepherd (2003)	Bestätigung	−2	−2
Dezhbakhsh/Shepherd (2003)	Bestätigung	2	−2
Donohue/Wolfers (2005)			
Ehrlich (1975a)	Bestätigung	−2	−2
Ehrlich (1977a)	Bestätigung	−2	−2
Ehrlich (1977b)	Bestätigung	−2	−2
Ehrlich/Brower (1987)	Bestätigung	−2	−2
Ehrlich/Liu (1999)	Bestätigung	−2	−2
Fajnzylber/Lederman/Loayza (1998)		−1	−1
Fajnzylber/Lederman/Loayza (2002)	Bestätigung	−2	
Forst (1977)		2	2
Forst (1983)		1	
Fox (1977)			2
Glaser/Zeigler (1974)		2	

Grogger (1990)		2	
Hoenack/Weiler (1980)		−1	
Jayewardene (1973)		1	
Kaminski/Marvell (2002)		2	
Katz/Levitt/Shustorovich (2003)		1	1
Kleck (1979)		−1	
Layson (1983)	Bestätigung	−1	−1
Layson (1985)	Bestätigung	−2	−2
Leamer (1982)			
Leamer (1983)			
Levitt (2001)			
Liu (2004)	Bestätigung	−2	−2
McAleer/Veall (1989)		2	2
McFarland (1983)		2	2
McKee/Sesnowitz (1977a)		2	2
McManus (1985)			
Merriman (1988)		−1	
Mikesell/Pirog-Good (1990)			
Miron (2001)		2	
Mocan/Gittings (2003)	Bestätigung	1	
Neumayer (2003)		2	
Passell (1975)		−1	
Passell/Taylor (1977)			2
Peterson/Bailey (1991)		1	
Phillips (1980)		−1	
Schuessler (1952)		−1	
Shepherd (2002)	Bestätigung	−1	−1
Shepherd (2004)	Bestätigung		−2
Sloan/Reilly/Schenzler (1994)	Bestätigung	−2	−2
Sorensen/Wrinkle/Brewer/Marquart (1999)		2	
Stack (1987)	Bestätigung		−1

Stack (1990)	Bestätigung	−1	
Stolzenberg/D'Alessio (2004)		1	
Thomson (1997)		2	
Thomson (1999)		2	
Wolpin (1978)	Bestätigung	−2	−1
Yunker (1976)	Bestätigung		−2
Yunker (2001)	Bestätigung	2	
Zimmerman (2004)	Bestätigung	−1	−1

„Studienbefund entsprechend Verfasser" gibt die Wertung des Verfassers der vorliegenden Arbeit wieder und ist nur für den Befund einer irgendwie gearteten Bestätigung der Abschreckungshypothese bezüglich der Todesstrafe definiert; zur Verdeutlichung im Hinblick auf die Forschungsfrage wurden einschlägige Studien grau unterlegt. „Studienbefund entsprechend Datensatz" gibt die im Datensatz erfassten Variablen der Beurteilung bezüglich Gewaltdelikten und Strafwahrscheinlichkeit (linke Spalte) respektive Strafhöhe (rechte Spalte) wieder, wobei die Wertelabels wie folgt lauten: −2=volle Zustimmung, −1=teilweise Zustimmung, 1=teilweise Ablehnung, 2=volle Ablehnung. Die Wertungen decken sich nicht ausnahmslos.

Der Einstieg in die studienbezogene Deskription erfolgt mit einer Aufstellung der Autoren der in der Datenbasis enthaltenen Studien.

2.1.1 Autor

Insgesamt sind an den herangezogenen Studien zur Abschreckungswirkung der Todesstrafe 74 Autoren beteiligt. Die meisten von ihnen, 53 (72 Prozent), tauchen lediglich einmal als Autor oder Co-Autor auf. Diejenigen Autoren, die an mindestens zwei Studien mitwirken, werden in Tabelle 2 aufgelistet: Nur zwei (und damit 3 Prozent aller) Autoren zeichnen für mehr als ein Viertel (26 Prozent) aller Studien verantwortlich; William C. Bailey und Isaac Ehrlich stehen an der Spitze der Liste, beide haben sich durch wiederholte Forschungsbeiträge zur Abschreckungswirkung der Todesstrafe hervorgetan – wenn auch in unterschiedlichen Wissenschaften (Ehrlich ist Ökonom, Bailey Soziologe) und mit gegensätzlichen Ergebnissen. Gefolgt werden sie von den Ökonomen Dale O. Cloninger und Joanna M. Shepherd sowie der Soziologin Ruth D. Peterson, die ebenfalls mehr als zweimal an einschlägigen Arbeiten beteiligt sind. Von den aufgelisteten 21

Autoren, die an 78 Prozent aller Studien zur Todesstrafe mitwirken, haben mit Ausnahme des Kanadiers Kenneth L. Avio alle an ihren Studien – zumindest teilweise – in den USA gearbeitet.

Tabelle 2: Autor

Autor	Studien-anzahl	Autor	Studien-anzahl
Bailey, William C.	16	Layson, Stephen K.	2
Ehrlich, Isaac	5	Leamer, Edward E.	2
Cloninger, Dale O.	4	Lederman, Daniel	2
Shepherd, Joanna M.	4	Levitt, Steven D.	2
Peterson, Ruth D.	3	Liu, Zhiqiang	2
Avio, Kenneth L.	2	Loayza, Norman	2
Decker, Scott H.	2	Passell, Peter	2
Dezhbakhsh, Hashem	2	Stack, Steven	2
Fajnzylber, Pablo	2	Thomson, Ernie	2
Forst, Brian E.	2	Yunker, James A.	2
Kohfeld, Carol W.	2		

Es wurden alle an mindestens zwei Studien beteiligten Autoren gelistet.

Enorme Bedeutung für die spätere qualitative Analyse hat die Fachdisziplin der Studienautoren. Wie Abbildung 1 zeigt, wurden die meisten der Studien von Autoren aus den Fachbereichen Ökonomie und Soziologie verfasst: Ökonomen stellen fast in der Hälfte (46 Prozent) der Fälle den (einzigen) Autor, Soziologen in 29 Prozent; lediglich die Fachdisziplin der Kriminologie ist daneben noch in annähernd beachtenswerter Weise vertreten (12 Prozent).

Abbildung 1: Fachdisziplin der Autoren

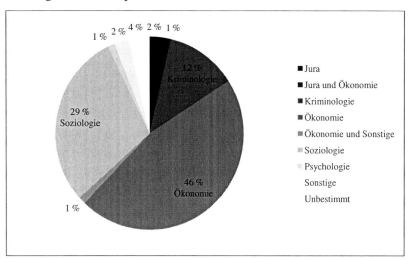

Wird zusätzlich die Fachdisziplin des Publikationsorgans (insbesondere Zeitschriften) betrachtet, so sind die Verhältnisse weitestgehend vergleichbar: 40 Prozent lassen sich der Ökonomie zuordnen, 17 Prozent der Soziologie. Mit 26 Prozent gehört ein vergleichsweise hoher Anteil der Publikationsmedien dem Fachbereich der Kriminologie an, da Ökonomen und Soziologen eher bereit sind, in fachfremden Zeitschriften zu publizieren, als Kriminologen. Tabelle 3 veranschaulicht diese Zusammenhänge (kreuztabellarisch) im Detail.

Tabelle 3: Fachdisziplin der Autoren und Publikationsorgane

Publikationsorgan	Autor						
	Jura	Krim.	Ökon.	Soz.	Psych.	Sonst.	Gesamt
Jura	1	2	4	1	0	0	8
Kriminologie	2	6	2	9	1	0	20
Ökonomie	0	1	29	1	0	0	31
Soziologie	0	1	1	11	0	1	14
Psychologie	0	0	0	1	0	0	1
Sonstige	0	0	2	1	0	1	4
Gesamt	3	10	38	24	1	2	78

Insgesamt konnte die Fachdisziplin dreier Autoren und eines Publikationsorgans nicht klassifiziert werden, was das Fehlen von vier Studien in der Gesamtzahl erklärt.

2.1.2 Geographische Verortung (Arbeitsstelle der Autoren, Land der Population)

Um die zu analysierenden Studien geographisch einzuordnen, stehen aus dem Datensatz zwei Variablen von Interesse zur Verfügung. So lassen sich später eventuell Rückschlüsse für die Ursachen heterogener Forschungsresultate in geographischer Hinsicht sowohl anhand der Arbeitsstelle der jeweiligen Autoren als auch anhand von diesen für die Untersuchung herangezogenen Population ziehen; der Vollständigkeit halber wird in Tabelle 4 zusätzlich noch das Land der Veröffentlichung aufgeführt. Augenscheinlich wird die Literatur zur Abschreckungswirkung der Todesstrafe dominiert von Autoren, Daten und Publikationen aus den Vereinigten Staaten von Amerika. Wie bei der Charakterisierung der Autoren bereits anklang, so zeigen auch vorliegende Daten, dass nahezu 90 Prozent der Autoren während der Anfertigung ihrer Studien in den USA tätig waren, zudem, dass ein ähnlich hoher Anteil Daten aus den Vereinigten Staaten heranzieht und in US-ansässigen Zeitschriften veröffentlicht – selbst in zwei Studien (von McAleer/Veall beziehungsweise Schuessler), deren Autoren ihre Arbeitsstelle nicht in den USA hatten, wurden die Vereinigten Staaten als Land der Untersuchungspopulation herangezogen. Allerdings ist dies nicht erstaunlich, da viele verfügbare Datensets zu Verbrechensdaten, gerade aber auch zur Todesstrafe, aus den USA stammen. Mit Kanada (insbesondere zurückzuführen auf die Arbeiten des bereits erwähnten Kenneth L. Avio), England und Australien gehören die Länder, die zudem relevant vertreten sind, alle ebenso dem Geltungsbereich des *Common Law* an; die Todesstrafe war (ursprünglich) im *Common Law* für Mord zwingend vorgeschrieben und spielt für dieses eine besondere Rolle.[172]

---

[172] Vgl. Grasberger (1996, S. 3), auch unter Verweis auf McGautha v. California, 402 U. S. 183, 197 f. (1971).

Tabelle 4: Geographische Verortung

Land	Arbeitsstelle		Population[173]		Veröffentli-chung[174]	
	Studien	Prozent	Studien	Prozent	Studien	Prozent
Argentinien	0		0		1	1
Australien	2	2	0		0	
Belgien	0		0		1	1
Brasilien	2	2	0		0	
China	1	1	0		0	
England	1	1	3	4	4	5
Kanada	4	5	4	5	3	4
Japan	0		1	1	0	
USA	76	88	70	90	73	89

Die Spalten zu Arbeitsstelle und Land der Population summieren sich nicht auf 82, da einige Studien von kooperierenden Autoren aus verschiedenen Ländern verfasst wurden (für diese Studien gingen mehrere Länder ein) und das Land der Population teilweise nicht klassifiziert werden konnte (für diese Studien ging kein Land ein); einzig das Land der Veröffentlichung ist unzweideutig bestimmt. Anhand dieser Gesamtzahlen wurden die Prozentsätze berechnet.

2.1.3 Öffentliche Datenquelle

Alle 82 Studien zur Erforschung einer negativen generalpräventiven Wirkung der Todesstrafe bedienen sich methodisch der Untersuchung von Kriminalstatistiken. Kriminalstatistische Studien überprüfen die vermuteten Sanktionseffekte auf der aggregierten Ebene unter Verwendung amtlicher Statistiken. Insofern liegt eine Deskription der jeweils verwendeten

---

[173] „Land der Population" meint ausschließlich das Land der ersten Population (untersuchte Menge von Individuen); in lediglich drei Studien wurde mehr als eine Population untersucht, die zweite Population stammt jedoch in allen drei Fällen aus den USA, sodass diesbezüglich auf eine zusätzliche Deskription verzichtet wurde.

[174] „Land der Veröffentlichung" wurde im Fall von Zeitschriftenaufsätzen (dies ist in 95 Prozent der Studien der Publikationstyp) zunächst nach dem Land des die Zeitschrift begründenden Herausgebers bestimmt, bei Nichtvorliegen dieser Information nach dem Land des leitenden Herausgebers, dem Land des Herausgebers, der die Manuskripte erhält, dem Land der Mehrheit der Mitherausgeber oder dem Land des Verlags (Rupp (2008, S. 83, Fn. 18)).

Statistiken nahe, wie sie Abbildung 2 leistet: Von den insgesamt 73 Studien, die eine öffentliche Datenquelle nutzen und diese ausweisen, bedienen sich 41 der *Uniform Crime Reports* (*UCR*; Einheitliche Kriminalitätsberichte), der vom *FBI* geführten offiziellen Datenbank zu Verbrechen in den USA; dies ist genau die Hälfte aller Studien. Das Gros der anderen Hälfte nutzt andere Datensets wie beispielsweise des statistischen Bundesamts der USA, des *National Center for Health Statistics* (*NCHS*) oder nicht-amerikanische Datensets; wenige Studien verwenden keine öffentliche Datenquelle (stattdessen eigene Schätzungen) beziehungsweise legen die Herkunft der Daten nicht offen.

Abbildung 2: Öffentliche Datenquelle

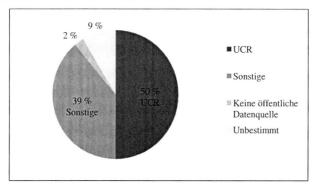

2.1.4 Studienart (Erhebungsmethode, Datentyp, Analyseeinheit)

Dass sich sämtliche zugrunde liegende Studien zur Abschreckungswirkung der Todesstrafe von den klassischen Erhebungsmethoden der empirischen Sozialforschung[175] jedenfalls der kriminalstatistischen Untersuchung bedienen, ist mehrfach angeklungen und im Übrigen naheliegend.

---

[175] Da die Kriminologie zur Erschließung von Erhebungsquellen nicht über eigenständige Erhebungsmethoden verfügt, bedient sie sich in Betracht kommender Verfahren und Instrumente aus den Bezugsdisziplinen; es ist aus diesem Grund vorliegend die Rede von den klassischen Erhebungsmethoden der empirischen Sozialforschung (vgl. Eisenberg (2005, S. 108)).

Befragungen – teilweise als „Königsweg der Sozialforschung"[176] erachtet – eignen sich ungeachtet der ihnen innewohnenden sonstigen methodologischen Schwächen nicht für die Erforschung der Abschreckungswirkung der Todesstrafe. Bei Befragungen kann die Wirkung der Sanktionen nur fiktiv in der irrealen Situation der Befragung gemessen werden; dies birgt schon bei der allgemeinen Sanktionsforschung Probleme, insofern weniger die gesuchten Zusammenhänge selbst als vielmehr Meinungen der Befragten über diese Zusammenhänge erhoben werden, die in hohem Maß auf Irrtümern, Selbsttäuschungen und Fehleinschätzungen beruhen können.[177] Da es aber gerade bei der Abschreckungsforschung um den Einfluss von Strafdrohungen auf das tatsächliche Verhalten geht, dürfte sich dieser Aspekt besonders negativ auf die Validität der Ergebnisse auswirken, vor allem, wenn nach der Begehung schwerer Delikte, die für diese Arbeit von Interesse sind, gefragt wird.[178] Befragungsstudien zur negativen Generalprävention arbeiten mit Individualdaten, da es sich bei der Abschreckung um einen Kommunikationsprozess handelt, in dem die subjektive Wahrnehmung der Strafdrohungen wichtiger ist als ihre objektive Qualität; in den Interviews werden die Einschätzungen der Probanden zu Entdeckungsrisiko und Sanktionsschwere in Beziehung zu selbstberichteter Delinquenz und/oder selbsteingeschätzter Bereitschaft zu zukünftiger Kriminalität gesetzt.[179] Diese Erhebungsmethode taugt nicht für die Untersuchung des Einflusses der Todesstrafe auf einschlägige (Gewalt-)Delikte aufgrund der Brisanz und strengen Strafbewehrtheit derartiger Verbrechen und damit einhergehender Verschweigungstendenzen des tabuisierten Verhaltens durch nicht überführte Täter (überführte Täter scheiden aufgrund der Eigenart der Sanktion als Probanden in der Regel aus).

---

[176] So König (1966, S. 10).
[177] Göppinger/Bock (2008, S. 565 f.); zu methodischen Problemen der Abschreckungsforschung in Befragungsstudien vgl. auch Dölling/Hermann (2003).
[178] Vgl. Eisele (1999, S. 41).
[179] Dölling (1990, S. 3 f.); Bock (1994, S. 95).

Vom Experiment schließlich wird angenommen, dass es die strengste Form der Hypothesenüberprüfung darstellt,[180] und doch kommt eine experimentelle Untersuchungsanordnung für das in Rede stehende Forschungsproblem nur begrenzt in Betracht. Das Experiment wird verstanden als eine „wiederholbare Beobachtung unter kontrollierten Bedingungen, wobei eine (oder mehrere) unabhängige Variable(n) derartig manipuliert wird (werden), daß eine Überprüfungsmöglichkeit der zugrunde liegenden Hypothese (Behauptung eines Kausalzusammenhangs) in unterschiedlichen Situationen gegeben ist".[181] Eine Manipulation der für die Forschung zur Abschreckungswirkung der Todesstrafe denkbaren erklärenden Variablen der Androhung oder Anwendung der Todesstrafe ist schwierig. Ein Laboratoriumsexperiment, das zur Sicherstellung planmäßig vereinfachter, „reiner" Bedingungen eine künstliche Situation konstruiert,[182] ist weder im Hinblick auf die unabhängige noch hinsichtlich der abhängigen Variablen einer mit Todesstrafe bedrohten Delinquenz realisierbar. Aber auch für Feldexperimente, bei denen der zu untersuchende Gegenstand nicht aus seiner natürlichen Umgebung herausgelöst wird,[183] dürfte die Untersuchung der Abschreckungswirkung einer experimentell manipulierten Wahrscheinlichkeit von Hinrichtungen wie auch der gesetzlichen Androhung der Todesstrafe jedenfalls (forschungs-)ethischen und juristischen Bedenken dahingehend begegnen, schwerste Straftäter experimentell unterschiedlich zu behandeln.[184] Hans Zeisel etwa denkt zwei experimentelle Versionen an: In einer müsste der Staat anordnen, dass verurteilte Kapitalverbrecher, die an ungeraden Monatstagen geboren wurden, mit dem Tode, solche, die an geraden Monatstagen geboren wurden, lediglich mit Haft zu bestrafen sind, in der anderen Version wären mindestens drei zufällig aus-

---

[180] So Atteslander (2008, S. 165).

[181] Zimmermann (1972, S. 37).

[182] Atteslander (2008, S. 168).

[183] Atteslander (2008, S. 168).

[184] Vgl. Eisele (1999, S. 49), der dies zumindest als Ursache für das generelle Fehlen von Feldexperimenten zur abschreckenden Wirkung der Sanktionsschwere in Erwägung zieht; laut Eisenberg (2005, S. 113) wirkt sich zudem gerade in Tabu-Bereichen der Umstand aus, dass eine Verallgemeinerbarkeit von Befunden auch beim Experiment stets nur in Relativität zu Untersuchungsanlage und -durchführung gegeben ist.

gewählte Gruppen vonnöten, wobei in der ersten alle, in der zweiten jeder Zweite (Losentscheid) und in der dritten keiner hingerichtet wird; er verwirft beide Versionen als „morally and legally impossible".[185]

Da aber als Experiment auch Formen der Untersuchungsanordnung mit geringerer Kontrolle der sozialen Situation gelten (das Experiment dürfte weniger eine besondere Erhebungsart als eine bestimmte Untersuchungsanordnung sein), tragen viele Forschungsstrategien experimentelle Züge.[186] Unter den 82 Studien zur Abschreckungswirkung der Todesstrafe sind insgesamt fünf Studien, die – über die kriminalstatistische Untersuchung hinaus – experimentelle Elemente beinhalten. Kann der Forscher den Stimulus nicht experimentell manipulieren, so muss er Situationen aufsuchen, in denen dieser im natürlichen Geschehensverlauf auftritt.[187] Die Rede ist von sogenannten natürlichen Experimenten. Freilich würde insofern jede Untersuchung realer Unterschiede der Sanktionspraxis bereits Züge einer experimentellen Vorgehensweise beinhalten wegen der Überprüfung des behaupteten Kausalzusammenhangs in unterschiedlichen Situationen. Gemeint sind hier aber insbesondere Untersuchungen der Wirkung von starken Veränderungen der unabhängigen Variablen im natürlichen Geschehensablauf wie Untersuchungen von Moratorien oder Vorher-Nachher-Analysen von einzelnen Hinrichtungen nach einer langen Zeit ohne Todesstrafenvollstreckungen. In diesem Zusammenhang wird teilweise auch von quasi-experimentellen Studien gesprochen. Es geht um diejenigen experimentellen Untersuchungspläne, in denen nur Teile der Anforderungen an Experimente erfüllt sind und der Forscher nur eine unvollständige Kontrolle über die experimentellen Bedingungen hat.[188] Dezhbakhsh/Shepherd nutzen die experimentelle Natur des Moratoriums, das der *Supreme Court* während der 1970er Jahre für Hinrichtungen verhängte, zu einer (Vorher-Nachher-)Erforschung des Effekts auf Mordraten und sprechen in diesem Zusammenhang von einem „rechtlichen Experi-

---

[185] Zeisel (1976, S. 320).
[186] Atteslander (2008, S. 165).
[187] Mayntz/Holm/Hübner (1971, S. 185).
[188] Friedrichs (1990, S. 340).

ment".[189] Auch Donohue/Wolfers analysieren in ihrer Beurteilung bestehender empirischer Beweise zur Debatte um die Todesstrafe die Effekte des durch die Entscheidungen *Furman v. Georgia* und *Gregg v. Georgia* geschaffenen „Judicial Experiment" durch einen Vergleich von vom Moratorium betroffenen mit nicht betroffenen Staaten.[190] Die Arbeiten von Ernie Thomson, die beide eine Vorher-Nachher-Analyse jeweils einer Exekution in Arizona respektive Kalifornien anstellen, sprechen insofern von einem quasi-experimentellen Aufbau.[191] Zudem bedienen sich Dale O. Cloninger und Roberto Marchesini in ihrer gemeinsamen Studie eines einjährigen Moratoriums in Texas im Jahr 1996 und titulieren diese als ein „Quasi-Controlled Group Experiment".[192]

Auf das Ausnutzen eines experimentellen Charakters der Untersuchungssituation durch Studienautoren wird im Zuge der methodenspezifischen Typologie im dritten Teil noch näher eingegangen. An dieser Stelle soll die Feststellung ausreichen, dass alle 82 Studien kriminalstatistischer Art sind, wenige darüber hinaus experimentelle Elemente beinhalten, grundsätzlich aber Befragungen und Experimente im engeren Sinn (Laboratoriumsexperimente, Feldexperimente) auf dem Gebiet der Abschreckungsforschung zur Todesstrafe nicht zweckmäßig beziehungsweise nicht realisierbar sind[193] und daher in dieser Arbeit keine Rolle spielen.

Die kriminalstatistischen Untersuchungen lassen sich wiederum unterscheiden nach dem Datentyp. Es kommen Querschnitts-, Zeitreihen- und Paneldaten in Betracht. Von Paneldaten wird gesprochen, wenn für mehrere Untersuchungsobjekte die Werte einer Variablen zu mindestens zwei Zeitpunkten vorliegen, wobei das Zeitintervall bei allen Untersuchungsob-

---

[189] Dezhbakhsh/Shepherd (2003, S. 1); da hier dieselbe Gruppe vor und nach Einwirkung eines Reizes untersucht wird, kann in diesem Fall von einem sukzessiven Experiment im Unterschied zum Simultanexperiment gesprochen werden (vgl. Atteslander (2008, S. 169).

[190] Donohue/Wolfers (2005, S. 841, 800 ff.).

[191] Thomson (1997, S. 115) und Thomson (1999, S. 137).

[192] Cloninger/Marchesini (2001, S. 569).

[193] So auch Kleck (1979, S. 884); McManus (1985, S. 417) konstatiert jedenfalls, dass Forschung zur Effektivität von Bestrafung hinsichtlich der Reduzierung der Mordrate in einem nicht-experimentellen Aufbau betrieben werden muss.

jekten identisch und die Messungen zu einem Objekt diesem eindeutig zuordenbar sind.[194] Paneldaten unterscheiden sich insofern von Querschnittsdaten, in denen mehrere Einheiten zu einem einzigen Zeitpunkt erfasst
werden, und von Zeitreihendaten, in denen eine einzige Einheit zu mindestens zwei Zeitpunkten beobachtet wird. Abbildung 3 veranschaulicht das
Vorkommen dieser drei Hauptkategorien unter Berücksichtigung eventueller (soeben diskutierter) zusätzlicher experimenteller Elemente: Reine
Längsschnittsuntersuchungen kommen am häufigsten vor (53), gefolgt von
reinen Panelanalysen (12) und reinen Querschnittsuntersuchungen (11);
auch Untersuchungen, die sich sowohl Querschnitts- als auch Längsschnittsdaten bedienen, sind relevant vertreten (4). Drei Studien, die sich
experimenteller Elemente bedienen, sind Zeitreihenstudien (gerade für die
Vorher-Nachher-Analysen einer Exekution erscheint die Kombination
schlüssig), zudem sind natürliche Experimente einer Panelanalyse (Studie
von Dezhbakhsh/Shepherd) und einer – aus Zeitreihe-, Querschnitt und
Panelanalyse – gemischten Analyse (Studie von Donohue/Wolfers) zuzuordnen.

Abbildung 3: Datentyp unter Berücksichtigung der Erhebungsmethode

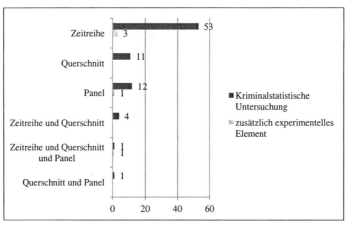

In Abbildung 4 wird zusätzlich zur Verteilung des verwendeten Datentyps die gewählte Analyseeinheit illustriert: Ausgehend von einer Darstellung der Verteilung des bereits in Abbildung 3 erfassten Datentyps (Zeitreihe, Querschnitt, Panel; nunmehr in Kreisdiagrammform) wird für die häufigsten vier Gattungen die jeweilige Verteilung der Analyseeinheit der Untersuchungspopulation veranschaulicht. Als geographische Analyseeinheit kommen insbesondere Nationen, (Bundes-)Länder und Gemeinden in Betracht, wobei für die vornehmlich verwendeten Daten aus den USA unter Bundesländer die Bundesstaaten und unter Gemeinden neben Städten auch regionale Verwaltungseinheiten, sogenannte „Counties", fallen. Lediglich drei Studien untersuchen eine zweite Population, sodass erneut für die zweite Population auf eine zusätzliche Deskription verzichtet wurde. Als Tendenz lässt sich ausmachen, dass bei den Zeitreihenanalysen, die mit 65 Prozent einen Großteil der gesamten Studien stellen, vorwiegend Nationen als Objekte gewählt werden (60 Prozent), erst in weitem Abstand folgen Bundesländer (25 Prozent) und dann Gemeinden (13 Prozent). Gegensätzlich hierzu sieht die Verteilung bei den mit 13 und 15 Prozent nahezu gleich stark vertretenen Querschnitts- und Panelanalysen aus: Bundesstaaten sind die dominierende Analyseeinheit (82 Prozent beziehungsweise 75 Prozent), seltener gewählt werden Gemeinden (9 Prozent beziehungsweise 17 Prozent) und Nationen (9 Prozent beziehungsweise 8 Prozent). Die im Übrigen relevanten Untersuchungen, die sich sowohl Querschnitts- als auch Längsschnittsdaten bedienen, nutzen größtenteils Daten auf der Ebene der Bundesländer (75 Prozent) und wenige nationale Daten (25 Prozent), wobei zu beachten ist, dass insgesamt nur vier Untersuchungen dieser Art zum Gegenstand der Metaanalyse gehören.

80

Abbildung 4: Analyseeinheit differenziert nach Datentyp

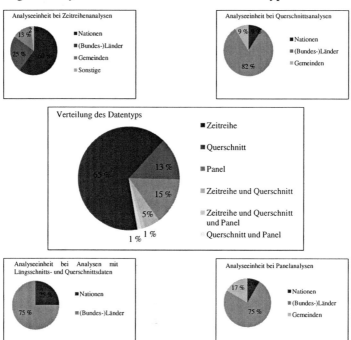

Nimmt man alle Untersuchungen in den Blick, werden Nationen und Bundesstaaten ungefähr gleich häufig gewählt (45 Prozent beziehungsweise 42 Prozent), Gemeinden zu 12 Prozent.

2.1.5 Zeitliche Einordnung (Jahr der Veröffentlichung, mittleres Erhebungsjahr)

Die älteste Studie dieser Metaanalyse wurde im Jahr 1952 veröffentlicht, die neueste 2005. Dass die in den Studien verwendeten Daten älter sind, ist nicht verwunderlich, braucht es doch eine gewisse Zeit, um Daten zu sammeln und zu analysieren; vereinzelt legen Studien sogar besonderes Augenmerk auf alte Daten, beispielsweise aus dem ausgehenden 19. Jahrhundert und beginnenden 20. Jahrhundert. Die Verteilungen von Veröffentlichungsjahr und mittlerem Erhebungsjahr[195] der verwendeten Daten werden in Abbildung 5 dargestellt: Hinsichtlich des Erscheinungsjahres lassen sich zwischen 1952 und 2005 drei Phasen ausmachen: Bis Mitte der 1970er Jahre wurde maximal eine Studie pro Jahr veröffentlicht, zwischen 1975 und den frühen 1990er Jahren häufen sich die Publikationen mit acht Veröffentlichungen im Jahr 1977 als Höchstwert, und seit Mitte der 1990er Jahre ist das Erscheinungsniveau nach einem zwischenzeitlichen Tief wieder stabil – mit einem Hoch gleich zu Beginn des Jahrtausends. Die erste Veröffentlichungswelle lässt sich mit der von Ehrlich 1975 ausgelösten hitzigen Debatte um die Abschreckungswirkung der Todesstrafe erklären; sowohl Kritik als auch (Versuche der) Rechtfertigung trugen zum Ausschlagen der Publikationskurve bei. Die bis zuletzt (bis zum Ende der Datenerhebung) weitgehend konstante Anzahl der Veröffentlichungen kann möglicherweise darauf zurückgeführt werden, dass dem nachlassenden Interesse an der Abschreckungsforschung eine größere Akzeptanz von Abschreckungsmessungen als Kontrollvariablen in anderen Forschungsfeldern gegenübersteht. Wie im Rahmen der Deskription repräsentativer Studien ausgeführt wurde, zeichnen sich aktuelle Arbeiten dieser Metaanalyse dadurch aus, dass sie sich gesellschaftlicher und politischer Bedingungen für oder besonderen Erscheinungen von Kriminalität annehmen, die vordergründig nicht zwingend mit der Todesstrafe und ihrer abschreckenden Wirkung in Verbindung stehen (allgemeine Politik, Lotterien, Arbeitslosigkeit, Polizistentötungen, „Truth-in-Sentencing"-Gesetzgebung); Variablen zur Todesstrafe, die die Analysen zum Gegenstand dieser Integrationsstudie machen, wurden von deren Autoren aufgenommen, um keine verzerrten Ergebnisse infolge ausgelassener Variablen zu erhalten (vergleiche hierzu auch den nachfolgenden Unterpunkt der studienbezogenen Deskription).

---

[195] Das mittlere Erhebungsjahr wurde ermittelt durch Subtraktion der halbierten Spanne des Untersuchungszeitraums vom Jahr des zeitlich letzten Messpunkts; es konnte für 73 Studien berechnet werden.

Für das mittlere Erhebungsjahr der Daten (also die Mitte des Referenzzeit-raums) lässt sich neben der logischen Tendenz, dass dieses regelmäßig weiter zurückliegt als das Erscheinungsjahr, lediglich eine Häufung zwischen 1942 und den späten 1960er Jahren ausmachen. Ferner fällt auf, dass gerade um volle Dekaden (1950, 1970, 1980 und 1990) herum leichte Anstiege auszumachen sind; dieser Eindruck könnte mit der bevorzugten Auswahl der Daten aus Zehnerjahren für Querschnittsuntersuchungen zu erklären sein.

Abbildung 5: Zeitliche Einordnung

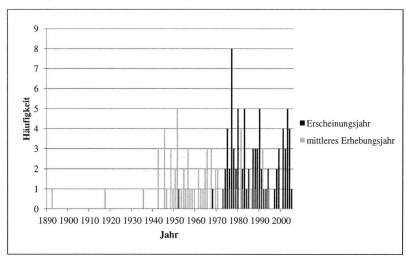

2.1.6 Forschungsziel

Mittlerweile mehrfach angeklungen ist, dass diverse Studien erfasst sind, die nicht mit dem Anspruch arbeiten, die Beziehung zwischen Todesstrafe und Tötungsraten oder explizit den Abschreckungseffekt der Todesstrafe zu erforschen, sondern sich vielmehr andere Forschungsziele setzen – und dabei die Abschreckungsmessungen der Todesstrafe lediglich zum Zweck der Vollständigkeit integrieren. Demzufolge variieren die der Analyse zugrunde liegenden Arbeiten nach dem Stellenwert, den sie der Abschreckungsforschung beimessen. Auch diese Erkenntnis ist möglicherweise für die spätere qualitative Analyse von Bedeutung. Operationalisiert wurde das Augenmerk, das eine Studie auf die Abschreckungsforschung legt, über eine binäre Variable, die erfasst, ob die Todesstrafen-/Abschreckungsvariable in der entsprechenden Untersuchung Haupt- oder Kontrollvariable ist. Als Kontrollvariable wurde die Abschreckungsvariable nur bei solchen Effektschätzungen klassifiziert, bei denen der Autor die entsprechenden Koeffizienten überhaupt nicht interpretiert und keinerlei relevanten Aufwand zur Erläuterung eines negativen Effekts (im Sinn einer Abschreckungswirkung der Todesstrafe) betreibt.[196] Insgesamt beinhalten neun Studien Effektschätzungen, bei denen der Koeffizient unter Verwendung der Todesstrafenvariablen als Kontrollvariable zustande gekommen ist. Dass diese neun Studien insbesondere den letzten Jahren zuzuordnen sind, wurde bereits bei der Deskription repräsentativer Studien sowie im Rahmen der Erläuterung des Schaubilds zum Erscheinungsjahr der Studien erwähnt. Diese These lässt sich anhand Abbildung 6 verifizieren, welche für die Veranschaulichung des Publikationsjahres der Studien danach unterscheidet, ob es sich um explizite Untersuchungen zur Abschreckungswirkung der Todesstrafe handelt (nur Effektschätzungen mit der Todesstrafenvariable als Hauptvariable) oder ob der Studie ein anderes Forschungsziel zugrunde liegt (Effektschätzungen mit der Todesstrafenvariable als Kontrollvariable): Es zeigt sich deutlich, dass von letzteren neun Studien der Großteil nach 1990, insbesondere aber seit der Jahrtausendwende, entstanden ist.

---

[196] Rupp (2008, S. 85, inkl. Fn. 22).

84

Abbildung 6: Erscheinungsjahr differenziert nach Forschungsziel

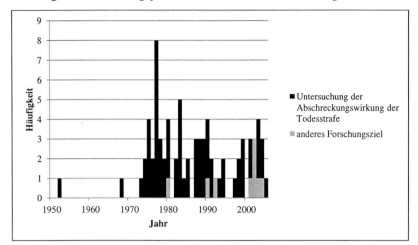

2.1.7 Qualitätsindex

Erfüllt eine Primärstudie gewisse Qualitätskriterien wie Repräsentativität, Reliabilität oder Validität nicht, sollte sie nicht von vornherein aus einer Metaanalyse ausgeschlossen werden.[197] Begründet wird dies damit, dass die Qualitätskriterien auf theoretischen Vorannahmen basieren und diese somit vom jeweilig Beurteilenden abhängen. Vorgeschlagen wird vielmehr, die vermeintlichen Qualitätsunterschiede als Variable(n) mit in die Analyse aufzunehmen, um in einem Folgeschritt daraufhin testen zu können, ob die qualitativen Differenzen tatsächlich eine Auswirkung auf die Effektgröße haben, mithin ein systematischer Zusammenhang zwischen Qualität und Befund zu erkennen ist. Ähnlich wird auch in vorliegender Metaanalyse vorgegangen. Deren Aufgabenstellung basiert schließlich bereits auf der Vermutung, dass Unterschiede zwischen den Primärstudien auch und vor allem hinsichtlich der methodischen Qualität bestehen; ein Ausschluss minderwertiger Studien von vornherein würde das Forschungs-

---

[197] Vgl. Hunter/Schmidt (2004, S. 18, 21); das Selegieren methodisch unzulänglicher Studien ist besonders dann beliebt, wenn die Zahl der zu integrierenden und die Zahl der inkonsistenten Forschungsergebnisse ansteigt (Fricke/Treinis (1985, S. 12)).

ziel konterkarieren. Einer Beschränkung des Ergebnisses auf die Analyse der qualitativ „guten" Studien unter dem Gesichtspunkt einer abschließenden zuverlässigen Gesamteinschätzung bisheriger Forschungsergebnisse zur Abschreckungshypothese im Hinblick auf die Todesstrafe stünde jedoch nichts entgegen.

Im dritten Teil dieser Arbeit soll eine qualitative Suche nach Ursachen heterogener Forschungsresultate und insbesondere methodischer Probleme und Unzulänglichkeiten der Studien, die zu einem Abschreckungseffekt der Todesstrafe kommen, erfolgen. Um anschließend in einer Gesamtschau Parallelen zu den Erkenntnissen ziehen zu können, erscheint ein genereller Qualitätsindex von Nutzen. Zur Sicherung der richtigen Kodierung einer solchen Variablen zur Studienqualität kann beispielsweise auf komplexe Reliabilitäts- und Validitätsverzeichnisse zurückgegriffen werden.[198] Im Datensatz sind bereits diverse Variablen enthalten, die Aussagen über die Qualität der Primärstudien treffen. Um eine einzige Qualitätsvariable heranziehen zu können, hat der Verfasser aus zwei von diesen einen Qualitätsindex gebildet, der mit der Ziffer 1 (das heißt, es existieren weder Hinweise auf methodische Probleme durch den Autor noch sind methodische Probleme für den Auswerter erkennbar) beginnt und bei 6 (das heißt, es existieren Hinweise auf methodische Probleme durch den Autor und es sind erhebliche methodische Probleme für den Auswerter erkennbar) endet.[199] Dieser wurde in drei Kategorien eingeteilt (1. Kategorie („weitgehend einwandfrei"): Qualitätsindex Ziffer 1; 2. Kategorie („gewisse Probleme"): Qualitätsindex Ziffern 2 bis 5; 3. Kategorie („hochproblematisch"): Qualitätsindex Ziffer 6). Es lässt sich konstatieren, dass 17 Studien (21 Prozent) weitgehend einwandfrei sind, 63 Studien (77 Prozent) gewisse

---

[198] Zum Ganzen vgl. Haege (2000, S. 8).

[199] Ziffer 2: Es existieren keine Hinweise auf methodische Probleme durch den Autor, aber es sind geringe methodische Probleme für den Auswerter erkennbar; Ziffer 3: Es existieren keine Hinweise auf methodische Probleme durch den Autor, aber es sind erhebliche methodische Probleme für den Auswerter erkennbar; Ziffer 4: Es existieren Hinweise auf methodische Probleme durch den Autor, aber es sind keine methodischen Probleme für den Auswerter erkennbar. Ziffer 5: Es existieren Hinweise auf methodische Probleme durch den Autor und es sind geringe methodische Probleme für den Auswerter erkennbar.

Probleme haben und zwei Studien (2 Prozent) als hochproblematisch einzustufen sind. Diese Zahlen sollten aber wie auch der Index selbst nicht
überbewertet werden, da sie zum einen – ähnlich dem oben abgelehnten
Totalausschluss von Studien – auf der diffizilen Entscheidung des jeweiligen Auswerters beruhen, wie viele Probleme eine Studie aufweist und wie
schwer diese wiegen, und zum anderen auf die Offenheit des Autors ange-
wiesen sind; gleichwohl können die Werte in beschriebener Weise später
als Vergleichsmaßstab dienen.

2.2 Effektschätzungsbezogene Deskription

Die Deskription der Grundgesamtheit wird nun auf Ebene der Effektschätzungen fortgesetzt. Ausführungen, Tabellen und Grafiken in diesem Kapitel sollen ein umfassendes Bild der effektschätzungsbezogenen Variablen,
die für jedes Untersuchungsergebnis erhoben wurden, vermitteln. Alle in
diesem Kapitel benannten Werte wurden zur Vermeidung potentieller Verzerrungen durch divergierende Anzahlen eingegebener Messwerten je Studie so gewichtet, dass von jeder Studie rechnerisch die gleiche Anzahl von
Effektschätzungen berücksichtigt wurde; die Gewichtung ist – wie oben
ausgeführt – vonnöten, da bei den ökonomischen Studien einerseits und
den kriminologischen und sozialwissenschaftlichen Studien andererseits
bei der Erhebung der Effektschätzungen uneinheitlich verfahren wurde. Infolge der Gewichtung können die berichteten Häufigkeiten die wirklichen
Häufigkeiten nur annäherungsweise widerspiegeln und sie stimmen nicht
mit der Anzahl an Beobachtungen aus der Datenbasis (792) überein. Präsentierte Statistiken basieren ferner auf normalisierten t-Werten; Normali-
sierung war notwendig, um Unterschiede in den Fallzahlen zu kompensieren und die direkte Vergleichbarkeit der t-Werte zu gewährleisten.

Auch bei der Darstellung auf Effektschätzungsebene sollen einleitend die
Ergebnisse, das heißt die Effekte der jeweilig gewählten Abschreckungsvariablen, veranschaulicht werden – wenn sich vorliegende Arbeit in Anbetracht der Forschungsfrage auch weitgehend mit von der vorherrschenden
Ablehnung der Abschreckungshypothese abweichenden Forschungsbefun-

den auf Studienebene auseinandersetzt. Dass der Anteil theoriekonsistenter und signifikanter Effektschätzungen (das heißt t-Wert $t \leq -1{,}96$) in den Studien zur Todesstrafe bei 30 Prozent liegt, wurde im Zuge der Herausarbeitung der Forschungsfrage bereits konstatiert; eine genaue Verteilung der normalisierten t-Werte liefert Abbildung 7: Es werden die prozentualen Anteile der „klassierten" (Trennwertschritt: 0,25), normalisierten t-Werte an allen normalisierten t-Werten dargestellt. Um einen symmetrischen Überblick zu erhalten, wurde eine Skala von $t = -20$ bis $t = 20$ gewählt, obgleich das Minimum bei $t = -11{,}18$ und der größte enthaltene t-Wert bei $t = 19{,}05$ liegt. Insgesamt ist in 65 Prozent der Schätzungen ein theoriekonsistentes negatives Vorzeichen zu beobachten (35 Prozent der t-Werte sind folglich positiv), weit weniger als die Hälfte dieser Schätzungen sind aber auf dem Fünf-Prozent-Niveau signifikant. Dass in den Grenzbereichen von Signifikanz ($t = |1{,}96|$) und Theoriekonsistenz ($t = 0$) mehr oder minder starke Peaks auszumachen sind (zwischen $t = 0$ und $t = 0{,}25$ ist der höchste Ausschlag zu erkennen) und dass ungefähr beim Durchschnittswert von $t = -0{,}77$ zwischen zwei Scheitelwerten eine Einbuchtung liegt, mag mit der Umrechnung der Effektschätzungen in t-Werte beziehungsweise mit eventuellen „Reporting Bias" zu erklären sein, das heißt mit der Angewohnheit von Forschern und Zeitschriften, gerade die Resultate zu veröffentlichen, die eine Hypothese (signifikant) belegen, anderweitige Befunde aber zurückzuhalten. Auf derartige denkbare Verzerrungsursachen wird im nächsten Teil ausführlich einzugehen sein; hier soll es bei einem Überblick über die der Arbeit zugrunde liegenden t-Werte bleiben.

Statistiken der (normalisierten) t-Werte gegebener Effektschätzungen fasst vorangehend Tabelle 5 zusammen:

Tabelle 5: Statistiken der (normalisierten) t-Werte

Statistik	Minimum	Maximum	Durchschnitt	Median	Anzahl (gew.)	Anzahl (ungew.)
Wert	$t = -11{,}18$	$t = 19{,}05$	$t = -0{,}77$	$t = -0{,}93$	775 / 835	762 / 792

88

Abbildung 7: Verteilung der (normalisierten) t-Werte

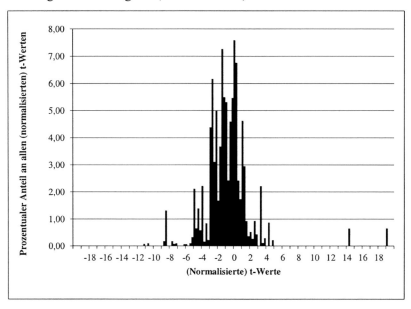

Die Deskription auf Ebene der Effektschätzungen wird mit der Art der Operationalisierung der verwendeten Variablen fortgesetzt.

2.2.1 Unabhängige Variablen

Empirische Analysen zur negativen Generalprävention konzentrieren sich auf das Modell „Sanktion-Verbrechen";[200] in Untersuchungen zur empirischen Überprüfung der Abschreckungswirkung werden generalpräventive Effekte von ihrem Ergebnis her geprüft, das heißt, dass Veränderungen der Kriminalität in Abhängigkeit von Veränderungen der Strafrechtspraxis untersucht werden.[201] Auch im Rahmen der Todesstrafenforschung werden Zusammenhänge zwischen dem Rechtssystem als unabhängiger und dem delinquenten Verhalten als abhängiger Variable erforscht. Die Qualität der Schätzung von Abschreckungseffekten kann möglicherweise von der

---

[200] Vgl. Kaiser (1996, S. 259).
[201] Göppinger/Bock (2008, S. 565).

Operationalisierung der Abschreckungsvariablen (unabhängige Variablen) und des Wirkungsbereichs von Abschreckung (abhängige Variablen) abhängen, daher lohnt als Grundlage für die Ermittlung systematischer Zusammenhänge zwischen bestimmten Resultaten und dem jeweiligen methodischen Vorgehen ein Blick auf die für die einzelnen Untersuchungen herangezogenen Variablen.

In Tabelle 6 werden die als Indikatoren der Abschreckungsvariablen verwendeten Merkmale einschließlich der Häufigkeit ihrer Verwendung in den untersuchten Studien aufgelistet: Die erklärenden Variablen wurden eingestuft nach den verschiedenen Ebenen der Strafrealisierung, in denen negative Generalprävention in Erscheinung treten kann, also Androhung der Strafe, Ausspruch des Urteils und Vollzug der Strafe. In den meisten Fällen (59 Prozent) wird der Einfluss der Todesstrafe mittels Hinrichtungsrate gemessen, gefolgt von nicht klassifizierbaren Messungen (17 Prozent), worunter etwa Medienberichterstattung über Exekutionen beziehungsweise Zeitintervall zwischen Aburteilung und Exekution (das heißt Wartezeit im Todestrakt) fallen. Zudem relevant vertreten ist die gesetzliche Androhung der Todesstrafe (13 Prozent), seltener die beiden Messungen zur Verhängung der Todesstrafe (zusammen 13 Prozent). Nur die Variable zum gesetzlichen Status, das heißt zur Existenz beziehungsweise Abwesenheit der Todesstrafe, misst lediglich die Strafstrenge, sämtliche andere besagte Variablen dürften auch der Messung der Strafwahrscheinlichkeit als Abschreckungselement zuzuordnen sein; diese Erkenntnis geht mit der obigen Feststellung konform, dass Abschreckungseffekte der Strafhöhe in weniger als der Hälfte der Studien überhaupt thematisiert werden.

Tabelle 6: Unabhängige Variablen

Variable	Effekt-schätzungen	Pro-zent
Exekutionsanzahl/-rate (Vollstreckungen bezogen auf Verurteilungen/Taten)	491	59
Sonstige	141	17
Gesetzliche Androhung der Todesstrafe	111	13
Anteil der Verurteilungen zu Todesstrafen an allen Verurteilungen	88	11
Verurteilungsanzahl/-rate (Verurteilungen bezogen auf Taten)	21	2

Sowohl die Häufigkeiten als auch die korrespondierenden Prozentzahlen sind gewichtet. Die Spalten summieren sich nicht exakt aufgrund von Rundungsfehlern und Mehrfachnennungen bei Angabe der unabhängigen Variablen.

2.2.2 Abhängige Variablen

Ferner werden in Tabelle 7 die verwendeten abhängigen Variablen, das heißt die den Wirkungsbereich von Abschreckung erfassenden Variablen, zusammengefasst: Da ausschließlich Analysen von Kriminalstatistiken vorliegen, wurde die abhängige Variable über Kriminalitätsraten wie die Kriminalitätsbelastungszahl, das heißt die Zahl der Taten bezogen auf je 100.000 Personen der entsprechenden Einwohner- respektive Bevölkerungsgruppe,[202] (80 Prozent) und die Anzahl polizeilich registrierter Taten (19 Prozent) sowie wenige sonstige Messungen (1 Prozent) operationalisiert.

---

[202] Kerner (1991, S. 189).

Tabelle 7: Abhängige Variablen (Arten der Operationalisierung)

Variable	Effektschätzungen	Prozent
Kriminalitätsbelastungsziffer (Taten pro 100.000)	667	80
Anzahl polizeilich registrierter Taten	158	19
Sonstige	10	1

Sowohl die Häufigkeiten als auch die korrespondierenden Prozentzahlen sind gewichtet.

Formell einordnen lassen sich sämtliche untersuchte Verhaltensweisen beziehungsweise Delikte (im Sinn eines Oberbegriffs für alle im weitesten Sinn strafrechtlich relevanten Verfehlungen eines Rechtssubjekts) als Straftaten; Ordnungswidrigkeiten wie auch sonstiges formell und informell abweichendes Verhalten sind für Untersuchungen zur Abschreckungswirkung der Todesstrafe ebenso irrelevant wie etwa die experimentelle Verletzung von Spielregeln.

Über diese grobe Einstufung der Strenge der erforschten Delikte hinaus lassen sich die Straftaten selbst zusätzlich in Kategorien aufschlüsseln; dies wird illustriert in Tabelle 8: Da überwiegend Kriminalitätsdaten aus den USA und dort wiederum solche der *UCR* verwendet werden, ist es nicht verwunderlich, dass nahezu ausschließlich die sogenannten Indexverbrechen Tötungsdelikte, Körperverletzung, Vergewaltigung, Raub, Einbruch, Diebstahl und Autodiebstahl gelistet sind. Die vorsätzlichen Tötungsdelikte werden am häufigsten als abhängige Variable herangezogen (92 Prozent), was genauso wenig überrascht, da Mord – wie oben bereits festgestellt – das am häufigsten mit der Todesstrafe geahndete Delikt ist. Davon ausgehend, dass nur mit der Todesstrafe bedrohte Verbrechen durch die Todesstrafe abgeschreckt werden können, kommen sinnvollerweise auch nur diese als Zielvariablen in Betracht. Dass unter Umständen nicht alle vorsätzlichen Tötungsdelikte automatisch „Kapitalverbrechen" (im ur sprünglichen Sinn von mit dem Verlust des Lebens, der Dekapitation, zu ahndende Straftaten) sind, bleibt an dieser Stelle unberücksichtigt.

Vergewaltigung ist eine der Straftaten, die ebenfalls aufgrund ihrer Bedrohung mit der Todesstrafe (bis 1977 konnte die Todesstrafe in den USA auch für Vergewaltigung verhängt werden[203]) als abhängige Variable Einzug gefunden hat; so untersucht insbesondere Bailey in seiner Arbeit *„Deterrence and the Violent Sex Offender"* die Abschreckungswirkung juristischer Sanktionen auf Vergewaltiger, wobei in den untersuchten Staaten im Referenzzeitraum neben der Freiheitsstrafe auch die Todesstrafe auf Vergewaltigung stand.[204] Andere Arbeiten aus dem Untersuchungsgegenstand ziehen Daten für Vergewaltigungen als abhängige Variable heran, um Vergleiche zu Daten für Tötungsdelikte anstellen zu können;[205] bei 2 Prozent der Effektschätzungen wird die Zielvariable über die Vergewaltigung operationalisiert.

Fahrlässige Tötungen dürften auf den ersten Blick theoretisch keine Rolle in der Forschung zur Todesstrafe spielen; sie werden beispielsweise – für den Fall, dass Strafverfolgungs- oder Strafvollzugsstatistiken als Datenquelle herangezogen werden – berücksichtigt, um dem Umstand Rechnung zu tragen, dass ursprünglich wegen „First-Degree Murder" angeklagte Straftäter später wegen „Second-Degree Murder" („Second-Degree Murder" kann auch Züge einer fahrlässigen Tötung tragen[206]) im Austausch für ein Geständnis angeklagt werden und deshalb in der Statistik vorsätzliche als fahrlässige Totschläger geführt werden.[207] Ferner wird vereinzelt vertreten, dass die Abschreckungshypothese einen abschreckenden

---

[203] Conklin (2007, S. 393).

[204] Vgl. Bailey (1977, S. 111): „[R]ape has traditionally been, and continues to be, the second most common capital punishable crime in this country".

[205] So beispielsweise Stack (1990).

[206] Vgl. beispielsweise § 125.25 des Strafgesetzbuchs des Bundesstaats New York (*New York Penal Law*): „A person is guilty of murder in the second degree when: […] 2. Under circumstances evincing a depraved indifference to human life, he recklessly engages in conduct which creates a grave risk of death to another person, and thereby causes the death of another person".

[207] Bailey (1974, S. 419), der aber auch nur spekulieren kann, wie üblich diese Praxis ist.

Effekt der Todesstrafe für jedwede Form der Tötung umfasse, Abschreckung im Sinn eines subtilen, unbewussten Effekts von Gesetz und Bestrafung. Die Tatsache, dass die Gesellschaft Mord so missbilligt, dass sie das Leben des Täters einfordert, *„hilft Haltungen wie Abneigung, Geringschätzung, Ekel und sogar Horror für diese Handlungen zu erzeugen, und trägt damit zur Entwicklung persönlicher, das Verbrechen ablehnender Kräfte bei"* [Übersetzung vom Verfasser].[208] So wird die abhängige Variable in 2 Prozent der zugrunde liegenden Effektschätzungen über die fahrlässige Tötung operationalisiert.

Dass ferner (nicht-kapitale) Delikte wie Raub (3 Prozent), Autodiebstahl (3 Prozent), Einbruch (3 Prozent), vorsätzliche Körperverletzung (3 Prozent) und auch Diebstahl (2 Prozent) in der Aufstellung der als abhängige Variable herangezogenen Straftatkategorien auftauchen, liegt vorwiegend an Baileys Untersuchung des generalpräventiven Effekts der Todesstrafe auf sogenannte „Non-Capital Felonies"[209] sowie an der Arbeit von Lawrence Katz, Steven D. Levitt und Ellen Shustorovich.[210] Bailey untersucht jene – in Anbetracht der von der Abschreckungsargumentation zugrunde gelegten Prämisse rational handelnder Menschen – dem Anschein nach entbehrliche Frage unter drei Gesichtspunkten: Möglicherweise resultiert eine inverse Beziehung von Todesstrafe und Nichtkapitalverbrechen aus einem generellen präventiven (erzieherischen, moralisierenden, normbestätigenden) Effekt von Bestrafung, aus Nebenwirkungen bei der Abschreckung von Verbrechen, bei denen Mord nicht beabsichtigt, aber ein mögliches Resultat ist, sowie aus einer Überlastung des Systems (Kriminalitätsverhütung und Rechtsprechung über Nichtkapitalverbrechen) durch hohe Mordzahlen infolge des Rückgangs von Exekutionen. Zur Prüfung (und Widerlegung) der Hypothese zieht Bailey für die abhängige Variable zusätzlich zu Tötungsdelikts- und Vergewaltigungsdaten solche zu den Indexverbrechen Körperverletzung, Raub, Einbruch, Diebstahl und Autodiebstahl heran. Katz/Le-

---

[208] Übersetzung nach Caldwell (1965, S. 425 f.).
[209] Bailey (1991).
[210] Katz/Levitt/Shustorovich (2003).

vitt/Shustorovich vergleichen den Abschreckungseffekt von Todesstrafe und von Lebensbedingungen in Haftanstalten auf jedes kriminelle Verhalten, wobei sie Gewaltkriminalität mittels Daten zu Mord, Körperverletzung und Raub und Eigentumskriminalität mittels Daten zu Einbruch und Autodiebstahl messen.

Tabelle 8: Abhängige Variablen (Kategorien der Straftaten)

Variable	Effekt schätzungen	Pro- zent
Tötungsdelikt (vorsätzlich)	770	92
Raub	26	3
Autodiebstahl	23	3
Einbruch	23	3
Körperverletzung (vorsätzlich)	22	3
Vergewaltigung	17	2
Tötungsdelikt (fahrlässig)	16	2
Diebstahl (undifferenziert)	15	2
Gesamtkriminalität	1	0
Betrug	1	0

Sowohl die Häufigkeiten als auch die korrespondierenden Prozentzahlen sind gewichtet. Die Spalten summieren sich nicht exakt aufgrund von Rundungsfehlern und Mehrfachnennungen bei Angabe der abhängigen Variablen.

Auf die richtige Operationalisierung des Wirkungsbereichs von Abschreckung, insbesondere das Bedürfnis einer weitergehenden Differenzierung zwischen Mord und vorsätzlichem Tötungsdelikt, wird im dritten Teil noch näher einzugehen sein.

2.2.3 Kontrollvariablen

Nur in seltenen Fällen kann sich die statistische Prüfung auf den Zusammenhang zwischen zwei Merkmalen (vorliegend Modell „Sanktion-Verbrechen") beschränken, zur Prüfung der mehrdimensionalen Zusammenhänge werden sogenannte multivariate Verfahren verwandt.[211] Als ein Kriterium für die Elaboriertheit einer Studie gelten Zahl und Art der in die Untersuchung einbezogenen intervenierenden Variablen und die Analyse der Interaktion dieser Faktoren mit den Abschreckungsvariablen. Die weit überwiegende Mehrheit der Studien zur Todesstrafe (85 Prozent) verwendet Kontrollvariablen und unterliegt damit zumindest nicht der methodischen Unzulänglichkeit eines vollständigen Außerachtlassens von auf den Zusammenhang zwischen unabhängiger und abhängiger Variable einwirkenden Faktoren. Kontrollvariablen werden regelmäßig gehäuft integriert, so kommen die Effektschätzungen unter Berücksichtigung von durchschnittlich 5,54 Kontrollvariablen zustande, der Median beträgt fünf. Tabelle 9 liefert einen Überblick über sämtliche herangezogene Kontrollvariablen und die Häufigkeit ihrer Verwendung. Nicht aufgelistet werden andere Abschreckungsvariablen; bei Untersuchung der Kriminalitätsrate in Abhängigkeit von Hinrichtungsrate und beispielsweise durchschnittlicher Haftstrafenlänge verurteilter Mörder gilt Letztere bei Konzentration auf die Signifikanz der Hinrichtungsrate technisch als Kontrollvariable. Die Kategorie der sonstigen Kontrollvariablen wurde soweit zu reduzieren versucht, dass für halbwegs zahlreich auftauchende Angaben eine neue Variable generiert wurde (Beispiele sonstiger Variablen sind vorliegend etwa Bevölkerungsdichte oder Säuglingssterblichkeit); gleichwohl führt die Kategorie die Häufigkeitsaufstellung an (67 Prozent).

Danach sind Einkommen (48 Prozent), Arbeitslosigkeit (43 Prozent), Hautfarbe (34 Prozent), Alter (29 Prozent) und Anteil der Jugendlichen an der Bevölkerung (26 Prozent) die am häufigsten herangezogenen intervenierenden Variablen, was naheliegt, da diese üblicherweise in den Datenbanken unterschiedlicher Länder verfügbar sind und gebräuchliche Proxy-Variablen für Verbrechensursachen darstellen. Einkommen kann zwei unterschiedliche Interpretationen erfahren; so kann vom Standpunkt der Modernisierungstheorie aus ein steigendes Einkommenslevel mit steigender Anzahl an einschlägigen (Tötungs-)Delikten assoziiert werden, da „me-

---

[211] Meier (2007, S. 106).

chanische Solidarität" (im Sinn von Émile Durkheim)[212] untergraben wird,
während die ökonomische Theorie steigendes Einkommen wegen steigender Opportunitätskosten der Begehung von Gewaltdelikten und geringerem
Maß an Frustration mit geringeren Tötungsraten verbindet.[213] Uneinheitlich
ließe sich auch ein Anstieg der Einkommensdivergenz (mit 13 Prozent eine
eher selten genutzte Kontrollvariable) deuten, da sich deren Effekt nach der
individuellen relativen Einkommenssituation richtet: Während die morali-
sche Hemmschwelle zur Deliktsbegehung der Armen aufgrund eines
„Neideffekts" absinken dürfte, wird ein Öffnen der Einkommensschere
Reichen weitgehend gleichgültig sein.[214] Ähnlich verhält es sich mit Arbeitslosigkeit, deren Ansteigen angesichts fallender Opportunitätskosten
und mehr Freizeit einen Kriminalitätsanstieg, angesichts Solidarisierung
sowie fehlender Vermögenswerte bei Opfern aber auch ein Absinken der
(insbesondere räuberischen oder aus Neid begangenen) Tötungsdelikte bedeuten könnte.

Die Variable zur Hautfarbe wird vorwiegend zur Differenzierung von
Weißen und Dunkelhäutigen in den Vereinigten Staaten benutzt, wobei für
Letztere oftmals eine höhere Beteiligung an einschlägigen Delikten angenommen wird.[215] Variablen zu Alter und Anteil der Jugendlichen an der
Bevölkerung sind ebenfalls häufig herangezogene Kontrollvariablen, da es
gemeinhin bekannt ist, dass Kriminalität im Kindes- und Jugendalter allmählich ansteigt, zwischen dem 19. und 20. Lebensjahr Höhepunkte erreicht und strafrechtlich relevante Aktivität dann mit zunehmendem Alter
abebbt.[216]

---

[212] Nach Durkheim unterscheiden sich Gesellschaftsstrukturen durch unterschiedliche Formen der Solidarität, wobei „mechanische Solidarität" vor allem ältere, weniger gegliederte
Gesellschaften kennzeichnet und von diesen durch Tradition, Sitten und – damit verbunden –
Sanktionen aufrechterhalten wird (vgl. hierzu Durkheim (1893, S. 118 ff.)).
[213] Neumayer (2003, S. 626).
[214] Fajnzylber/Lederman/Loayza (2002, S. 1328).
[215] Vgl. beispielsweise Schuessler (1952, S. 61): „[T]he number of Negro murderers is relatively larger than the number of white murderers".
[216] Vgl. beispielsweise Schwind (2009, S. 62).

In der Metaanalyse wurde bei der Charakterisierung von Effektschätzungen zwischen berücksichtigten Kontrollvariablen und verwendetem Analysemodell unterschieden. Bei der Analyse von Paneldaten werden häufig multiple Regressionen eingesetzt, die jedoch an die Besonderheiten von Paneldaten angepasst sind – das sind *Fixed-Effects* Modelle und *Random-Effects* Modelle. Mit diesen Modellen besteht die Möglichkeit, nicht berücksichtigte zeitinvariante Einflüsse (Residuen) zu berücksichtigen, da mehrere Messungen für jedes Untersuchungsobjekt – das sind meist Staaten – vorliegen. Residuen sind beispielsweise Merkmale, die einen Einfluss auf die erklärende Variable haben, aber nicht erfasst wurden, oder unbekannte Merkmale mit einem Einfluss auf die zu erklärende Variable. *Fixed-Effects* Modelle und *Random-Effects* Modelle unterscheiden sich in den Annahmen über die Residuen. Im ersten Fall wird eine Korrelation zwischen den berücksichtigten Variablen der multiplen Regression und den Residuen angenommen, im zweiten Fall wird eine Nichtkorrelation unterstellt. *Random-Effects* Modelle spielen in den Arbeiten zur Abschreckungswirkung der Todesstrafe keine, *Fixed-Effects* Modelle eine untergeordnete Rolle.

Tabelle 9: Kontrollvariablen

Variable	Effekt schätzungen	Pro- zent
Sonstige	558	67
Einkommen	400	48
Arbeitslosigkeit	356	43
Hautfarbe	286	34
Alter	239	29
Jugendliche	220	26
Urbanität	177	21
Fixed Effects	161	20
Zeittrend	138	17
Einkommensdivergenz	109	13
Bevölkerung(-swachstum)	99	12
Arbeiterschaft	92	11
Geschlecht	78	9
Schulbildung	41	5
Armut, Wohlfahrt	34	4
Bruttoinlandsprodukt	27	3
Familienstand	20	2
Nationalität	14	2
Religion	3	0

Sowohl die Häufigkeiten als auch die korrespondierenden Prozentzahlen sind gewichtet. Die Spalten summieren sich nicht exakt aufgrund von Rundungsfehlern und Mehrfachnennungen bei Angabe der Kontrollvariablen.

2.2.4 Statistische Analysemethoden

Die Studien bedienen sich vielfältiger statistischer Analysemethoden. Diese reichen von einfachen Vergleichen von Prozentzahlen bis hin zu komplexen multivariaten Schätzfunktionen. Tabelle 10 gibt einen Überblick über die verwendeten Methoden und deren Häufigkeit: Bivariate Verfahren, die sich mit dem Zusammenhang zwischen nur zwei Variablen beschäftigen und insgesamt lediglich für annähernd ein Viertel der Effektschätzungen Anwendung gefunden haben, werden dominiert von der *Pearson-Korrelation* (15 Prozent aller Effektschätzungen) und einfachen Mittelwertsunterschieden und Prozentsatzdifferenzen (3 Prozent). Im Regelfall wird aber aus den – bevorzugt angewendeten – multivariaten Verfahren die sogenannte gewöhnliche Methode der kleinsten Quadrate (*Ordinary Least Squares, OLS*; 40 Prozent) und die zweistufige Regressionsmethode (*Two-Stage Least Squares, 2SLS*; 9 Prozent) gewählt. Wenn diese auch ähnlich zu bivariaten Verfahren sind, so fehlt es doch an der Vergleichbarkeit, da eine große Gruppe von Schätzern in diesen Regressionen enthalten ist.[217]

---

[217] Rupp (2008, S. 95).

Tabelle 10: Statistische Analysemethoden

Variable	Effektschätzungen	Prozent
Bivariate Verfahren:		
Pearson-Korrelation	121	15
Sonstige	24	3
Differenzen (Mittelwerte, Prozentsätze etc.)	21	3
Punktbiseriale Korrelation	15	2
Chi-Quadrat-Test	14	2
Gamma	14	2
Bivariate Regression (r)	4	0
t-Test (unabhängige Stichproben)	1	0
Kendall's Tau	0	0
Multivariate Verfahren:		
OLS-Regression	337	40
2SLS-Regression	73	9
Sonstige	65	8
Logit-/Probit-Modell	56	7
ARIMA-Modell (Box-Jenkins)	22	3
Partialkorrelation	20	2
GLS-Regression	17	2
Poisson-Regression	12	1
Pfadanalyse	10	1
GMM (Generalized Method of Moments)	7	1

Sowohl die Häufigkeiten als auch die korrespondierenden Prozentzahlen sind gewichtet. Die Spalten summieren sich nicht exakt aufgrund von Rundungsfehlern.

Dritter Teil: Qualitative Metaanalyse

Den Kern dieser Arbeit bildet die folgende qualitative Metaanalyse. Wie dargelegt, geben die mannigfaltigen Ergebnisse der Autoren auf Studien- und Effektebene ein Bild partieller Abweichung ab: Einem weit überwiegenden Teil der Originalarbeiten zur empirischen Untersuchung der Abschreckungswirkung der Todesstrafe mit ablehnendem Ergebnis steht ein Anteil von annähernd einem Viertel der Studien gegenüber, der die Abschreckungshypothese im Hinblick auf die Todesstrafe bejaht. Auf qualitativem Weg soll nun versucht werden, Gründe zu ermitteln für die partiell divergenten Ergebnisse und eventuelle systematische Zusammenhänge aufzudecken zwischen dem Resultat einer Abschreckungswirkung und dem jeweiligen inhaltlichen und methodischen Vorgehen. Die mehrheitlichen Studien, denen eine Falsifikation der Nullhypothese zur Abschreckungswirkung der Todesstrafe nicht gelingt, werden allenfalls zu Vergleichszwecken herangezogen. Die Metastudie soll die Aussagekraft der Resultate von den die Abschreckungshypothese bestätigenden Autoren überprüfen und Probleme und Unzulänglichkeiten dieser Untersuchungen enthüllen, wobei durch die Auseinandersetzung mit den einzelnen Methoden eine bessere Beurteilung dieser Studien und ihrer Ergebnisse bewirkt werden soll.

Nachdem mittels Deskription ein Überblick über die klassischen Methoden der empirischen Analyse des Abschreckungseffekts der Todesstrafe gegeben wurde, sollen nachfolgend – anknüpfend an die und unter Einbeziehung der Beschreibungen der Untersuchungen – die Ursachen für die Ergebnisdiskrepanz auf verschiedenen Ebenen in allen Einzelheiten untersucht werden, ferner die affirmativen Befunde grundsätzlich qualitativ bewertet werden: Studienautor, Studieneigenarten, Datenebene, theoretisch-methodische Ebene, statistische wie auch interpretatorische Ebene bilden die Gliederungspunkte der Untersuchungsagenda.

Bevor jedoch eine methodenspezifische Typologie eines Teilfelds der Studien überhaupt in Frage kommt, ist eine Auseinandersetzung mit Vorbehalten erforderlich, die auf kriminalstatistische Untersuchungen zur Abschreckungswirkung der Todesstrafe generell zutreffen, mit Schwierigkeiten also, die sich sämtlichen Studienautoren stellen. Nur schwerlich lassen sich bestimmte wenige Studien kritisieren und lässt sich ihren Ergebnissen die Tragfähigkeit absprechen, wenn die Gesamtheit der gegenständlichen Arbeiten mit Problemen behaftet ist. Es sind dies insbesondere Vorbehalte gegenüber Kriminalstatistiken im Allgemeinen wie auch solche normativer Art.

1. Studienübergreifende Vorbehalte

1.1 Mängel und Grenzen von Kriminalstatistiken

Da sich sämtliche Studien methodisch der Untersuchung von Kriminalstatistiken bedienen und kriminalstatistische Studien die vermuteten Sanktionseffekte auf der aggregierten Ebene unter Verwendung amtlicher Statistiken überprüfen, ist auf generelle Unzulänglichkeiten von Kriminalstatistiken einzugehen; infolge der überwiegenden Heranziehung der *Uniform Crime Reports* (vgl. Zweiter Teil, Kapitel 2.1.3) gebührt ihnen besonderes Interesse.

„Kriminalstatistiken sind so genannte Massenstatistiken, die für bestimmte Gebiete staatlicher Strafverfolgungstätigkeit über lange Zeiträume hinweg aufgestellt werden."[218] Sie enthalten Zahlen über Rechtsbrüche und Rechtsbrecher, aber auch Opfer, verursachte Schäden oder Art der behördlichen Reaktion. Kriminalstatistische Informationen unterrichten über Stand, Bewegung, Trends und Strukturen registrierter Kriminalität, sie sind daher – in Verbindung mit kriminologischem (Allgemein-)Wissen – prädestiniert zur Überprüfung rechtspolitischer Handlungsstile und Auffassungen,[219] auch der Einführung und Anwendung der Todesstrafe.

1.1.1 Systemimmanente Einwände

Gegen die Ergiebigkeit von Kriminalstatistiken werden immer wieder Bedenken erhoben, diese lassen sich in „systemimmanente" und „system-

---

[218] Göppinger/Bock (2008, S. 352).
[219] Vgl. Kaiser (1996, S. 388).

überwindende" Einwände gliedern.[220] Dass die Analyse von Kriminalstatistiken die einzig in Frage kommende Erhebungsmethode für vorliegendes Forschungsproblem darstellt, wurde bereits aufgezeigt; die Bedenken werden mit den Worten von Hans Joachim Schneider hier nicht deshalb aufgeführt, „um diese Statistiken in ihrem Wert herabzusetzen und in Verruf zu bringen, sondern um zur Vorsicht bei ihrer Benutzung zu mahnen".[221] Insbesondere geht es an dieser Stelle darum, Vorbehalte aufzuzeigen, die die Gesamtheit der dieser Metaanalyse zugrunde liegenden Studien betreffen.

1.1.1.1 Kriminalstatistiken im Allgemeinen

Da nahezu alle zugrunde liegenden Effektschätzungen unter Verwendung der Kriminalitätsbelastungszahl (80 Prozent) beziehungsweise der Anzahl polizeilich registrierter Taten (19 Prozent) als abhängige Variable zustande gekommen sind (vgl. Zweiter Teil, Kapitel 2.2.2), sind insbesondere Verfälschungseinflüsse in polizeilichen Kriminalstatistiken zu beachten. Zu den – hier relevanten – systemimmanenten Mängeln von (polizeilichen) Kriminalstatistiken zählen neben technisch bedingten Fehlern vorwiegend solche, die Erfassung und Dokumentation der Straftaten sowie der relevanten Personen und Zeitpunkte betreffen.

Unter anderem wird in diesem Zusammenhang generell geltend gemacht, dass die Erhebungstechnik kriminalstatistischer Daten häufig unvollständig und unzuverlässig sei:[222] Bei der Datenerhebung stelle die fehlende Genauigkeit der (die sogenannte Zählkarte ausfüllenden) Beamten eine allgemeine Fehlerquelle dar, die auf mangelnde Motivation oder Kontrolle (Meldemoral) zurückgeführt werden könne. Ferner seien die zu erfassenden Kriterien oftmals nicht leicht zu ermitteln und würden daher nicht oder nicht sorgfältig eingetragen. Zudem könnten die Ausfüllinstruktionen und die Gestaltung der diversen Zählkarten zu verschieden und teilweise zu kompliziert sein oder sie erlaubten unterschiedliche Handhabungswege. Im

---

[220] Vgl. Kaiser (1996, S. 389).
[221] Schneider (1987, S. 172).
[222] Zur folgenden Aufstellung erhebungstechnischer Fehler und Fehlerquellen von Kriminalstatistiken vgl. Jehle (1994, S. 23 f.), wobei er diese ausdrücklich nicht auf eine bestimmte Nation beschränkt (Jehle (1995, S. 13)).

Hinblick auf die hier relevanten Tötungsdelikte dürften Ungenauigkeiten bei der Datenerhebung aber eher selten vorkommen.

Allenfalls lässt sich darauf hinweisen, dass eine Kriminalstatistik der Polizei immer abhängig ist von der Organisation der Polizei, ihrer Motivation, ihrer Ausbildung, ihrer Ausstattung (infolge beschränkter Ressourcen kann in Bereichen, in denen die Polizei proaktiv tätig wird, die primäre Kenntniserlangung durch Einsatzplanung beeinflusst werden[223]) und ihrer Arbeitsökonomie.[224]

Bei der Erfassung und Dokumentation der Straftaten kann es zu einer (un-)mittelbaren Beeinflussung der Statistik im Rahmen polizeilicher Verbrechenskontrolle kommen. In diesem Zusammenhang zu erwähnen sind die Aspekte Selbstdarstellung, Mittelanforderung und Schönung von Statistiken.[225] Da niedrige Verbrechensraten gewöhnlich als Indikator für eine effektive Polizeiarbeit gelten, kommt es in manchen Dienststellen zu Manipulationen der Statistiken – wobei hierdurch zusätzlich die inverse Beziehung zwischen Aufklärungsrate als Quotient aus aufgeklärten und bekannt gewordenen Straftaten und Verbrechensraten zu verzerren versucht wird.[226] Diesbezüglich wird von den Polizeiführungen neben solchen Manipulationen[227] auch mit statistischen Tricks gearbeitet; unter Letzteres fällt insbesondere die willkürliche Einordnung von Straftaten in harmlosere Kategorien infolge unklarer Definitionen der Delikte.[228]

Auch (fahrlässige) Subsumtionsfehler bei eindeutigen und Probleme der Subsumtion bei mehrdeutigen Sachverhalten kommen als Fehlerquellen polizeilicher Kriminalstatistiken in Betracht. Polizeibeamte und damit regelmäßig Nicht-Juristen nehmen die strafrechtliche Einordnung vor, Irrtü-

---

[223] Vgl. Kerner (1973, S. 183).

[224] Schneider (1987, S. 174); explizit mit „Police Recording Bias" beschäftigt sich Cameron (1988), hält jedoch die vorliegend relevanten Datensets zu Tötungsdelikten für eher unwahrscheinlich betroffen (Cameron (1988, S. 313)).

[225] Hauf (1992, S. 164).

[226] Nagin (1978, S. 113).

[227] Vgl. auch *Der Spiegel* 33/1998, S. 109, zitiert bei Eisele (1999, S. 31, Fn. 20).

[228] Nagin (1978, S. 113, inkl. Fn. 14).

mer bei der Tatbestandssubsumtion liegen daher nahe.[229] Im Übrigen besteht bei einer solchen Verdachtsstatistik eine ausgeprägte Tendenz zur Überbewertung, gerade auch bei der schweren Kriminalität;[230] ein späteres strafjustizielles „Herunterdefinieren" jedoch bleibt ebenso wie Verfahrenseinstellungen und Freisprüche unberücksichtigt.[231] Die Problematik der richtigen Tatbestandssubsumtion wird insofern in zweifacher Weise relevant, einmal hinsichtlich der Bestimmung der Art der verletzten Straftatbestände, zum anderen aber auch bei der Frage, ob überhaupt eine angezeigte oder beobachtete Handlung einen Straftatbestand erfüllt. Bei Letzterem ist der Bewertungsspielraum der Polizei in verschiedenen Ländern unterschiedlich groß, wobei in den USA das Ermessen zur Nichterfassung von Straftaten besonders hoch ist[232] und nach Städten variieren kann.[233]

Zu den Schwächen polizeilicher Kriminalstatistiken betreffend die Erfassung und Dokumentation der relevanten Personen gehören insbesondere solche, die der Fallzählung zuzuordnen sind; wegen der Orientierung an Strafgesetzen sind Zählregeln aufzustellen, die in sich problematisch sind:[234] An einem Ereignis, das als Verbrechen bewertet wird, kann ein Täter, es können an ihm aber auch mehrere Rechtsbrecher beteiligt sein; es können durch denselben Vorfall mehrere Opfer und mehrere Straftatbestände verletzt werden; ein Täter kann hintereinander mehrere Straftaten oder eine Straftat fortgesetzt begehen; es können mehrere Ermittlungsverfahren gegen ihn eingeleitet werden (Möglichkeit der Mehrfachzählung).

Schwierigkeiten für eine exakte Analyse der amtlich ausgewiesenen Kriminalität ergeben sich auch aus den Differenzen zwischen dem tatsächlichen Zeitpunkt des dokumentierten Geschehens und seinem Bekanntwerden beziehungsweise seines Nachweises in der Statistik.[235] In der Regel

---

[229] Ferracuti/Hernandez/Wolfgang (1962, S. 119).
[230] Herold (1976, S. 340 f., 343).
[231] Heinz (2004, S. 406).
[232] Göppinger (1980, S. 155 f.).
[233] Vgl. Nagin (1978, S. 113).
[234] Vgl. hierzu Heinz (1975a, S. 229 ff.).
[235] Vgl. hierzu Göppinger/Bock (2008, S. 356).

werden die Daten nicht nach dem Begehungszeitpunkt geordnet. Das Aus-
einanderfallen von Tatzeitpunkt und Registrierung der Tat oder des Täters
in der polizeilichen Tatermittlungsstatistik führt zu Ungenauigkeiten bei
Längsschnittsanalysen[236] und bei der Berechnung von auf die Bevölkerung
bezogenen Verhältnisziffern; eine Entwicklung der Kriminalität ist deshalb
schwer zu beurteilen.

Schließlich sei an dieser Stelle noch angemerkt, dass die Verwertbarkeit
von (polizeilichen) Kriminalstatistiken unter dem Aspekt der zeitlichen
und räumlichen Relativität des Verbrechensbegriffs zu sehen ist;[237] dies
gilt gerade für die Studien zur Todesstrafe, die registrierte Daten zur Anzahl von gemeldeten Verbrechen zum Vergleich von Regionen oder Perioden, in denen Androhung, Auferlegung oder Anwendung der Todesstrafe
variieren, verwenden. Einerseits sind Veränderungen des Straf(verfahrens)-
rechts sowie der statistischen Aufbereitung zu beachten.[238] Genauso sind
aber beispielsweise auch Differenzen zwischen zu vergleichenden Analyseeinheiten zu berücksichtigen, was gerade für die Definitionen der in den
Uniform Crime Reports aufgeführten Straftatengruppen in den Strafgesetz-
büchern der (gehäuft analysierten) US-Bundesstaaten gilt – und daher auch
im folgenden Kapitel nochmals ausführlicher behandelt wird.

Im Übrigen ist bei der Datenaufbereitung studienübergeifend zu beobach-
ten, dass in einschlägigen Arbeiten stellenweise allein aufgrund der absoluten Zahl polizeilich registrierter Straftaten Thesen aufgestellt werden. Diese Gesamtzahl sagt aber – auch losgelöst von der später zu erläuternden
Dunkelfeldproblematik – über Kriminalität grundsätzlich wenig aus. Zunächst dürfen Änderungen der erfassten Kriminalität nicht unabhängig von
der Bevölkerungsentwicklung analysiert werden, denn die Zu- oder Ab-
nahme der Bevölkerungszahl wird nicht ohne Einfluss auf die Zahl der begangenen Straftaten bleiben.[239] Zweckentsprechender als absolute Zahlen

---

[236] Vgl. Heinz (1975b, S. 107 f.).
[237] Mergen (1995, S. 45).
[238] Vgl. Eisenberg (2005, S. 151 f.).
[239] Zum Ganzen vgl. Dörmann (1974, S. 435).

sind demnach Häufigkeitszahlen, das heißt Zahlen der polizeilich bekannt gewordenen Fälle bezogen auf die Bevölkerung in ihrer Gesamtheit oder in bestimmten Gebieten oder Gruppen.[240]

Wiederum zweifelhaft ist allerdings, ob solche Häufigkeitszahlen aufgrund von Einwohnerzahlen berechnet werden sollen, um die kriminelle Gefährdung abschätzen zu können. Die im Rahmen der Forschung zur Todesstrafe relevanten Straftaten gegen die Person etwa könnten nicht an der bloßen Einwohnerzahl zu messen sein, stattdessen könnte die Häufigkeit zwischenmenschlicher Interaktionen als Maßstab dafür dienen, wie gefährlich diese Delikte in einem bestimmten Raum und zu einer bestimmten Zeit für die Bevölkerung sind.[241] Allerdings dürfte es sich schwierig gestalten, die Häufigkeit zwischenmenschlicher Interaktionen zu erfassen, um entsprechende Häufigkeitszahlen berechnen zu können. Das Delikt der Vergewaltigung als einer der wenigen Verbrechenstypen, der neben den Tötungsdelikten aufgrund seiner Bedrohung mit der Todesstrafe in den Studien als Zielvariable herangezogen wird, verdeutlicht jedenfalls, dass als mögliche Täter respektive Opfer nicht alle Einwohner in Frage kommen, sondern dass die kriminelle Gefährdung durch dieses Delikt allein unter Zugrundelegung der männlichen *oder* weiblichen Wohnbevölkerung als mögliche Täter oder Opfer zu berechnen sein könnte.

Generell ist schließlich in den Fällen, in denen jedenfalls Kriminalitätsraten wie die Kriminalitätsbelastungszahl verwendet werden, fragwürdig, ob dies für eine angemessene Beurteilung der Kriminalitätsentwicklung ausreicht. Wichtig sind Informationen über die Struktur der Kriminalität, die Zusammensetzung nach Art und Schwere der einzelnen Straftaten. Die Arbeit mit undifferenzierten Gesamtzahlen ist eigentlich nicht mehr als eine „Zahlenspielerei";[242] die Straftaten werden nur gezählt, nicht aber gewichtet. Wenn die Kriminalität nach der Kriminalstatistik zahlenmäßig zugenommen hat, so braucht dies keineswegs eine größere kriminelle Gefähr-

---

[240] Heinz (1977, S. 102).
[241] So Sutherland/Cressey (1978, S. 34 f.).
[242] Dörmann (1974, S. 435).

dung zu bedeuten, gewogen bieten Erscheinungsform und Verlauf der Kriminalität ein ganz anderes Bild als gezählt.[243] Für eine Gewichtung nach Deliktsschwere sind polizeiliche Kriminalstatistiken oftmals nicht differenziert genug, den weitestgehenden Versuch der Schaffung eines objektiven – von der strafrechtlichen Beurteilung des kriminellen Verhaltens losgelösten – Kriminalitätsindexes wagten Thorsten Sellin und Marvin E. Wolfgang 1964 zur Gewichtung von Jugenddelinquenz für die USA.[244] Zwar handelt es sich bei der mangelnden Berücksichtigung des Gewichts von Kriminalität um eine alle (kriminalstatistischen) Studien betreffende Einschränkung, im Hinblick auf Tötungsdelikte ist diese aber zunächst nicht von Bedeutung. Gleichwohl hat die Problematik für die – an anderer Stelle nochmals ausführlicher behandelte – Anwendung des finanzwissenschaftlichen Portfolio-Ansatzes auf kriminelles Verhalten in den beiden Studien von Cloninger[245] Relevanz, die zu den 26 die Abschreckungswirkung der Todesstrafe im Ergebnis bejahenden Arbeiten zählen: Laut Cloninger können in dem von Ehrlich entwickelten Modell von ökonomischen Motivationen und Wahlmöglichkeiten diese Wahlmöglichkeiten als ein Portfolio bestehend aus risikofreien (legitimen) und risikoreichen (illegitimen) Posten begriffen werden, von denen jeder Posten einen Ertrag bringt; verschiedene Verbrechenstypen stellten daher Assets dar, in die der Kriminelle – je nach Risikobereitschaft – investieren kann. Das Risiko der Straftaten (Assets) ließe sich anhand eines Beta-Koeffizienten messen, welcher in der Finanzierung als Ausdruck für die Relation zwischen Rendite des Marktportfolios und Rendite einer Aktie Anwendung findet. In ihrer Kritik an Cloninger bemängeln Bijou Yang und David Lester unter dem Gesichtspunkt „Weighting the Severity of Crimes" nun den dort gewählten Beta-Koeffizienten. Der von Cloninger zur Messung des Risikos von Straftaten verwendete Beta-Koeffizient könnte irreführend sein, da er nicht die Schwere von Verbrechen widerspiegelt; es wird deshalb die Heranziehung

---

[243] Göppinger (1980, S. 154).
[244] Sellin/Wolfgang (1964, S. 292 ff.); zu Beschreibung, Wiederholungsstudien und Bewertung des *Sellin-Wolfgang-Indexes* vgl. Schneider (1987, S. 177 ff.).
[245] Cloninger (1992) und Cloninger/Marchesini (2001).

des *Sellin-Wolfgang-Indexes* vorgeschlagen, um jedem Verbrechen einen Stellenwert seines Einflusses auf die Gesellschaft zuzuweisen.[246]

1.1.1.2 *Uniform Crime Reports* im Speziellen

Die *Uniform Crime Reports* (*UCR*), eine für die USA einheitliche polizeiliche Kriminalstatistik,[247] stellen in der Hälfte der erfassten Studien die öffentliche Datenquelle der Untersuchungen dar (vgl. Zweiter Teil, Kapitel 2.1.3), weshalb ihnen und ihren Schwächen in dieser Arbeit besondere Aufmerksamkeit gebührt.

1.1.1.2.1 *Uniform Crime Reporting System*

Einleitend sollen Organisation und Vorgehen des *Uniform Crime Reporting System* vom Ursprung bis in die jüngere Vergangenheit umrissen werden, um spezielle studienübergreifende Vorbehalte besser nachvollziehen zu können und die qualitative (Meta-)Analyse der Studien vorzubereiten:[248] Die *International Association of Chiefs of Police* (*IACP*) hatte in den 1920er Jahren den Bedarf eines nationalen Kriminalitätsstatistikprogramms erkannt und das *Uniform Crime Reporting Program* entwickelt. Sie befragte lokale Polizeidienststellen mit dem Ziel, Kriminalitätsdaten zu erhalten, die der Polizei bekannt und von ihr niedergelegt waren. In Anbetracht der Tatsache, dass nicht alle Deliktsarten der Polizei in gleichem Maß angezeigt werden, wurde entschieden, auf sieben Straftaten zu fokussieren, die gleichermaßen verbreitet wie schwerwiegend waren und bei denen eine hohe Anzeigebereitschaft vorausgesetzt werden konnte; diese sieben Straftatentypen schlossen Tötungsdelikte, Vergewaltigung, Raub, schwere Körperverletzung, Einbruch, Diebstahl und Autodiebstahl ein. An den *UCR* teilnehmende Polizeibehörden melden jegliche Vorfälle dieser sieben Teil 1-Delikte („Part I Offenses"; auch Indexstraftaten genannt); die Meldung anderer Straftaten (Teil 2-Delikte, „Part II Offenses") ist nicht obligatorisch, im Übrigen sind Teil 2-Delikte für vorliegende Arbeit bedeutungs-

---

[246] Yang/Lester (1994, S. 12), die aber auf das Gewichtungsschema von Sellin/Wolfgang aus deren Arbeit von 1971 (Sellin/Wolfgang (1971)) verweisen.
[247] Schneider (1987, S. 170).
[248] Vgl. hierzu Biderman/Lynch (1991, S. 1 ff.).

los. Das statistische Vorliegen einer Indexstraftat ist das Ergebnis eines Drei-Stufen-Prozesses,[249] im Zuge dessen (1) das Opfer entscheiden muss, ob ein Verbrechen verübt worden ist, (2) sich darüber klar werden muss, ob es das Verbrechen der Polizei anzeigen will und (3) die Polizei entscheiden muss, ob ein Verbrechen begangen worden ist, wie es zu klassifizieren ist und ob es polizeilich aufgenommen werden soll.

Im Juli 1930 übertrug die *IACP* die Verantwortlichkeit für die *UCR* auf das Justizministerium, das *Federal Bureau of Investigation* (*FBI*) veröffentlichte die *UCR* erstmals im September des gleichen Jahres. Abgesehen von der langsam, aber stetig wachsenden Anzahl teilnehmender Polizeidienststellen veränderte sich das Programm zwischen 1930 und den späten 1950er Jahren nur geringfügig, Informationsinhalt und Organisation des Systems blieben weitgehend identisch mit dem des *IACP*. Im Jahr 1958 wurden zahlreiche Änderungen vorgenommen, von denen weniger die Verlagerung des geringwertigen Diebstahls (unter 50 Dollar), sehr wohl aber die der fahrlässigen Tötung von Teil 1- zu Teil 2-Delikten für diese Arbeit von Relevanz sein könnte. Überdies wurden quartalsweise zusammenfassende Berichte initiiert.

Formale Organisation und Inhalt der *UCR* erfuhren in der Folge zwar keine grundlegenden Neuerungen, jedoch gab es zahlreiche kleinere Modifikationen und Ergänzungen des Systems; so wurden beispielsweise die sogenannten *Supplementary Homicide Reports* (*SHR*) – eine von den Behörden einzureichende Berichtseinheit, die wegen der Tragweite von Tötungsdelikten zusätzliche Informationen (über Tat, Opfer, Täter, Opfer-Täter-Beziehung, Tatwaffe und Tatumstände) zur Erleichterung derer Erforschung beinhaltet[250] – eingeführt wie auch die Brandstiftung den Teil 1-Straftaten zugeordnet. In den frühen 1970er Jahren begann die *Law Enforcement Assistance Administration* (*LEAA*), die Entwicklung von staatlichen *UCR*-Programmen durch die Gewährung von Startup-Fonds zu unterstützen; zahlreiche Staaten kamen dem nach. Die Programme dienen

---

[249] Brown/Esbensen/Geis (2007, S. 91).
[250] Vgl. Poggio/Kennedy/Chaiken/Carlson (1985, S. 7).

als Mittler zwischen den örtlichen Polizeidienststellen und dem *FBI*, sie bieten staatenweise technische Unterstützung sowie Training für Polizeipersonal, sie sammeln und klassifizieren die Daten der Gerichtsbezirke und senden die Informationen an das bundesweite *UCR*-Programm. Die Einführung staatlicher Programme sorgte nahezu für eine Verdopplung der meldenden Behörden, wenngleich der prozentuale Anteil der erfassten US-Bevölkerung lediglich um sechs Prozent zunahm.

Wenn auch aktuellste Daten der *Uniform Crime Reports* für die Studien vorliegender Arbeit von geringem Interesse sind (vgl. Zweiter Teil, Kapitel 2.1.5), soll kurz der derzeitige Stand des *UCR*-Programms dargestellt werden:[251] Die Organisation der Datensammlung und -weitergabe hängt mittlerweile stark davon ab, ob ein staatliches Programm integriert wurde oder die Berichterstattung direkt an das *FBI* erfolgt und ob das Melden ereignisbasiert („incident-based") oder summarisch stattfindet. Das *National Incident-Based Reporting System* (*NIBRS*) ist eine neue, modifizierte und detailliertere Version der *UCR*-Statistik und stellt gegenwärtig eine Komponente des *UCR*-Programms dar, soll dieses aber auf Dauer ersetzen. In den derzeitigen Berichten sind acht Teil 1-Delikte enthalten: Tötungsdelikte, Vergewaltigung, Raub und schwere Körperverletzung (Gewaltdelikte), Einbruch, Diebstahl, Kraftfahrzeugdiebstahl und Brandstiftung (Vermögensdelikte).

1.1.1.2.2 Einwände gegenüber dem *Uniform Crime Reporting System*
Aus vorangehender Erläuterung lässt sich ableiten, dass die Zuverlässigkeit der Daten aus den *Uniform Crime Reports* stark von der Arbeit der lokalen Polizeibehörden abhängig ist. Ein entscheidender Mangel besteht darin, dass die Teilnahme am *UCR*-Programm freiwillig ist und in der – für diese Metaanalyse relevanten – Vergangenheit bei Weitem nicht alle Polizeidienststellen das *FBI* mit Daten belieferten.[252] Einer frühen Studie von Thorsten Sellin zufolge übermittelten 1948 nur 5300 Polizeidienststellen dem *FBI* Daten und erfassten dabei lediglich die Hälfte der US-

---

[251] Vgl. hierzu Schneider (2007, S. 303 f.).
[252] Vgl. Mannheim (1965, S. 121).

112

Gesamtbevölkerung zu dieser Zeit.[253] Erst deutlich später beteiligten sich mehr Polizeibehörden, im Jahr 2004 so viele, dass etwa 278 Millionen Einwohner oder 94 Prozent der Bevölkerung im *UCR* repräsentiert waren.[254] Eine weitere zu beachtende Fehlerquelle liegt darin, dass die *UCR* die Stadtgebiete übermäßig berücksichtigen, da ländliche Gebiete nur insoweit erfasst werden, als es sich um Wohngegenden mit mehr als 2.500 Einwohnern handelt.[255]

Auch die *Uniform Crime Reports* sind in Bezug auf die Fallzählung problematisch. Sollte eine Mehrzahl von Verbrechen gleichzeitig begangen worden sein, so greift die sogenannte „Hierarchy Rule":[256] Sämtliche (Index-)Straftaten werden klassifiziert und anhand einer Rangliste der Schwere nach sortiert; das schwerwiegendste Delikt alleine wird dann gelistet, alle anderen Delikte ignoriert. Dies dürfte zwar regelmäßig keine Auswirkungen auf die (schweren) Tötungsdelikte haben, aber eventuelle mitverwirklichte Taten (Autodiebstahl, Vergewaltigung etc.) betreffen, die – wie gesehen – auch teilweise Gegenstand der Forschung zur Abschreckungswirkung der Todesstrafe sind.

Die Herausgeber der *UCR* selbst weisen darauf hin, dass in ihrer Statistik lediglich Kriminalitätsübermittlungen durch die Polizei erfasst werden, jedoch kein späterer Beschluss durch Rechtsmediziner, ärztlichen Leichenbeschauer, Staatsanwalt, *Grand Jury*, Gerichtssachverständigen, *Petit Jury* oder Berufungsinstanz.[257] Insofern können unter Umständen auch etwaige Rechtfertigungsgründe unberücksichtigt bleiben, sodass ein durch Notwehr oder Nothilfe gerechtfertigter Totschlag folglich als gewöhnliche Straftat in die Statistik eingeht.

Ferner ist im Rahmen der Erfassung und Dokumentation der Straftaten darauf hinzuweisen, dass ein Zerrbild infolge der Definition einer Vergewaltigung entstehen kann. So wird derzeit unter dem Indexverbrechen

---

[253] Sellin (1949, S. 301).
[254] Schneider (2007, S. 304).
[255] Collmann (1973, S. 43).
[256] Vgl. hierzu Biderman/Lynch (1991, S. 4).
[257] Vgl. beispielsweise Federal Bureau of Investigation (1999, S. 13).

„Forcible Rape" lediglich der „gewaltsame Geschlechtsverkehr mit einer Frau gegen deren Willen" gefasst, sowohl Vergewaltigungen an Männern als auch gleichgeschlechtliche Vergewaltigungen bleiben außen vor.[258] Auch wird ein Mord oder Totschlag dann als – je nach Tatbestandsverwirklichung – schwere Körperverletzung, Vergewaltigung oder Raub erfasst, wenn er im Versuchsstadium steckenbleibt,[259] was ebenso zu Verzerrungen führen dürfte, die in den Studien zur Abschreckungswirkung der Todesstrafe zu berücksichtigen wären. Wie bei den Einwänden gegenüber Kriminalstatistiken im Allgemeinen bereits angedeutet, ergeben sich ohnehin gerade für Vergleiche der Kriminalität mehrerer US-Bundesstaaten Probleme hinsichtlich der Definition der zu meldenden Straftaten. Die Strafgesetzbücher der Einzelstaaten wiesen und weisen teilweise beträchtliche Unterschiede in der Definition der aufgeführten Straftaten auf,[260] so auch im Hinblick auf die Abgrenzung zwischen „First-Degree Murder", „Second-Degree Murder" und „Manslaughter". Da die *UCR* nun darauf verzichten, für die einzelnen erfassten Straftatengruppen eine exakte Definition zu geben, bleibt es jeder lokalen Polizeibehörde eines Bundesstaats überlassen, darüber zu entscheiden, ob eine ihr bekannt gewordene Straftat in eine der *UCR*-Straftatengruppen einzuordnen ist.[261] Aus diesem Grund kann es bei den Querschnittsanalysen von Bundesstaaten, die der Metaanalyse vielzählig zugrunde liegen (vgl. Zweiter Teil, Kapitel 2.1.4, inkl. Abbildung 4), leicht zu Fehlinterpretationen kommen.[262]

1.1.2 Systemüberwindender Einwand

Angesichts erheblicher Bedenken wird zum Teil die Brauchbarkeit der Kriminalstatistik überhaupt in Frage gestellt; die „große crux der Kriminalstatistik"[263] und damit auch der polizeilichen Kriminalstatistiken liegt darin, dass nicht alle tatsächlich begangenen Straftaten bekannt werden und

---

[258] Vgl. Poggio/Kennedy/Chaiken/Carlson (1985, S. 5 f.).
[259] Dörmann (1991, S. 18).
[260] Vgl. Robison (1966, S. 1040 f.).
[261] Collmann (1973, S. 44).
[262] Zu einem konkreten Beispiel einer derartigen denkbaren Fehlinterpretation vgl. Beattie (1960, S. 53).
[263] Exner (1949, S. 15).

dementsprechend nicht in der Statistik in Erscheinung treten. Aufgrund dieses systemüberwindenden Einwands ist der Schluss von kriminalstatistischen Daten auf eine abschreckende Wirkung der Todesstrafe insofern problematisch, als – wie die Dunkelfeldforschung gezeigt hat – die den jeweiligen Studien zugrunde gelegten Daten nur unvollkommen die tatsächliche Kriminalitätslage widerspiegeln. Sollte jedoch das Verhältnis zwischen bekannt gewordener und unbekannt gebliebener Kriminalität als konstant unterstellt werden können,[264] so könnte das Dunkelfeld der Kriminalität vernachlässigt werden und man könnte mit dem Hellfeld vergleichend arbeiten. Entscheidend für eine etwaige von der Todesstrafe ausgehende negative Generalprävention sind jedenfalls bei Längsschnittanalysen nicht fixe Kriminalitätszahlen, sondern Verläufe im Anschluss an Änderungen in Gesetz oder Praxis. Jedoch ist das sogenannte *Gesetz der konstanten Verhältnisse* mittlerweile mit erheblichen Zweifeln behaftet, das Dunkelfeld ändert sich von Delikt zu Delikt und von Jahr zu Jahr;[265] ein Rückschluss von der Entwicklung der registrierten Kriminalität auf die Kriminalitätswirklichkeit ist nur unter der Annahme möglich, dass sämtliche Einflussgrößen für registrierte Kriminalität im Wesentlichen konstant bleiben, ausgenommen die Kriminalität selbst. Mithin sind die vorliegenden Ausführungen allemal so zu begreifen, dass der systemüberwindende Einwand auch für die der Metaanalyse zugrunde liegenden Studien Relevanz hat.

Totale Transparenz sozial abweichenden Verhaltens ist nicht durchsetzbar und erreichbar, sie würde die Geltung sozialer Normen beeinträchtigen und den Sanktionsapparat überfordern.[266] Das Maß der bekannt gewordenen Kriminalität ist entscheidend abhängig von der Verfolgungsenergie der Anzeigeerstatter, wobei dieses (alternierende) Verhalten wiederum maßgeblich durch die Empfindlichkeit der Bevölkerung für Verbrechen und durch die Strafverfolgungsintensität der Instanzen der formellen Sozial-

---

[264] So erstmals Quetelet (1835b, S. 162).

[265] Schneider (1987, S. 183); zu einer umfassenden Kritik am *Gesetz der konstanten Verhältnisse* vgl. Heinz (2003, S. 155 f.).

[266] Vgl. Popitz (1968, S. 6 ff., 9 ff., 15 ff.).

kontrolle beeinflusst wird; „fast als direkte Funktion der Anzeigebereitschaft der Bevölkerung" kann das Dunkelfeld definiert werden.[267]

Das Problem des systemüberwindenden Einwands ist international, insbesondere die von den hier fokussierten *Uniform Crime Reports* registrierte
Kriminalität ist gleichfalls abhängig von der dem Wandel unterworfenen
Grenzziehung zwischen informeller und formeller Sozialkontrolle und damit auch mangelnder Anzeigebereitschaft und polizeilicher Entdeckungs-
wahrscheinlichkeit (die US-Polizei entdeckt von sich aus nur drei bis vier
Prozent der Straftaten und nimmt nur 65 Prozent der Anzeigen auf).[268]

Zwar ist im Rahmen schwerer Kriminalität, wie sie ausschließlich den
Anwendungsbereich der Todesstrafe darstellt, das Dunkelfeld vergleichsweise gering;[269] die (polizeiliche) Kriminalstatistik dürfte Schwerdelin-
quenz insofern eher richtig erfassen, als mit zunehmender Schwere einer
Tat deren Anzeigewahrscheinlichkeit und die Intensität der Ermittlungsar-
beit ansteigt.[270] Gleichwohl existiert ein Dunkelfeld bei Tötungsdelikten
(beispielsweise bei professionellen Mördern, Vermissten, aber auch Pfle-
geabhängigen oder in Fällen des plötzlichen Kindstods[271]), wobei es langfristig wegen rückläufiger Obduktionen sogar größer geworden sein könnte; bei Vergewaltigungen ist ebenso ein großes Dunkelfeld bei Beziehungs-
taten zu vermuten.[272] Auch die Methoden der zur Aufhellung des Dunkel-
felds herangezogenen Dunkelfeldforschung[273] gelangen gerade bei Straftaten von besonderer Schwere und Sozialschädlichkeit an ihre Grenzen.[274]

1.1.3 Resümee und Relativierung

Zusammenfassend lässt sich also konstatieren, dass als Einflussfaktoren
auf die den Studien zugrunde gelegte registrierte Kriminalität neben wirk-

---

[267] Pudel (1978, S. 205).
[268] Vgl. Schneider (2007, S. 304).
[269] Kaiser (1996, S. 396).
[270] Vgl. Amelang (1986, S. 122).
[271] Mouzos (2009, S. 650).
[272] Dörmann (1998, S. 156).
[273] Zur Dunkelfeldforschung vgl. statt vieler Göppinger/Bock (2008, S. 348 ff.).
[274] Vgl. Dörmann (1974, S. 434).

licher Kriminalitätsänderung die statistische Erfassung (Erfassungsgrund-sätze für die Statistiken, Registrierverhalten der statistikführenden Stellen), Änderungen des Strafrechts, die polizeiliche Kontrolle (Verfolgungsinten-sität) und vor allem Kontroll- und Anzeigeverhalten von Geschädigten oder Tatzeugen in Betracht kommen.[275]

Trotz sämtlicher Einwände und Vorbehalte gegenüber (polizeilichen) Kri-minalstatistiken wäre es dennoch nicht gerechtfertigt, ihnen jegliche Aus-sagemöglichkeit über die tatsächliche Kriminalitätslage abzusprechen. Wie einleitend angemerkt, sollen die vorangegangenen Ausführungen Krimi-nalstatistiken generell und kriminalstatistische Studien zur Abschre-ckungswirkung der Todesstrafe nicht „in ihrem Wert herabsetzen", sondern lediglich zur studienübergreifenden Vorsicht bei der Bewertung mahnen. Kriminalstatistiken kommt zumindest eine gute Indikatorfunktion zu, wie sie auch zur vergleichenden Einordnung und Bewertung von Kriminali-tätsphänomenen unabdinglich sind.[276] Insbesondere in vorliegend relevan-ten Deliktbereichen wie der Tötungskriminalität bleiben offizielle Polizei-daten – und zwar nicht nur wegen eines Scheiterns der Dunkelfeldfor-schung – weiterhin im Mittelpunkt des kriminologischen Erkenntnisinte-resses bei der Frage nach der Kriminalitätswirklichkeit.[277] Wie die regis-trierten Zahlen schlussendlich verwertet und interpretiert werden,[278] wird ausführlich und einzelfallbezogen an anderer Stelle zu beleuchten sein.

1.2 Geringe Inzidenz der Todesstrafe

Ebenfalls im Vorlauf zur methodenspezifischen Typologie eines Teilfelds der Studien ist auf ein weiteres – die Gesamtheit der Studien betreffendes – Manko hinzuweisen: die Seltenheit der Sanktion Todesstrafe. Immer weni-ger Staaten und Länder sehen die Todesstrafe in ihren Statuten vor oder wenden sie *de facto* an, zudem kam und kommt es dort, wo an der Todes-

---

So auch Heinz (2004, S. 384) unter Verweis auf die regelmäßigen Ausführungen in der *PKS* (vgl. beispielsweise Bundeskriminalamt (2009, S. 8)).

[276] Heinz (2003, S. 162 ff.).

[277] Dörmann/Kube (1977, S. 152).

[278] Zu einer eigenwilligen Interpretation eines kriminalstatistischen Kriminalitätsanstiegs als gutes Zeichen etwa vgl. Schäfer (1991, S. 458).

strafe festgehalten wird, typischerweise nicht regelmäßig zu Hinrichtungen. Insofern ist die Aussagekraft aller Studien im Hinblick auf die Merkmale, die als Indikatoren der Abschreckungsvariablen verwendet wurden, möglicherweise beschränkt.

Die (unabhängige) Variable der gesetzlichen Androhung der Todesstrafe, die in den untersuchten Studien vergleichsweise selten herangezogen wird, ist unter der Maßgabe zu betrachten, dass in den Erhebungszeiträumen auf Gesetzes- und Verfassungsebene deutliche Tendenzen zum Verzicht auf die Todesstrafe erkennbar sind und heute nur noch wenige Staaten an der Todesstrafe festhalten (vgl. Erster Teil, Kapitel 1.2). Vielmehr aber schlägt die Tatsache durch, dass selbst dort, wo die Todesstrafe sowohl gesetzlich angedroht ist als auch Todesurteile verhängt und vollzogen werden, Exekutionen der Ausnahmefall sind und waren – der Todesstrafe kommt als schwerstmögliche Strafe in der Palette der Strafandrohungen eine Sonderstellung zu. Zur Orientierung sollen folgende Zahlen dienen: Die 1.718 Hinrichtungen in China beispielsweise machten 2008 72 Prozent aller Hinrichtungen weltweit aus.[279] Im Jahr 2009 wurden in den Vereinigten Staaten von Amerika insgesamt 106 Todesurteile ausgesprochen und 52 vollstreckt;[280] die relative Seltenheit der Anwendung der Todesstrafe in den 50 einzelnen US-Bundesstaaten in der „Post-*Gregg*-Ära" steht stabilen statistischen Schätzungen eines potentiellen Abschreckungseffekts entgegen. Nur ein geringer Anteil der US-Staaten exekutierte seit 1976 mehr als fünf Individuen pro Jahr, alles in allem lediglich ein Prozent derartiger Beobachtungseinheiten (Staat-Jahre); dies macht Effektschätzungen anfechtbar im Hinblick auf Probleme, die auftreten, wenn ein kleiner und atypischer Bruchteil der Daten das statistische Gesamtergebnis dominiert.[281] Insofern sind von dem hier vorgebrachten Einwand auch sämtliche als Abschreckungselement fungierende Messungen zur Strafwahrscheinlichkeit wie

---

[279] http://www.welt.de/politik/ausland/article5661617/China-empoert-Grossbritannien-mit-Exekution.html (Stand 20.09.2010).
[280] http://www.zeit.de/newsticker/2009/12/18/SPERRFRIST-iptc-bdt-20091217-846-23338656xml (Stand 20.09.2010).
[281] Land/Teske/Zheng (2009, S. 1011, 1013).

Hinrichtungsrate, Medienberichterstattung über Exekutionen beziehungsweise Wartezeit im Todestrakt und Messungen zur Verhängung der Todesstrafe betroffen. Wenn es sich bei der geringen Inzidenz der Todesstrafe
auch erneut um einen zahlreiche Studien betreffenden Vorbehalt handelt
und die Problematik deshalb auch im Vorfeld der eigentlichen qualitativen
Metaanalyse angesprochen wurde, so dient wiederum eine affirmative Arbeit als Beispiel: In der Querschnittsstudie von Cloninger aus dem Jahr
1977 nimmt die Hinrichtungsrate (Anzahl der Hinrichtungen zwischen
1955 und 1959 bezogen auf die Anzahl von Tötungsdelikten im selben
Zeitraum) maximal einen Wert von 0,1 an, und zwar für einen Staat; ein
Staat weist den Wert 0,03 auf, eine kleine Gruppe rangiert zwischen 0,01
und 0,03, 18 Staaten haben den Wert Null und der Rest sehr kleine Wahrscheinlichkeiten.[282] Verallgemeinerungen im Hinblick auf Veränderungen
der Hinrichtungsrate aufgrund der mit solchen Daten ermittelten Elastizitäten sind insofern problematisch.[283]

Begreiflich machen lässt sich der aus der Seltenheit von Todesstrafe und
Hinrichtungen resultierende Vorbehalt möglicherweise mit dem sogenannten *Gesetz der großen Zahlen*. Dieses besagt, dass die für einen Sachverhalt typischen Zahlenverhältnisse und Regelmäßigkeiten umso gesicherter
auftreten, je höher die Zahl der beobachteten Fälle ist, weil die zufälligen
Abweichungen mit zunehmenden Fallzahlen aufgehoben werden.[284] Dieser
Zusammenhang spielt auch bei der Bewertung kriminalstatistischer Daten
zur Todesstrafe eine wichtige Rolle. Da die Merkmale, über die Abschreckung jeweils operationalisiert wurde, sehr selten auftreten (zudem eine
geringe Variation aufweisen), können Zufallsfehler gravierender durch-
schlagen und Zahlenvergleiche beziehungsweise einschlägige Zusammenhänge beeinträchtigen. Gerade die begrenzte Anwendung der Todesstrafe
im 20. Jahrhundert stellt ein ernsthaftes Hindernis für empirische Analysen

---

[282] Cloninger (1977, S. 102 f.) einschließlich der Selbstkorrektur in Cloninger (1987).
[283] So auch Cameron (1994, S. 202), der im Übrigen auf Probleme der Spezifikation einer
„Supply-of-Murders Function" bei schwacher temporaler Variation der Hinrichtungsrate verweist.
[284] Vgl. Dörmann (2004, S. 257).

dar, sodass selbst bei Existenz eines Abschreckungseffekts die entsprechende Beeinflussung der Kriminalitätsrate durch Hinrichtungen zu klein sein könnte, als dass dieser korrekt nachgewiesen werden könnte.[285]

1.3 Normativer Vorbehalt

Da folgende qualitative Metaanalyse denkbare Zusammenhänge zwischen Studienmethoden und -ergebnissen zu analysieren sucht, ist darauf hinzuweisen, dass sämtliche Studien zur Abschreckungswirkung der Todesstrafe und damit auch die in dieser Arbeit untersuchten Beiträge zwar auf wissenschaftlich-empirischer Ebene Befunde ermitteln, dass diese jedoch von der Frage zu separieren sind, inwiefern Schlüsse und Konsequenzen betreffs der negativen generalpräventiven Wirkung der Todesstrafe auf politischer Ebene – insbesondere durch gesetzgebende, teilweise auch rechtsprechende Gewalt – gezogen werden können oder gar zu ziehen sind. Dies gilt für jedwede Art von Studienbefund.

Diagnostiziert ein Autor in seiner Analyse etwa ein inverses Verhältnis zwischen Abschreckungsvariable und Kriminalitätsrate, so muss dies genauso wenig bedeuten, dass die Todesstrafe tatsächlich abschreckend wirkt, wie es auch den staatlichen Machtapparat noch nicht veranlassen muss, sie als Sanktion (wieder) einzuführen respektive beizubehalten – selbst wenn die Kausalrichtung der negativen (im Sinn von absenkenden) Effekte tatsächlich von der Todesstrafe ausgeht. So beschränken beispielsweise irrtümliche Fehlurteile, die selbst in Rechtssystemen vorkommen, welche die Todesstrafe nicht missbräuchlich einsetzen und mithilfe von gründlichen Prozessen Irrigkeiten auszuschließen suchen,[286] die Bewertung und Umsetzung von empirischen Befunden durch den Gesetzgeber. Grundlose Exekutionen können potentiell die Resultate verfälschen: Soweit Hinrichtungen Unschuldiger als Abschreckungsmittel theoretisch in Frage kommen, wäre die geeignete Nullhypothese, das heißt die zu widerlegende

---

[285] Katz/Levitt/Shustorovich (2003, S. 319).
[286] Zeisel (1976, S. 343) spricht von der „Ever Present Danger of Error"; zu einer umfangreichen Untersuchung von Justizirrtümern bei Todesurteilen in den USA vgl. Bedau/Radelet (1987).

120

Negativhypothese, die besagt, dass ein behaupteter Zusammenhang nicht besteht,[287] nicht mehr einfach derart zu formulieren, dass die Todesstrafe keinen Effekt auf einschlägige Kriminalität hat.[288] Vielmehr müsste sie dahingehend präzisiert werden, dass es der rechtmäßig angewendeten Todesstrafe an Abschreckungswirkung fehlt. Infolge der eingangs beschriebenen Zielsetzung einer rein erfahrungswissenschaftlichen Metaanalyse primäranalytischer Studien wird in diesem Zusammenhang auf die Möglichkeit politischen Missbrauchs der Todesstrafe und vorsätzlicher Justizmorde in Todesstrafenstaaten nicht ausführlicher eingegangen, sondern lediglich auf ein aktuelles Beispiel zum Einsatz von mutmaßlich ungerechtfertigten Hinrichtungen zwecks Abschreckung der politischen Opposition durch das iranische Regime vom 28. Januar 2010 verwiesen.[289]

In der utilitaristisch-ökonomisch motivierten Nutzenanalyse des Instituts Todesstrafe, welche einschlägige empirische Arbeiten oftmals abschließend anstellen, ist – neben unrechtmäßigen Hinrichtungen – deren möglicherweise diskriminierende Anwendung einzukalkulieren: Der Nutzen, der durch eine eventuelle Abschreckungswirkung der Todesstrafe erzielt wird (beziehungsweise die Kosten, die durch ihre Abwesenheit entstehen), ist abzuwägen mit den der Gesellschaft entstehenden Kosten, einmal aus der irreversiblen Entscheidung zur Exekution eines Unschuldigen, andererseits aber auch aus denkbarer Unbilligkeit und Willkür des jeweiligen Rechtssystems.[290] Es können in Urteile sachfremde Erwägungen und Vorurteile einfließen, die zu einer Verletzung des Rechts jedes Angeklagten auf ein faires Gerichtsverfahren und auf Gleichbehandlung vor Gericht führen. Von einer solchen Rechtsbeeinträchtigung, die sich letztlich bis zu einer pauschal ungesetzlichen Rechtsprechung steigern kann, könnten vorwiegend Angehörige sozial benachteiligter Schichten betroffen sein; besonders

---

[287] Atteslander (2008, S. 266).

[288] Wolpin (1978, S. 423).

[289] „Da am 9. Februar zum 31. Jahrestag der Revolution erneut mit Demonstrationen zu rechnen ist, kommt der Vollstreckung der Todesurteile zum jetzigen Zeitpunkt abschreckende Wirkung zu" („Die Botschaft des Henkers" (*Süddeutsche Zeitung* vom 29.01.2010, S. 1)).

[290] Dezhbakhsh/Rubin/Shepherd (2003, S. 373); auch Dezhbakhsh/Shepherd (2003, S. 27).

würde Willkür hervortreten, wenn Angehörige rassischer Minderheiten benachteiligt werden, die sich schon rein äußerlich von anderen Angeklagten unterscheiden. Neben der sozialen Klasse (arme Angeklagte laufen größere Gefahr, zum Tode verurteilt und hingerichtet zu werden, als Angeklagte, die sich einen kompetenteren Strafverteidiger leisten können) und der Rasse (Afroamerikaner, die Taten an Weißen begangen haben, laufen größere Gefahr, zum Tode verurteilt und hingerichtet zu werden) könnte auch das Geschlecht (männliche Täter laufen größere Gefahr, zum Tode verurteilt und hingerichtet zu werden, als Frauen) die Anwendung der Todesstrafe beeinflussen.[291] Mögliche Diskriminierung bei der Auferlegung, beim Vollzug oder der Umwandlung von Todesurteilen bildet mithin ebenso zu berücksichtigende soziale Kosten der Todesstrafe und einen normativen Vorbehalt.[292]

Schließlich gilt es immer zu berücksichtigen, dass eine auf Theorie und Empirie basierende Untersuchung immer mit einer Abstraktion der Wirklichkeit arbeitet; vor allem können die in der Theorie zugrunde gelegten Rahmenbedingungen, deren Aufnahme essentiell ist für die Annahme, dass bis auf eine bestimmte (nämlich die erklärende Variable) alle für die Kriminalitätshöhe relevanten Prämissen gleich bleiben, die für politische Schlüsse und Konsequenzen entscheidende Realität höchstwahrscheinlich nicht vollständig erfassen.[293]

2. Diskrepanzursachen

2.1 Studienautor

Als erste Ebene, auf der systematische Zusammenhänge mit dem Resultat einer Abschreckungswirkung der Todesstrafe auszumachen sein könnten, kommt die Sphäre des Autors der Studie in theoretischer wie empirischer

---

[291] Vgl. Yang/Lester (2008, S. 458).
[292] Vgl. Mocan/Gittings (2003, S. 474); auch wenn die Anwendung der Todesstrafe rassistisch motiviert sein sollte, so werde ihr eventueller Abschreckungsnutzen Menschen doch unabhängig von ihrer Hautfarbe zuteil („executions deter murders of both African-American and white victims") (vgl. Shepherd (2004, S. 283 ff.)).
[293] Vgl. Wolpin (1978, S. 423).

Hinsicht in Betracht; dem spezifischen inhaltlichen und methodischen Vorgehen vorgeschaltet könnte der Forscher in Verbindung zu bringen sein mit bestimmten Ergebnissen. Im Hinblick auf den Studienautor spielen neben seiner Fachdisziplin auch seine „Prior Beliefs/Specification" und eventuelle „Reporting Bias" eine Rolle, wobei die Übergänge zwischen diesen Einflussquellen fließend sein dürften.

2.1.1 Fachdisziplin des Autors

Bei Forschungsfeldern, die multi- oder interdisziplinäre Relevanz aufweisen, liegt grundsätzlich die Vermutung nahe, dass Untersuchungsbefunde abhängig sind von der beruflichen Sozialisation des jeweiligen Forschers und Autors. Dies wird schon dadurch bedingt, dass je nach Fachdisziplin bestimmte Untersuchungswege in Form typischer Vorgehensweisen und methodischer Strukturen offenstehen, zudem aber auch je nach Fachdisziplin manche Untersuchungserkenntnisse beliebter als andere sein können und damit die grobe Richtung der Ergebnisse vorgeben. In Konsequenz dieser beiden Möglichkeiten können Beeinflussungen durch die Fachdisziplin des Forschers fahrlässig wie zielgerichtet auftreten. Die berufliche Sozialisation des Autors spielt auch in der Forschung zur negativen Generalprävention eine Rolle, insbesondere bei den Untersuchungen zur abschreckenden Wirkung der Todesstrafe verlangt sie Berücksichtigung.[294] Zum vorliegenden Untersuchungsgegenstand gehören vor allem Arbeiten aus Ökonomie, Soziologie und Kriminologie (vgl. Zweiter Teil, Kapitel 2.1.1). Hierbei ist weniger davon auszugehen, dass im Rahmen der Abschreckungsforschung jede Disziplin die Problematik isoliert definiert und bearbeitet (und eine Synthese lediglich additiv durch Zusammenführung der jeweils getrennt erzielten Ergebnisse erfolgt) als dass Analysemethoden zwischen den Disziplinen vermittelt werden (und sich damit Lösungsstrategien nicht nur durch einen Austausch der Ergebnisse ergeben), mithin Tendenzen zur Interdisziplinarität bestehen.

---

[294] Dieter Hermann, der ebenfalls eine Metaanalyse über empirische Studien zur Todesstrafe auf Grundlage des hier verwendeten Datensatzes vornahm und nach Gründen für die unterschiedlichen Befunde suchte, kommt zu dem Ergebnis: „Den größten Einfluss auf die Ergebnisse hat der Forschungskontext" (Hermann (2010, S. 808)).

Da fast die Hälfte der Studien vorliegender Metaanalyse von Autoren der Ökonomie stammen (vgl. Zweiter Teil, Kapitel 2.1.1), insbesondere aber weil von den 26 Studien, deren Autoren der Einstufung des Verfassers dieser Arbeit zufolge die Abschreckungshypothese im Hinblick auf die Todesstrafe explizit bejahen, 23 Arbeiten ökonomisch ausgerichteten Autoren zugeschrieben werden können, verdient die Bedeutung der Wirtschaftswissenschaft in der Geschichte der Abschreckungsforschung zur Todesstrafe[295] nähere Betrachtung: Bis zur bahnbrechenden Arbeit von Isaac Ehrlich aus dem Jahr 1975 waren Ökonomen an der Debatte um die Todesstrafe kaum beteiligt, wobei von einer Debatte im eigentlichen Sinn gar nicht gesprochen werden konnte, da die Forschung dominiert wurde von soziologischen und psychologischen Ansätzen, deren theoretische Grundlage und empirische Befunde auf das Nichtbestehen eines Abschreckungseffekts deuteten. Nobelpreisträger Gary S. Becker hatte mit seiner theoretischen Analyse des kriminellen Verhaltens des Einzelnen und der Reaktion der Gesellschaft darauf[296] das Forschungsfeld Kriminalität für die Wirtschaftswissenschaftler eröffnet und zugleich die generalpräventiven Abschreckungstheorien von der philosophisch-verbalen auf die operationalisierbare Ebene mathematisch-ökonomischer Modelle übertragen. Ehrlich[297] als Vorreiter der „ersten Generation" ökonomischer Studien zu Todesstrafeneffekten erweiterte Beckers Modell und verschaffte der Ökonometrie einen Zugang zu Generalpräventions- und Todesstrafenforschung. Seine empirischen Tests stützten ein ökonomisches Modell für kriminelles Verhalten, das unter anderem einen abschreckenden Effekt der Todesstrafe impliziert, da Individuen einschließlich Straftätern auf Anreize und Sanktionen des Rechtssystems reagieren (vgl. Zweiter Teil, Kapitel 1.2). Ehrlichs Aufsehen erregender Befund, dass eine Exekution pro Jahr im von ihm untersuchten Zeitraum in sieben bis acht Morden weniger resultierte, fand unter anderem Unterstützung in einer einfachen Längsschnittuntersuchung auf

---

[295] Zu einem umfassenden Überblick über die ökonomische Forschung zur Abschreckungswirkung der Todesstrafe vgl. Cameron (1994, S. 198 ff.) und Yang (1998, S. 85 ff.).
[296] Becker (1968).
[297] Ehrlich (1975a).

der Basis des sogenannten Spinnwebtheorems aus der Ökonomie[298] („Cobweb Model of Homicide Rate-Execution Interaction") durch James A. Yunker,[299] der eine nahezu zwanzigfache Wirkung von Exekutionen ermittelte. Um seine eigene These zu untermauern, führte Ehrlich[300] wenig später eine Querschnittsanalyse der Vereinigten Staaten für die Jahre 1940 und 1950 mit einer spezifizierten Gleichung durch, die bis auf eine Dummy-Variable zur Berücksichtigung des Unterschieds zwischen Bundesstaaten, die die Todesstrafe abgeschafft hatten, und denen, die sie beibehalten hatten, weitgehend vergleichbar zu der Gleichung in seiner Untersuchung von 1975 geblieben war. Erneut fand er einen signifikanten Abschreckungseffekt von Hinrichtungen. Eine gleichartige Arbeit des Wirtschaftswissenschaftlers Dale O. Cloninger (in der Fassung, die sie durch eine Selbstkorrektur zehn Jahre nach der ursprünglichen Veröffentlichung erhalten hat)[301] lieferte unter Verwendung von Querschnittsdaten aus dem Jahr 1960 eine weitere Bestätigung der Position Ehrlichs; dies gilt umso mehr, als die Ergebnisse trotz Spezifikationsveränderungen und einem anderen Dataset fortbestanden.

Zur Aktualisierung und Überprüfung der frühen wirtschaftswissenschaftlichen Studien wurden Untersuchungen ab 1983 durchgeführt, weshalb sie sozusagen als „zweite Generation" ökonomisch-empirischer Analysen der Abschreckungswirkung der Todesstrafe gelten. Ihnen steht eine wirtschaftswissenschaftliche Dissertation der *University of Chicago* durch Stephen K. Layson voran. Nachdem die Befunde Ehrlichs und seiner Anhänger insbesondere durch Autoren anderer Fachdisziplinen kritisiert und angefochten worden waren (vgl. Zweiter Teil, Kapitel 1.3), bemühte sich Layson, die (ökonomische) Haltung pro Abschreckung wieder zu etablie-

---

[298] Das Spinnwebtheorem ist eine Theorie für die Erklärung von oszillatorischen Preis- und Mengenänderungen, die auf verzögerte Angebotsanpassungen zurückgehen. Der Name ist der Tatsache geschuldet, dass sich der Prozess der Preis- und Mengenschwankungen in synoptischer Darstellung im Fadenkreuz der Angebots- und Nachfragekurven wie ein Spinnennetz (englisch: „cobweb") spannt.

[299] Yunker (1976).

[300] Ehrlich (1977b).

[301] Cloninger (1977) und Cloninger (1987).

ren; den Kern seiner Arbeit bildeten Aktualisierungen von US-amerikanischen und kanadischen Daten bis in die 1970er Jahre. Während er in einer Studie von 1983[302] eine Ergänzung und Erweiterung der kanadischen Zeitreihenuntersuchung von Kenneth L. Avio aus dem Jahr 1979[303] vornimmt, weist er in seiner Nachprüfung von Ehrlichs Längsschnittsanalyse (Layson bedient sich im Übrigen auch der Methode Ehrlichs) zwei Jahre später[304] einige Vorwürfe gegenüber jener zurück, wobei er seine beiden Arbeiten entsprechend dem ermittelten Resultat einer Abschreckungswirkung der Todesstrafe aus ökonomischer Sicht mit den Worten schließt: *„Selbst potentielle Mörder"* (als Inbegriff von durch die Todesstrafe Abschreckbarer) *„scheinen das Gesetz der Nachfrage zu befolgen"* [Übersetzung vom Verfasser].[305] Um dem Zusammenspiel von kriminellem Verhalten und Strafjustizsystem Rechnung zu tragen, erscheint es nach George A. Chressanthis'[306] sinnvoll, ein Gleichungssystem einzurichten, das beide Größen (kriminelles Verhalten und Strafjustizsystem) erfasst; er bediente sich eines speziellen Gleichungssystems zur besseren Bewältigung von Verzögerungsstrukturen. Chressanthis stellte nicht nur fest, dass ein Abschreckungseffekt der Todesstrafe besteht, sondern auch, dass Variationen gemeinhin herangezogener Strafverfolgungs-, juristischer, demographischer und ökonomischer Kontrollvariablen sich signifikant übereinstimmend mit Prognosen allgemeiner theoretischer Modelle kriminellen Verhaltens verhielten. Zudem reihte sich erneut Cloninger[307] mit einem neuartigen finanzwissenschaftlichen Ansatz in die ökonomischen Studien „zweiter Generation" ein: In dem von Ehrlich entwickelten Modell, das sich den ökonomischen Motivationen und Wahlmöglichkeiten der zwecks Nutzenmaximierung an legitimen wie auch illegitimen Aktivitäten Beteiligten widmet, können laut Cloninger diese Wahlmöglichkeiten als ein Portfolio bestehend aus risikofreien (legitimen) und risikoreichen (illegitimen) Pos-

---

[302] Layson (1983).
[303] Avio (1979).
[304] Layson (1985).
[305] Übersetzung nach Layson (1985, S. 88).
[306] Chressanthis (1989).
[307] Cloninger (1992); vgl. auch Cloninger/Marchesini (2001).

ten begriffen werden, von denen jeder Posten einen Ertrag bringt; verschiedene Verbrechenstypen stellten daher Assets dar, in die der Kriminelle – je nach Risikobereitschaft – investieren kann. Das Risiko der Straftaten (Assets) ließe sich anhand des (oben bereits angesprochenen) Beta-
Koeffizienten messen, welcher in der Finanzierung als Ausdruck für die
Relation zwischen Rendite des Marktportfolios und Rendite einer Aktie
Anwendung findet. Wie der Titel bereits erahnen lässt, arbeitete Cloninger
in „*Capital Punishment and Deterrence: A Portfolio Approach*" nicht mit
der gewöhnlichen „Supply-of-Murders Function" ökonometrischer Studien
unter Einbeziehung einer Variablen zur Messung der Hinrichtungswahrscheinlichkeit, sondern nahm erstmalig eine Annäherung mittels eines Modells vor, das Veränderungen in der Tötungsdeliktsrate über Staaten hinweg zu Veränderungen in der Rate eines Portfolios aller berichteter Straftaten in Beziehung setzt. Er kommt zu der Erkenntnis, dass die für einen allgemeinen Verbrechensanstieg verantwortlichen Konditionen auch einen
Anstieg der Tötungsdeliktsraten bedingen, welcher wiederum den negativen Effekt von Exekutionen auf Tötungsdeliktsraten (und damit deren inverses Verhältnis) kompensiere, dass Todesstrafe aber sehr wohl effektiv
abschrecke.

Der knappe Überblick zeigt bereits, welch bedeutende Rolle die Wirtschaftswissenschaftler in der Forschung zur Abschreckungswirkung der
Todesstrafe einnehmen, wobei (mit zehn Arbeiten) nur einige Stationen in
der ökonomischen und ökonometrischen Forschung dargestellt wurden, die
zudem Gegenstand vorliegender Metaanalyse sind, vor allem aber zu den
26 die Abschreckungshypothese bejahenden Arbeiten gehören.

Warum kommen gerade Autoren der ökonomischen Fachdisziplin zu dem
Ergebnis, dass die Todesstrafe (sei es durch Androhung oder Anwendung)
abschreckend wirkt? Eine Ursache hierfür könnte in den der Disziplin eigenen Analyseinstrumenten und Methoden, genauso aber in deren Menschenbild liegen, denn gerade Weltanschauungen und Menschenbilder ent-

scheiden darüber, wie Wissenschaft betrieben wird.[308] Selten bleibt die Lenkung wissenschaftlichen Tuns in diesem Fall darauf beschränkt, dass bestimmte Fragestellungen für die eigene Forschung als relevant und andere als weniger oder gar nicht relevant angesehen werden, was der Idee von objektiver wissenschaftlicher Arbeit noch gerecht werden würde. Der Charakter der Wirtschaftswissenschaften als Sozialwissenschaften bringt es mit sich, dass auch diese nicht ohne ein Menschenbild oder jedenfalls einige anthropologische Hypothesen auskommen können,[309] man spricht im Zuge dessen von der Figur des sogenannten *Homo oeconomicus*. Dieser wird definiert als „Modellvorstellung der Wirtschaftstheorie eines idealen, ausschließlich nach wirtschaftlichen Gesichtspunkten denkenden und handelnden Menschen", der „nur ökonomische Ziele" kennt und „besonders durch Eigenschaften wie rationales Verhalten, das Streben nach größtmöglichem Nutzen (Nutzenmaximierung), die vollständige Kenntnis seiner wirtschaftlichen Entscheidungsmöglichkeiten und deren Folgen sowie die vollkommene Information über alle Märkte und Eigenschaften sämtlicher Güter (vollständige Markttransparenz) charakterisiert" ist.[310] An dieser Stelle soll vorerst weniger der Aspekt der Nutzenmaximierung als vielmehr die Eigenschaft des rationalen Verhaltens und Denkens im Vordergrund stehen. Rationalität bedeutet hier nicht, dass das Individuum in jedem Augenblick optimal handelt, dass es also gleich einem Computer durch die Welt schreitet, der immer die beste aller vorhandenen Möglichkeiten blitzschnell ermittelt; Rationalität bedeutet in diesem Modell lediglich, dass das Individuum, wenn es seinen Intentionen folgt, prinzipiell in der Lage ist, gemäß seinem relativen Vorteil zu handeln, das heißt, seinen Handlungsraum abzuschätzen und zu bewerten, um dann entsprechend zu handeln.[311] Systematisches Vorgehen und Logik (als Gegenpol zu Zufall und Willkür) spielen insofern eine wichtige Rolle für rationale Entscheidungen; dies gilt umso mehr, als zu berücksichtigen ist, dass der Entschei-

---

[308] Dietz (2005, S. 58).
[309] Dietz (2005, S. 59).
[310] Pollert/Kirchner/Polzin (2004, S. 23).
[311] Kirchgässner (2008, S. 17).

dungsprozess häufig unter Zeitdruck und unvollständiger Information stattfindet und die Beschaffung zusätzlicher Informationen Kosten verursacht.[312] Der *Homo oeconomicus* handelt rational und denkt logisch. Dies
scheinen die Autoren der in Rede stehenden Arbeiten aber nicht nur ihren
theoretischen Überlegungen zugrunde gelegt zu haben, sie selbst weisen
dieses Attribut vielmehr beim Abfassen ihrer Studien auf, erkennbar an
Vorgehen und Folgerungen; der Einfluss der entsprechenden Fachdisziplin
erschöpft sich offenbar nicht in der Entscheidung für eine Untersuchung
der Abschreckungswirkung der Todesstrafe aus ökonomischem Blickwinkel. Möglicherweise zeichnet insofern für den systematischen Zusammenhang zwischen der ökonomischen Sozialisation und den affirmativen Studienbefunden dieser Autoren verantwortlich, was *Supreme Court*-Richter
Thurgood Marshall (sowohl in seiner Begründung des Mehrheitsvotums in
Furman v. Georgia wie auch seiner Mindermeinung in *Fowler v. North
Carolina*) als „logische Hypothesen"[313] und *Solicitor General* Robert Bork
in bereits genanntem „*Amicus Curiae* Brief" in *Fowler v. North Carolina*
als „logische Voreingenommenheit"[314] bezeichnete. Logik versteht sich in
diesem Zusammenhang als die Konsequenz, dass infolge des (mutmaßlich)
erwiesenen Abschreckungseffekts von Bestrafung per se der strengsten
Sanktionsform auch die größte Abschreckungswirkung zukommen müsse.
Konfrontiert mit dem Scheitern des Nachweises eines solchen Effekts,
wird versucht, die These einzuschränken, seinerzeit durch den Obersten
Gerichtshof in der Entscheidung *Gregg v. Georgia* etwa dahingehend, dass
wahrscheinlich nur bestimmte Kapitalverbrechen abgeschreckt werden, so
beispielsweise sorgfältig geplante Morde wie die eines empfindungslos
kalkulierenden Auftragskillers oder Morde von lebenslänglich Inhaftierten,
bei denen eine erneute lebenslange Freiheitsstrafe den Täter quasi unge-
straft lassen würde und daher inadäquat wäre.[315] Der Argumentation mit
diesen Beispielen steht jedoch die justizielle Realität entgegen, denn den

---

[312] Kirchgässner (2008, S. 17).
[313] Zitiert bei The Yale Law Journal Company (1975, S. 165).
[314] Zitiert bei Zeisel (1976, S. 329).
[315] Gregg v. Georgia, 428 U. S. 153, 185 f., inkl. Fn. 33 (1976).

Auftragskiller dürfte der Unterschied zwischen Todes- und lebenslanger Freiheitsstrafe wenig interessieren, verwendet er doch einen erheblichen Anteil seiner sorgfältigen Planung zur Vermeidung von Spuren, sodass er nur im seltensten Fall überführt wird. Und auch das auf den ersten Blick eingängige Exempel des „Gratis-Mordes" kommt zum einen denkbar selten vor[316] und ist wahrscheinlich ohnehin bloße Fiktion, da selbst zu lebenslanger Haftstrafe Verurteilte regelmäßig die Hoffnung auf vorzeitige Entlassung haben, welche durch einen zweiten Mord zerstört würde.[317] Somit bliebe den angeblichen Anwendungsfällen der offenbar logischen Schlussfolgerung wenig Beweiskraft und die Beispiele können lediglich als (vergebliche) Bemühungen zur Rechtfertigung disziplinär bedingter verfestigter Haltungen verstanden werden.

Nachdem ein Ansatzpunkt für wirtschaftswissenschaftliche Befangenheit aus dem Charakter des *Homo oeconomicus* abgeleitet wurde, soll nun nochmals genauer die Affinität von Ökonomen zu einer Bejahung der Abschreckungshypothese[318] (insbesondere im Rahmen der Todesstrafenforschung) begründet werden, indem deren Verständnis von kriminellem Verhalten und den generalpräventiven Abschreckungstheorien aufgezeigt wird.[319] Auf diesem Weg wird die oben vorgeschlagene Differenzierung zwischen unbewusstem Einfluss der Fachdisziplin (ohne Intention wird das Ergebnis des Forschers von der seiner Disziplin eigenen Methodik und dem immanenten Menschenbild gelenkt) und mutwilliger Beeinflussung (das gefundene Untersuchungsziel muss der Fachrichtung und deren Natur entsprechen) wieder aufgegriffen.

Die Begehung eines Verbrechens wird in der Ökonomie als ein Akt rationalen Verhaltens des Straftäters begriffen. Ein Individuum agiert rational,

---

[316] Vgl. die Untersuchung bei Sellin (1967, S. 154 ff.).

[317] Zum Ganzen vgl. Zeisel (1976, S. 338 f.).

[318] Dieser Eindruck vermittelt sich im Übrigen auch Tullock (1974, S. 107), wenn er feststellt: „All the economists I have cited began their studies under the impression that punishment would deter crime".

[319] Das im Folgenden präsentierte Modell basiert im Wesentlichen auf den Ausführungen von Palmer (1977, S. 4 ff.).

wenn es sich bei gegebener Auswahlmöglichkeit zwischen verschiedenen Handlungsalternativen für diejenige entscheidet, die am meisten erwünscht oder am wenigsten unerwünscht erscheint. In der ökonomischen Theorie basiert die Entscheidung zur Begehung eines Delikts auf Nutzen und Kosten, die mit dem Delikt und mit alternativen legalen Aktivitäten verbunden sind. Ein Individuum wird insofern weniger Straftaten begehen, wenn der resultierende Nutzen abnimmt, die Kosten des Verbrechens zunehmen, die Kosten legaler Handlungen abnehmen oder deren Nutzen zunimmt. Der mit einem Verbrechen verbundene Nutzen versteht sich auch als finanzieller oder sonstiger wirtschaftlicher Gewinn; unter dem Anspruch eines allgemeinen Modells zur Erklärung menschlichen Verhaltens umfasst Nutzen aber grundsätzlich alles, was der Mensch in einer gegebenen Situation als für sich nützlich definiert (wie Erleichterung, Befriedigung, Nervenkitzel, Abwechslung von Langeweile, Steigerung des Ansehens). Die mit einer Tat verbundenen Kosten umfassen (1) die Anschaffungskosten für Tatausrüstung und Informationen zur Tatumsetzung, (2) den psychischen Aufwand, den die Tatbegehung und die Überwindung der Hemmschwellen erfordert, (3) die Opportunitätskosten, das heißt den Nettoertrag, würde die Zeit für legale Aktivitäten aufgewandt werden, sowie (4) die zu erwartende Bestrafung für das Verbrechen, die sich als Mittel aus den möglichen Sanktionen, gewichtet mit der Verurteilungs- und Bestrafungswahrscheinlichkeit, begreift.

Die vorstehenden Ausführungen erfassen den von den ökonomischen Kriminalitätstheorien unternommenen Versuch einer Übertragung volkswirtschaftlicher Erkenntnisse auf den Bereich der Kriminalitätsentstehung, wobei vor allem in der Qualifizierung der Wahrscheinlichkeit und Empfindlichkeit einer möglichen Bestrafung als Verbrechenskosten deutliche Bezüge zur Straftheorie der negativen Generalprävention auszumachen sind. Den Drang des *Homo oeconomicus* zur Nutzenmaximierung als Universalprinzip behandelte erstmals der mehrfach genannte Gary S. Becker, er ging als erster davon aus, dass die wirtschaftswissenschaftliche Schule über eine allgemeine Theorie rationalen menschlichen Handelns verfügt, die auch jenseits der Grenzen ihres traditionellen Forschungsbereichs Modelle für rationales Verhalten liefert.[320] Neben ihm gelten unter anderem Derek B. Cornish und Ronald V. Clarke als Hauptvertreter der Theorien, die Kriminalität als das Ergebnis einer rationalen Kosten-Nutzen-Analyse (daher „*Rational Choice Approach*") ansehen, in der die potentiellen Vor- und Nachteile der Bedürfnisbefriedigung durch kriminelles Verhalten einerseits und legales Verhalten andererseits gegeneinander abgewogen werden.[321] Ein Blick auf den metaanalytischen Datensatz verrät, dass den Arbeiten wirtschaftswissenschaftlicher Autoren nahezu ausnahmslos die ökonomische Kriminalitätstheorie zugrunde liegt, während umgekehrt Arbeiten aus anderen Wissenschaften regelmäßig auf traditionellen Theorien der Verbrechensentstehung aufbauen. Insbesondere stützen sich 21 der 26 die Abschreckungswirkung der Todesstrafe bejahenden Studien auf die ökonomische Theorie, sodass der Zusammenhang zwischen Fachdisziplin und Studienbefund dahingehend umformuliert beziehungsweise präzisiert werden kann, dass gerade der zugrunde liegenden Kriminalitätstheorie eine fundamentale Bedeutung zukommt; von einer Scheinkorrelation zwischen Disziplin und Befund zu sprechen, scheint angesichts der annähernden Substitutionalität von Fachdisziplin und herangezogener Kriminalitätstheorie aber umgänglich.

Ein Individuum wird sich lediglich dann an einem Mord (als hauptsächlich für die Todesstrafenforschung relevantes Delikt) beteiligen, wenn sein erwarteter Nutzen die Gesamtheit aller Kosten übersteigt. Die ökonomische Theorie widmet sich daher zur Reduzierung der Häufigkeit von Mord einer Erhöhung seiner Kosten respektive einem Absenken seines Nutzens. Während eine Senkung der Erträge aus einem Mord wohl nur schwer realisiert werden kann, lassen sich die Kosten erhöhen durch Preissteigerung von Tatmitteln, Anheben der Opportunitätskosten und der Kosten der Sanktionen. Zwar fokussieren Wirtschaftswissenschaftler – anders als andere Sozialwissenschaftler – bei der Lösung des Problems hoher oder steigender

---

[320] Vgl. Manstetten (2002, S. 96 ff.).
[321] Vgl. Newburn (2007, S. 280 ff.).

132

Mordzahlen beispielsweise auch auf Methoden zur Steigerung der Opportunitätskosten, etwa in Form von Anhebung des Lohntarifs für legale Beschäftigungen oder Absenkung der Arbeitslosenquote.[322] Gleichwohl liegt auf der Hand, dass die Einordnung der strafrechtlichen Folgen in den Kontext der Kosten das kriminalitätstheoretische Spiegelbild der straftheoretischen Überlegungen zur Abschreckungswirkung der Strafe ist.[323] Für Ökonomen kommt schwerpunktmäßig ein Anheben der Kosten aus Bestrafung mittels Erhöhung der Verurteilungswahrscheinlichkeit und der Strafstrenge in Betracht; hierbei sollen der Sanktion Todesstrafe aufgrund der drastischen Angst der Menschen vor dem Tod die höchsten Kosten zukommen.[324] Soweit man jedenfalls annimmt, dass potentielle Straftäter auf Bestrafungen und Anreize reagieren, bewirkt die Todesstrafe aus wirtschaftswissenschaftlicher Sichtweise eine Erhöhung der Kosten einschlägiger krimineller Aktivitäten, infolgedessen die Motivation des Kriminellen zur Begehung von Morden sinkt. Es ist nicht auszuschließen, dass dieses Verständnis das Untersuchungsergebnis empirischer Abschreckungsstudien ökonomischen Ursprungs von vornherein bestimmt.

Befangenheit beziehungsweise Beeinflussung durch die ökonomische Fachdisziplin des Autors mag mit gegebenen Untersuchungswegen, dem vermeintlich verinnerlichten Menschenbild des logisch denkenden *Homo oeconomicus* und mit der leitenden ökonomischen Kriminalitätstheorie zu begründen sein, demnach mit unbewussten wie auch vorsätzlichen Vorgängen in der Person des Studienautors. Anhand dargelegter Zusammenhänge lässt sich jedenfalls erahnen, warum vorliegend fast ausschließlich Wirtschaftswissenschaftler die Abschreckungshypothese allgemein, gerade aber im Hinblick auf die Todesstrafe, bejahen – und warum manch einer in diesem Kontext von einer möglicherweise nicht mehr wertfreien „Debatte zwischen (Fach-)Disziplinen"[325] spricht.

---

[322] Yang (1998, S. 91 f.).

[323] Meier (2007, S. 37).

[324] Vgl. Ehrlich (1977b, S. 743).

[325] Vgl. Palmer (1977, S. 9); zur Intensität dieser Debatte zwischen (Fach-)Disziplinen vgl. auch Tullock (1974, S. 104 ff.).

Inwiefern die ökonomischen Ansätze zur Untersuchung des Problems der Generalprävention angemessen sind und welche methodischen Schwächen mit ihren Erklärungsversuchen eventuell einhergehen, wird im weiteren Verlauf zu prüfen sein. Unkommentiert, nicht aber unerwähnt soll an dieser Stelle der ideologiekritische Einwand bleiben, demzufolge der *Homo oeconomicus* als utilitaristische Konzeption des Menschen aus dem 19. Jahrhundert[326] eine überholte Fiktion darstellt, sodass die Rückkehr zu einem obsoleten Menschenbild eventuell die Aussagekraft der in Rede stehenden affirmativen Arbeiten beschränkt.

2.1.2 Generelle Voreingenommenheit des Autors

Schwierig zu unterscheiden vom Einfluss der Fachdisziplin ist die Befundrelevanz einer Voreingenommenheit des Autors, welche ihren Ursprung möglicherweise nicht in seiner beruflichen Sozialisation hat, mithin einer potentiell jedermann eigenen Befangenheit. Das Phänomen findet terminologisch auch als „A Priori Belief"[327] oder „Researcher Initiative Bias"[328] Berücksichtigung. Es lässt sich gemein dahingehend umschreiben, dass seine (im Vorlauf zur entsprechenden Studie) erlangte Überzeugung den Autor dazu bringt, seine Studienresultate absichtlich oder unbewusst in eine bestimmte Richtung zu lenken, sodass die Verteilung der veröffentlichten Schätzungen systematisch von der „wahren" Verteilung der Schätzungen anhand gegebener Daten abweicht.[329] Dass ein apriorischer Glaube eine entscheidende Rolle in der Abschreckungsforschung spielt, fasst Samuel Cameron, der sich intensiv mit der Todesstrafe befasst hat, zusammen: „General deterrence is a kind of belief, it has been introduced in penal law not after series of investigation in which its validity has been proven. It has been accepted as a useful concept in penal law because peo-

---

[326] So Sack (1978, S. 255); zu Zweifeln am Modell des *Homo oeconomicus* im 20. Jahrhundert vgl. Dietz (2005, S. 32 ff.), wobei darunter auch fällt, dass „der Homo Oeconomicus weitaus weniger universell ist, als gemeinhin angenommen".
[327] So Forst (1983, S. 939).
[328] So Glaeser (2006, S. 8).
[329] Rupp (2008, S. 100).

ple believed in the deterrent influence of sanctions".[330] In Bezug auf einschlägige Untersuchungen wird andernorts konstatiert, „[...] one's posterior belief about the deterrent effect of the death penalty surely looks a lot like one's prior belief".[331]

Yunker, einer der Anhänger Ehrlichs, der in seinen Arbeiten zu qualitativ vergleichbaren, jedoch quantitativ extremeren Resultaten gelangt, beschränkt die Voreingenommenheit hinsichtlich Abschreckungswirkung der Todesstrafe auf zwei denkbare traditionelle Positionen:[332] Dem konservativen Lager, das auf einem starken Abschreckungseffekt der Todesstrafe beharrt und einen bemerkenswerten Anstieg schwerer Kriminalität bei Senkung der Hinrichtungszahlen vorhersagt, steht das liberale Lager gegenüber, das eine minimale Abschreckungswirkung konstatiert oder diese ganz verneint und keinen merklichen Effekt einer Reduzierung oder gänzlichen Abschaffung von Hinrichtungen auf Kriminalität annimmt. Da Yunker unterstellt, dass jeder Mensch Vorurteile in eine der beiden Richtungen hege, bekennt er sich einleitend – wenngleich auch er soziale Veränderungen zur Bekämpfung der Wurzeln von Kriminalität (wie Armut, Drogenmissbrauch, Rassismus) für unumgänglich hält – zu seiner Anhängerschaft des konservativen Lagers und damit zur gemäßigten und vernünftigen Anwendung der Todesstrafe.[333] Dass Befangenheit in Bezug auf die Abschreckungswirkung der Todesstrafe auch auf der moralischen Haltung ihr gegenüber fußen kann, ist aufgrund der um diese Sanktion kreisenden emotionsgeladenen Debatte gut vorstellbar. Das Eingeständnis Yunkers lobt zwar James A. Fox in seiner Replikationsstudie, gleichwohl sieht er sich gezwungen zu kritisieren, dass diese Voreingenommenheit ganz offensichtlich Yunkers Analyse, die zu den 26 in dieser Arbeit behandelten eine Abschreckungswirkung der Todesstrafe annehmenden Untersuchungen gehört, gelenkt habe[334] (vgl. Zweiter Teil, Kapitel 1.3).

---

[330] Cameron (1988, S. 308).
[331] Donohue/Wolfers (2005, S. 844).
[332] Vgl. hierzu Yunker (1976, S. 45 f.); vgl. auch Phillips (1980, S. 146).
[333] Yunker (1976, S. 48).
[334] Fox (1977, S. 241).

Edward E. Leamer in seiner wortspielartig titulierten Arbeit „*Let's Take the Con Out of Econometrics*" („Lasst uns der Ökonometrie den Schwindel nehmen")[335] und in Anlehnung an ihn Walter S. McManus in seiner Studie mit dem Untertitel „*The Importance of the Researcher's Prior Beliefs*"[336] erforschen die Wirkung verschiedener „Prior Beliefs" im Rahmen der Frage nach einer Abschreckungswirkung der Todesstrafe. Denn nach Glaeser stellen Vorüberzeugungen (und Verzerrungen hierdurch) die Norm dar, nicht die Ausnahme.[337] Da der Glaube also in jede Art von Dateninterpretation (wie auch Datenerhebung) implizit mit eingeht, kann es von Vorteil sein, wenn er explizit berücksichtigt wird.[338]

Leamer und McManus arbeiten mit einer sogenannten *Extreme Bounds Analysis (EBA)*. Mit dieser kann im Wege eines komplexen Vorgehens gemessen werden, inwieweit die Auswahl der erklärenden Variablen Einfluss auf die relevanten Schätzkoeffizienten hat.[339] Dadurch soll die Stabilität von Effektschätzungen geprüft werden. Zugrunde liegt beiden Arbeiten die Idee, die generelle Vorüberzeugung des Autors einer Studie über seine Haltung hinsichtlich der Frage zu operationalisieren, welche erklärenden Variablen die Mordrate determinieren und daher in der Regressionsgleichung vorkommen müssen und bei welchen Variablen ein Einfluss und daher die Notwendigkeit der Berücksichtigung jedenfalls zweifelhaft ist.

Leamer und McManus setzen für ihre Modelle fünf verschiedene Arten von Forschertypen voraus, denen sie kurze Namen geben:[340] Der „Right Winger" hält insbesondere die Abschreckungsvariablen für relevant, während ökonomische und soziale Variablen für ihn zweifelhaft sind, der „Rational Maximizer" folgt der ökonomischen Sichtweise von Kriminalität und bejaht den Einfluss von Sanktionen und ökonomischen Variablen auf die Mordrate, der „Eye-for-an-Eye"-Typ hält neben der Wirkung der sozia-

---

[335] Leamer (1983).
[336] McManus (1985).
[337] Glaeser (2006, S. 3).
[338] McManus (1985, S. 418).
[339] Vgl. McAleer/Veall (1989, S. 99).
[340] Leamer (1983, S. 42) und McManus (1985, S. 420 f.).

len und ökonomischen Variablen sogar die der durchschnittlichen Haftstrafenlänge für ungewiss und ist nur von der Abschreckungskraft der Todesstrafenwahrscheinlichkeit überzeugt, der „Bleeding Heart"-Charakter erachtet nur die ökonomischen Variablen für wichtig, da diese den sozialen Variablen vorzuziehen seien, und der Typ „Crime of Passion" interpretiert Mord als Affektverbrechen, sodass Abschreckungsvariablen fragwürdig sind, ökonomische und soziale Variablen als Indikatoren für den Hang zu gewalttätigen Ausbrüchen dafür eine umso größere Relevanz haben.

Leamer und McManus ermitteln, dass die Schätzkoeffizienten der Abschreckungsvariablen stark von der Auswahl der erklärenden Variablen abhängen. Ihnen zufolge gründen die empirischen Ergebnisse hinsichtlich der Abschreckungswahrscheinlichkeit der Todesstrafe daher stark auf Vorüberzeugungen der jeweiligen Studienautoren und sind die empirischen Belege für die Abschreckungswirkung der Todesstrafe nicht hinreichend stabil und im Wesentlichen ein Produkt der Vorüberzeugungen der Autoren. Im Ergebnis behaupten Leamer und McManus, dass ihre Resultate ernsthafte Zweifel an der Gültigkeit der Abschreckungshypothese im Hinblick auf die Todesstrafe aufwerfen,[341] und speziell Leamer sieht das Ergebnis aus seiner unwesentlich älteren Studie[342] bestätigt, wenn er konstatiert: „Any inference from these data" (das heißt die von Ehrlich verwendeten Querschnittsdaten von 1950) „about the deterrent effect of capital punishment is too fragile to be believed".[343] Michael McAleer und Michael R. Veall vermögen in ihrer Überprüfung der *Extreme Bounds Analyses* unter Verwendung der *Bootstrap Method* zumindest nicht das Gegenteil festzustellen.[344] Leamer und McManus schlussfolgern, dass die Beweise pro Abschreckung im Wesentlichen ein Produkt der „Prior Beliefs" des jeweiligen Forschers sind.[345] Dass hiermit weniger eine durch berufliche Soziali-

---

[341] Leamer (1983, S. 42) und McManus (1985, S. 425).
[342] Leamer (1982).
[343] Leamer (1983, S. 42).
[344] Vgl. McAleer/Veall (1989, S. 106); zur *Bootstrap Method* vgl. McAleer/Veall (1989, S. 100).
[345] So zusammenfassend Ehrlich/Liu (1999, S. 456).

sation bedingte Voreingenommenheit gemeint ist, mag jedenfalls daraus abzuleiten sein, dass beide wie auch McAleer und Veall selbst Ökonomen sind; Karl F. Schuessler beispielsweise spricht allgemein von einer Tradition in der Wissenschaft (zugunsten der Todesstrafe mit ihrer Abschreckungswirkung zu argumentieren),[346] Brian E. Forst von „A Priori Belief in the Theory of Deterrence".[347]

2.1.3 „Reporting Bias"

Auf der Ebene der Person des Studienautors kommen sogenannte „Reporting Bias"[348] als weitere Begründung für vorhandene Resultate pro Abschreckungswirkung der Todesstrafe in Betracht; hierbei handelt es sich generell um verzerrte Darstellungen der Realität, die sich daraus ergeben, dass die veröffentlichten Ergebnisse nicht repräsentativ sind. „Reporting Bias" können auf verschiedenen Ursachen basieren: Neben dem sogenannten „File Drawer Problem" (dem „Aktenschubfach-Problem"), das die Tendenz von Forschern zu beschreiben sucht, Herangehensweisen von sich aus nicht zu veröffentlichen, die nicht „geklappt" haben, die also keine statistisch signifikanten Schätzungen hervorgebracht haben, fällt auch der Publikationsbias hierunter; dieser tritt auf, wenn Zeitschriften nur solche Schätzungen veröffentlichen, die Standardtests von Signifikanzniveau und Irrtumswahrscheinlichkeit genügen.

Zwar steht diese Auffassung nicht im Einklang mit der gesamten Literatur,[349] doch haben nach dem Verständnis des Verfassers die „Reporting Bias" gemeinsam, dass es sich um bewusste und gewollte Verfälschungen im Rahmen der Präsentation der Untersuchungsergebnisse empirischer Analysen handelt. Wenn karrieregeleitete oder ideologisch (über-)motivierte Forscher dem Anreiz verfallen, nur über Spezifikationen zu referieren, die statistisch signifikante Befunde oder präferierte Effektschätzungen hervorbringen, wenn Zeitschriftenherausgeber zur Steigerung der

---

[346] Schuessler (1952, S. 62).
[347] Forst (1983, S. 939).
[348] Zum Oberbegriff „Reporting Bias" vgl. Donohue/Wolfers (2005, S. 837 ff.).
[349] Vgl. Donohue/Wolfers (2005, S. 838).

Verkaufszahlen nicht-repräsentative Stichproben veröffentlichen, so setzt dies in Anbetracht der dahinterstehenden Motivation regelmäßig Vorsatz voraus.[350] Hierin unterscheidet sich die Gruppe der „Reporting Bias" auch von den beiden zuvor genannten Verzerrungsquellen einschlägiger Schätzergebnisse in der Sphäre des Studienautors, da weder Fachdisziplin (Ökonomie) noch „A Priori Belief" auf willentliche Beeinflussung beschränkt sind, sondern auch zur fahrlässigen Beeinflussung der Forschungs- und Veröffentlichungstätigkeit führen können.

2.1.3.1 „File Drawer Problem"

„Reporting Bias" lassen sich gegebenenfalls auf das sogenannte „File Drawer Problem" zurückführen. Schon lange mutmaßen etwa Statistiker, dass Veröffentlichungen nur ein verzerrtes Bild der durchgeführten Studien darstellen, da viele Resultate im Aktenschubfach (englisch: „file drawer") der Forscher verbleiben. Manche gehen sogar so weit zu behaupten, dass die Zeitschriften gefüllt sind mit den fünf Prozent der Studien, die unter Fehlern erster Art (das heißt einem fälschlichen Verwerfen der Nullhypothese[351]) leiden, während die Aktenschubladen an der Wirkungsstätte gefüllt sind mit 95 Prozent der Studien, die insignifikante Befunde enthalten.[352]

Unter normalen Umständen werden Ergebnisse, die die Nullhypothese (signifikant) falsifizieren, vom Forscher als wertvoller erachtet und eher veröffentlicht,[353] während solche Untersuchungen nicht der Öffentlichkeit preisgegeben werden, die nicht erfolgreich waren, die also keine statistisch signifikanten Effektschätzungen hervorgebracht haben. Die Übermittlung insignifikanter Resultate durch Forscher mag auch im Hinblick darauf unwahrscheinlicher sein, dass jene eine geringere Aussicht haben, von Zeit-

---

[350] Vom „Intentional Omitting of Results", das heißt von einem absichtlichen Vorgehen, im Rahmen von „Publication Bias" und „File Drawer Problem" spricht im Übrigen auch Rupp (2008, S. 101, Fn. 34).
[351] Fricke/Treinis (1985, S. 59).
[352] Rosenthal (1979, S. 638).
[353] Ashenfelter/Harmon/Oosterbeek (1999, S. 457).

schriften akzeptiert zu werden.[354] Befunde mit signifikanten Ergebnissen werden häufiger in Fachzeitschriften mit hohem *Journal Impact Factor* veröffentlicht. Je höher der *Impact Factor* ist, desto angesehener ist eine Fachzeitschrift. Dies wirkt sich auch auf die akademische Beurteilung von Wissenschaftlern aus: Wer in Zeitschriften mit höherem *Impact Factor* publiziert, hat größere Karrierechancen.[355]

Zahlreiche Methoden zur Identifizierung wie auch zum richtigen Umgang mit dem „File Drawer Problem" in Metaanalysen wurden entwickelt.[356] Eine der einfachsten stellt die Berechnung einer „Fail-Safe Number", einer „störungssicheren Nummer", dar. Diese indiziert die Anzahl insignifikanter unveröffentlichter Studien, die zu einer Metaanalyse hinzugenommen werden müssten, um ein insgesamt statistisch signifikantes Resultat auf Insignifikanz zu reduzieren; es wird also errechnet, wie groß die Zahl der noch nicht entdeckten nicht-signifikanten Ergebnisse sein müsste, um die Zahl der entdeckten signifikanten Ergebnisse als Zufallsfehler deklarieren zu können. Je größer das Verhältnis dieser Zahl zur Anzahl der veröffentlichten Studien ist, desto ferner liegt ein „File Drawer Problem".[357] Besagtes Verfahren stellt noch keinen Weg zu einer gesicherten Identifizierung von „File Drawer Problems" dar, jedoch gibt es auf einer ersten Stufe einen Hinweis darauf, ob komplexere Herangehensweisen notwendig sind.[358]

Hier soll ein alternativer Test präsentiert werden, welcher – entsprechend der Konzeption der vorliegenden Untersuchung – weniger auf ein Gesamt-

---

[354] Stanley (2005, S. 311).
[355] Um ihrerseits Verzerrungen vorzubeugen, wird beispielsweise seitens medizinischer Fachzeitschriften verlangt, dass alle durchgeführten Studien einschließlich ihrer prospektiv definierten Zielparameter im Voraus bekannt gemacht werden; nur solche verbindlich registrierten Studien werden zur Publikation angenommen. Dadurch sollen die Vollständigkeit der Veröffentlichung auch unvorhergesehener beziehungsweise unerwünschter Resultate überprüfbar und eine Einschätzung entsprechender Bias möglich werden (vgl. Krakovsky (2004)).
[356] Zu einer Aufzählung vgl. Rosenberg (2005, S. 464).
[357] In einer Analyse von 311 Studien, in denen ein mittlerer Effekt von z=1.18 festzustellen war, kommt Rosenthal (1979, S. 640) beispielsweise zu dem Ergebnis, dass es etwa 50.000 weitere unentdeckte Studien mit einem mittleren Effekt von z=0 geben müsste, um von einem „File Drawer Problem" ausgehen zu können; dies sei jedoch sehr unwahrscheinlich.
[358] Rosenberg (2005, S. 464).

140

bild (im Sinn einer Einschätzung des Forschungsstands) als auf die Aussagekraft von Einzelarbeiten bezogen ist. Entsprechend dem „File Drawer"-
Argument wären die in der zu integrierenden Datenmenge vorhandenen
signifikanten Ergebnisse lediglich durch Zufall zustande gekommen, im
Hinblick auf die Untersuchungsfrage und die die Abschreckungshypothese
in Bezug auf die Todesstrafe bejahenden Arbeiten müsste dies gerade für
die signifikant negativen Effektschätzungen gelten; willkürliche Unterschlagung von positiven und insignifikanten Resultaten unterstellt, würde
in Wirklichkeit für diese Studien die Nullhypothese Gültigkeit haben.

Wenngleich die „Reporting Bias" ein befundübergreifendes potentielles
Manko empirischer Primäranalysen darstellen, gibt die Arbeit von John J.
Donohue und Justin Wolfers,[359] die sich mit *„Uses and Abuses of
Empirical Evidence in the Death Penalty Debate"* und im Zuge dessen
ausführlich mit „Reporting Bias" auseinandersetzt, tatsächlich einen Hinweis darauf, dass gerade die Arbeiten mit einem die Abschreckungshypothese bejahenden Ergebnis unter derartigen Verzerrungen leiden. Die Arbeit ist eine Überprüfung von und Kritik an Studien zur Abschreckungswirkung der Todesstrafe, wobei insgesamt sechs Panelstudien auf „Reporting Bias" getestet werden, die alle zum Untersuchungsgegenstand dieser
Metaanalyse gehören und von denen fünf der Bewertung des Verfassers
zufolge die Abschreckungshypothese im Hinblick auf die Todesstrafe bejahen. Donohue/Wolfers entnehmen ihre Werte den Arbeiten von Hashem
Dezhbakhsh und Joanna M. Shepherd,[360] von diesen und Paul H. Rubin,[361]
von Lawrence Katz, Steven D. Levitt und Ellen Shustorovich,[362] von H.
Naci Mocan und R. Kaj Gittings,[363] von Joanna M. Shepherd[364] sowie von
Paul R. Zimmerman.[365]

---

[359] Donohue/Wolfers (2005).
[360] Dezhbakhsh/Shepherd (2003).
[361] Dezhbakhsh/Rubin/Shepherd (2003).
[362] Katz/Levitt/Shustorovich (2003).
[363] Mocan/Gittings (2003).
[364] Shepherd (2004).
[365] Zimmerman (2004).

Ausgangspunkt für einen Test auf „Reporting Bias"[366] bildet für Donohue und Wolfers die Erkenntnis, dass verschiedene Studien zur Schätzung des Effekts von Hinrichtungen auf die Tötungsdeliktsrate weitgehend vergleichbare Effekte und Standardfehler hervorbringen müssen (der Standardfehler bildet die Genauigkeit der errechneten Effektschätzungen ab). Trotzdem ergeben diverse Studien Effektschätzungen mit kleinen Standardfehlern, während die Effektschätzungen anderer Studien variabler ausfallen und größere Standardfehler aufweisen. Liegt eine Korrelation zwischen der Größe des Effekts und seinem Standardfehler vor, so lasse dies vermuten, dass die berichteten Schätzungen selektiv sind; mögliche Erklärung könnte sein, dass Forscher (Autoren und Herausgeber) besonders gern statistisch signifikante Resultate veröffentlichen, weshalb sie Effektschätzungen mit großen Standardfehlern nur berichten, wenn der geschätzte Effekt selbst groß ist.

Wird die zentrale Effektschätzung und das Gesamtbild geschätzter Koeffizienten jeder der sechs oben genannten Untersuchungen dem beschriebenen Test unterzogen, finden Donohue/Wolfers Hinweise darauf, dass die von Dezhbakhsh/Shepherd, Dezhbakhsh/Rubin/Shepherd, Mocan/Gittings, Shepherd und Zimmerman berichteten Resultate unter Verzerrungen infolge „Reporting Bias" leiden, nicht aber die Resultate der die Abschreckungswirkung der Todesstrafe nicht bestätigenden Untersuchung von Katz/Levitt/Shustorovich.[367] Freilich handelt es sich bei einer Überprüfung von lediglich sechs Studien nur um den Test eines begrenzten Ausschnitts aus dem vorliegenden Untersuchungsgegenstand. Dass gerade die Studie, die als einzige der sechs ausgewählten Arbeiten der Einstufung des Verfassers zufolge die Abschreckungshypothese im Hinblick auf die Todesstrafe nicht bestätigt, diesen Test besteht, während die affirmativen Arbeiten durchweg versagen, könnte jedenfalls als Tendenz dahingehend verstanden

---

[366] Zur folgenden Beschreibung des an Ashenfelter/Harmon/Oosterbeek (1999) angelehnten (und dort im Zuge der Erforschung der Beziehung Schulbildung-Verdienst entwickelten) Tests vgl. Donohue/Wolfers (2005, S. 838 ff.).
[367] Donohue/Wolfers (2005, S. 839 f.).

142

werden, dass (gerade) die Studien mit die Abschreckungshypothese bejahendem Ergebnis unter derartigen Verzerrungen leiden.

2.1.3.2 Publikationsbias

Des Weiteren lassen sich verzerrte Darstellungen der Realität unter Umständen darauf zurückführen, dass Zeitschriften nur solche Schätzungen
veröffentlichen, die Standardtests von Signifikanzniveau und Irrtumswahrscheinlichkeit genügen, weshalb es gleichfalls zu einem Übermaß an publizierten signifikanten (und eher theoriebestätigenden) Ergebnissen
kommt.[368] In diesem Fall wird von „Publication Bias" gesprochen.
Publikationsselektionen sind nahezu ubiquitär, jedenfalls nicht ungewöhnlich.[369] Forscher, Rezensenten, Herausgeber und Leser akzeptieren vor allem Resultate, die die Nullhypothese signifikant verwerfen, weshalb bevorzugt Befunde publiziert werden, die theoriekonsistent und von geringer
Zufallswahrscheinlichkeit sind, gewöhnlich lässt man sich von signifikanten Ergebnissen leichter überzeugen.

Dass gelegentlich der Eindruck entsteht, es würden so lange beliebige
Kombinationen von Variablen und deren verschiedenen Operationa-
lisierungsvarianten „durchgespielt", bis sich eine zufällig signifikante
Gleichung zur Bestätigung der Abschreckungshypothese ergibt, kann auf
den vermuteten Einfluss der Publikationspraxis hindeuten: Wenn nur „er-
folgreiche" Arbeiten veröffentlicht werden, ist die Versuchung für Autoren, ihre Hypothesen im Wechselspiel mit empirischen Ergebnissen zu
formulieren und zu einer gezielten Bestätigung voranzutreiben, sehr groß.
In den Forschungsergebnissen treten verzerrende Einflüsse durch Auswahlmechanismen zutage, die Existenz der die Abschreckungswirkung bestätigenden Befunde ließe sich dadurch beispielsweise zum Teil erklären.[370]

Nicht nur, dass die „Reporting Bias" – jedenfalls bei Beschränkung des
Zugangs auf veröffentlichte Studien – mehr oder weniger schwer von an-

---

[368] Vgl. Waldorf/Byun (2005, S. 27).
[369] Stanley (2005, S. 338).
[370] Vgl. Prisching (1982, S. 173).

ders gearteten Verzerrungsursachen zu unterscheiden sind, auch die Übergänge zwischen „File Drawer Problem" und Publikationsbias an sich scheinen fließend zu sein. Dies lässt sich zum einen daran festmachen, dass die Terminologie uneinheitlich gehandhabt wird (die hier gewählte Differenzierung erscheint am sinnvollsten), zum anderen an der gemeinsamen Essenz beider Phänomene. In der Sprache der Statistik ausgedrückt tritt ein „File Drawer Problem" respektive „Publication Bias" auf, „if the probability that a study reaches the literature, and is thus available for combined analysis, depends on the results of the study",[371] wenn also die Wahrscheinlichkeit, dass eine spezielle Studie das Schrifttum erreicht und folglich für Metaanalysen wie die vorliegende zur Verfügung steht, vom Resultat der Studie abhängt.

Zum besseren Gesamtverständnis wird nachfolgend der chronologische Prozess von der Initiierung einer einschlägigen Studie bis zur tatsächlichen Verwendung ihrer Resultate in einer Metaanalyse aufgezeigt:

1. Die Untersuchung wird bis zu einem vordefinierten Zeitpunkt durchgeführt, Ergebnisse werden ermittelt, Schlussfolgerungen gezogen und ein Artikel wird verfasst.

2. Der Artikel wird einer Zeitschrift (dies ist der für Studien zur Abschreckungswirkung der Todesstrafe vorherrschende Publikationstyp) vorgelegt, Herausgeber und Autor handeln Korrekturen aus, der Herausgeber akzeptiert die Veröffentlichung der Studie, der Autor hält an seiner Veröffentlichung fest und der Artikel wird veröffentlicht.

(3. Die Studie wird bei einer Literatursuche gefunden und die Daten werden in einer Metaanalyse berücksichtigt.)

Für diesen (psychologisch wie soziologisch) komplexen Prozess lässt sich konstatieren, dass in seinem Verlauf jeder Schritt mit menschlichen Entscheidungen verbunden ist und daher vom Resultat der Studie beeinflusst werden kann: Der Autor organisiert unter Umständen seinen Arbeitsvor-

---

[371] Scargle (2000, S. 92).

gang oder manipuliert gar die Ergebnisse selbst mit dem Ziel eines bestimmten Studienausgangs (Einfluss von Fachdisziplin oder „A Priori Belief"), der Autor reicht seine Arbeit möglicherweise nur bei entsprechen-
dem präferiertem Ergebnis bei einer Zeitschrift ein („File Drawer Problem"), der Herausgeber erachtet einen Artikel eventuell mangels Bestätigung beziehungsweise Widerlegung einer bestimmten These oder mangels
Signifikanz (und daher fehlender Informativität[372]) als nicht publikations-
würdig oder er ist nur mit einer spezifischen Schlussfolgerung einverstan-
den beziehungsweise erwartet dem wissenschaftlichen Mainstream entsprechende Ergebnisse (Publikationsbias). Wie oben ausgeführt, handelt es
sich bei potentiellen Manipulationen und Unterschlagungen vom Zeitpunkt
der Vorlage der Veröffentlichung bei einer Zeitschrift an um gewollte, ab-
sichtliche Verzerrungen im Rahmen der Präsentation der Ergebnisse. Eine
Arbeit aus ideologischen oder opportunistischen Gründen zurückzuhalten
oder nicht veröffentlichen zu lassen setzt regelmäßig Absicht voraus; zu
hoffen bleibt, dass bei zielgerichteten Beeinflussungen gerade durch veröf-
fentlichende Magazine Resultate präsentiert werden, die (auch) für die besten gehalten werden und nicht (nur), die am besten gefallen beziehungsweise passen.

Theoretisch dürfte das Unterschlagen insignifikanter Resultate vorliegend
gar kein gravierendes Problem darstellen, da Nachweise zur Bestätigung
und Widerlegung der Abschreckungshypothese von äquivalenter Wichtigkeit sein sollten.[373] Es ist jedoch denkbar, dass die die Abschreckungshypothese favorisierenden Publikationsorgane insignifikante Ergebnisse oder
solche mit positiven Vorzeichen auszulassen suchen. In der Konsequenz
wäre zu erwarten, dass entweder zu wenige Studien über die Abschreckungswirkung mit nicht-signifikanten beziehungsweise zu wenige Studien
mit positiven Schätzwerten veröffentlicht werden oder dass viele Studien
mit wenigen Beobachtungen aufgrund der Selektion der veröffentli-
chungswürdigen Ergebnisse einen „zu signifikanten" bestätigenden Ein-

---

[372] Vgl. Stanley (2005, S. 311).
[373] Vgl. Eide/Aasness/Skjerpen (1994, S. 166).

druck hinterlassen. Zur Ablehnung der Todesstrafe mit generalpräventiver Argumentation bedarf es noch nicht einmal eines signifikanten (positiven) Ergebnisses, da bereits Insignifikanz das Fehlen eines Effekts impliziert, sodass sich jedenfalls das Problem der Unterschlagung insignifikanter Befunde in dieser Richtung seltener stellen dürfte.

Dass das Manko der Publikationsbias gerade den 26 die Abschreckungswirkung der Todesstrafe bejahenden Arbeiten anhaftet, lässt sich – die Ergebnisse der von Donohue/Wolfers durchgeführten quantitativen Tests im Bewusstsein – qualitativ begründen: Zugunsten einer Beibehaltung oder Ausweitung wird von den Befürwortern der Todesstrafe insbesondere angeführt, dass deren Androhung, Verhängung oder Vollstreckung abschreckend wirkt, die generalpräventive Abschreckungswirkung stellt auch in der Öffentlichkeit eines der bevorzugten Argumente pro Todesstrafe dar.[374] Gegenargumente indessen beschränken sich gerade nicht auf deren eventuell fehlende Abschreckungswirkung; Theologie, Philosophie und Ethik verlangen bis heute eine schlüssige Rechtfertigung der Bestrafung mit dem Tode. Lassen sich in der Diskussion um den Zweck einer Sanktion die Argumente einer Seite auf eine bestimmte Funktion reduzieren, so sind es gerade oder ausschließlich der Größe nach beachtliche und signifikante Bestätigungen der propagierten Funktion, die überzeugen können. Die Arbeit von Ehrlich aus dem Jahr 1975 sorgte nicht nur wegen ihrer unerwarteten wissenschaftlichen Herkunft für Aufsehen, sondern gerade wegen ihres Ergebnisses, dass im Untersuchungszeitraum umgerechnet jede zusätzliche Hinrichtung sieben bis acht potentielle Morde verhindert habe. Nachfolgende Studien wie die von Layson aus dem Jahr 1985 etwa gaben an, Ehrlichs Ergebnis mehr als verdoppeln (ungefähr 18 verhinderte Morde) zu können, Ehrlich selbst ermittelte in seiner Querschnittsuntersuchung von 1977 einen „Life-Life Tradeoff" von 20 bis 24 für diverse Schätzungen, nicht zu vergessen das außergewöhnliche Ergebnis von 156 durch eine Hinrichtung verhinderten Morden von Yunker – all diese Studien sahen sich überdies mit der Erwartung der Todesstrafenbefürworter konfrontiert,

---

[374] Martis (1991, S. 151).

Ehrlich überbieten oder zumindest bestätigen zu müssen. Dass gerade insignifikante Befunde von Verfechtern der Todesstrafe zurückgehalten werden oder einschlägige Medien auf präferierte Effektschätzungen mit dem Ziel einer Unterrepräsentation von Befunden positiver Korrelation zwischen Todesstrafe und Tötungsdeliktsvariable bestehen, scheint in Anbetracht des Gesagten nicht ausgeschlossen.[375]

Schließlich ist zu berücksichtigen, dass einzelne potentielle Verzerrungsursachen auf Ebene des Studienautors nicht nur schwer voneinander abzugrenzen sind, sondern diese auch kumulativ auftreten können.[376] Ein Autor, der der Wirtschaftswissenschaft entstammt und deshalb unter Umständen ohnehin stark von der Abschreckungseffektivität der Todesstrafe voreingenommen ist, kann zusätzlich – oder gerade deswegen – karriereorientiert dazu tendieren, nur über Spezifikationen zu referieren, die statistisch signifikante Befunde oder präferierte Effektschätzungen hervorbringen; jedenfalls wird ihn seine Vorprägung nicht motivieren, gerade seine statistisch signifikanten Ergebnisse anzuzweifeln.[377] Ökonometriker, die in einem Näheverhältnis zum herkömmlichen Handlungsmodell der Wirtschaftstheorie stehen, werden dazu neigen, Abschreckungswirkungen in ihrem Datenmaterial zu entdecken; denn diese können sie zugleich theoretisch begründen, während eine empirisch festgestellte Unabhängigkeit der relevanten Variablen voneinander für sie unerklärlich bleiben muss und im Zweifelsfall in den Papierkorb wandern dürfte.[378] Vergleichbares gilt für eine Kombination aus (unbewussten) Beeinflussungen der Forschungsarbeit in Richtung Bestätigung der Abschreckungshypothese infolge „Prior Beliefs" des Autors und der begünstigten Veröffentlichung bei signifikanten Forschungsresultaten.

---

[375] Um solchen Aussagen endgültig den Charakter von Vermutungen zu nehmen, bieten sich Tests auf Publikationsbias an; zu einem Überblick über Methoden zur Identifizierung von Publikationsbias im Rahmen der Abschreckungsforschung vgl. Rupp (2008, S. 102 ff.).

[376] Vgl. Stanley (2005, S. 311), der für den Publikationsbias konstatiert: „Needless to say, a priori commitment to a given ideological or theoretical position can greatly compound this bias".

[377] Vgl. Glaeser (2006, S. 24).

[378] Prisching (1982, S. 172).

2.2 Studiencharakteristik

Bevor auf die Qualität der die Abschreckungswirkung der Todesstrafe bestätigenden Untersuchungen detailliert im Hinblick auf die datenimmanen-
te, strukturelle wie auch technische Beurteilung derer Befunde eingegangen wird, sollen zwei grundsätzliche Eigenarten einer Vielzahl der affirmativen Studien Erwähnung finden, die ihre Aussagekraft einschränken können: die Instrumentalisierung von Komplexität sowie mangelnde Gewichtung der Abschreckungsproblematik.

2.2.1 Komplexität als Instrument

Diverse Primäranalysen aus dem Untersuchungsgegenstand können als an-
spruchsvoller, als komplizierter (englisch: „sophisticated") eingestuft werden als andere. Dies kann in Verbindung stehen mit den zugrunde gelegten
Modellen,[379] der angewandten Analysemethode (Regressionsanalyse[380])
oder generell mit der wissenschaftlichen Herkunft der Arbeit (Ökonometrie[381]). Auch weil die Regressionsanalyse zu den wichtigsten Hilfsmitteln
beim Erstellen ökonometrischer Modelle zählt, betrifft dies vor allem Studien aus Wirtschaftswissenschaft und Ökonometrie; gerade im Zusammenhang mit Ehrlichs Arbeiten (Ehrlich war an 5 der 26 die Abschreckungswirkung der Todesstrafe bestätigenden Studien unmittelbar beteiligt) ist immer wieder von Komplexität die Rede.[382]

Wird die Sanktion Todesstrafe im Hinblick auf ihre Konsequenzen diskutiert, so gilt die Aufmerksamkeit hauptsächlich den Beweisen dafür, ob
Hinrichtungen Verbrechen abschrecken oder zu solchen stimulieren. Insofern erscheint es John J. Donohue und Justin Wolfers zwar grundsätzlich
sinnvoll, sich *„ökonometrischen Feuerwerken"* zuzuwenden, jedoch lasse
die Geschichte der Debatte um die Todesstrafe erahnen, dass *„diese Feu-*

---

[379] Vgl. Land/Teske/Zheng (2009, S. 1016): „[s]ophisticated time-series models".
[380] Vgl. Zeisel (1976, S. 337): „regression analysis, the most sophisticated of these instru-
ments"; vgl. auch Zeisel (1976, S. 326): „most sophisticated response [...] was to apply to it a
tool called regression analysis".
[381] Vgl. Yang (1998, S. 100): „sophisticated econometric analyses".
[382] Vgl. die Überschrift bei van den Haag/Conrad (1983, S. 139): „Isaac Ehrlich's
Sophisticated Analysis".

erwerke häufig mehr Hitze als Licht in die Dunkelheit gebracht haben" [Übersetzung vom Verfassers].[383] Gerade in Bereichen, in denen Forschung durch ideologische Motive und Interessenwahrnehmung geprägt wird, sollte Wert auf Klarheit und intuitive Glaubhaftigkeit betreffs aller Aspekte von Forschungsdesign und Analyse gelegt werden; jene ideologische Motivation mag Forscher dazu bringen, sich ökonometrischer Komplexität (englisch: „econometric sophistication") zu bedienen, um Ruhe in die Debatte[384] und die Gegner zum Schweigen zu bringen – möglicherweise, ohne einen wirklichen Beitrag für die Forschung selbst zu leisten. Stellt sich ein Problem derart dar, dass sich partout kein einmütiges Ergebnis herauszukristallisieren vermag, dann könnten Ansätze aufgrund ihrer Komplexität symbolisch als täuschender Indikator für Korrektheit – sozusagen als „Requisiten eines sozialen Rollenspiels" zwischen Autor und Lesern, zwischen Befürworter und Gegnern – eingesetzt werden. Jedenfalls liegt die Gefahr an genau demselben Punkt, der vermeintlich die Stärke solcher hochkomplexer statistischer Verfahren ausmacht: Je feiner die statistischen Verfahren ausgestaltet sind, um Trugschlüsse aus scheinbar eindeutigen Daten (wie Korrelation von Strafdrohung und Mordrate) zu vermeiden, umso stärker wird die Neigung zu glauben, die Verlässlichkeit solcher Ergebnisse sei schon durch die Verwendung und Einhaltung der Methode garantiert.[385] Statistische Komplexität erweist sich in diesem Fall mehr als Risiko denn als Hilfe,[386] es droht sogar der Glaube, man habe schon interpretationsfähige Ergebnisse, wenn man komplexe Methoden angewandt hat. Während Komplexität einen Reiz (gerade auf Akademiker) auszuüben scheint, sollte intuitive Plausibilität ihr jedenfalls auf dem Gebiet politisch relevanter Fragen vorgezogen werden. *„Unglücklicherweise ist die Geschichte der Debatte um die Todesstrafe übersättigt mit Beispielen von Plausibilität, die auf dem Altar der Komplexität geopfert wurden"*

---

[383] Übersetzung nach Donohue/Wolfers (2005, S. 842).
[384] Donohue/Wolfers (2005, S. 842).
[385] Vgl. Köberer (1982, S. 216).
[386] Zimring/Hawkins (1973, S. 268).

[Übersetzung vom Verfasser];[387] Donohue/Wolfers unterstellen dies Ehrlich und seinen die Abschreckungswirkung der Todesstrafe bejahenden
Anhängern, während sie beispielsweise den einfachen Methoden Thorsten
Sellins (als Mitstreiter Karl F. Schuesslers (vgl. Zweiter Teil, Kapitel 1.1))
bescheinigen, dass diese nicht nur intuitiv glaubwürdig, sondern auch gar
nicht zu weit hinter dem derzeitigen Stand der Technik in der empirischen
Mikroökonomik hintanbleiben.[388]

Selbstverständlich können Verfechter neuartiger und weiterentwickelter
Methoden sich immer darauf berufen, dass ihre (abweichenden) Resultate
schlicht den Fortschritt widerspiegeln. Trotzdem ist ein voreiliges Vertrau-
en in ihre Ergebnisse nicht gerechtfertigt, denn oft geht die fortschrittliche
Kunstfertigkeit der Empiriker so weit, dass eine gefällige Behandlung des
Datenmaterials die Auffindung von Zusammenhängen allzu sehr erleich-
tert, worauf ironisch hingewiesen werden kann: „If you just torture the data
long enough they will confess".[389] Während Donohue/Wolfers gegenüber
hochentwickelten komplexen Untersuchungen zur Bestätigung der Abschreckungswirkung der Todesstrafe deshalb Vorbehalte hegen, weil diese
unter Umständen instrumentalisiert werden, um Kritiker zu beeindrucken
und Gegner in Ehrfurcht erstarren zu lassen, ließe sich entsprechender
Argwohn im Übrigen damit begründen, dass diese Arbeiten schwer nach-
prüfbar sind.[390] Was in der unmittelbaren Folgezeit von Ehrlichs Zeitreihenstudie etwa laut Fox/Radelet am meisten beunruhigte, war die Tatsache, dass die meisten mit der Todesstrafe befassten Wissenschaftler sich
schlecht ausgerüstet sahen, den komplizierten statistischen Lösungsansatz
nachzuvollziehen, vor allem aber zu evaluieren.[391] Methodologische Komplexität erhöht die Kosten der Kollegen, wollen sie gefundene Resultate
widerlegen oder bestätigen. Je einfacher die Technik, desto billiger und re-
alistischer stellt sich für einen Zweiten die Überprüfung von Befunden mit

---

[387] Übersetzung nach Donohue/Wolfers (2005, S. 842).
[388] Donohue/Wolfers (2005, S. 842 f.).
[389] Mayer (1980, S. 175).
[390] Vgl. Glaeser (2006, S. 18); vgl. auch Land/Teske/Zheng (2009, S. 1016).
[391] Fox/Radelet (1989, S. 29).

demselben oder auch einem anderen Datenset dar. Je komplizierter die Methoden werden, desto schwieriger wird es, deren Resultate zu reproduzieren oder überhaupt deren Aussagekraft zu beurteilen. Roderich Martis bemerkt in diesem Zusammenhang ergänzend: „Ein Teil dieser Schwierigkeiten, der den Zugang zu Ehrlichs Methode erschwert, ist auf die erforderlichen umfangreichen Rechenoperationen und Schätzverfahren zurückzuführen, die im Übrigen weitere mögliche Fehlerquellen darstellen".[392] Auch insofern kann also generell gegenüber komplexen ökonometrischen Ansätzen wie denen von Ehrlich Vorsicht geboten sein.

Hierfür spricht nicht zuletzt, dass (diffizile) ökonomische Ansätze für ökonomische Beziehungen durchaus Gültigkeit beanspruchen können, sie aber nicht ohne Weiteres auf den Problemkomplex Abschreckungswirkung der Todesstrafe übertragbar sind. So bezweifelt Fox die Anwendbarkeit des Angebot-Nachfrage-Modells über das Spinnwebtheorem und kritisiert an Yunkers Arbeit von 1976, dass dieser die Logik der Spezifikation verdrehe, wenn er – statt einem zum Datenset passenden Modell – ein zum Modell passendes Datenset finde.[393] Ähnlich verhält es sich mit den neuartigen finanzwissenschaftlichen Portfolio-Ansätzen von Cloninger von 1992 und 2001, die ebenfalls beide zu den in Rede stehenden 26 Arbeiten gehören.[394] Die Rolle der ökonomischen Handlungstheorie als Grundlage einschlägiger Analysen darf – trotz allen Imponiergehabes mathematischer Modellierungen – nicht überbewertet werden. Sie ist insbesondere nicht in der Lage, Anleitungen dafür zu liefern, was überhaupt empirisch geprüft werden soll; als verhängnisvoll erweist es sich dann, wenn gerade in dieser Hinsicht keine weiteren theoretischen Reflexionen mehr angestellt werden, wenn beispielsweise Ergebnisse aus der Kriminalsoziologie kursorisch behandelt oder als unwichtig abgetan werden.[395]

---

[392] Martis (1991, S. 181).
[393] Fox (1977, S. 232).
[394] Zu einer Kritik an Cloninger (1992) vgl. Yang/Lester (1994).
[395] Prisching (1982, S. 172).

2.2.2 Abweichendes Forschungsziel als Einschränkung

Zudem soll an dieser Stelle erneut aufgegriffen werden, dass zum Untersuchungsgegenstand mehrere (aktuelle) Studien gehören, die nicht mit dem Anspruch arbeiten, die Beziehung zwischen Todesstrafe und Tötungsraten oder gar explizit den Abschreckungseffekt der Todesstrafe zu erforschen, sondern sich andere Forschungsziele setzen und dabei die Abschreckungsmessungen der Todesstrafe lediglich zwecks Vollständigkeit integrieren (vgl. Zweiter Teil, Kapitel 2.1.6). Diese Arbeiten messen der Abschreckungsforschung nur einen vergleichsweise geringen Stellenwert bei. Im Datensatz wurde das Augenmerk, das eine Studie auf die Abschreckungsforschung legt, zwar über eine binäre Variable operationalisiert, die erfasst, ob die Todesstrafen-/Abschreckungsvariable in der entsprechenden Untersuchung Haupt- oder Kontrollvariable ist. Es weisen aber zusätzlich zu den im Rahmen der Deskription repräsentativer Studien präsentierten sechs Arbeiten (vgl. Zweiter Teil, Kapitel 1.5) weitere drei Studien vergleichbare Züge auf, wenn deren Effektschätzungen im Datensatz auch alle mit Todesstrafe als Hauptvariable verzeichnet sind: Auch in den Arbeiten von Fajnzylber/Lederman/Loayza zu den generellen Determinanten nationaler Tötungs- und Raubraten aus dem Jahr 1998,[396] von Miron zum Einfluss von Drogen und Waffen auf Gewalt(-kriminalität)[397] und von Sloan/Reilly/Schenzler zu den Effekten verschiedener staatlicher Aktivitäten auf die alkoholbedingte Sterberate[398] ist die Todesstrafe und ihre Abschreckungswirkung nicht primäres Forschungsproblem. Wird eine zusätzliche Variable generiert, die erfasst, inwiefern Motiv einer Studie explizit die Untersuchung der Abschreckungswirkung der Todesstrafe ist oder ein abweichendes Motiv zugrunde liegt, und wird der Stellenwert (etwa in Form des prozentualen Anteils), den eine Arbeit der Erforschung der Abschreckungswirkung der Todesstrafe beimisst, graduell kodiert, so sind diese drei – ebenso wie die oben ausführlicher beschriebenen sechs – Arbeiten am unteren Ende der Skala zu klassifizieren. Die Autoren aller neun

---

[396] Fajnzylber/Lederman/Loayza (1998).
[397] Miron (2001).
[398] Sloan/Reilly/Schenzler (1994).

Studien sind nicht darauf fokussiert, die vorliegend relevante Frage nach der Abschreckungswirkung der Todesstrafe zu beantworten. Andere gesellschaftliche und politische Bedingungen für oder spezielle Formen von Kriminalität werden statt der negativen Generalprävention von Sanktionen in erster Linie erforscht, Abschreckungsmessungen finden schlicht wegen ihrer mittlerweile gesteigerten Akzeptanz in anderen Forschungsfeldern Berücksichtigung und werden aufgenommen, um ihren Einfluss nicht unberücksichtigt zu lassen.

Zwar ist dies kein gesicherter Beweis dafür, dass die Qualität der Befunde jener Arbeiten für die Forschung zur Abschreckungswirkung der Todesstrafe minderwertig ist oder ihnen gar der entsprechende Nutzen abgesprochen werden kann, ein Indiz darauf ist es gleichwohl. Die Autoren interpretieren entsprechende Koeffizienten der Abschreckungsvariablen überhaupt nicht und verzichten auf die Erläuterung eines negativen Effekts (im Sinn einer Abschreckungswirkung der Todesstrafe) gleich welcher Art;[399] teilweise ist die Exekutionsrate bloßer Bestandteil einer Größe von verschiedenen Kontrollvariablen, teilweise der einschlägige Koeffizient lediglich in der Anmerkung einer Wertetabelle genannt. Bis auf den Verweis, dass die Hinrichtungswahrscheinlichkeit ein Regressor in der Mordgleichung ist und dieser einen stark negativen Koeffizienten hat, der auf dem Fünf-Prozent-Niveau signifikant ist,[400] weist die Studie von Shepherd zur „Truth-in-Sentencing"-Gesetzgebung etwa keinerlei Bezüge zur Todesstrafenforschung auf; dennoch ist sie für vorliegende Integrationsstudie als affirmative Arbeit einzustufen. Solche signifikant negativen t-Werte gehen aber in den Untersuchungsgegenstand ohne jedwede Berücksichtigung der Tatsache mit ein, dass sie nur über wenig Aussagekraft für die Forschungsfrage verfügen könnten. Das gilt neben der Studie von Shepherd auch für zwei weitere die Abschreckungswirkung der Todesstrafe im Ergebnis be-

---

[399] Vgl. Rupp (2008, S. 85, inkl. Fn. 22).
[400] Shepherd (2002, S. 526, Tabelle 3).

jahende Studien (von Fajnzylber/Lederman/Loayza[401] und von Sloan/
Reilly/Schenzler[402]).

2.3 Datenebene

Eine Aufgabe der metaanalytischen Integrationstechnik besteht darin, bestimmte Resultate zu evaluieren und systematische Zusammenhänge zwischen ihnen und dem jeweiligen inhaltlichen und methodischen Vorgehen
aufzudecken; Gründe für heterogene Ergebnisse der Einzelstudien können
insbesondere auch im Forschungsdesign zu finden sein.[403] Insofern sollen
im Folgenden die die Abschreckungswirkung der Todesstrafe bestätigenden Originalarbeiten systematisch auf befundrelevante Besonderheiten und
Unzulänglichkeiten des Forschungsansatzes und -aufbaus untersucht werden.

Eine denkbare Kategorisierung der Fehlerquellen ist eine Unterscheidung
nach datenimmanenten, strukturellen und technischen Ursachen. Während
erstere spezifische Mängel im Zusammenhang mit dem der Studie zugrunde liegenden Datenset erfassen, entstehen strukturelle Fehler durch Fehl-
spezifikationen des Modells, etwa Nichtberücksichtigung von wichtigen
Einflussgrößen oder Interaktionen. Technische Fehlerquellen umfassen unter anderem Verzerrungen durch die Simultanität von Einflussgrößen, unberücksichtigte Heterogenität und Kollinearitäten zwischen den Einflussgrößen. Vorliegend wird eine an diese Einteilung angelehnte Unterscheidung gewählt: Es wird zwischen Merkmalen und Mängeln auf Datenebene,
auf theoretisch-methodischer Ebene, auf statistischer Ebene und schließlich
auf interpretatorischer Ebene der Primärstudien differenziert.

Die im Anschluss diskutierten Einschränkungen beziehen sich zunächst auf
das den Studien zugrunde gelegte Datenmaterial.

---

[401] Fajnzylber/Lederman/Loayza (2002).
[402] Sloan/Reilly/Schenzler (1994).
[403] Dölling/Entorf/Hermann/Häring/Rupp/Woll (2007, S. 195).

2.3.1 Datenquelle

2.3.1.1 Polizeiliche Daten

Sämtliche Studien dieser Metaanalyse bedienen sich methodisch der Untersuchung von Kriminalstatistiken und nahezu alle zugrunde liegenden Effektschätzungen sind unter Heranziehung der Kriminalitätsbelastungszahl beziehungsweise der Anzahl polizeilich registrierter Taten als abhängige Variable zustande gekommen (vgl. Zweiter Teil, Kapitel 2.2.2). Dass (polizeiliche) Kriminalstatistiken im Allgemeinen und die *Uniform Crime Reports* (*UCR*), welche der Hälfte der Studien als öffentliche Datenquelle dienen, im Speziellen unter Vorbehalt zu handhaben sind, wurde ausführlich erörtert (vgl. Dritter Teil, Kapitel 1.1). Dies wurde bei den studienübergreifenden Mängeln verortet, da diesbezügliche Einschränkungen sowohl für die die Abschreckungswirkung der Todesstrafe bestätigenden als auch widerlegenden Studien gelten und insofern grundsätzlich nicht zur Begründung von Diskrepanzen taugen.

Gleichwohl wird für den vorliegend interessierenden Zusammenhang zwischen Verbrechensrate und Strafrechtspraxis die Problematik gerade für Verzerrungen in Richtung Bestätigung der Abschreckungshypothese insoweit verschärft, als bestimmte Daten für beide Komplexe fast ausschließlich nur von einer Instanz stammen: der Polizei. Insbesondere also wenn sich aus den berichteten Untersuchungen ein negativer Zusammenhang zwischen Verbrechensraten und Sanktionsvariable ergibt, liegt der Verdacht nahe, dass dieser Zusammenhang schon durch die Polizeistatistik erzeugt wird.[404] Wird beispielsweise bei den jeweiligen Polizeibehörden eine neue Form der statistischen Erfassung von Verbrechen und polizeilichen Tätigkeiten beziehungsweise Erfolgen eingeführt und steigt infolgedessen die Zahl der registrierten Delikte und fällt gleichzeitig die Sanktionsrate bei diesen Delikten (regelmäßig enthält deren Nenner die Kriminalitätszahl), so ergibt sich ein zahlenmäßig negativer Zusammenhang schon durch eine Änderung der Kriterien für die Erstellung der polizeilichen Sta-

---

[404] Vgl. hierzu Köberer (1982, S. 213); vgl. auch Blumstein/Cohen/Nagin (1978, S. 5).

tistik, der gleichartig in einer Zeitreihenuntersuchung auftauchen würde.[405] Ebenso ist der umgekehrte Fall denkbar: Da niedrige Verbrechensraten (neben hohen Aufklärungsquoten) als Indikator für effektive Polizeiarbeit gelten, können – wie oben bereits geäußert – die erheblichen Spielräume, die die Polizei bei der Erfassung und Verfolgung von Straftaten besitzt, durchaus genutzt werden, um die Statistik in dieser Richtung zu beeinflussen. Werden etwa Vorfälle, die sich nicht zweifelsfrei als Straftaten identifizieren lassen, nicht weiter verfolgt und infolgedessen nicht statistisch erfasst, so ergibt sich bei gleichbleibender Zahl von aufgeklärten Fällen eine höhere Aufklärungsrate, die in Querschnittsuntersuchungen als negativer Zusammenhang der Rate von aufgeklärten und begangenen Straftaten erscheint;[406] Gleiches gilt für Sanktionsraten, die ebenfalls auf Kriminalitätszahlen basieren (das heißt, diese in ihrem Nenner miteinbeziehen). Will man hingegen – in anderer politischer Absicht – argumentieren, dass noch längst nicht genug für die Polizei getan wird (beispielsweise in finanzieller Hinsicht), so müssen nur die Kriterien für die Aufnahme in die Statistik ausgeweitet oder das Dunkelfeld etwas angeleuchtet werden, damit sich eine größere Zahl von Gesetzesübertretungen ergibt. Der verzerrende Effekt solcher – bewusst oder unbewusst – begangener statistischer Manipulationen bleibt dabei der gleiche: Immer ergibt sich eine stärkere negative Beziehung zwischen Sanktionsvariable und Verbrechensrate. Welche Stärke der Effekt hat, lässt sich nicht von vornherein voraussagen; jedenfalls ist aber einem die abschreckende Wirkung der Todesstrafe bejahenden Studienbefund gegenüber generell seiner (polizeilichen) Datengrundlage wegen Vorsicht geboten.

2.3.1.2 *Supplementary Homicide Reports* (*SHR*)

Zwar ziehen alle 82 Studien (polizeiliche) Kriminalstatistiken und überdurchschnittlich viele von ihnen die *Uniform Crime Reports* als Datenquelle heran und unterliegen sonach Einschränkungen, dessen ungeachtet gibt es aber selbst bei Generierung der abhängigen Variablen aus den *UCR* Dif-

---

[405] Vgl. Nagin (1978, S. 114).
[406] Nagin (1978, S. 97).

ferenzierungspotential, möglicherweise also auch qualitative Diskrepanzursachen.

Im Zuge der Deskription des *Uniform Crime Reporting System* wurde bereits erwähnt, dass 1962 in den Vereinigten Staaten die sogenannten
Supplementary Homicide Reports (SHR) eingeführt wurden. Diese liefern
einzelfallbezogene Details zu Ort-, Opfer- und Tätercharakteristik von Tötungsdelikten. Insbesondere umfassen diese Daten Informationen über
Monat und Jahr einer Straftat, über die meldende Behörde einschließlich
deren Wohnbevölkerung, Codes für Verwaltungsbezirk und *Metropolitan
Statistical Area (MSA)*, Bevölkerungsgruppe, über Alter, Rasse, Ethnizität
und Geschlecht der Opfer und Täter sowie die Opfer-Täter-Beziehung
(beispielsweise Verwandte, Bekannte, Fremde), Waffengebrauch (beispielsweise Handfeuerwaffe, Messer, Schlaginstrument, Gift) und Tatumstände (beispielsweise Streit, sonstige Straftat wie Raub, Vergewaltigung
oder Brandstiftung, Verstoß gegen Betäubungsmittelvorschriften, Trun-
kenheit).[407] Allgemein lässt sich formulieren, dass ausführlichere Informationen über Tötungsdelikte deren Erforschung und Analysen im Zusammenhang mit diesen erleichtern;[408] die *SHR* gelten als ertragreiche Quelle
für fortgeschrittenes Wissen über Epidemiologie und Ätiologie verschiedener Formen tödlicher Gewalt in den Vereinigten Staaten.[409] Detaillierte
Informationen über Tötungsdelikte sind beispielsweise unabdingbare Voraussetzung für ihre Disaggregation.[410] Da nur bestimmte Fälle von Mord
in einem Todesurteil resultieren können, haben diverse Forscher das Kollektiv der Tötungsdelikte disaggregiert, das heißt, statistische Morddaten
nach bestimmten Merkmalen aufgeschlüsselt, um die abhängige Variable
auf diejenigen Delikte begrenzen zu können, die die Todesstrafe als mögli-

---

[407] Vgl. Federal Bureau of Investigation (2004, S. 104 ff.); das *National Archive of Criminal
Justice Data (NACJD)* meldet, dass teilnehmende Behörden zwischen 1976 und 1999 Berichte über 452.965 der geschätzten 497.030 Mordopfer und 500.946 der geschätzten 549.874 Täter ablieferten (vgl. http://www.icpsr.umich.edu/NACJD/SDA/shr7699d.html (Stand
20.09.2010)).
[408] Vgl. Poggio/Kennedy/Chaiken/Carlson (1985, S. 99).
[409] Pampel/Williams (2000, S. 662).
[410] Sorensen/Wrinkle/Brewer/Marquart (1999, S. 491, Anm. 1).

che Konsequenz haben und daher ihres Erachtens einzig Gegenstand von Abschreckung durch jene sein können. Der sogenannte „Felony Murder", das heißt die unbeabsichtigte Tötung im Verlauf einer bestimmten schweren Straftat (englisch: „felony"),[411] wird in diesem Zusammenhang bevorzugt als häufigster Fall von mit Todesstrafe sanktionierten Tötungsdelikten gewertet.[412] Eine umfassende Erörterung dieses Vorgehens soll im Rahmen der Diskrepanzursachen auf theoretisch-methodischer Ebene erfolgen; jedenfalls aber lässt sich dieser Ansatz (Disaggregation von „Felony Murder" und sonstigen Tötungsdelikten) lediglich durch Heranziehung der detaillierten *SHR*-Daten realisieren. Zudem kann argumentiert werden, dass sich hierdurch auch diejenigen Tötungsdelikte ausschließen lassen, für deren Täter aufgrund ihres Alters nicht die „Death Eligibility" (Hinrichtungseignung) gegeben ist.[413]

Einschlägige Studien, die sich infolge dieser sinnvollen Argumentation der Daten der *Supplementary Homicide Reports* bedienen, kommen nicht zu einer Bestätigung der Abschreckungshypothese für die Todesstrafe. Ernie Thomson wählt eine sogenannte „Disaggregation Strategy"[414] und stellt in seinen beiden Untersuchungen ebenso wenig einen Abschreckungseffekt (eher einen entgegengesetzten Brutalisierungseffekt) fest wie die Studien von Peterson/Bailey,[415] Bailey[416] und Sorensen/Wrinkle/Brewer/Mar-

---

[411] Zur sogenannten „Felony Murder Rule" vgl. Dubber (2005, S. 96).

[412] Peterson/Bailey (1991, S. 370); Sorensen/Wrinkle/Brewer/Marquart (1999, S. 491, Anm. 4).

[413] Seit einer Entscheidung des *Supreme Court* aus dem Jahr 1988 ist die Verhängung der Todesstrafe für Straftäter unter 16 Jahren in den USA verfassungswidrig (Thompson v. Oklahoma, 487 U. S. 815 (1988)) und seit 2005 gilt die Verhängung von Todesurteilen für noch nicht 18-jährige Straftäter als „grausame und ungewöhnliche Strafe" nach dem achten Zusatzartikel der US-amerikanischen Verfassung (Roper v. Simmons, 543 U. S. 551 (2005)). Jugendliche zeichnen für einen verhältnismäßig großen Anteil der in den USA begangenen Morde verantwortlich, so waren 1998 beispielsweise nur 89 Prozent aller unter Mordverdacht Verhafteten älter als 18 Jahre (vgl. Federal Bureau of Investigation (1999, S. 14)).

[414] Thomson (1997, S. 113 f.) und Thomson (1999, S. 132).

[415] Peterson/Bailey (1991), die allerdings den *Supplementary Homicide Reports* nicht uneingeschränkt positiv gegenüberstehen (vgl. Peterson/Bailey (1991, S. 372 f.)); allgemein zu Problemen der *SHR* und deren Kompensation vgl. Pampel/Williams (2000).

[416] Bailey (1998).

158

quart.[417] Insoweit scheint offensichtlich der Auswahl der Datenquelle für die abhängige Variable in amerikanischen Studien (*SHR* statt *UCR*) zumindest mittelbar Bedeutung für differierende Untersuchungsergebnisse zuzukommen.

2.3.1.3 Land der Population

Nahezu 90 Prozent der Autoren vorliegender Metaanalyse ziehen für ihre Analysen Daten aus den Vereinigten Staaten von Amerika heran, was nicht außergewöhnlich ist, da Datenmaterial zu Verbrechensaufkommen, gerade aber auch zur Todesstrafe, gerade für die USA verfügbar ist (vgl. Zweiter Teil, Kapitel 2.1.2). Beim Teilausschnitt der 26 die Abschreckungswirkung der Todesstrafe im Ergebnis bejahenden Arbeiten ist lediglich in zwei Fällen das klassifizierte Land der Untersuchungspopulation ein anderes als die USA (Wolpin: England[418] und Layson: Kanada[419]). Möglicherweise spielt also die geographische Verortung des Datenmaterials eine entscheidende Rolle für den Ausgang einer Studie, insbesondere für affirmative Ergebnisse.

2.3.1.3.1 Alternative Kanada

Kenneth L. Avio bediente sich in seiner Untersuchung von 1979 einer multiplen Regressionsanalyse, um zu klären, ob kanadische Zeitreihendaten von 1926 bis 1960 die Existenz eines Abschreckungseffekts der Todesstrafe bestätigen, wie von Ehrlich zuvor unter Verwendung von US-Daten behauptet. Hierbei führt er detailliert aus, warum Kanada eine wesentlich zuverlässigere Jurisdiktion für Zeitreihenanalysen zur Todesstrafe ist und dass daher seine Arbeit einen zuverlässigeren Test der Abschreckungshypothese darstellt als Ehrlichs Studie, die amerikanische Zeitreihendaten zugrunde legt.[420] Seine Befunde stehen überdies im Widerspruch zu Ehrlich: Avio stellt fest, dass unter der Annahme, dass der Abschreckungseffekt der

---

[417] Sorensen/Wrinkle/Brewer/Marquart (1999).
[418] Wolpin (1978).
[419] Layson (1983).
[420] Die hierzu im Folgenden gemachten Ausführungen basieren im Wesentlichen auf Avio (1979, S. 654 f.).

Todesstrafe via Variation der Häufigkeitsrate von Hinrichtungen bezogen auf Verurteilungen oder der absoluten Häufigkeit von Hinrichtungen vermittelt wird, wenig statistische Beweise zur Bestätigung der Hypothese (Abschreckungseffekt) bestehen und dementsprechend die Nullhypothese (kein Abschreckungseffekt) nicht falsifiziert werden kann.[421]

Kanadische Daten seien besonders geeignet zum Test der in Rede stehenden Hypothese. Die teilweise in der Literatur angenommene relative Konstanz des Verhältnisses von Todesstrafe-bewehrten Tötungsdelikten (englisch: „capital homicides") zu allen Tötungsdelikten (englisch: „homicides")[422] scheine eher haltbar, wenn die Gerichtsbarkeit die Definitionen für „Capital Homicide" und „Non-Capital Homicide" nicht verändert. Das für alle Provinzen geltende kanadische Strafgesetzbuch hat die Definitionen der relevanten Kategorien von Tötungsdelikten während der gesamten Untersuchungsperiode konstant gehalten.

In empirischen Studien zur Ökonomie des Verbrechens werden regelmäßig Häufigkeitsraten zur Repräsentation von Risikowahrscheinlichkeiten genutzt. Von besonderem Interesse sind nach Avio vorliegend die Häufigkeitsraten, die die Wahrscheinlichkeit, dass ein schuldig gesprochener Mörder zum Tode verurteilt wird, und die Wahrscheinlichkeit, dass ein zum Tode verurteilter Mörder tatsächlich exekutiert wird, repräsentieren, da aus diversen juristischen und datenbezogenen Erwägungen Kanada als Jurisdiktion bei der Überprüfung von Hypothesen unter Integration dieser beiden Variablen zu favorisieren sei: Erstens war in Kanada die Todesstrafe in der untersuchten Periode für alle Verurteilungen wegen Mordes zwingende Sanktion, sodass die Variable zur Wahrscheinlichkeit, dass ein für schuldig gesprochener Mörder zum Tode verurteilt wird, in der empirischen Arbeit ausgelassen werden kann. Ferner ist für Kanada die Hinrichtung für jeden verurteilten Mörder individuell bekannt, was die empirische Repräsentation der Wahrscheinlichkeit, dass ein zum Tode verurteilter Mörder tatsächlich exekutiert wird, ermöglicht. Für die USA hingegen

---

[421] Avio (1979, S. 669).
[422] Vgl. beispielsweise Ehrlich (1975b, S. 218).

existieren keine vergleichbaren Daten, sodass separate Datenserien von Hinrichtungen und (geschätzten) Verurteilungen herangezogen werden müssen, um eine derartige Wahrscheinlichkeitsvariable zu formulieren. Eine Schwierigkeit dieses Ansatzes birgt die Tatsache, dass in den USA beispielsweise 1960 zwischen Aburteilung und Exekution eine Zeitspanne von 30 Tagen (Washington) bis elf Jahren und zehn Monaten (Kalifornien) lag;[423] bei derart unregelmäßigen Verzögerungen stellt die Verknüpfung von Exekutionen und Verurteilungen in Abwesenheit von Mikrodaten ein schier unlösbares Problem dar. Zudem kann es gegebenenfalls fragwürdig sein, ob unter der Annahme, dass eine Häufigkeitsrate prinzipiell zur Darstellung subjektiver Hinrichtungswahrscheinlichkeiten geeignet ist, eine nationale Häufigkeitszahl die Täteraussichten korrekt misst. Während in den Vereinigten Staaten jeder Todesstrafenstaat eine eigene letztinstanzliche Autorität hat und unter diesen Umständen die Verwendung einer nationalen Häufigkeitszahl beispielshalber impliziert, dass ein potentieller Mörder in Nevada seine Entscheidungen teilweise auf die Umwandlungsaktivitäten des Gouverneurs von Alabama stützt, ist für Kanada eine nationale Häufigkeitszahl angebracht, da dort mit dem *Federal Governor in Council* eine einzige Umwandlungsautorität existiert. Schließlich ereignete sich in Kanada in jedem Jahr der Untersuchungsperiode mindestens eine Exekution, sodass eine eventuell gewählte log-lineare Spezifikation[424] keiner künstlichen Datenmanipulation oder Näherung bedarf; zur Umgehung von Schwierigkeiten im Zusammenhang mit der Verwendung von nullwertigen Variablen in einem logarithmischen Format (der natürliche Logarithmus von Null ist nicht definiert) nahm Ehrlich etwa eine fiktive Exekution pro Jahr an.[425]

---

[423] 40 der insgesamt 57 Hinrichtungen in den USA im Jahr 1960 wurden 13 Monate bis vier Jahre nach der Verurteilung vollzogen (Ancel (1962, S. 46)).

[424] Als log-lineares Modell wird ein Modell bezeichnet, bei dem die Gleichung ein lineares Verhältnis (das heißt linear in den Parametern) zwischen log-transformierten abhängigen und unabhängigen Variablen spezifiziert (vgl. Dritter Teil, Kapitel 2.4.6).

[425] Ehrlich (1975a, S. 409).

Zugunsten kanadischer Daten im Rahmen der Repräsentation von Risikowahrscheinlichkeiten wird im Übrigen auch argumentiert, dass diese eine
Konstruktion unverbundener (englisch: „unlinked") Messungen von Verur-
teilungs- und Hinrichtungswahrscheinlichkeit ermöglichen, das heißt, es
kann eine Variable für die Hinrichtungswahrscheinlichkeit konstruiert
werden, deren Nenner nicht zugleich Zähler derjenigen Variablen ist, die
das Verurteilungsrisiko misst.[426] Dass Messfehler im Zusammenhang mit
einer (indirekten, aber auch direkten) „linked" Messung zu einer künstlichen Korrelation führen können, die Effektschätzungen dahingehend verzerrt, dass ein Abschreckungseffekt ermittelt wird, wo tatsächlich keiner
existiert,[427] wird später bei den Befunddiskrepanzen auf theoretisch-
methodischer Ebene näher ausgeführt werden (wird der Nenner der empirischen Messung des Exekutionsrisikos aus Tötungsdeliktszahlen, Verhaf-
tungs- oder Verurteilungsrate gespeist, so scheint die Elastizität, das heißt
das Ausmaß, in dem eine Variable auf die Änderung einer anderen Variablen reagiert, des Exekutionsrisikos zugunsten der Abschreckungshypothese
verzerrt). An dieser Stelle soll es bei der Feststellung des Vorzugs kanadischer Daten bleiben, der daher rührt, dass neben Gerichtsdaten über Verurteilungen wegen Mordes (wie bereits erwähnt war die Todesstrafe in Kanada für Mord obligatorisch) auch Daten des kanadischen Bundeskabinetts
(das jeden Kapitalfall unmittelbar vor dem veranschlagten Exekutionsdatum prüfte) zu Hinrichtungen und Umwandlungen vorhanden sind. Wird
der Nenner des Exekutionsrisikos eines Mörders aus der Summe von Hinrichtungen und Umwandlungen gebildet,[428] so stellt sich die „Linked"-
Problematik nicht mehr.

---

[426] Avio (1988, S. 1255).

[427] So Klein/Forst/Filatov (1978, S. 347 ff.).

[428] Hierfür plädiert Avio (1988, S. 1260), wenn er konstatiert: „The ratio of executions to
summed executions plus commutations is the objective conditional risk of execution for any
given year [...]. Moreover, information on commutations and executions came from a single
authority and was widely available, and hence must have been relatively inexpensive to ob-
tain. There is no readily apparent reason why offenders would utilize a less reliable forecast of
their prospects".

Kanadische Justizdaten zu Anklagen und Verurteilungen wurden seit 1876 in Umsetzung des *Criminal Statistics Act* desselben Jahres gesammelt und veröffentlicht. Während die Qualität von Kriminalstatistiken hinlänglich als makelbehaftet bekannt ist (vgl. Dritter Teil, Kapitel 1.1), wird das Problem verlässlicher Daten zu Anklagen und Verurteilungen bei deren Heranziehung vorliegend insofern abgeschwächt, als der *Criminal Statistics Act* schon viele Jahre vor den Untersuchungszeiträumen vorliegender Studien eingehalten wurde.[429] Eine verlässliche Zeitreihe zur Anzahl von Mordverurteilungen existiert für die Vereinigten Staaten offenbar nicht, sodass solche Verurteilungen aus anderen Daten (wie Anzahl der Tötungsdelikte, Festnahmerate und konditionaler Verurteilungsrate) errechnet werden müssen.[430]

Schließlich existieren für Kanada Daten des Bundeskabinetts zur Haftstrafenlänge von Mördern, denen das Hoheitsrecht der Barmherzigkeit (*„Prerogative of Mercy"*) gewährt wurde und die nach einer Haftstrafe freigelassen wurden. Somit ist es möglich, eine adäquate empirische Repräsentation der voraussichtlichen Haftstrafenlänge eines verurteilten Mörders, der nicht hingerichtet wird, zu konstruieren. Für die USA hingegen schließen fehlende Daten die Konstruktion einer vergleichbaren Zeitreihe aus, sodass davon auszugehen ist, dass der Koeffizient des Exekutionsrisikos für eine Zeitreihenstudie dieser Periode nicht zwischen Abschreckungseffekt von Haftstrafe und Todesstrafe differenziert.[431]

Zusammenfassend lässt sich mit Avio feststellen, dass bei Heranziehung Kanadas als Land der Population sowohl die empirische Repräsentation

---

[429] Jeder Beamte, der die Auflagen des *Criminal Statistics Act* nicht einhielt, konnte mit einem Bußgeld (ab 1918 sogar mit Freiheitsstrafe) belegt werden; zu einer Diskussion kanadischer Kriminalstatistiken vgl. Zay (1963).
[430] Vgl. beispielsweise Ehrlich (1975a, S. 407, Fn. 12).
[431] US-Daten zur Haftstrafenlänge werden in Querschnittsanalysen wie beispielsweise Ehrlich (1977b) ebenfalls von Lückenhaftigkeit beeinträchtigt, sodass von diesem sowohl für das Untersuchungsjahr 1950 als auch für das Untersuchungsjahr 1940 ausschließlich Daten zur Haftstrafenlänge von 1951 und 1952 herangezogen werden (Ehrlich (1977b, S. 750 f.)) und es daher durchweg einer adäquaten empirischen Repräsentation der voraussichtlichen Haftstrafenlänge eines verurteilten Mörders ermangelt.

der theoretischen Konstruktionen befriedigender gelöst werden kann als auch die dortigen institutionellen Rahmenbedingungen eine bessere Annäherung an die Annahmen zeitlicher und räumlicher Homogenität des ökonometrischen Modells erlauben als bei Heranziehung von US-Daten; ungeachtet der (anderweitigen) Korrektheit amerikanischer Studien zur Todesstrafe erhält Avio jedenfalls wenig Beweise dafür, dass kanadische Täter sich im Untersuchungszeitraum in einer den Abschreckungseffekt der Todesstrafe bestätigenden Weise verhalten haben.[432]

2.3.1.3.2 Alternative Japan

David Merriman arbeitet als einziger Autor einschlägiger Studien mit Daten aus Japan. Das japanische Strafrecht *Keihô* sieht seit jeher die Todesstrafe als schwerste Form der Strafe vor.[433] Die Schwächen der vorangehend untersuchten Datensets, die insbesondere aus den USA stammten, lassen Merriman an der Aussagekraft gegebener Studien zum Verhältnis zwischen Tötungsdeliktsraten und Sanktionen (einschließlich der Todesstrafe) zweifeln; japanische Erfahrungswerte seien aus mehreren Gründen von besonderem Interesse.[434] Zum einen wird der japanischen Kultur nachgesagt, dass sie gesetzestreues Verhalten bestärkt. Die signifikant niedrigere Verbrechensrate in Japan (als den USA) etwa wird darauf zurückgeführt, dass sich das japanische Volk in familiäre Gruppen zusammentut, die Verhaltensnormen hohen Stellenwert beimessen – Normen, die sich von Gruppe zu Gruppe ähneln und informellen Anpassungsdruck schaffen.[435] Sollten Sanktionen wie die Todesstrafe Verbrechen sogar in dieser Kultur abschrecken, so müssten sie dort erst recht funktionieren, wo kulturelle Normen schwächer ausgeprägt sind.

---

[432] Avio (1979, S. 649, 670); zu keinem anderen Ergebnis gelangen im Übrigen auch McKee/ Sesnowitz (1977a), die ebenfalls wegen der Schwäche amerikanischer Daten mit kanadischen Daten arbeiten („the poor quality of American data has generated various econometric problems") (McKee/Sesnowitz (1977a, S. 145)).

[433] Vgl. Mergen (1963, S. 800 f.); allgemein zur Todesstrafe in Japan vgl. Schmidt (1996).

[434] Die hierzu im Folgenden gemachten Ausführungen basieren im Wesentlichen auf Merriman (1988, S. 2 ff.).

[435] Merriman (1988, S. 13, Anm. 4) unter Verweis auf Bayley (1976).

Japans erstaunliches Wirtschaftswachstum in der Nachkriegszeit mache dieses Land zu einem besonders interessanten Untersuchungsfeld. Ökonomisches Wachstum verbessert die Lebensqualität und kann den Nutzen einer Beteiligung an rechtmäßigen Aktivitäten steigern (Anstieg der mit einer Tat verbundenen Opportunitätskosten, das heißt, des Nettoertrags, würde die Zeit für legale Aktivitäten aufgewandt werden) und dadurch entmutigen, kriminelle Handlungen jeglicher Art zu begehen. Zugleich kann Wirtschaftswachstum zu sozialer Zerrüttung führen und die Kluft zwischen Armen und Reichen wachsen lassen, sodass sich Kriminalitätsprobleme verschärfen. Insofern ist der Nettoeffekt wirtschaftlichen Wachstums auf Verbrechen unklar.[436]

Ferner sei eine Studie mit japanischen Daten reizvoll, da die Tötungsdeliktsrate in Japan seit den 1930er Jahren im Gegensatz zu den meisten anderen Ländern stark zurückgegangen ist. Bis zum Zweiten Weltkrieg, der in Japan Ende 1937 begann, fiel die Tötungsdeliktsrate stark ab, was sich in den ersten Kriegsjahren fortsetzte. Erst als der Krieg sich 1944 dem Ende zuneigte, begann die Rate anzusteigen; während der bis 1952 andauernden alliierten Besatzung erreichte sie nahezu das Level, das sie bereits in den frühen 1930er Jahren hatte. Seit Mitte der 1950er Jahre ist in Japan ein ungebrochener Fortschritt bei der Bekämpfung von Tötungsdelikten auszumachen, sodass in jüngerer Vergangenheit die japanische Tötungsrate um ein Vielfaches geringer war als die der meisten anderen Industrieländer. Bemerkenswert ist die Tatsache, dass sich die vergleichsweise geringe Rate der Tötungsdelikte weitgehend Unterschieden in der Nachkriegszeit (insbesondere nach 1960) zuschreiben lässt: 1960 hatten 17 US-Bundesstaaten noch geringere Raten als Japan; von da an begann die japanische Rate zu fallen, während die amerikanischen anstiegen – 1982 hatte mit North Dakota nur noch ein US-Bundesstaat eine zu Japan vergleichbare Tötungsdeliktsrate.

---

[436] Vgl. hierzu Shelley (1981).

Welchen Anteil die japanische Strafjustizpolitik (in Aufklärungs-, Verurteilungs- und insbesondere Exekutionswahrscheinlichkeit) am rapiden Rückgang und dem nunmehr geringen Niveau der Tötungsdeliktsrate hat, steht schließlich zur Debatte. Einfache Zeitreihenvergleiche wie auch Regressionsanalyse ergeben, dass der quantitative Einfluss dieser Variablen – ähnlich wie der des starken Wirtschaftswachstums – vergleichsweise gering zu sein scheint.[437] Unabhängig von Merrimans exaktem Studienresultat (dieser macht einen Zeittrend seit dem Zweiten Weltkrieg für die Beobachtungen verantwortlich) lässt sich resümieren, dass der Autor anhand japanischer Daten nicht zu einer Bestätigung der Abschreckungshypothese für die Todesstrafe (die Koeffizienten für die Hinrichtungswahrscheinlichkeit sind negativ, aber insignifikant[438]) kommt. Allerdings ist zu beachten, dass in Japan nicht nur Tötungsdelikte sehr selten sind, sondern auch seit der *Meiji*-Zeit (1868 bis 1912) kontinuierlich die Zahl sowohl der rechtskräftigen Todesurteile als auch der Hinrichtungen zurückgegangen ist, sodass auch Japan als Untersuchungsland gegenständlicher Hypothese nicht uneingeschränkt geeignet sein könnte.

2.3.1.3.3 Alternative England

Alternativ zur Verwendung von US-Daten stützen sich Untersuchungen außerdem auf Datenmaterial aus England. David P. Phillips widmet sich in seiner Arbeit dem kurz- und langfristigen Abschreckungseffekt von Hinrichtungen und ihrer medialen Berichterstattung in London und stellt keinen langfristigen Netto-Abschreckungseffekt fest. Will man zur Überwindung methodologischer Probleme mit wöchentlichen oder täglichen Daten (anstelle von jährlichen) arbeiten, so findet Phillips von der *University of California* (San Diego) bei der Suche in *Library of Congress*, *National Library of Medicine* und *British Museum* seinerzeit lediglich ein Datenset wöchentlicher Tötungsdeliktsstatistiken in einem die Todesstrafe praktizierenden Land, und zwar für London von 1858 bis 1921, veröffentlicht durch

---

[437] Merriman (1988, S. 10).
[438] Vgl. Merriman (1988, S. 8, Tabelle IV).

das *Great Britain General Register Office*.[439] Insgesamt gelten britische Kriminalstatistiken als wesentlich zuverlässiger als US-Daten.[440] Zudem spricht für englische Daten, dass Mörder aufgrund der zügigen englischen Justiz regelmäßig nur wenige Monate nach ihrem Verbrechen exekutiert wurden[441] und daher eine empirische Repräsentation der Wahrscheinlichkeit, dass ein zum Tode verurteilter Mörder tatsächlich exekutiert wird, treffender ermöglicht wird als mit Daten der – wie oben gezeigt – relativ langsamen amerikanischen Gerichte. Schließlich war die Exekutionsrate in England für verurteilte Mörder vergleichsweise hoch, nämlich größer als 50 Prozent zwischen 1900 und 1955,[442] was letztlich auch das Problem der regelmäßig geringen Inzidenz der Todesstrafe (vgl. Dritter Teil, Kapitel 1.2) zumindest minimierte.

2.3.1.3.4 Zusammenfassung

Vergegenwärtigt man sich, dass von den 26 die Abschreckungswirkung der Todesstrafe im Ergebnis bejahenden Arbeiten 23 ihr Datenmaterial aus den USA beziehen und bei der selten – aber wie dargestellt für die jeweilige Datenart und Untersuchungsperiode mit guten Argumenten – gefällten Entscheidung für andere Staaten als Land der Population die Autoren Avio, Merriman und Phillips durchweg die Abschreckungshypothese im Ergebnis (Letzterer jedenfalls langfristig) nicht bestätigen können, drängt sich der Verdacht auf, dass die geographische Verortung des Datenmaterials tatsächlich eine Rolle für einen bejahenden Befund spielt. Wenn freilich ein derart grober Zusammenhang (Land der Population bedingt signifikant negative Schätzresultate) einem Kausalitätsnachweis nicht standhalten dürfte, so scheinen US-Daten jedenfalls suboptimal zur Erforschung der Abschreckungswirkung der Todesstrafe zu sein, sodass Skepsis gegenüber den Resultaten der 23 betroffenen Arbeiten angebracht ist.

---

[439] Phillips (1980, S. 140, inkl. Fn. 4); wöchentliche Tötungsdeliktsraten sind für die USA erst seit 1972 erhältlich (McFarland (1983, S. 1018)).

[440] Martis (1991, S. 184).

[441] Vgl. Phillips (1980, S. 147, Fn. 13) und McFarland (1983, S. 1017).

[442] Vgl. Wolpin (1978, S. 424), zitiert bei Yunker (2001, S. 310).

2.3.2 Datentyp

Alle dieser Metaanalyse zugrunde liegenden Primärstudien sind kriminalstatistischer Art, wobei die studienbezogene Deskription gezeigt hat, dass reine Längsschnittsuntersuchungen am häufigsten vorkommen, gefolgt von reinen Paneldatenanalysen und reinen Querschnittsuntersuchungen; auch Untersuchungen, die sich sowohl Querschnitts- als auch Längsschnittsdaten bedienen, sind relevant vertreten (vgl. Zweiter Teil, Kapitel 2.1.4).

Auf der Suche nach systematischen Zusammenhängen zwischen bestimmten Resultaten einer Studie und ihrem jeweiligen inhaltlichen und methodischen Vorgehen liegt ein Ansatzpunkt womöglich auch im Datentyp. Insbesondere den Paneldaten könnte Bedeutung zukommen, sie sind bevorzugt Gegenstand von Diskussionen und ihre Verwendung wird vielfach als Innovation gepriesen.

Wie bereits erläutert (vgl. Zweiter Teil, Kapitel 2.1.4), wird von Paneldaten gesprochen, wenn für jedes der gewählten Untersuchungsobjekte die Werte einer Variablen zu mindestens zwei Zeitpunkten vorliegen, wobei das Zeitintervall bei allen Untersuchungsobjekten identisch und die Messungen zu einem Objekt diesem eindeutig zuordenbar sind.[443] Paneldaten können somit als Zeitreihendaten für mehrere Untersuchungsobjekte aufgefasst werden, weshalb ihnen sowohl Längsschnitts- als auch Querschnittscharakter zukommt.[444] Der Zweck der Panelerhebung liegt darin, durch periodische Wiederholung von Einzelerhebungen Veränderungen im Zeitablauf sichtbar zu machen, Techniken der Panelanalyse dienen also dem Studium von Stabilität und Veränderung.[445]

Für eine Untersuchung der Abschreckungswirkung der Todesstrafe wird zugunsten der Heranziehung von Paneldaten argumentiert, dass Informationen für mehrere Dimensionen (Ort und Zeit) zur Verfügung stehen.[446] Gemäß deren Natur können bei Verwendung von Paneldaten Variablen be-

---

[443] Diekmann (2009, S. 315).

[444] Schröder (2007, S. 261); in der ökonometrischen Literatur werden Panels daher häufig als „Cross Sectional Time Series" bezeichnet (Schnell/Hill/Esser (2008, S. 238, Fn. 1)).

[445] Engel/Reinecke (1994, S. 1).

[446] Vgl. Zimmerman (2004, S. 165).

rücksichtigt werden, die hauptsächlich zwischen Ländern beziehungsweise Staaten variieren, wie auch solche, die in zeitlicher Dimension variieren.[447] Anders als reine Querschnittsstudien erlauben Paneldaten also die Analyse dynamischer Anpassungen, da zu jeder Einheit wiederholte Beobachtungen vorliegen.[448] Gegenüber reinen Längsschnittsdaten wiederum besteht der Vorteil einer verbreiterten Informationsbasis. Zudem ermöglichen Paneldaten mit den *Fixed-Effects* und *Random-Effects* Modellen, nicht berücksichtigte zeitinvariante Einflüsse (Residuen) zu berücksichtigen, da mehrere Messungen für jedes Untersuchungsobjekt vorliegen (vgl. Zweiter Teil, Kapitel 2.2.3). Residuen sind beispielsweise Merkmale, die einen Einfluss auf die erklärende Variable haben, aber nicht erfasst wurden, oder unbekannte Merkmale mit einem Einfluss auf die zu erklärende Variable. *Fixed-Effects* Modelle und *Random-Effects* Modelle unterscheiden sich in den Annahmen über die Residuen. Im ersten Fall wird eine Korrelation zwischen den berücksichtigten Variablen der multiplen Regression und den Residuen angenommen, im zweiten Fall wird eine Nichtkorrelation unterstellt.

Gegen den Einsatz von Paneldaten in Untersuchungen des Abschreckungseffekts der Todesstrafe werden jedoch auch Argumente vorgebracht,[449] so unter anderem, dass der Einfluss von über die Untersuchungseinheiten oder die Zeit konstanten Variablen nicht identifiziert werden kann.[450]

Da Paneldaten und deren statistische Analysen gegenüber anderen Datenarten genauso über Vorteile verfügen, wie sie Schwächen aufweisen, lässt sich keine Aussage über ihre relative Eignung zur Überprüfung der Abschreckungshypothese treffen. Wenn auch nicht zwingend eine befundrelevante Unzulänglichkeit, so bedeutet die Entscheidung zur Verwendung von Paneldaten gleichwohl offensichtlich eine befundrelevante Besonderheit: Von laut Datensatz zwölf reinen Panelstudien dieser Metaanalyse

---

[447] Fajnzylber/Lederman/Loayza (2002, S. 1326).
[448] Vgl. Dezhbakhsh/Rubin/Shepherd (2003, S. 346).
[449] Vgl. hierzu Levitt (2001, S. 382).
[450] Schröder (2007, S. 265).

kommen sieben zu einer Bestätigung der Abschreckungshypothese im Hinblick auf die Todesstrafe; verglichen mit den Gesamtstudienverhältnissen und dem dort ausgemachten Bild partieller Abweichung vom Tenor einer Widerlegung der Abschreckungshypothese bedeutet ein Anteil affirmativer Arbeiten von knapp 60 Prozent an allen Paneldatenanalysen eine Auffälligkeit. Die Arbeiten von Dezhbakhsh/Rubin/Shepherd,[451] von Dezhbakhsh/Shepherd,[452] von Fajnzylber/Lederman/Loayza aus 2002,[453] von Mocan/Gittings,[454] von Shepherd aus 2004[455] wie auch die von Zimmerman[456] erläutern umfassend ihre Entscheidung für Paneldaten und stellen im Ergebnis einen Abschreckungseffekt der Todesstrafe fest. Eine fundierte Begründung für die Verteilung muss diese Arbeit schuldig bleiben; unter der Annahme einer Abschreckungswirkung der Todesstrafe mag die Differenz zwischen Panelstudien und solchen ohne Integration der zeitlichen Dimension (also Querschnittsstudien) eventuell damit zu erklären sein, dass Individuen sich eher von Bedingungen beeinflussen lassen, die in der Vergangenheit in ihrer eigenen Gesellschaft gesetzt wurden, als Vergleiche ihrer Bedingungen mit denen Fremder in anderen Gebieten anzustellen.[457] Jedenfalls scheint sich insofern vorliegend der Befund von Yang/Lester zu bestätigen, die in ihrer Metaanalyse zur Abschreckungswirkung von Exekutionen mit weitgehend vergleichbarem Untersuchungsgegenstand – ebenfalls ohne Bewertung des Datentyps und Begründung der Erkenntnisse – bei den Paneldatenstudien den signifikantesten Gegensatz (nämlich 15 zu 6) zwischen der Anzahl der Effektgrößen, die einen Abschreckungseffekt indizieren, und derer, die einen entgegengesetzten Brutalisierungseffekt indizieren, zugunsten eines Abschreckungseffekts ausmachen.[458]

---

[451] Dezhbakhsh/Rubin/Shepherd (2003, S. 346).
[452] Dezhbakhsh/Shepherd (2003, S. 16).
[453] Fajnzylber/Lederman/Loayza (2002, S. 1326).
[454] Mocan/Gittings (2003, S. 455).
[455] Shepherd (2004, S. 286).
[456] Zimmerman (2004, S. 165).
[457] Vgl. Yang/Lester (2008, S. 458).
[458] Yang/Lester (2008, S. 458).

Ähnlich wie in besagter Integrationsstudie[459] lässt sich resümieren, dass die Diagnose eines Abschreckungseffekts in dieser Metaanalyse auch von der Studienart (genauer: dem Datentyp) abhängt und ein statistisch signifikanter Abschreckungseffekt vielfach in Panelstudien festgestellt wird.

2.3.3 Analyseeinheit

Auf der Ebene des eingesetzten Datenmaterials könnte außerdem der verwendeten Analyseeinheit Bedeutung für den Ausgang einer Studie zukommen. Sowohl die in räumlicher als auch in zeitlicher Hinsicht gewählte Sektion bietet Differenzierungspotential zwischen einzelnen Studien.

2.3.3.1 Geographische Analyseeinheit

Als Analyseeinheiten der Untersuchungspopulation der Studien kommen insbesondere Nationen, Bundesländer (beziehungsweise Bundesstaaten) und Gemeinden („Counties" oder Städte) in Betracht; oben wurde ausgehend von der Verteilung des verwendeten Datentyps (Zeitreihe, Querschnitt, Panel) die Verteilung der Analyseeinheit der für die Untersuchung herangezogenen Population illustriert (vgl. Zweiter Teil, Kapitel 2.1.4). Nun stellt sich die Frage, ob sich Tendenzen dahingehend erkennen lassen, dass die Wahl spezieller räumlicher Sektionen spezielle Ergebnisse verstärkt hervorbringt (insbesondere eine Bestätigung der Generalpräventionsthese), und damit einhergehend die Frage qualitativer Bewertung im Einzelfall.

Setzt man sich mit der politischen beziehungsweise geographischen Analyseeinheit von Studien zur Abschreckungswirkung der Todesstrafe auseinander, so rückt zwangsläufig das Problem der sogenannten Aggregation in den Fokus. Wird die Wechselwirkung zwischen aggregierten Exekutionsraten und Tötungsdeliktsraten auf nationaler Ebene für einen bestimmten Zeitraum untersucht, so setzt sich der Forscher dem Vorwurf aus, dass seine Studie ernstlich mängelbehaftet ist, da die enorme Variation der Kriminalitätsrate zwischen einzelnen Bundesstaaten (als Untereinheit der Nation) genauso unberücksichtigt bleibt wie die denkbare Variation der

---

[459] Yang/Lester (2008, S. 458).

Exekutionsrate zwischen praktizierenden Rechtsordnungen (respektive die Tatsache, dass es Exekutionen in abolitionistischen Rechtsordnungen definitionsgemäß nicht gibt) und die staatenweise Variation soziodemographischer und kultureller Kontrollvariablen. Stark inverse Verhältnisse zwischen Exekutions- und Tötungsdeliktsrate in einer oder wenigen Untereinheiten vermitteln möglicherweise den Anschein, dass der Todesstrafenpolitik insgesamt ein Abschreckungseffekt zukomme.[460] Bei Zusammenfassung von Bundesstaaten zu einer einzigen Einheit tritt die ungünstige Folge einer Vermischung des Effekts erklärender Variablen ein, von denen die meisten deutlich zwischen Staaten variieren;[461] derartige Variation wird bei Verwendung aggregierter Daten schlicht so behandelt, als wäre sie nicht existent. Zur Veranschaulichung der Problematik ein einfaches Beispiel einer Nation, die aus drei Staaten besteht, davon zwei Retentionsstaaten (R_1 und R_2) und ein Abolitionsstaat (A):[462] Wird unterstellt, dass in R_1 das Exekutionsrisiko abnimmt, während es in den anderen Staaten konstant bleibt, und dass die Mordrate in einem Staat ansteigt und in den anderen beiden konstant bleibt, so würden – gleich welcher Staat den Anstieg von Morden erfährt – die für die ganze Nation aggregierten Daten einen abschreckenden Effekt der Todesstrafe suggerieren, der tatsächlich aber nur besteht, wenn die Mordrate in R_1 angestiegen ist, wo das Hinrichtungsrisiko abgenommen hat. Wenn auch das tatsächliche Verhalten von Mordrate und Hinrichtungsrisiko in unterschiedlichen Jurisdiktionen weit komplizierter ist als in diesem Beispiel angenommen, so verdeutlicht es doch, dass die Verwendung nationaler Daten die wahren Verhältnisse beider Größen verschleiern kann (so wie im Beispiel bei einem Anstieg der Mordrate in R_2 oder A statt in R_1).

Darüber hinaus und mit Verweis auf Ehrlichs Zeitreihenstudie von 1975 stellen sich Probleme im Zusammenhang mit der korrekten Messung der Variablen zur Hinrichtungsrate – diese wird später im Detail behandelt –

---

[460] Decker/Kohfeld (1990, S. 179).
[461] Decker/Kohfeld (1990, S. 176).
[462] Vgl. hierzu Baldus/Cole (1975, S. 176).

als besonders schwerwiegend dar, wenn Tötungsdelikts- und Exekutionsdaten auf nationalem Level aggregiert werden; schon geringfügige Fehler dieser Art führen zu einer falschen negativen Beziehung zwischen Hinrichtungs- und Tötungsdeliktsrate und damit zu einer irrtümlichen Bejahung der Abschreckungshypothese.[463]

Neben Ehrlichs Studie (dieser selbst begreift im Übrigen die Verwendung nationaler Statistiken als Einschränkung seiner Untersuchung[464]) können etwa auch die Arbeiten von Stephen K. Layson von 1985[465] und James A. Yunker[466] genau wie eine weitere von Layson[467] und die von Wolpin[468] aufgrund ihrer Verwendung von national aggregierten Daten kritisiert werden – alle gehören zu den 26 die Abschreckungshypothese im Hinblick auf die Todesstrafe bejahenden Arbeiten, wobei letztere beiden die einzigen sind, bei denen das klassifizierte Land der Untersuchungspopulation ein anderes als die USA ist und die trotzdem die Abschreckungswirkung der Todesstrafe im Ergebnis bejahen (vgl. Dritter Teil, Kapitel 2.3.1.3).

Kleinere Untersektionen könnten als Analyseeinheit in Zeitreihen- wie Querschnittsstudien vorzugswürdig sein. Gerade in den USA kommt Todesstrafenpolitik und -gesetzgebung auf dem Staatenlevel zum Tragen. Während Polizeitätigkeiten vorwiegend den Ortsbehörden obliegen, sind Fragen im Zusammenhang mit der Todesstrafe bei den Bundesstaaten zu verorten; dem entspricht, dass Strafgesetze und Strafvollzug den jeweiligen Staaten zugewiesen sind.[469] Von Seiten der Autoren, die mit national aggregierten Daten arbeiten, mag eingewandt werden, dass bei Verwendung kleinerer Analyseeinheiten die Existenz von „Nebenwirkungen" zwischen benachbarten Bundesstaaten verkannt werde, da Abschreckungseffekte keine Staatsgrenzen respektierten; dem steht aber entgegen, dass sich auch

---

[463] Bailey (1983, S. 832).
[464] Ehrlich (1975a, S. 416).
[465] Layson (1985).
[466] Yunker (1976).
[467] Layson (1983).
[468] Wolpin (1978).
[469] Decker/Kohfeld (1984, S. 369).

mit Daten auf nationaler Ebene nicht adäquat bestimmen lässt, ob die Todesstrafe einen Abschreckungseffekt in einem, mehreren oder allen Staaten
einer Nation produziert oder nicht. Insofern findet man sich bei einem die
Abschreckungswirkung bestätigenden Ergebnis, das mit zusammengefassten US-Daten erzielt wurde, in der angreifbaren Position, schlussfolgern zu
müssen, dass eine Hinrichtung in North Carolina an der Atlantikküste ein
Leben in Wyoming im Westen der USA rettet oder gar in Wisconsin, das
die Todesstrafe Mitte des 19. Jahrhunderts als einer der ersten Bundesstaaten abgeschafft hat.[470] Ferner spricht für die Verwendung einzelner Staaten
als Analyseeinheit, dass diese eine zuverlässigere Kontrolle auf Effekte ex-
terner Variablen erlauben, die unabhängig von der Hinrichtungsrate Einfluss auf die Tötungsdeliktsrate haben.[471] Peterson/Bailey, die mit national
aggregierten Daten arbeiten, zudem aber eine Variable zur Kontrolle auf
den Anteil der Bevölkerung integrieren, der tatsächlich statuierter Todesstrafe ausgesetzt ist, führen die Aggregationsmethodik dennoch als Einschränkung ihrer Studie an, da auch ihre Analyse unterstellt, dass die Be-
wohner aller US-Todesstrafenjurisdiktionen gleichermaßen tangiert werden.[472]

Gleichwohl kann mit entsprechender Argumentation auch die Aggregation
auf Bundesstaatenebene kritisiert werden, da auch diese zu substantiellen
Fehlern und möglichen Verzerrungen der Ergebnisse führen kann. So sind
Mordraten in einigen Gebieten von Bundesstaaten höher als in anderen
(oftmals sind solche Differenzen zwischen ländlichen und städtischen Ge-
genden auszumachen), wie auch Hinrichtungsraten erheblich innerhalb von
Todesstrafenstaaten[473] und soziodemographische Kontrollvariablen insbesondere innerhalb heterogener Staaten variieren können. Die Möglichkeit
von Verzerrungen beim Gebrauch von Daten einzelner Bundesstaaten bestätigen etwa Greenberg/Kessler/Logan, die in ihrer Untersuchung ermittelten, dass die Beziehung zwischen Festnahmerate und Mordrate je nach

---

[470] Decker/Kohfeld (1990, S. 179); Decker/Kohfeld (1984, S. 369).
[471] Decker/Kohfeld (1984, S. 369).
[472] Peterson/Bailey (1991, S. 390).
[473] Vgl. Bowers/Carr/Pierce (1974, S. 200 ff.).

Verwendung von Städten oder Bundesstaaten als Analyseeinheit erheblich variiert;[474] die Untersuchung stellt erhebliche „Aggregation Bias" bei Verwendung von Daten auf Staatenlevel fest.

Mithin könnten Daten auf Gemeindeebene, das heißt auf Kreis-/„County"-beziehungsweise städtischer Ebene, wiederum besser geeignet sein zur Erforschung des Abschreckungseffekts der Todesstrafe. Die Verwendung von „Counties" kann die mit Aggregation verbundenen Gefahren insoweit substantiell reduzieren, als sie die Statistiken der tatsächlichen sozialen Wirklichkeit weitestgehend annähert.[475] Derral Cheatwood etwa verwendet in seiner Untersuchung ein Datenset bestehend aus 1.725 „Counties" und hält diese für die *„kleinstmögliche, am wenigsten aggregierte oder am meisten homogene Analyseeinheit, mittels derer der Forscher auf den Effekt von anderen Variablen beim Vergleich von Gebieten kontrollieren kann, welche sich hinsichtlich dieser Variablen so ähnlich wie möglich sind, sich aber hinsichtlich derjenigen Variablen unterscheiden, deren Effekt isoliert werden soll"* [Übersetzung vom Verfasser].[476] Sogar mit Daten auf Ebene einzelner Städte arbeiten William C. Bailey (Chicago)[477] sowie Lisa Stolzenberg und Stewart J. D'Alessio (Houston), wobei Letztere ihre Wahl der geographischen Analyseeinheit entsprechend damit begründen, dass die Stadt eine Aggregation sei, *„die groß genug ist, um ein ausreichendes Maß an Variation von Mordvorfällen zu erlauben, gleichzeitig aber klein genug ist, um relative Homogenität hinsichtlich des Bestrafungsrisikos zu gewährleisten"* [Übersetzung vom Verfasser].[478]

Welches letztendlich die optimale geographische Analyseeinheit für eine Primäruntersuchung zur Abschreckungswirkung der Todesstrafe darstellt, bleibt an dieser Stelle offen – auch in Anbetracht der Tatsache, dass sich in obiger Weise prinzipiell immer argumentieren ließe, wenn individuelle Daten gruppiert werden. Generell könnten einer Studie bei Verwendung zu-

---

[474] Vgl. Greenberg/Kessler/Logan (1981, S. 135).
[475] Kowalski/Duffield (1990, S. 177 f.).
[476] Übersetzung nach Cheatwood (1993, S. 168).
[477] Bailey (1983).
[478] Übersetzung nach Stolzenberg/D'Alessio (2004, S. 362, 378).

sammengefasster Daten aus kleineren Zählbezirken „Aggregation Bias" infolge Nutzung von „Makrodaten zur Identifizierung von Mikroverhalten"[479] vorgeworfen werden. Jedenfalls stellen sich national aggregierte Daten unstreitig als problembehaftet dar,[480] und insofern ist es interessant, dass Studien, die sich einzelner Bundestaaten als Analyseeinheit bedienen, bei der Bestätigung eines Abschreckungseffekts der Todesstrafe mit gewisser Regelmäßigkeit scheitern.[481] Aus dem Untersuchungsgegenstand vorliegender Metaanalyse trägt zu dieser Erkenntnis neben den beiden mehrfach zitierten Untersuchungen von Decker/Kohfeld[482] auch die Arbeit von Sorensen/Wrinkle/Brewer/Marquart bei, die den Staat Texas darüber hinaus als besonders prädestiniert für eine einschlägige Untersuchung erachtet.[483] Die besagten Arbeiten von Cheatwood, Bailey und Stolzenberg/D'Alessio, die sich Daten bedienen, die auf noch geringerem Level aggregiert wurden, können ebenfalls im Ergebnis keine Abschreckungswirkung der Todesstrafe feststellen. Als Gegenbeispiel fungiert zwar die Arbeit von Steven Stack aus dem Jahr 1990, die unter Verweis auf die Ausführungen von Decker/Kohfeld die „Single State"-Ebene als Analyseeinheit wählt,[484] trotzdem aber die Abschreckungshypothese im Ergebnis bestätigt. Allerdings hatten jenen Autor drei Jahre zuvor national aggregierte Daten zu dem gleichen Resultat geführt,[485] weshalb – noch ungeachtet fundierter Belege – jedenfalls eine gewisse Vororientierung seine späteren Ergebnisse betreffend gemutmaßt werden darf.

Den zurückliegenden Untersuchungsabschnitt zusammenfassend dürfte generell die Verwendung kleinerer Analyseeinheiten (Staaten, Gemeinden) vorzugswürdig gegenüber der größerer Sektionen (Nationen) sein, in letzterem Fall aber scheint eher eine Bejahung der Abschreckungswirkung der

---

[479] Vgl. Decker/Kohfeld (1990, S. 177).
[480] So auch Fox/Radelet (1989, S. 40).
[481] So Decker/Kohfeld (1990, S. 177).
[482] Decker/Kohfeld (1984) und Decker/Kohfeld (1990).
[483] Sorensen/Wrinkle/Brewer/Marquart (1999, S. 483).
[484] Stack (1990, S. 600).
[485] Stack (1987, S. 538).

Todesstrafe zu resultieren[486] und daher die Art der geographischen Analyseeinheit als Mitursache für differierende Studienbefunde zu begreifen sein.

Die Methode der Disaggregation erlangt insofern nicht nur Relevanz im Sinn einer Aufschlüsselung des Kollektivs der Tötungsdelikte mit dem Ziel, die abhängige Variable auf diejenigen Delikte zu begrenzen, die die Todesstrafe als mögliche Konsequenz haben, sondern auch als Aufschlüsselung von in örtlicher Hinsicht zusammengefassten Daten; ferner auch als Aufschlüsselung von Daten, die zeitlich gruppiert sind. In mindestens diesen drei Dimensionen können Abschreckungsstudien unter Verzerrungen aufgrund aggregierter Natur der verwendeten Daten leiden,[487] wobei auf Ersteres – wie oben vermerkt – bei der Erforschung von Befunddifferenzen infolge unterschiedlicher Formulierung der abhängigen Variablen und auf Letzteres direkt im Anschluss näher eingegangen wird.

2.3.3.2 Temporale Analyseeinheit

2.3.3.2.1 Disaggregation

Auch die Wahl der temporalen Analyseeinheit kommt als Ursache für divergente Befunde in Betracht. Typischerweise werden in Todesstrafenstudien Ein-Jahres-Intervalle (normalerweise das Kalenderjahr) für die Berechnung von Tötungsdelikts- und Exekutionsraten und die Erforschung ihres Verhältnisses gewählt. Diese Praxis gründet auch auf der Tatsache, dass Daten über Tötungsdelikts- und Mordraten regelmäßig eher auf Kalenderjahrbasis existieren als auf monatlicher, wöchentlicher oder täglicher Basis; Gleiches gilt – mit wenigen Ausnahmen[488] – auch für Hinrichtungszahlen.

---

[486] Eine solche Tendenz stellt auch Stack (1990, S. 600) fest, der insgesamt drei auf nationalem Level basierende Studien anführt, die ein inverses Verhältnis zwischen Todesstrafe und Tötungsdelikten feststellen, während drei auf lokalen Bevölkerungen fundierende Arbeiten ein solches Verhältnis nicht feststellen können.

[487] Blumstein/Cohen/Nagin (1978, S. 12); Bailey (1983, S. 831 ff.).

[488] Beispielsweise die „Teeters-Zibulka Inventory of Executions Under State Authority", abgedruckt bei Bowers/Carr/Pierce (1974, S. 200 ff.).

Aus der Verwendung von Daten auf Jahresbasis können sich jedoch erhebliche Probleme ergeben. So stellt es bei Berücksichtigung von Exekutionen und Tötungsdelikten auf der Basis eines Kalenderjahres eine Herausforderung dar, die zeitliche Abfolge zwischen diesen beiden Faktoren korrekt zu würdigen.[489] Davon ausgehend, dass die Todesstrafe eine Abschreckungswirkung auf einschlägige Delikte hat, würde Kausalität zwischen Hinrichtungen und einem Rückgang an Tötungsdelikten bestehen. Kausalität versteht sich als Zusammenhang zwischen Ursache und Wirkung, betrifft also die Abfolge korrelierender Ereignisse; Kausalität hat eine feste zeitliche Richtung, die immer von der Ursache ausgeht, auf die die Wirkung folgt. Insofern ist Grundvoraussetzung für die Erfassung eines Kausalzusammenhangs zunächst, dass sich die Messung der unabhängigen Variablen auf einen früheren Zeitraum bezieht als die der abhängigen Variablen oder zumindest auf den gleichen, nicht aber auf einen späteren. Nur wenige Effektschätzungen sind im Datensatz vorliegender Metaanalyse enthalten, bei denen die Daten für die abhängige Variable denjenigen für die unabhängige vorangehen; allerdings gehören diese fast ausnahmslos (sechs von sieben) gerade den affirmativen Studien von Ehrlich aus dem Jahr 1975 und Dezhbakhsh/Shepherd von 2003 an, was bei den Mängeln auf theoretisch-methodischer Ebene nochmals aufgenommen werden soll. Doch selbst wenn derselbe Zeitraum für erklärende und abhängige Variable gewählt wird (dies gilt für den Großteil der Effektschätzungen), besteht für jährliche Daten die Problematik der korrekten Würdigung der zeitlichen Sequenz zwischen Hinrichtungen und Morden fort. Wird eine Hinrichtung im Dezember des Jahres t vollzogen, erscheint es wenig schlüssig, von dieser Exekution Auswirkungen auf die jährliche Zwölf-Monats-Tötungsdeliktsrate für das Jahr t zu erwarten, da zum Zeitpunkt der Hinrichtung dann bereits elf Monate des Jahres t verstrichen sind, in denen sich Tötungsdelikte ereignen konnten. Vielmehr kann ein eventueller Abschre-

---

[489] Vgl. hierzu Bailey (1983, S. 834).

ckungseffekt erst im Dezember des Jahres t beziehungsweise in den ersten Monaten des Jahres t+1 zum Tragen kommen.[490]

Logische Konsequenz dieser Erkenntnis könnte sein, dass ein Arbeiten mit Messungen der unabhängigen Variablen, die sich auf einen früheren Zeitraum beziehen als die der abhängigen Variablen, vorzugswürdig ist. Doch auch bei der insofern oftmals gewählten Konstruktion eines einjährigen Zeitabstands zwischen Hinrichtungen (Jahr t) und Tötungsdelikten (Jahr t+1) verbleibt es in Studien gleich welchen verwendeten Datentyps bei obiger Problematik. Denn auch für diesen Fall gibt es keine Gewissheit, dass der tatsächliche Abstand zwischen Hinrichtungs- und Tötungsdeliktsrate einheitlich richtig erfasst wird. Werden die Tötungsdeliktsraten der Staaten A und B im Jahr t+1 untersucht (Querschnitt), so findet möglicherweise die letzte Hinrichtung des Jahres t in Staat A im Januar statt, während sie im Staat B im Dezember erfolgt, beziehungsweise werden die Tötungsdeliktsraten eines Staats in einer Zeitreihe untersucht, so findet unter Umständen die letzte Hinrichtung in einem Jahr im Januar statt, während sie in einem anderen Untersuchungsjahr im Dezember erfolgt. Zwar handelt es sich hierbei um Extrembeispiele, da das Szenario einer maximal möglichen Differenz gezeichnet wird, jedenfalls kann aber nicht von einer in zeitlicher Hinsicht uniformen Hinrichtungspraxis der jeweiligen Todesstrafenstaaten ausgegangen werden.[491]

Zusammenfassungen von (Hinrichtungs- und Tötungsdelikts-)Daten in zeitlicher Hinsicht, insbesondere jährliche Aggregationen, bergen Potential für verfälschte Schätzungen.[492] Die Disaggregation der temporalen Analyseeinheit verspricht eine optimierte Erfassung der zeitlichen Reihenfolge von unabhängiger und abhängiger Variable zumindest insoweit, als mit Daten kleinerer temporaler Analyseeinheiten präzisere Schätzungen vorgenommen werden können. Zum vorliegenden Untersuchungsgegenstand ge-

---

[490] Mocan/Gittings (2003, S. 456), die der theoretischen Überlegung insoweit praktische Relevanz unterstellen, als beispielshalber 47 Prozent aller Hinrichtungen in den USA zwischen 1977 und 1997 zwischen Juli und Dezember vollzogen wurden.
[491] Vgl. Bowers/Carr/Pierce (1974, S. 200 ff.).
[492] So auch Bailey (1983, S. 834).

hören 18 Untersuchungen, die mit Daten auf Monats-, Wochen- oder Tagesbasis arbeiten;[493] von ihnen können 13 im Ergebnis die Abschreckungshypothese nicht bestätigen. Diese Verteilung versteht sich als Kritik insbesondere an den 21 Arbeiten, die die Abschreckungswirkung der Todesstrafe im Ergebnis bejahen und mit Daten auf jährlicher Basis arbeiten.

2.3.3.2.2 Spezialisierung auf kurzfristigen Abschreckungseffekt

In direktem Zusammenhang mit der Wahl der temporalen Analyseeinheit steht die Spezialisierung einer Studie auf eine Erforschung des kurzfristigen Abschreckungseffekts der Todesstrafe. Nur wenn kleine zeitliche Sektionen bei der Untersuchung gewählt werden, lässt sich eine kurzfristige Abschreckungswirkung überhaupt ermitteln.

Zunächst ist zu erörtern, was es überhaupt bedeutet, wenn eine Studie zu dem Ergebnis kommt, dass Hinrichtungen Tötungsdelikte primär in der unmittelbaren Folgezeit abschrecken. Eine Untersuchung kann noch nicht als Bestätigung der Abschreckungshypothese gewertet werden, nur weil sie einen kurzfristigen Abschreckungseffekt feststellt.[494] In Anbetracht der zur langfristigen Aufrechterhaltung der Abschreckungswirkung notwendigen Vollstreckung einer Hinrichtung „alle paar Wochen"[495] oder auch alle paar Monate – hiervon kann keinesfalls ohne Weiteres ausgegangen werden – erscheint die uneingeschränkte Ableitung einer Bestätigung der Abschreckungsthese nicht realistisch. Dies gilt gerade deshalb, weil im Anschluss an den kurzfristigen Rückgang einschlägiger Delikte nicht nur ein Wiederauftreten derselben, sondern sogar signifikante Anstiege über das ursprüngliche Maß hinaus (im Sinn einer Verschiebung („Displacement

---

[493] Monatsbasis: Bailey (1983), Bailey (1990), Bailey/Peterson (1989), Bailey/Peterson (1994), Cloninger/Marchesini (2001), Mocan/Gittings (2003), Peterson/Bailey (1991), Shepherd (2004), Sorensen/Wrinkle/Brewer/Marquart (1999), Stack (1987), Stack (1990), Stolzenberg/D'Alessio (2004), Thomson (1997), Thomson (1999); Wochenbasis: Bailey (1998), McFarland (1983), Phillips (1980); Tagesbasis: Grogger (1990).

[494] So auch Bowers (1988, S. 80), der zu der Studie von David P. Philips (Phillips (1980)), die zwar einen kurzfristigen, aber keinen langfristigen Netto-Abschreckungseffekt nachweist, konstatiert: „And we now know that Phillips's study, contrary to its original claims, should properly be counted among those finding statistically significant support for the brutalization hypothesis".

[495] Vgl. Eisele (1999, S. 113).

Effect")[496]) beobachtet werden könnten. Insgesamt fehlt es dann an einem Abschreckungseffekt, vielmehr ist Brutalisierung ein denkbares Endergebnis.

Fünf Studien dieser Metaanalyse widmen sich explizit dem kurzfristigen Abschreckungseffekt der Todesstrafe. Sam G. McFarland scheitert ebenso bei Feststellung eines solchen[497] wie Jeffrey Grogger, der als einziger sogar mit täglichen Tötungsdeliktsdaten arbeitet.[498] David P. Phillips und Ernie Thomson stellen zwar beide einen kurzfristigen Rückgang von Tötungsdelikten in den ersten Tagen (höchstens Wochen) nach Hinrichtungen fest – Thomson bezeichnet ihn als „Death Dip" –, jedoch wird dieser quasi zunichte gemacht durch überdurchschnittliche Tötungsdeliktszahlen in den darauffolgenden Wochen (höchstens Monaten).[499] Beide werden daher hier nicht unter die die Abschreckungswirkung der Todesstrafe bejahenden Arbeiten gefasst. Joanna M. Shepherd dagegen beschränkt sich – wenn sie auch mit grundsätzlich zweckmäßigen temporal disaggregierten monatlichen Daten arbeitet – darauf, festzustellen, dass „ihre Resultate" indizieren, dass die Todesstrafe Morde abschreckt.[500] Sie lässt allerdings die langfristige Folgezeit gänzlich unberücksichtigt und testet lediglich den kurzfristigen Abschreckungseffekt innerhalb des ersten Monats; ob der temporäre Rückgang von Tötungsdelikten auch auf Dauer Geltung erlangt, wird nicht untersucht. Shepherds Studie mit affirmativen Befunden ist daher genauso mit Vorsicht zu genießen,[501] wie nicht unberücksichtigt bleiben darf, dass aus den Arbeiten von Phillips und Thomson signifikant negative Effektschätzungen in den Datensatz vorliegender Metaanalyse eingegangen sind.

---

[496] Vgl. Land/Teske/Zheng (2009, S. 1038); van den Haag/Conrad (1983, S. 151) sprechen in diesem Zusammenhang von „Delay" statt „Deterrence".

[497] McFarland (1983, S. 1032).

[498] Grogger (1990, S. 302).

[499] Phillips (1980, S. 145) und Thomson (1999, S. 145).

[500] Shepherd (2004, S. 315).

[501] Gleiches gilt im Übrigen für die beiden Arbeiten von Steven Stack (Stack (1987) und Stack (1990)), die den Fokus zwar auf die Hinrichtungspublizität legen, ihren Befund einer Bestätigung der Abschreckungshypothese aber ausschließlich auf Effekte in der unmittelbaren Folgezeit der (publizierten) Exekution stützen.

Es lässt sich zusammenfassen, dass diejenigen Studien dieser Metaanalyse, die sich dem kurzfristigen Abschreckungseffekt der Todesstrafe widmen und einen solchen bejahen, Vorbehalten unterliegen, da sie ohne Berücksichtigung eines Netto-Abschreckungseffekts wenig Aussagekraft besitzen. Im Hinblick auf einzelne Effektschätzungen, die konträr zum Gesamtbefund der sie umspannenden Studie (das heißt im Ergebnis kein Netto-Abschreckungseffekt) die Bestätigung eines kurzfristigen Abschreckungseffekts der Todesstrafe repräsentieren, verbietet sich eine separate Würdigung; ohne die sie kompensierenden Schätzungen fehlt ihnen jegliche Bedeutung.

2.3.4 Referenzzeitraum

2.3.4.1 Spezielle Perioden

Im Zuge der studienbezogenen Deskription der Grundgesamtheit konnten für die Verteilung des mittleren Erhebungsjahres der Daten wenige Charakteristika ausgemacht werden, allein eine Häufung zwischen 1942 und den späten 1960er Jahren (vgl. Zweiter Teil, Kapitel 2.1.5). Abbildung 8 differenziert die Verteilung des mittleren Erhebungsjahres danach, ob der Autor die Abschreckungshypothese im Hinblick auf die Todesstrafe im Ergebnis bejaht oder nicht: Gegen Ende der 1980er Jahre und insbesondere zwischen Mitte der 1940er und Mitte der 1960er Jahre tritt eine relative Häufung von die Abschreckungswirkung bejahenden Studien auf. Während Ersteres mit einem realen Anstieg zu erklären sein mag und dafür sprechen könnte, dass Abschreckungsmaßnahmen in moderneren rationalistischen Individualgesellschaften wirksam sind, sind für das vergleichsweise häufige Auftreten der Jahre 1945 bis 1965 als Mitte des Referenzzeitraums von affirmativen Befunden andere im Folgenden erörterte Erklärungen denkbar.

Abbildung 8: Mittleres Erhebungsjahr differenziert nach Studienbefund

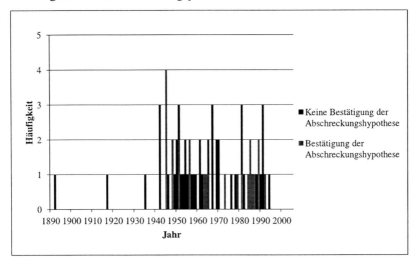

Das mittlere Erhebungsjahr wurde anhand des Datensatzes durch Subtraktion der halbierten Spanne des Untersuchungszeitraums vom Jahr des zeitlich letzten Messpunkts ermittelt. Häufen sich die Jahre 1945 bis 1965 als Mitte des Referenzzeitraums, so erstrecken sich die entsprechenden Referenzzeiträume je nach ihrer Dauer auf die Jahre 1930 bis 1980; hierzu gehören auch und insbesondere die im Anschluss diskutierten (späten) 1960er und die 1930er Jahre.

2.3.4.1.1 Artefakt der 1960er Jahre

Wie im Rahmen der Deskription repräsentativer Studien bereits angedeutet, kritisieren Bowers/Pierce in ihrer Replikationsanalyse, dass Ehrlichs Resultate in seiner Studie von 1975 extrem empfindlich darauf reagieren, ob die logarithmische Spezifikation gewählt wird (Ehrlich nimmt eine Schätzung der multiplikativen Funktion vor, in die die natürlichen Logarithmen der Variablen statt deren natürliche Werte eingehen) und ob die Daten für den letzteren Part des Untersuchungszeitraums einbezogen sind (vgl. Zweiter Teil, Kapitel 1.3). Bowers/Pierce ermitteln zwar ähnliche Elastizitäten wie Ehrlich in Bezug auf die wichtigsten Variablen, dies allerdings nur dann, wenn der Untersuchungszeitraum von 1933 bis 1969 reicht. Werden bei einer weiteren Regressionsrechnung die Jahre von 1965 an – in denen die Mordrate steil angestiegen und die Exekutionsrate stark gefallen ist – nicht miteinbezogen, ergeben sich dagegen insignifikante und sogar positive Werte für die Beziehung zwischen Exekutions- und Mordrate.[502] Ein abschreckender Effekt der Todesstrafe mit Ehrlichs Modell sei nur dann feststellbar, wenn der Untersuchungszeitraum über 1964 hinaus ausgedehnt würde. Ähnliches folgern Peter Passell und John B. Taylor, nachdem sie statistische Tests auf temporale Homogenität der Periode 1935 bis 1969 durchführten; Zeitreihenschätzungen liegt die Annahme zugrunde, dass die Struktur und die zu schätzenden Koeffizienten über den Untersuchungszeitraum stabil sind.[503] Ein nicht-signifikantes Ergebnis für die Subperiode 1935 bis 1962 ermitteln auch Klein/Forst/Filatov,[504] ein nicht-inverses Verhältnis für die Jahre 1933 bis 1961 Blumstein/ Cohen/Nagin.[505]

Diese Resultate begründen Zweifel, ob die die Abschreckungshypothese bestätigenden Untersuchungen von Ehrlich verlässliche Aussagen gewähren: Gemäß der ökonometrischen Theorie sind die Resultate einer Zeitreihenuntersuchung, wenn sie die zugrunde liegenden kausalen Beziehungen richtig erfassen, unabhängig von den untersuchten Zeiträumen. Verschieben sich die Ergebnisse in unterschiedlichen Subperioden, so geben sie demnach entweder die unterliegende Struktur nicht richtig wieder oder es haben Veränderungen der kausalen Beziehungen stattgefunden, die von dem Modell nicht erfasst werden.[506] In Erwiderung dieses Vorwurfs merkt Ehrlich an, dass der Ausschluss der Daten der 1960er Jahre den Streuungsbereich der Schätzungen für die Hinrichtungsrate stark reduziere, wodurch die Größe der zu schätzenden Parameter verringert werde; dies entspräche

---

[502] Bowers/Pierce (1975, S. 198).
[503] Passell/Taylor (1977, S. 445 ff.); zu einer Erwiderung auf die gesamte Argumentation vgl. Ehrlich (1977a, S. 452 ff.).
[504] Klein/Forst/Filatov (1978, S. 353 ff.).
[505] Blumstein/Cohen/Nagin (1978, S. 61).
[506] Vgl. Peck (1976, S. 361, 366).

einer selektiven Eliminierung einer Reihe von Beobachtungen und wäre „a virtually foolproof method for reversing any single result derived from an original sample", eine todsichere Methode, um einzelne Resultate aus einem Beobachtungssample auf den Kopf zu stellen.[507] Ein Mindestmaß an Variabilität ist notwendig, um eine Regressionsanalyse durchzuführen. Das bedeutet gleichwohl nicht, dass man dieser Schwäche mit einer anderen Schwäche entgegenarbeiten sollte, dass also auch fragwürdige Daten in eine Untersuchung aufgenommen werden sollten, nur, um eine gewisse Variabilität zu erhalten.[508]

Die Einbeziehung der 1960er Jahre stellt insoweit ein Problem dar, als in diesem Zeitraum bei einem starken Anstieg der Mordrate die Zahl der Hinrichtungen in den USA rapide abnahm: Während es im Jahrzehnt von 1930 bis 1939 noch etwa 1.700 Exekutionen gab, von 1940 bis 1949 circa 1.300 und von 1950 bis 1959 noch circa 700, ging diese Zahl auf 191 im Jahrzehnt zwischen 1960 und 1969 zurück, zumal 145 Hinrichtungen allein im Zeitraum zwischen 1960 und 1962 stattfanden.[509] Hinzukommt, dass in den 1960er Jahren die Rate anderer Gewaltverbrechen wesentlich stärker anstieg als die Mordrate, wobei beide Raten unabhängig von der Todesstrafe eng miteinander zusammenhängen;[510] zudem war der Anstieg der Mordrate gerade in den Bundesstaaten besonders stark, in denen die Hinrichtungen zunahmen, wenn die jährlichen Schwankungen ab 1962 zugrunde gelegt werden.[511]

Überdies nahm die Hinrichtungsrate in den USA nicht nur äußerst kleine Werte an, sondern sie fiel ab 1967 sogar auf Null, da keine Exekutionen mehr vollzogen wurden. Wie beim Vergleich mit alternativen kanadischen Daten angemerkt, nimmt Ehrlich zur Umgehung von Schwierigkeiten im Zusammenhang mit der Verwendung von nullwertigen Variablen in dem von ihm gewählten logarithmischen Format (der natürliche Logarithmus

---

[507] Ehrlich (1975b, S. 214).
[508] Köberer (1982, S. 210).
[509] Knorr (1979, S. 240).
[510] Vgl. Klein/Forst/Filatov (1982, S. 147, 155 f.).
[511] Bowers/Pierce (1975, S. 204).

von Null ist nicht definiert) eine fiktive Exekution pro Jahr an, um überhaupt mit den Daten dieser Jahre rechnen zu können. Diese Daten-„Korrektur" ist ferner aus folgendem Grund nötig: Nach Ehrlichs Mordfunktion ist die Mordrate durch das Produkt der einzelnen Faktoren bestimmt; nähert sich einer dieser Faktoren – vorliegend die Exekutionsrate – dem Wert Null, so muss nach dieser Funktionsform die Mordrate auf Unendlich steigen, wenn eine negative Elastizität (das heißt ein inverses Verhältnis der relativen Veränderung der abhängigen zur relativen Änderung der unabhängigen Variablen) besteht, und auf Null fallen, wenn die Elastizität positiv ist. Da aber empirisch eine endliche Mordrate in diesen Jahren festzustellen war, die auch nicht Null betrug, erfordert auch dies die Annahme einer fiktiven Hinrichtung für die Jahre 1968, 1969 und 1970.[512] Auf die Wahl einer adäquaten Funktionsform wird im weiteren Verlauf noch näher eingegangen.

Ehrlichs Verweis auf die selektive Eliminierung von Daten durch seine Kritiker taugt letzten Endes nicht. Die Durchführung der Analyse nur bis zum Beginn der 1960er Jahre stellt gerade keinen selektiven Ausschluss von Daten dar, sondern kommt einem Test gleich, ob die festgestellte Beziehung auch in anders eingeteilten Zeitabschnitten nachweisbar ist, einem Versuch, die zeitliche Stabilität der vermuteten Kausalbeziehung zu überprüfen.[513] Vielmehr stellt Ehrlichs Methode eine Art Selektion dar, da dieser zwar keine Daten selektiv ausschließt, jedoch fragwürdige Daten, die einen anderen Trend begründen, selektiv aufnimmt.[514]

Mit der Kritik, dass gerade eine Analyse unter Berücksichtigung der 1960er Jahre ein die Abschreckungswirkung der Todesstrafe bestätigendes Ergebnis hervorruft, sieht sich im Übrigen keineswegs nur Ehrlichs Zeitreihenstudie von 1975 konfrontiert. Auch die Befunde der Zeitreihenanalysen von Wolpin und von Layson aus dem Jahr 1985, die ebenfalls zu den

---

[512] Köberer (1982, S. 210 f.).
[513] Peck (1976, S. 366).
[514] Ehrlich selbst behauptet allerdings, dass seine Werte sich in verschiedenen Subperioden nicht entscheidend verändern („the qualitative results [...] are for the most part insensitive to changes in the specific interval of time investigated") (Ehrlich (1975a, S. 413)).

26 affirmativen Arbeiten zählen, beruhen teilweise auf dem Artefakt der 1960er Jahre. Bemerkenswert ist dies deshalb, weil Wolpin gar nicht mit US-Daten arbeitet, sondern mit Daten aus England und Wales.[515] Während dieser für den Untersuchungszeitraum von 1929 bis 1968 berechnet, dass die zusätzliche Hinrichtung eines verurteilten Mörders durchschnittlich zu etwa vier Morden weniger führt, ist dieser Effekt für den Zeitraum von 1929 bis 1955 wesentlich geringer; auch Wolpin fingiert in seiner Studie aus rechnerischen Gründen je eine Exekution für die Jahre 1956 und 1966 bis 1968, in denen tatsächlich keine Hinrichtungen stattfanden.[516] Und auch Layson, der mit US-Daten arbeitet, stellt fest, dass die Hinrichtungs-rate im Zeitraum zwischen 1936 und 1957 keinen signifikanten Einfluss auf die Mordrate hatte, während ein abschreckender Effekt der Todesstrafe sowohl für die Jahre 1936 bis 1969 als auch 1936 bis 1977 erkennbar ist.[517] Für Laysons Ergebnis sind also ebenfalls etwa die Jahre ab 1957 verant-wortlich, wobei der zweiten Hälfte der 1960er Jahre eine besondere Bedeu-tung zuzukommen scheint. Obgleich es in den Jahren 1968 bis 1976 über-haupt keine Hinrichtungen gab, nimmt Layson an, dass die subjektive Hin-richtungswahrscheinlichkeit aus der Sicht eines Mörders auch in diesen Jahren größer als Null war und er errechnet diese Rate mithilfe der Exeku-tionsraten der vorangegangenen Jahre.[518] Zu dem bekannten Problem, dass eine ganze Reihe von Bundesstaaten die Todesstrafe im Untersuchungs-zeitraum abgeschafft hatte, kommt bei Layson also hinzu, dass zeitweise alle Staaten offiziell keine Todesurteile vollstreckten und dass nach der Entscheidung *Furman v. Georgia* von 1972 keine gültigen Todesstrafen-gesetze mehr in Kraft waren; zu einem plötzlichen Anstieg der Mordrate führte das jedoch nicht. Insgesamt lässt sich die abschreckende Wirkung von Hinrichtungen in Laysons Untersuchung hauptsächlich nur in dem Zeitraum feststellen, in dem es keine Hinrichtungen mehr gab, während

---

[515] Beim Vergleich der Arbeiten von Layson (Layson (1983), Referenzzeitraum 1927 bis 1977) und Avio (Avio (1979), Referenzzeitraum 1926 bis 1960) ergibt sich ein ähnliches Bild auch im Fall der Verwendung kanadischer Daten (Cameron (1994, S. 204)).

[516] Wolpin (1978, S. 425).

[517] Layson (1985, S. 80 f., inkl. Tabelle IV).

[518] Layson (1985, S. 74).

diese Wirkung in den 1930er, 1940er und 1950er Jahren, als viele Todesurteile vollstreckt wurden, nicht nachgewiesen werden kann.

Resümieren lässt sich nunmehr, dass die Einbeziehung eines bestimmten Referenzzeitraums – insbesondere Daten aus den späten 1960er Jahren[519] – eine bedeutende Rolle für den Ausgang einer Zeitreihenstudie spielen kann, genauer: für eine Bestätigung der Abschreckungshypothese im Hinblick auf die Todesstrafe. Dass George A. Chressanthis seine gleichfalls affirmative Studie von 1989 unter anderem damit begründet, die kontroversen Resultate von Ehrlich durch eine Zeitreihenanalyse der Jahre 1965 bis 1985 „upgraden" zu wollen, und er ebenfalls einen signifikanten Abschreckungseffekt der Todesstrafe feststellt,[520] verwundert insofern wenig, da nach wie vor die späten 1960er Jahre zu seiner Untersuchungsperiode zählen.[521] Anders liegt es im Übrigen bei Untersuchungen mit Querschnittscharakter, für die laut Brian E. Forst das Jahrzehnt zwischen 1960 und 1970 eine „einzigartige Gelegenheit"[522] darstellt, den Abschreckungseffekt der Todesstrafe auf die Begehung von Tötungsdelikten zu schätzen, und durch die die Abschreckungshypothese nicht bestätigt werden kann.[523]

2.3.4.1.2 Datenschwäche der 1930er Jahre

Auch die Heranziehung der Zeitspanne von 1933 bis 1937 als die ersten Untersuchungsjahre in Ehrlichs Zeitreihenstudie kann Befundrelevanz haben. Obwohl die Schwächen von Kriminalstatistiken allgemein und der *UCR* im Speziellen ausführlich als studienübergreifender Vorbehalt erörtert wurden (vgl. Dritter Teil, Kapitel 1.1), ergeben sich für die frühen Jahre der *FBI*-Daten doch ganz besondere Unzulänglichkeiten:[524] Die *Uniform*

---

[519] Cloningers Portfolio-Ansatz (Cloninger (1992)) wird im Übrigen auch für seinen Referenzzeitraum, nämlich die Jahre 1983 bis 1988, wegen der Seltenheit von Exekutionen in den 1980er Jahren kritisiert, und es wird eine Applikation der Analyse auf einen früheren Zeitraum nahegelegt (Yang/Lester (1994, S. 13)).
[520] Chressanthis (1989, S. 94).
[521] Auch Cameron (1994, S. 208) kann keinen Grund erkennen, warum Chressanthis seine Untersuchung mit dem Jahr 1965 beginnt.
[522] Forst (1977, S. 748 f., 761).
[523] Forst (1977, S. 762).
[524] Vgl. hierzu Martis (1991, S. 178).

Crime Reports existieren in ihrer heutigen Form erst seit Beginn der 1930er Jahre und die Zahl der an der Datensammlung teilnehmenden Behörden war in den Anfangsjahren relativ gering – etwa 400 verglichen mit 8500 im Jahr 1975.[525] Werden die Zahlen der *UCR* in Beziehung zu den Morddaten gesetzt, die in den Statistiken des *United States Bureau of the Census*, des statistischen Bundesamts, geführt werden, so ergeben sich erst seit den 1940er Jahren hohe Korrelationen zwischen den Angaben der beiden Statistiken, für die 1930er Jahre ergeben sich keine tauglichen Übereinstimmungen.[526] Da die Statistiken des statistischen Bundesamts bereits seit dem Jahr 1900 erstellt werden, die Datensammlung des *FBI* aber erst in den Jahren von 1930 bis 1940 aufgebaut wurde, ist anzunehmen, dass die früheren Daten der *UCR* wegen ungenügender Datensammlung verzerrt sind.[527] Wird zudem in Betracht gezogen, dass das FBI seine früheren Zahlen von Zeit zu Zeit auf der Basis neuerer Daten korrigierte, so ist ein beträchtlicher Teil der für die Regression benutzten Daten möglicherweise mit erheblichen Messfehlern behaftet.[528]

Ähnlich verhält es sich für die Verhaftungs- und die Verurteilungsrate als erklärende Variablen. Die von Ehrlich verwendeten Zahlen für die Verurteilungen des Jahres 1936 stammen aus nur 13 Gerichtsbezirken, welche ihrerseits zudem relativ groß waren, weshalb die dafür errechneten Raten wahrscheinlich unterschätzt wurden und kaum als repräsentativ angesehen werden können.[529] Im Übrigen enthielt die gewählte *FBI*-Statistik überhaupt erst seit 1936 Angaben über Verurteilungen, sodass Ehrlich entsprechende Daten für die Jahre 1933 bis 1935 mithilfe weiterer Schätzverfahren gerade aus den Zahlen für 1936 konstruierte,[530] wodurch überdies die Zahl der Unter-, Zusatz- und Nebenannahmen weiter steigen muss. Es ist davon auszugehen, dass auch, was die Abschreckungsvariablen Verhaftung

---

[525] Bowers/Pierce (1975, S. 188).
[526] Bowers/Pierce (1975, S. 189).
[527] Brier/Fienberg (1980, S. 158) halten gar sämtliche *UCR*-Daten, die aus den Jahren vor 1960 stammen, für unzuverlässig.
[528] Köberer (1982, S. 208).
[529] Bowers/Pierce (1975, S. 191).
[530] Ehrlich (1975a, S. 409).

und Verurteilung angeht, für das erste Jahrzehnt im Untersuchungszeitraum grobe Messfehler nicht auszuschließen sind, ferner, dass diese Mängel in Ehrlichs Modell auch die Hinrichtungsrate (Verhaftungs- und konditionale Verurteilungswahrscheinlichkeit bilden bei Ehrlich einen Teil des Nenners der Hinrichtungswahrscheinlichkeit) beeinflussen.

Gegen eine Ausdehnung des Analysezeitraums auf die Jahre vor 1940 mag schließlich sprechen, dass in diesem Fall die Integration gewisser Kontrollvariablen wie die Verfügbarkeit von Schusswaffen, die Höhe von Justizausgaben (zur Prognose von Verurteilungsraten), Alkoholkonsum und Klinikbetten (als Maß medizinischer Versorgung zur Behandlung von Verletzungen) nicht möglich ist; für jene Variablen sind jährliche Daten für die 1930er Jahre noch nicht zugänglich.[531] Auch der Problemkomplex der Kontrollvariablen wird im Lauf dieser qualitativen Metaanalyse noch ausführlich behandelt.

Alles in allem sind die Daten gerade aus der Anfangsperiode der 1930er Jahre relativ unzuverlässig.[532] Bowers/Pierce rechnen die Ergebnisse von Ehrlich nach und zeigen auf, dass auch die ersten Untersuchungsjahre von 1933 bis 1937 Ehrlichs Studie in Richtung auf einen Abschreckungseffekt der Todesstrafe beeinflusst haben; werden (neben den diskutierten 1960er Jahren) auch sukzessive die frühen Untersuchungsjahre der Schätzung entzogen, so ergeben sich sogar nur noch positive Koeffizienten. Im Hinblick auf potentielle Zweifel an ihren vorangehenden Regressionsrechnungen ohne die Jahre ab 1960 schlussfolgern Bowers/Pierce, dass *„Datenmängel in den frühen Untersuchungsjahren der Zeitreihe nicht etwa einen Abschreckungseffekt verschleiert haben, sondern schlichtweg keine zu verschleiernden Abschreckungseffekte existieren"* [Übersetzung vom Verfasser].[533] Gleiches könnte mithin auch anderen affirmativen Studien entgegengehalten werden, deren Referenzzeitraum ähnlich weit zurückreicht (so

---

[531] Kleck (1979, S. 886).
[532] Prisching (1982, S. 167, Fn. 8) sieht dies auch durch „offizielle Untersuchungen" bestätigt.
[533] Übersetzung nach Bowers/Pierce (1975, S. 205).

190

bei Layson und Yunker[534]); insbesondere arbeitet auch der zweite Untersuchungsteil der aktuelleren Studie von Yunker von 2001 mit nationalen US-Zeitreihendaten des *FBI* vom Jahr 1930 an.[535]

2.3.4.2 Ausnutzen experimenteller Strukturen

Neben der Einbeziehung der 1930er und 1960er Jahre in den Untersuchungszeitraum gehört auch das Ausnutzen experimenteller Strukturen zu den Methoden mit Bezug zum Referenzzeitraum einer Studie, die möglicherweise Relevanz für den Studienbefund haben, zumindest jedoch in einer qualitativen Bewertung zu berücksichtigen sind.

Vom Experiment wird angenommen, dass es die strengste Form der Hypothesenüberprüfung darstellt.[536] Oben wurde bereits dargelegt, dass ein kontrolliertes Experiment auf dem Gebiet der Abschreckungsforschung zur Todesstrafe nicht realisierbar ist, und die Arbeiten vorliegender Metaanalyse aufgezählt, die sich laut Datensatz zumindest experimenteller Elemente bedienen (vgl. Zweiter Teil, Kapitel 2.1.4). Es sind dies die Studien von Dezhbakhsh/Shepherd und Donohue/Wolfers, die die experimentelle Natur des durch den *Supreme Court* während der 1970er Jahre verhängten Moratoriums für Hinrichtungen nutzen, wie auch die Studien von Thomson (Vorher-Nachher-Analyse jeweils einer Exekution aus 1992 in Arizona respektive Kalifornien) und von Cloninger/Marchesini (Anwendung des Portfolio-Ansatzes auf einjähriges Moratorium in Texas im Jahr 1996). Aus dem Untersuchungsgegenstand wird zudem in Yunkers Studie von 2001 das nationale Moratorium als „nahezu kontrolliertes Experiment" thematisiert;[537] auch bedienen sich Decker/Kohfeld einer Art „Natural Experiment", indem sie sich bei der Untersuchung des Effekts der Todesstrafe in Gesetz und Praxis auf Tötungsdelikte in Illinois insbesondere den Abolitions-Jahren 1972 bis 1976 widmen,[538] während Sorensen/Wrinkle/Bre-

---

[534] Layson (1985): Referenzzeitraum 1933 bis 1977; Yunker (1976): Referenzzeitraum 1933 bis 1972.

[535] Yunker (2001, S. 304 ff.).

[536] So Atteslander (2008, S. 165).

[537] Yunker (2001, S. 299).

[538] Decker/Kohfeld (1984, S. 371).

wer/Marquart die von ihnen herangezogenen Daten von 1984 bis 1997 aus Texas in temporaler Hinsicht als „ideales natürliches Experiment" empfinden.[539]

Wenn sich auch die Analysestruktur bei kontrollierten Experimenten und nicht-experimentellen Ansätzen gleicht, so ist die vorherige Randomisierung der Punkt, in dem sich beide unterscheiden.[540] Randomisierung ist ein Verfahren in der empirischen Sozialforschung, bei dem die Versuchsgruppen nach dem Zufallsprinzip unterschiedlichen Bedingungen (Ausprägungen der unabhängigen Variablen) zugeteilt werden, wodurch bekannte und unbekannte Einflussgrößen auf das Studienresultat gleichmäßig zwischen Experimental- und Kontrollgruppe verteilt werden; im Endeffekt soll die Wahrscheinlichkeit verringert werden, dass der in einem Test nachgewiesene Effekt einer systematischen Verzerrung unterliegt.[541] Da bei nicht-experimentellen Ansätzen die vorherige Randomisierung fehlt, muss die Analyse „natürlicher" Daten die Vergleichbarkeit mit anderen Mitteln nachzuahmen suchen. Freilich ist keines dieser Mittel perfekt und keine der vorliegenden, auf „natürlichen" Daten basierenden Studien kommt einem Experiment gleich, allerdings ist eine Annäherung an das Ideal eines kontrollierten Experiments möglich.[542] Die Nutzbarmachung experimenteller Strukturen (wie Todesstrafe-Moratorien oder bestimmte Exekutionen) in den oben genannten Arbeiten ist grundsätzlich ein vielversprechender Weg dahin.

Von den besagten acht Arbeiten, die sich durch Berücksichtigung experimenteller Elemente auszeichnen, kommen nur drei im Ergebnis zu einer Bestätigung der Abschreckungswirkung der Todesstrafe; wird zudem berücksichtigt, dass die Arbeit von Yunker andere Schwächen gerade in Bezug auf den Referenzzeitraum hat (Einbeziehung von Daten aus den 1930er Jahren), so ergibt sich einmal mehr ein qualitatives Ungleichge-

---

[539] Sorensen/Wrinkle/Brewer/Marquart (1999, S. 483).
[540] Leamer (1983, S. 31).
[541] Vgl. Kaya (2007, S. 58); vgl. auch Friedrichs (1990, S. 344).
[542] Zeisel (1976, S. 321 f.).

wicht zwischen die Abschreckungshypothese bestätigenden und widerlegenden Arbeiten zugunsten der Letzteren. Kritikwürdig ist in diesem Zusammenhang auch das Vorgehen Ehrlichs in seiner Zeitreihenanalyse von 1975, da dieses (infolge der kritisierten Heranziehung national aggregierter Daten) eine Berücksichtigung „des natürlichen Experiments, das die legislative Geschichte in die Daten eingebaut hatte", unmöglich machte:[543] Ist Ehrlichs These korrekt, dass der Rückgang an Exekutionen während der 1960er Jahre die Kapitalverbrechensrate hat ansteigen lassen, so sollte ein solcher Anstieg gerade in den Staaten mit dem stärksten Rückgang der Hinrichtungswahrscheinlichkeit auftreten;[544] ungeachtet der Tatsache, dass dies nicht der Fall war, (oder gerade aus diesem Grund) übersieht Ehrlich dieses zweckmäßige Experiment und versäumt insofern im Übrigen eine anderweitige Erklärung der Beobachtungen. Jedenfalls lässt sich somit die Erhebung von Daten bestimmter Referenzzeiträume zwecks Nutzbarmachung experimenteller Strukturen in Androhung und Anwendung der Todesstrafe als weiterer qualitativer Vorsprung von Studien begreifen, die die Abschreckungsnullhypothese im Ergebnis nicht falsifizieren, möglicherweise sogar als Mitursache für die Diskrepanz der Studienergebnisse begreifen.

2.4 Theoretisch-methodische Ebene

Als nächster Schritt auf der Suche nach systematischen Zusammenhängen zwischen spezifischen Resultaten und dem jeweiligen Studienvorgehen werden die die Abschreckungswirkung der Todesstrafe bestätigenden Originalarbeiten auf befundrelevante Besonderheiten und Unzulänglichkeiten auf Ebene der dort zugrunde gelegten Theorien und angewandten Methoden untersucht. Theorie und Methodik lassen sich in diesem Zusammenhang nur schwer voneinander trennen. Freilich weisen auch die Diskrepanzursachen auf Datenebene oder eventuelle befundrelevante Besonderheiten auf statistischer Ebene gewissermaßen methodische Züge im Sinn eines systematisierten Verfahrens zur Gewinnung von Erkenntnissen auf

---

[543] Zeisel (1976, S. 336).
[544] Forst (1977, S. 749).

(so etwa die Wahl der Analyseeinheit der verwendeten Daten oder der statistischen Analysemethode); da Theorie aber der Anspruch eigen ist, durch Beobachtungen (empirisch) überprüft zu werden, manifestieren sich die Annahmen der Studienautoren – in einer dieser Analyse zugänglichen Weise – nahezu ausschließlich in deren Modellen und Methoden. Mängel auf der Ebene von Daten und deren Erhebungen wurden ausführlich erörtert, nunmehr werden die Annahmen und deren Umsetzung durch die Forscher diskutiert, um einem Generalvorwurf gegenüber kriminologischen Arbeiten – mit den Worten von Martin Killias: „Die ‚Déformation professionnelle‘ der Kriminologen besteht darin, dass sie kritisch gegenüber Statistiken, jedoch unkritisch gegenüber Theorien sind"[545] – Rechnung zu tragen.

2.4.1 Modellspezifikation

Am Anfang einer Primärstudie steht in theoretisch-methodischer Hinsicht die Modellspezifikation: Der Forscher wählt ein Modell, das am besten seinen Hypothesen entspricht. Hieran knüpft die Formulierung der zu schätzenden Regressionsgleichung an. Die Frage der richtigen Modellspezifikation ist insbesondere eine Frage der korrekten Interpretation der Kausalverhältnisse und der Simultanität; andere im Kontext Spezifikation relevante Aspekte sind Variablenauswahl und Funktionsform, die beide im weiteren Verlauf noch gesondert betrachtet werden.[546] Gerade bei Schätzungen des Abschreckungseffekts ist das Problem der Simultanität, das heißt der wechselseitigen Beeinflussung von abhängiger und unabhängiger Variable in der gleichen Zeitperiode, bedeutend. Es muss identifiziert werden, welcher Teil des Zusammenhangs zwischen Strafe und delinquentem Verhalten nicht auf die Reaktion der Bevölkerung auf Strafandrohung und -anwendung zurückzuführen ist, sondern auf einer entgegengesetzten Kausalbeziehung fußt; bestimmte Schätzmethoden werden erforderlich.[547]

---

[545] Sinngemäß geäußert von Martin Killias in dem Vortrag „Jugenddelinquenz: wirklich alles stabil?" am 26.10.2009 in der Universität Heidelberg.
[546] Eine allgemeine Diskussion der Probleme der Spezifikation von Funktionen bei der ökonometrischen Analyse von kriminologischen Fragen findet sich bei Fisher/Nagin (1978).
[547] Antony/Entorf (2003, S. 180, 176).

2.4.1.1 Theoretische Begründung einer Reziprozität

Die Abschreckungstheorie prognostiziert, dass Verbrechensraten auf den Grad der Strafdurchsetzung antworten. Grundsätzlich wird in gegebenen Untersuchungen davon ausgegangen, dass ein erhöhtes Hinrichtungsrisiko potentiell Einfluss auf den Anreiz zur Begehung von mit Todesstrafe bewehrten Delikten hat; die Realität ist jedoch bei Weitem nicht so einfach, da mutmaßlich keine eindeutige kausale Beziehung zwischen Sanktionsvariablen und Verbrechensrate besteht. Mit anderen Worten: Es ist nicht ausgeschlossen, dass zusätzlich zum Einfluss der praktizierten Todesstrafe auf die Tötungsdeliktsrate auch ein Einfluss in umgekehrter Richtung existiert, sozusagen „Rückkopplungseffekte" von der abhängigen auf die erklärende Variable.[548] Jedwedes inverse Verhältnis zwischen Verbrechen und Sanktionen in Analysen der natürlichen Variation beispielsweise kann gleichzeitig dahingehend interpretiert werden, dass (auch) ein umgekehrter kausaler Effekt existiert, wonach Jurisdiktionen geringere Strafen aussprechen, weil sie eine hohe Verbrechensrate haben.[549] In diesem Zusammenhang ist die Rede von einem generellen Versagen von Sozialwissenschaftlern, die Möglichkeit in Betracht zu ziehen, dass die Verbindung zwischen Hinrichtungsrisiko und Mordraten reziprok ist.[550]

Für eine dem Abschreckungseffekt der Todesstrafe auf Tötungsdelikte entgegengesetzte Kausalbeziehung lassen sich überzeugende theoretische Erklärungen anführen: So wird zum einen behauptet, dass organisatorische Effizienz eng verbunden ist mit Arbeitsbelastung, und es wird die sogenannte „Overload"-Hypothese aufgestellt,[551] teilweise auch als „System Strain"-Effekt bezeichnet.[552] Vertreter dieser Ansicht argumentieren, dass aufgrund relativer Inelastizität von Strafjustizressourcen ein Anstieg der Mordrate die Exekutionswahrscheinlichkeit tatsächlich (jedenfalls kurzfristig) senkt. Vermehrtes Auftreten von Morden steigert die Arbeitsbelastung

---

[548] Vgl. Spengler (2004, S. 57).
[549] Blumstein/Cohen/Nagin (1978, S. 5).
[550] Stolzenberg/D'Alessio (2004, S. 356).
[551] Geerken/Gove (1977, S. 429 ff.); vgl. auch Dölling (1990, S. 4 f.).
[552] Logan (1975, S. 384).

im Strafjustizsystem, was wiederum – bei Mangel an zusätzlichen Ressourcen – in niedrigeren Verhaftungs-, Verurteilungs- und Hinrichtungsraten resultiert.[553]

Potential für einen solchen „Überlastungs-Effekt" birgt gerade die Erforschung der Todesstrafe in den USA, da die Bundesstaaten mit Todesstrafenstatuten regelmäßig vorsehen, dass der Verurteilte Rechtsmittel gegen
seine Verurteilung direkt vor dem höchsten und damit letztinstanzlichen
Appellationsgericht in unmittelbarem Anschluss an das Urteil einlegen
kann (in manchen Staaten erfolgt die Berufung sogar automatisch).[554] Diese Appellationsgerichte sind zugleich zuständig für die Prüfung sogenannter „*Habeas Corpus* Appeals", Berufungsanträge zur Überprüfung der
Rechtmäßigkeit der Sanktionierung von Individuen, die bereits im Todestrakt sitzen und ihre Hinrichtung erwarten. Es erscheint plausibel, dass jene
direkten Rechtsbehelfe (englisch: „direct appeals") die Fähigkeit des Ge-
richts beschränken, „*Habeas Corpus*"-Berufungen in Kapitalfällen in effizienter und zügiger Weise abzuarbeiten, und dadurch die Hinrichtungswahrscheinlichkeit reduzieren; schließlich ist die Prüfung im Fall der direkten Rechtsbehelfe aufwendig und sie umgeht jegliche zwischen-
stuflichen Appellationsgerichte. Mehrere Forscher behaupten übereinstimmend, festgestellt zu haben, dass „Direct Appeals" von Kapitalfällen
den höchsten einzelstaatlichen Gerichten eine signifikante Last aufbürden,
die deren Funktionsfähigkeit gefährdet.[555] So reichen die Kommentare zu
„Direct Appeals" vom Befund, dass diese nahezu die Hälfte der Zeit der
obersten Staatsgerichte in Anspruch nehmen, über die Metapher des „Fla-
schenhalses" der gesamten Verfolgung von Kapitalfällen bis hin zur Annahme der „erdrückenden Last" für die innerstaatlichen obersten Gerichte.
Hierbei wird ein unmittelbarer Einfluss der Häufigkeit von Tötungsdelikten auf Hinrichtungen angenommen und dieser mit der unterschiedlichen
Natur von „Direct Appeals" und „*Habeas Corpus*"-Berufungen, deren

---

[553] Hoenack/Weiler (1980, S. 328).
[554] Vgl. hierzu Stolzenberg/D'Alessio (2004, S. 357, 375 ff.).
[555] Zu einer Zusammenstellung vgl. Stolzenberg/D'Alessio (2004, S. 375 f.).

Überprüfung durch Erstere behindert wird, begründet. „Habeas Corpus Appeals" ist eigen, dass ihr Beschwerdeführer sich bereits im Todestrakt in Erwartung seiner Exekution befindet. Während die direkten Rechtsbehelfe nur Fehler betreffen, die sich im Verfahren selbst ereigneten (rein rechtliche Würdigung), hat der Strafverteidiger in „Habeas Corpus"-Berufungen die Möglichkeit, auch verfahrensexterne Gesichtspunkte (wie den Vorwurf inkompetenter Rechtsberatung, Beweisunterdrückung etc.) zu thematisieren. Beide Verfahren sind extrem komplex und verlangen den Gerichten typischerweise die Überprüfung einer gewaltigen Menge fallbezogenen Materials ab, wobei beide nicht nur simultan erledigt werden, sondern „Direct Appeals" in manchen Staaten sogar obligatorisch sind und daher Priorität vor allen anderen Fällen genießen – einschließlich „Habeas Corpus Appeals". Nimmt also die Häufigkeit von Tötungsdelikten zu, so führt die parallele Bearbeitung beider Rechtsbehelfe (teils kombiniert mit der bevorrechtigten Behandlung der „Direct Appeals") zwangsläufig zur Zunahme von schwebenden „Habeas Corpus Appeals" durch Verlängerung von deren Überprüfungszeit und schließlich zu einer Verlangsamung von Hinrichtungen und einem Rückgang der Exekutionswahrscheinlichkeit.

Desgleichen lässt sich eine reziproke Kausalbeziehung zwischen Hinrichtungshäufigkeit und Tötungsdelikten unter dem Blickwinkel der „Overload"-Hypothese plausibel mit der Arbeitsbelastung der Staatsanwälte erklären.[556] Der mit der Anzahl von Tötungsdelikten steigende Druck, neue Kapitalfälle zu verfolgen, reduziert die Fähigkeit des Staats, die Fälle von Todestraktinsassen neu zu verhandeln und neu abzuurteilen, deren Urteile infolge „Direct Appeals" oder „Habeas Corpus Appeals" wegen Fehlerhaftigkeit aufgehoben wurden. Grundsätzlich verlangsamen beachtliche Fehlerraten bei der Aburteilung von Kapitalfällen das System, da ernsthafte Fehler in der Annullierung von Verurteilungen resultieren und die Verweisung des Falls an das erstinstanzliche Gericht zur Folge haben können.[557] Bei neuerlicher Aburteilung kann die Todesstrafe erneut auferlegt werden

---

[556] Vgl. hierzu Stolzenberg/D'Alessio (2004, S. 377 f.).
[557] Stolzenberg/D'Alessio (2004, S. 377).

und der Appellationsprozess beginnt von Neuem; dieser aufwendige Prozess belastet die Staatsanwälte, von denen nicht nur die Verfolgung neuer Kapitalfälle verlangt wird, sondern auch Unterstützung bei der Vorbereitung der mündlichen Argumentation bei Appellationsverfahren zu Kapitalfällen auf Staats- und Bundesebene, die sie seinerzeit verfolgt haben. Auch insofern resultieren mithin höhere Mordzahlen in geringeren Hinrichtungsraten. Die Problematik der Mehrfachbelastung wird zusätzlich verschlimmert durch die regelmäßig geringe Zahl von Staatsanwälten, die mit Kapitalfällen betraut werden (nämlich oftmals nur der Generalstaatsanwalt); trotz Wandels des Tötungsdeliktsaufkommens und einhergehender Fehlerquoten verbleibt die Zahl der einschlägig qualifizierten Staatsanwälte relativ konstant.[558]

Ein weiterer theoretischer Erklärungsansatz für eine Korrelation zwischen Kriminalitätsraten und Todesstrafenvariablen, bei denen eine der Abschreckungstheorie entgegengesetzte Wirkungsrichtung vorliegt, basiert auf der These, dass der gesellschaftliche Rückhalt der Todesstrafe von der jeweils aktuellen Verbrechensrate abhängt: Mehr Tötungsdelikte können die Bevölkerung derartig beunruhigen, dass diese den politischen Druck in Richtung einer vermehrten Anwendung von Exekutionen erhöht; würden alternativ höhere Tötungsdeliktsraten zu mehr Exekutionen (bei konstanter Hinrichtungsrate) führen, könnte dies unter Umständen die Stellung der Todesstrafe untergraben.[559] Dieser Ansatz trägt Züge der *Neuen Politischen Ökonomie* (auch „*Public Choice Theory*"), welche davon ausgeht, dass es im politischen Kräftefeld einen Kampf um Ämter gibt und politische Entscheidungen insofern nur ein Mittel zur Sicherung der eigenen Wiederwahl und Wohlfahrtsmaximierung darstellen. Todesstrafe ist in den Vereinigten Staaten ein politisches Thema, das zum Gegenstand von Wahlkämpfen gemacht wird.[560] Richter werden in den meisten US-Bundesstaaten in allgemeinen Wahlen gewählt, in einigen dem *Missouri*

---

[558] Stolzenberg/D'Alessio (2004, S. 378).
[559] Donohue/Wolfers (2005, S. 822); vgl. Liu (2004, S. 242); vgl. auch allgemein Entorf (1996, S. 426).
[560] Vgl. hierzu Bright/Keenan (1995).

198

Plan[561] entsprechend vom Gouverneur ernannt und dann nach einigen Jahren direkt vom Volk wiedergewählt – oder abgewählt. Auch Staatsanwälte werden gewählt. Hohe Mordraten schüren öffentliche Angst, die ihrerseits Staatsanwälte dazu bringt, häufiger die Todesstrafe zu fordern, und Richter, mehr Todesurteile auszusprechen und diese seltener aufzuheben. Todesstrafe und Politik sind mithin untrennbar verbunden, insbesondere insoweit, als die überwiegende Mehrheit der Richter, die in Kapitalfällen den Vorsitz haben, auf die Wählerschaft antworten muss.[562] Häufig wird in diesem Zusammenhang auch von der „*Get Tough on Crime*"-Haltung gesprochen, die neben dem verstärkten Gebrauch der Todesstrafe auch eine allgemeine Tendenz zu längeren Gefängnisstrafen, schärferen Gefängnisbedingungen[563] oder „*Truth-in-Sentencing*"-Gesetzgebung[564] beinhalten kann. Die Wirkungsrichtung geht erneut von den Tötungsdeliktsraten aus; Bestrafung wird verschärft, um der Bedrohung von Verbrechen zu begegnen.[565]

Umgekehrt ist es denkbar, dass Toleranz gegenüber Kriminalität in solchen Jurisdiktionen stärker ausgeprägt ist, in denen einschlägige Verbrechen alltäglicher auftreten.[566] Dass insofern hier ein Rückgang von Todesurteilen, etwa durch selteneres Plädieren auf Todesstrafe durch die Staatsanwaltschaft oder mehr Umwandlungen durch Richter, eintritt, dürfte aber zweifelhaft sein, da Tötungsdelikte nur selten toleriert werden.

---

[561] Hierbei handelt es sich um eine – 1940 in Missouri erstmals praktizierte – Bestellung von Richtern, die Wahl- und Ernennungsverfahren kombiniert; zunächst prüft eine aus Richtern, Anwälten und Laien zusammengesetzte Kommission die fachlichen Qualitäten der Bewerber und benennt auf dieser Basis eine begrenzte Menge von Kandidaten, die sich anschließend der Auswahl durch das für die Ernennung zuständige Organ stellen.

[562] Coyne/Entzeroth (1996, S. 13).

[563] Vgl. hierzu Katz/Levitt/Shustorovich (2003).

[564] Vgl. hierzu Shepherd (2002).

[565] Vgl. auch Ehrlich/Brower (1987, S. 99); in einer Situation steigender Verbrechensraten würde Hinrichtungen zudem mehr Öffentlichkeit zuteil, sodass auch Untersuchungen wie die von Stack (1987) von Simultanität betroffen sein können, die die Abschreckungswirkung der Todesstrafe unter Berücksichtigung von Publizität von Strafanwendung erforschen (vgl. Stack (1987, S. 538, Fn. 11)).

[566] Vgl. Blumstein/Cohen/Nagin (1978, S. 5 f., 25).

Schließlich lässt sich als Begründung für eine reziproke Verbindung zwischen Hinrichtungsrisiko und Mordraten argumentieren, dass in Todesstrafenstaaten Straftäter möglicherweise mehr Morde begehen, um der äußersten Bestrafung zu entgehen.[567] Die Wahrscheinlichkeit, dass ein Straftäter hingerichtet wird, ist abhängig von der Wahrscheinlichkeit, dass sein Verbrechen aufgedeckt wird und er dafür festgenommen wird. Das Festnahmerisiko wiederum ist teilweise abhängig von Zeugen oder anderen Individuen, die über Informationen zur Tat verfügen. Insofern könnte die Antwort eines rational denkenden Täters dergestalt aussehen, dass er potentielle Zeugen eliminiert, die andernfalls belastende Beweise gegen ihn liefern und so seine Hinrichtungswahrscheinlichkeit erhöhen könnten. Existiert ein solcher *„Lethality Effect"* der Todesstrafe,[568] so besteht ein (inverser) Zusammenhang zwischen erhöhten Tötungsdelikts- und reduzierten Hinrichtungsraten, bei dem die Kausalrichtung ebenfalls von Ersteren ausgeht.

2.4.1.2 Korrekte Würdigung der Reziprozität

Hält man sich die Plausibilität der diversen Erklärungsansätze vor Augen, so ergibt sich eine stichhaltige theoretische Stütze für die These, dass Mordraten – zumindest in gewissem Maß – das Exekutionsrisiko beeinflussen können. Grundsätzlich steigt die Wahrscheinlichkeit von Simultanität mit dem Fortgang des Strafverfolgungsprozesses, sodass sie für die Hinrichtungswahrscheinlichkeit naheliegt, für Verurteilungs- und Festnahmewahrscheinlichkeit aber unwahrscheinlicher ist.[569] Obige Überlegungen deuten auf eine weitaus komplexere Beziehung zwischen Exekutionsrisiko und Mordraten hin, als es die einfache Abschreckungstheorie annimmt. Ist dies der Fall, so muss den Studien zur Abschreckungswirkung der Todesstrafe ein theoretisches Modell zugrunde gelegt werden, das derartige „Feedback Effects" berücksichtigt. Ein Modell, das einen Exekution-Mord-Effekt erlaubt, jedoch die Perspektive unbedacht lässt, dass Mordra-

---

[567] Vgl. hierzu Zimmerman (2004, S. 172 f.).
[568] Zu einem *„Lethality Effect"* bei der *„Three Strikes"*-Gesetzgebung vgl. Marvell/Moody (2001).
[569] Vgl. Blumstein/Cohen/Nagin (1978, S. 46).

ten auch das Exekutionsrisiko beeinflussen, ist problematisch; Spezifikationsfehler dieser Art interpretieren nicht nur die involvierten Beziehungen falsch, sondern verzerren auch die Schätzungen, die wiederum als Grundlage eines Studienbefunds dienen.[570] Um die Ausmaße der beiden entgegengesetzten Effekte separieren und mithin einen Abschreckungseffekt in einem simultanen Verhältnis isolieren zu können, bedarf es kritischer Spezifikationsannahmen im Voraus, der „Identification Restrictions"; sind diese Annahmen ernstlich fehlerhaft, so kann die empirische Analyse komplett irreführend sein.[571]

Zur Bewältigung von Kausalitätsproblemen infolge der Möglichkeit eines reziproken Effekts zwischen Exekutionen und Mordraten sind zwei elementare Forschungsstrategien denkbar: So werden simultane Effekte zwischen Verbrechen und Hinrichtungen einerseits durch Formulierung eines simultanen Gleichungssystems bei gleichzeitiger Anwendung der zweistufigen Regressionsmethode (*Two-Stage Least Squares, 2SLS*) berücksichtigt, wie etwa Ehrlich dies tut.[572] Ein simultanes Gleichungssystem ist ein Mehrgleichungssystem, in dem die gegenseitigen Beziehungen der Variablen eines ökonometrischen Modells zum Ausdruck kommen; es ist dadurch gekennzeichnet, dass in jeder einzelnen Gleichung erklärende Variablen auftreten können, die in anderen Gleichungen als abhängige Variablen dienen (interdependentes Modell).[573] Daraus entstehen stochastische Abhängigkeiten zwischen Störtermen[574] und erklärenden Variablen, eine der Annahmen des klassischen Regressionsmodells ist damit verletzt und es kommt zur Verzerrung bei einer Schätzung mittels der gewöhnlichen Methode der kleinsten Quadrate (*Ordinary Least Squares, OLS*).

---

[570] Stolzenberg/D'Alessio (2004, S. 358); vgl. auch Entorf/Spengler (2005, S. 27).
[571] Vgl. hierzu Nagin (1978, S. 117 ff.).
[572] Entorf/Spengler (2000, S. 97 f., Fn. 12).
[573] Alisch/Arentzen/Winter (2004, S. 2663).
[574] Der Störterm (Störgröße) ist die Zufallsvariable, die beim strukturellen Ansatz für jede Beobachtung der abhängigen Variablen neben den Werten der unabhängigen Variablen und vorherbestimmten Variablen zur Erklärung herangezogen wird. Über die Störterme werden gewisse Annahmen getroffen, sie sind der Inbegriff der Einflüsse, die in nicht dominierender Weise neben den erklärenden Variablen auf die abhängige Variable einwirken (zur Störvariable in der Regressionsanalyse vgl. auch Hermann (1989, S. 160)).

Bestandteil des simultanen Gleichungssystems, dessen sich diverse Forscher bedient haben, ist eine „Supply-of-Offenses"-Funktion mit der Kriminalitätsrate als zu erklärende Variable, eine „Production Function" direkter Strafverfolgungsaktivität durch Polizei und Gerichte und eine „Public Demand Function" für Strafverfolgung, innerhalb derer öffentliche
Ausgaben für Strafverfolgung zu erklären sind:[575] Im Modell rationalen
kriminellen Verhaltens wird als Output der Strafverfolgungsbehörden im
Regelfall die Wahrscheinlichkeit betrachtet, mit der polizeiliche Aufklärung und gerichtliche Verurteilung eintreten. Neben der Zahl der Taten
(„Überlastungs-Effekt") hängt diese Wahrscheinlichkeit ab von der Zahl
der Polizisten, Staatsanwälte und Richter und der finanziellen Ausstattung
der Strafverfolgungsbehörden; Kriminalitätsrate, Personalstärke und entsprechende Aufwendungen müssen somit in der Produktionsfunktion der
Strafverfolgungsbehörden enthalten sein. Diese Aufwendungen wiederum
werden bestimmt durch die Personal- und Sachausgaben für die Strafverfolgungsbehörden, aber auch durch die Kriminalitätsrate: Je höher die
Kriminalitätsrate ist, desto höher ist der öffentliche Druck, die Ausgaben
für die Strafverfolgungsbehörden anzuheben; wahrgenommenes Risiko wie
auch Nachteile einer Viktimisierung bedingen den gesellschaftlichen
Rückhalt von Sanktionen und verlangen daher Berücksichtigung in der
Ausgabenfunktion.

In einer Regressionsgleichung, in der die abhängige Variable auch einen
kausalen Einfluss auf eine erklärende Variable hat, muss die Gleichung so
geschätzt werden, als ob sie in ein umfassenderes Modell eingebettet wäre,
das gleichzeitig beide Variablen determiniert; insofern bestehen gegen Ehrlichs Vorgehen grundsätzlich keine Einwände.[576] Die Spezifikationsannahmen in diesen Studien sind aber gleichwohl zumindest fragwürdig.

---

[575] Vgl. beispielsweise Ehrlich/Brower (1987, S. 99) und Liu (2004, S. 248); Curti (1999, S.
146) spricht von einer „Kriminalitätsfunktion", einer „Produktionsfunktion der Strafverfolgungsbehörden" und einer „Ausgabenfunktion"; Ehrlich präsentiert in seiner Zeitreihenuntersuchung allerdings nicht das komplette Gleichungssystem, sondern lediglich die die Mordrate
determinierende „Murder Supply Function" (vgl. Ehrlich (1975a, S. 406)), was eine vollständige Bewertung seiner Spezifikation unmöglich macht (Brier/Fienberg (1980, S. 161)).
[576] Peck (1976, S. 365, inkl. Fn. 20).

Hauptproblem ist die Auswahl der Instrumentvariablen, welche notwendig sind zur Identifikation jeder non-rekursiven Verknüpfung (Ziel der Instrumentvariablen-Schätzung ist es, bei einer Regressionsanalyse eine zwischen den Störgrößen und den erklärenden Variablen auftretende Korrelation zu eliminieren, indem man die erklärenden Variablen durch andere Größen ersetzt, die mit den ersetzten Regressoren hoch korreliert sind, aber nicht mit den Störgrößen korrelieren). Vor dem genannten Hintergrund wird in einschlägigen Schätzungen von einem Instrumentvariablenansatz Gebrauch gemacht, der etwaige Simultanitätsbeziehungen zwischen Kriminalitätsrate und erklärender Variable aufdeckt und gegebenenfalls neutralisiert. *2SLS*-Schätzer sind infolgedessen abhängig von den gewählten Instrumentvariablen,[577] von denen oftmals eine Vielzahl nahezu gleich plausibel erscheint, und weder Forschung noch Theorie liefern eine Anleitung betreffs der heranzuziehenden Auswahlkriterien.[578] Hoenack/Weiler kritisieren Ehrlich für dessen Verwendung einer willkürlichen *ad hoc*-Auswahl von Instrumentvariablen im Gegensatz zu einem vollständig spezifizierten System und werfen ihm vor, dass er die Spezifikation, die eigentlich eine Eigenschaft des Theorie-basierten Modells ist (und die daher logischerweise der Schätzung vorangeht), als eine Eigenschaft der Schätztechnik behandelt zu haben scheint.[579] Sie liefern ein Beispiel, welches die Notwendigkeit illustriert, für jede Gleichung in einem Strukturmodell und für jede Variable in jeder dieser Gleichungen eine theoretische Grundlage zu haben, an der es ihres Erachtens mehreren Variablen bei Ehrlich mangelt; ihre Ergebnisse bringen sie zu der Vermutung, dass Ehrlichs Schätz-

---

[577] Vgl. Fair (1970).

[578] Stolzenberg/D'Alessio (2004, S. 358 f.); Neumayer (2003, S. 635) bezeichnet die Auswahl der richtigen Instrumentvariablen in vorliegendem Zusammenhang als „regelmäßig unmöglich".

[579] Hoenack/Weiler (1980, S. 327 ff.); Spezifikation scheint als eine Eigenschaft der Schätzung behandelt zu sein in Ehrlichs Querschnittsanalyse, in der selbiger schon sein Unvermögen, weitere schätzenswerte Gleichungen neben der „Supply-of-Offenses"-Funktion aufzubieten, wie folgt erklärt: „Due to data exigencies, the parameters of the supply functions are estimated via classical least-squares and seemingly unrelated simultaneous-equations techniques rather than the two-stage least-squares procedure employed in my related works" (Ehrlich (1977b, S. 749, 743)).

gleichung durch die Antwort des Strafjustizsystems auf Mord generiert sein könnte und damit durch eine der Abschreckungshypothese entgegengesetzte Kausalität.[580]

Auf besagte Arbeit von Hoenack/Weiler und insbesondere die Frage der richtigen Wirkungsrichtung im ökonomischen Kriminalitätsmodell zur Todesstrafe geht Isaac Ehrlich zusammen mit George D. Brower 1987 ein. Auch ihnen zufolge sind drei kausale Interpretationen möglich: (1) Bestrafung (im Sinn aller Abschreckungsvariablen) schreckt Verbrechen ab, (2) Bestrafung wird verschärft, um der Bedrohung von Verbrechen zu begegnen, und (3) Verbrechen vermindert Bestrafung, wobei einige Kritiker gegenüber empirischen Schätzungen des Abschreckungseffekts der Todesstrafe gerade wegen dieser letzten Kausalbeziehung („Production Function") zurückhaltend eingestellt seien; das Ergebnis von Hoenack/Weiler lege etwa den hemmenden Wirkungseffekt von Verbrechen auf Bestrafung (also (3)) nahe.[581] Ehrlich/Brower hingegen ermitteln erneut eine starke Bestätigung der Abschreckungswirkung der Todesstrafe. Allerdings bleibt auch hier die Frage nach der richtigen Auswahl von Instrumentvariablen letztlich ungeklärt. Der Kritik an den „Identification Restrictions" in Ehrlichs Zeitreihenuntersuchung vermag die vage Vermutung, dass *„unter Einsatz einer geeigneten Testmethodik die Validität jener Spezifikationsannahmen vermeintlich nicht widerlegt werden könne"* [Übersetzung vom Verfasser],[582] jedenfalls nicht abschließend entgegenzutreten; schließlich gilt: Die „Überlistung" des Simultanitätsproblems wird mit der Verwendung zusätzlicher nicht-empirischer Informationen in Form der „Identification Restrictions" bezahlt.[583] Der gleiche Vorbehalt gegenüber der Spezifikation – als einer auf externen, nicht durch die entsprechenden Daten determinierten Erwägungen basierenden Entscheidung[584] – mag somit auch für die beiden die Abschreckungswirkung der Todesstrafe bejahenden Stu-

---

[580] Hoenack/Weiler (1980, S. 339).
[581] Ehrlich/Brower (1987, S. 99).
[582] Übersetzung nach Ehrlich/Brower (1987, S. 100).
[583] Nagin (1978, S. 121).
[584] Blumstein/Cohen/Nagin (1978, S. 26).

204

dien von Zhiqiang Liu und Paul R. Zimmerman greifen; beide arbeiten in enger Anlehnung an Ehrlich unter anderem mit der zweistufigen Regressionsmethode und einem simultanen Gleichungssystem, dessen Spezifikation auf dem Einschluss von Instrumentvariablen basiert.[585]

Steven Stack berücksichtigt Simultanität überhaupt nicht, empfiehlt aber die beschriebene Formulierung eines simultanen Gleichungssystems (und Schätzung mittels *2SLS*) als *„Vorgehen, das Potential für zukünftige Erforschung von Strafen und Kriminalitätsraten bietet"* [Übersetzung vom Verfasser].[586] Da sein Modell die Perspektive, dass die Wirkungsrichtung auch von den Mordraten ausgehen kann, gänzlich außer Acht lässt, ist mit verzerrten Schätzungen zu rechnen.

Wenn auch der Rolle der statistischen Analysemethode als Diskrepanzursache erst an anderer Stelle Bedeutung beigemessen werden soll, so muss es doch – unter dem Eindruck der voranstehenden Ausführungen – verwundern, dass Layson in seiner Nachprüfung von Ehrlichs Zeitreihenanalyse 1985 zwar grundsätzlich Ehrlichs Modell und Methode nutzt, er jedoch für manche Effektschätzungen mit *OLS*- statt mit *2SLS*-Regression arbeitet.[587] Wie bereits angemerkt wurde, ist die zweistufige Regressionsmethode eher geeignet als die gewöhnliche Kleinstquadratmethode, wenn ein non-rekursives Modell mit simultan reziproken Beziehungen wie vorliegend spezifiziert wird, da letztere Schätzmethode in diesem Fall zu verzerrten und inkonsistenten Schätzungen führt.[588] Auch Yunker bedient sich in seiner – in Anbetracht des Befundes eines „Life-Life Tradeoffs" von 156 – extrem affirmativen Studie der gewöhnlichen Methode der kleinsten Quadrate, obwohl er ein simultanes Gleichungssystem zugrunde legt.[589] Zwar rechtfertigt er dies damit, dass insofern keine Verzerrungen in seiner

---

[585] Liu (2004, S. 248 f.) und Zimmerman (2004, S. 182 ff.).
[586] Übersetzung nach Stack (1987, S. 538, Fn. 11).
[587] Layson (1985, S. 71 ff.) begründet dieses Vorgehen mit den Ergebnissen des von ihm durchgeführten *Hausman-Tests* (nämlich: die erklärenden Variablen seien exogen), welche in Anbetracht des weitgehenden Konsenses zur Simultanität in der Literatur jedoch verwundern.
[588] Kleck (1979, S. 897); Passell (1975, S. 73).
[589] Yunker (1976, S. 60, Fn. 10).

OLS-Schätzung auftreten könnten, da das System rekursiv sei (die Funktion wird durch sich selbst definiert, da die Variablen sich gegenseitig erklären); Yunkers Kritiker Fox widerlegt diese Behauptung jedoch detailliert.[590] Schenkt man Fox Glauben, so scheinen neben Laysons auch Yunkers affirmative Befunde unter dem Blickwinkel der korrekten Würdigung von Reziprozität kritisch zu betrachten sein.

Ein zweiter Ansatz zur Berücksichtigung eines reziproken Effekts zwischen Hinrichtungsrisiko und Mordraten bedient sich Daten zum Zweck der Determination der geeigneten Verzögerungsstruktur zwischen beiden Faktoren. Viele Studienautoren dieser Metaanalyse haben sich zur Überprüfung des Abschreckungseffekts der Todesstrafe der statistischen Analysemethode der gewöhnlichen Kleinstquadratmethode (*OLS*) bedient (vgl. Zweiter Teil, Kapitel 2.2.4), und diese erlaubt keine Schätzung von „Feedback Relationships". Diese Untersuchungen gründen allein auf der Annahme, dass die temporale Abfolge eine ausreichende Basis für Schlussfolgerungen zum kausalen Ablauf liefert.[591] Doch selbst wenn die theoretische Begründung eines verzögerten Effekts des Exekutionsrisikos auf Mordraten akzeptiert wird, eliminiert das „Lagging" einer Variablen nicht zwingend das Problem der Simultanität.[592] Ob die Befunde der Arbeiten, die lediglich auf „lagged" Effekte des Hinrichtungsrisikos getestet haben, die wahre Natur der Beziehung zwischen der Todesstrafe und Mordraten repräsentieren, ist durchaus fragwürdig.[593] Wenn also Mocan/Gittings in ihrer Untersuchung klagen, *„dass der Aufdeckung eines Abschreckungseffekts der Todesstrafe die Schwierigkeit innewohne, ein geeignetes Dataset zur Überwindung des Problems der Simultanität zwischen Abschreckungsmessung und Kriminalaktivität zu finden"* [Übersetzung vom Verfasser],[594] und sie die Problematik mittels Verwendung von Paneldaten (im

---

[590] Fox (1977, S. 233 ff.).
[591] Stolzenberg/D'Alessio (2004, S. 359).
[592] Firebaugh/Beck (1994, S. 644).
[593] Firebaugh/Beck (1994, S. 644) befürchten auf Grundlage theoretischer Überlegungen sogar, dass „Lagging" eher zur Verschleierung des Problems der Simultanität als zu dessen Lösung dient.
[594] Übersetzung nach Mocan/Gittings (2003, S. 455).

Unterschied zu Zeitreihendaten niedriger Frequenz oder Querschnittsdaten) und „Lagging" einer dichotomen Dummy-Variablen zum Todesstrafenstatus gelöst zu haben glauben,[595] so machen sie ihre Resultate angreifbar; auch ihr Befund einer Bestätigung der Abschreckungswirkung der Todesstrafe gibt Anlass zu Zweifeln. Gleiches gilt etwa für die affirmative Arbeit von Dezhbakhsh/Shepherd, die auch meinen, allein über eine Verzögerung der Variablen das Problem kausaler Verknüpfung von Exekutionen und Mord bewältigt zu haben.[596]

Eine falsche Modellspezifikation und insbesondere Behandlung theoretisch plausibler simultaner Effekte kann von immenser Bedeutung für den Befund der entsprechenden Studie sein. Es wurde aufgezeigt, dass gerade mehreren affirmativen ökonometrischen Studien Unzulänglichkeiten auf Ebene der Identifikation beziehungsweise allgemein der korrekten Würdigung eines reziproken Verhältnisses zwischen Todesstrafe und einschlägiger Kriminalität anhaften, was zu einer fälschlichen Bejahung der Abschreckungshypothese führen kann.[597] Ob der zweifelhafte Ansatz, der die Sequenz von Hinrichtungen und Tötungsdelikten als ausreichende Basis für Schlussfolgerungen zum kausalen Ablauf erachtet, gerade den Befund einer Bestätigung der Abschreckungswirkung begünstigt, soll nicht endgültig bewertet werden; jedenfalls die beiden präsentierten Studien sind kritisch zu sehen.

2.4.2 Operationalisierung der Abschreckungsvariablen (unabhängige Variablen)

2.4.2.1 Berücksichtigung der Dimensionen von Strafanwendung
Bereits die ersten Vertreter der generalpräventiven Abschreckungstheorie aus der klassischen Schule der Kriminologie, Cesare Beccaria und Jeremy

---

[595] Mocan/Gittings (2003, S. 455, 466), auch unter Verweis auf Corman/Mocan (2000, S. 590 ff.).
[596] Ihre Ergebnisse bringen Dezhbakhsh/Shepherd (2003, S. 11) dazu, zu konstatieren, dass *„das Verhältnis zwischen Morden und Exekutionen nicht symmetrisch ist"* [Übersetzung vom Verfasser].
[597] Vgl. Nagin (1978, S. 125).

Bentham, vermuteten, dass Strafe nicht nur streng sein muss, sondern zudem mit einer gewissen Sicherheit, Schnelligkeit wie auch Öffentlichkeit
angewendet werden muss, um effektiv Verbrechen abzuschrecken.[598]
Überträgt man diese theoretischen Voraussetzungen auf die Forschung zur
Abschreckungswirkung der Todesstrafe, so darf eine einschlägige Untersuchung sich nicht auf die bloße Androhung der Todesstrafe beschränken,
sondern muss auch deren (Anwendungs-)Wahrscheinlichkeit, die zeitnahe
Anwendung im Anschluss an die Verbrechensbegehung und deren Publizität berücksichtigen. Besagte Merkmale bedeuten sowohl Anforderungen an
methodisch korrekte Studien als auch vermutete Bedingungen für die
Wirksamkeit von negativer Generalprävention.

2.4.2.1.1 Wahrscheinlichkeit der Strafe

Die bloße Androhung der Todesstrafe im Gesetz ist zu unterscheiden von
deren Anwendung in der Praxis. Bereits Beccaria vertrat die Ansicht, dass
die Sicherheit einer milden Strafe den Abschreckungsgrad einer strengen
Strafe übersteige, deren Eintritt ungewiss ist und die daher Hoffnung auf
Straflosigkeit fördert; die Gewissheit und Unausbleiblichkeit der Strafe sei
eines der wirksamsten Mittel, Verbrechen einzuschränken.[599] Diese theoretische Feststellung scheint von spezieller Bedeutung für die Auseinandersetzung mit und Bewertung von Studien zur Abschreckungswirkung der
Todesstrafe. Gerade den sehr frühen Arbeiten lässt sich vorwerfen, dass ein
Großteil ihrer Beweise zur Ineffizienz der Todesstrafe auf dem normativen
Unterschied zwischen politischen Einheiten (der Existenz beziehungsweise
Abwesenheit einer gesetzlichen Regelung der Todesstrafe) beruht und
nicht auf dem tatsächlichen Grad ihrer Anwendung.[600] Niemand würde der
Todesstrafe eine effektive Abschreckungswirkung zusprechen, solange
diese nicht zur Anwendung kommt; *„bei Beschränkung auf gesetzliche
Präsenz wäre die Todesstrafe ihrer Drohung komplett beraubt"* [Überset-

---

[598] Bailey (1980a, S. 1309).
[599] Vgl. Beccaria (1764b, S. 121).
[600] So Gibbs (1968, S. 518).

zung vom Verfasser].[601] Von der bloßen Einführung einer gesetzlichen Sanktionsdrohung mit dem Tod wäre kein abschreckender Effekt zu erwarten.

Dementsprechend erlangte die Frage, wie sich Unterschiede in der tatsächlichen Anwendung (genauer: Wahrscheinlichkeit) der Todesstrafe zu Tötungsdeliktsraten verhalten, immer mehr Relevanz und eine Unterscheidung von der Androhung wurde als unersetzlich erachtet.[602] Als eine der ersten Studien, die (auch) den Einfluss der Gewissheit von Exekutionen empirischen Tests unterzieht, gilt die Untersuchung von Schuessler aus dem Jahr 1952, welche in ihrer Funktion als typische komparatistische Analyse bereits beschrieben wurde (vgl. Zweiter Teil, Kapitel 1.1). Schuessler entwickelt einen Index für die Wahrscheinlichkeit des Vollzugs der Todesstrafe in den Bundesstaaten der USA: Er stellt die Hinrichtungsrate pro 1.000 Tötungsverbrechen zwischen 1937 und 1949 der Tötungsrate in 41 Todesstrafen-Bundesstaaten gegenüber; zur Prüfung der Robustheit der Ergebnisse teilt er diese Staaten in vier Gruppen je nach Höhe der Tötungsrate ein, berechnet jeweils die durchschnittlichen Tötungsdelikts- und Hinrichtungsraten und setzt beide in ein Verhältnis.[603] Spätestens mit den weitgehend deckungsgleichen Arbeiten von Bailey aus den Jahren 1974 und 1975 war ein Konsens über die Notwendigkeit zu erkennen, in Untersuchungen zur Abschreckungswirkung der Todesstrafe die Gewissheit (englisch: „certainty") der Sanktion statt lediglich deren Strenge (englisch: „severity") respektive bei der Todesstrafe deren bloße Normierung (englisch: „normative provision") zu berücksichtigen.[604]

Diese These lässt sich mit Aussagen zur unabhängigen Variablen aus dem dieser Metaanalyse zugrunde liegenden Datensatz untermauern (vgl. Zweiter Teil, Kapitel 2.2.1): Insgesamt sind lediglich für acht Studien ausschließlich Effektschätzungen verzeichnet, die unter Heranziehung der ge-

---

[601] Übersetzung nach Sellin (1959, S. 275 f.).
[602] Vgl. etwa die Kritik an einer Argumentationsführung von Glaser/Zeigler (1974, S. 334 f.) durch Bailey (1976, S. 32 f.).
[603] Schuessler (1952, S. 59 f.).
[604] Bailey (1974, S. 421 ff.) und Bailey (1975, S. 682 ff., 685).

setzlichen Androhung der Todesstrafe (im Gegensatz etwa zu Verurtei-
lungs- oder Exekutionsrate) als erklärende Variable zustande gekommen
sind. Während hierzu die Studie von Cardarelli[605] gehört, die neben der
von Schüssler die einzige ist, die vor den 1970er Jahren (und damit vor
Herausbildung besagten Konsenses) erschienen ist, sind sechs dieser Studien jenen zuzuordnen, die nicht mit dem Anspruch arbeiten, die Beziehung zwischen Todesstrafe und Tötungsraten oder explizit den Abschreckungseffekt der Todesstrafe zu erforschen, sondern sich vielmehr andere
Forschungsziele setzen und dabei die Abschreckungsmessung der Todesstrafe (teilweise auch als Kontrollvariable) lediglich der Vollständigkeit
halber integrieren: Es sind dies beide Studien von Fajnzylber/Le-
derman/Loayza[606] sowie die Studien von Mikesell/Pirog-Good,[607] von Miron,[608] von Neumayer[609] und von Sloan/Reilly/Schenzler.[610] Auf die möglicherweise eingeschränkte Aussagekraft dieser Arbeiten wurde bereits verwiesen (vgl. Dritter Teil, Kapitel 2.2.2); dass diese Studien sich mit der
oberflächlichen Operationalisierung von Abschreckungseffekten über den
gesetzlichen Status von Todesstrafe (in Bundesstaaten oder Nationen) be-
gnügen, fügt sich hier ein. Fajnzylber/Lederman/Loayza etwa schränken
ihren diesbezüglich ermittelten negativen Koeffizienten auch mit dem
Hinweis ein, dass es sich bei den herangezogenen Abschreckungsindikato-
ren um „lediglich grobe Proxy-Variablen" handle.[611] Letztlich beschränkt
Chressanthis als einziger Autor von nach 1974 erschienenen Studien dieser
Metaanalyse mit dem primären Anspruch einer Erforschung der Abschreckungswirkung der Todesstrafe seine Auswahl unabhängiger Variablen auf
Operationalisierungen der gesetzlichen Androhung derselben; genauer
verwendet sein *„empirisches Modell eine Dummy-Variable zur Erfassung
von strukturellen Veränderungen im Justizwesen bei der Behandlung der*

[605] Cardarelli (1968).
[606] Fajnzylber/Lederman/Loayza (1998) und Fajnzylber/Lederman/Loayza (2002).
[607] Mikesell/Pirog-Good (1990).
[608] Miron (2001).
[609] Neumayer (2003).
[610] Sloan/Reilly/Schenzler (1994).
[611] Fajnzylber/Lederman/Loayza (2002, S. 1345).

Todesstrafe, anstatt die Exekutionsrate zu messen wie beispielsweise Ehrlich" [Übersetzung vom Verfasser].[612] In Anbetracht der begründeten Notwendigkeit einer Integration von Messungen der Anwendungswahrscheinlichkeit von Strafe, zudem unter Verweis auf Eiseles Erkenntnis: „Die Nichtberücksichtigung dieses Sachverhalts" [die *De-facto*-Anwendung der Todesstrafe] „dürfte zu nicht unerheblichen Verzerrungen der Ergebnisse führen",[613] erscheint erwähnenswert, dass Chressanthis die Abschreckungshypothese im Ergebnis bestätigt. Auch an anderer Stelle[614] wird die Wahl der in diese affirmative Analyse integrierten Abschreckungsvariablen kritisiert.

Dass laut Datensatz auf Studienebene der Abschreckungshypothese für die gesetzliche Androhung der Todesstrafe für ein Gewaltdelikt (Strafhöhe) im Ergebnis zu 44 Prozent voll zugestimmt wird, muss zum einen unter dem Vorbehalt gesehen werden, dass eine Beurteilung der Abschreckungseffekte von Strafhöhe nur in weniger als der Hälfte der Studien ausgemacht werden konnte, was die Aussagekraft der Häufigkeitszahl beschränkt: Die für einen Sachverhalt typischen Zahlenverhältnisse und Regelmäßigkeiten treten umso gesicherter auf, je höher die Zahl der beobachteten Fälle ist.[615] Darüber hinaus sind jedoch gerade für Untersuchungen zur Todesstrafe, bei denen es sich weniger um Messungen der Strafstrenge als der bloßen Existenz (zusätzlich zur Haftstrafe) handelt, separate Aussagen zum Abschreckungsausmaß von Strafdrohung (das heißt Befunde, die sich ausschließlich auf Untersuchungen der Präventivwirkung einer gesetzlich verankerten Möglichkeit des Vollzugs der Todesstrafe stützen) aus oben genannten Erwägungen nahezu bedeutungslos. Diesbezüglich lässt sich re-

---

[612] Übersetzung nach Chressanthis (1989, S. 90).
[613] Eisele (1999, S. 36).
[614] Vgl. Cameron (1994, S. 208).
[615] Im Übrigen steht die Verteilung im Widerspruch zur Erkenntnis der Projektleiter vorliegenden Forschungsvorhabens auf separater Ebene der Effektschätzungen, die quantitativ ermitteln, dass der Anteil an theoriekonsistenten und signifikanten Effektschätzungen besonders gering ist, der durchschnittliche t-Wert sogar leicht positiv ist, wenn die gesetzliche Androhung der Todesstrafe als Abschreckungsvariable verwendet wird (Dölling/Entorf/Hermann/Rupp (2009, S. 220)).

sümieren, dass beinahe alle Arbeiten (jedenfalls partiell) mit der Strafan-
wendung/-wahrscheinlichkeit (das heißt Verurteilungsrate, Anteil der Verurteilungen zu Todesstrafen an allen Verurteilungen, Exekutionsrate) als
Abschreckungselement und damit als erklärende Variable arbeiten; werden
nur diejenigen Studien betrachtet, die der Abschreckungsforschung zuzuordnen und zudem nach Erreichung des dargestellten Konsenses entstanden sind, so verbleibt lediglich eine Studie, die ihre Effektschätzungen ausschließlich über den gesetzlichen Status, das heißt Existenz beziehungsweise Abwesenheit der Todesstrafe, generiert.[616]

Ein unmittelbar mit der Berücksichtigung der Wahrscheinlichkeit der Todesstrafe verbundenes Problem stellt die Frage dar, ob der Abschreckungseffekt der Todesstrafe und seine analytische Messung durch deren seltene
oder unregelmäßige Auferlegung und Anwendung beeinträchtigt werden.[617] Die geringe Inzidenz der Todesstrafe bedeutet studienübergreifend
ein ernsthaftes stochastisches Hindernis für empirische Analysen (vgl.
Dritter Teil, Kapitel 1.2) und die Wahl eines – auch im Hinblick auf die
Strafwahrscheinlichkeit – repräsentativen Referenzzeitraums wurde bereits
andernorts erörtert (vgl. Dritter Teil, Kapitel 2.3.4). An dieser Stelle wird
nur die Frage behandelt, ob die Gewissheit der Todesstrafe überhaupt in
der Untersuchung der Abschreckungswirkung derselben Anklang gefunden
hat. Hierbei ergibt sich wenig Potential zur Erklärung divergierender Studienergebnisse; Anlass zu Zweifeln bietet aus dargestellten Gründen allenfalls der affirmative Befund von Chressanthis.

---

[616] Nicht unerwähnt sollen diesbezügliche Zweifel an der Ergänzungsstudie von Avios kanadischer Untersuchung durch Layson (1983) bleiben, deren Resultate stark von der Integration
einer überdies zweifelhaften Dummy-Variablen D_{LAW} (mit dem Wert Null bis 1960 und dem
Wert 1 hiernach) in die Gleichung zur Exekutionswahrscheinlichkeit abzuhängen scheinen,
weshalb die Parameterschätzungen entgegen Laysons Behauptung weniger den Effekt von
Anwendungsvariationen (im erweiterten Zeitraum fanden in Kanada keine Hinrichtungen
statt) als von Differenzen betreffend die Statuierung der Todesstrafe widerspiegeln könnten;
die ursprünglichen, die Abschreckungshypothese ablehnenden Resultate von Avio (1979)
dürften Bestand haben (vgl. Cameron (1994, S. 207 f.).
[617] Vgl. Bailey (1980b, S. 186).

2.4.2.1.2 Unverzüglichkeit der Strafe

Je rascher die Strafe auf das begangene Unrecht folgt, desto effektiver ist sie. Beccaria formuliert insoweit für die Abschreckungswirkung einer Strafe, dass die Schnelligkeit ihrer Verhängung und Vollstreckung von besonderer Bedeutung sei, da mit Verkürzung des Zeitraums zwischen Begehung und Bestrafung einer Tat die Auffassung der Ahndung als unausbleibliche Wirkung des Delikts durch die Gesellschaft steige.[618] Verzögerung bewirke nur, dass sich diese beiden Ideen (Verbrechen und Strafe) immer weiter voneinander entfernten, die Strafe eines Verbrechers mache dann eher den Eindruck eines schrecklichen Schaustücks als einer unumgänglichen Konsequenz des Verbrechens; die Wirkung trete in diesem Fall erst ein, wenn die Abscheu vor dem besonderen Verbrechen, weswegen sie verhängt wird, in den Gemütern der Zuschauer bereits abgeklungen sei, während diese sonst dazu gedient haben würde, den Eindruck der Strafe zu verstärken.[619] Wenn Todesstrafe also ein Abschreckungseffekt zukommen soll, so kann dies nur bei unverzüglicher Anwendung der Fall sein.[620]

Operationalisieren lässt sich die Unverzüglichkeit der Todesstrafe über die Zeit zwischen Tat und Verurteilung und über die Wartezeit eines Verurteilten im Todestrakt. Die durchschnittliche Anzahl der Jahre, die ein hingerichteter Straftäter im Todestrakt verbringt, hat sich beispielsweise in den (häufig untersuchten) Vereinigten Staaten in jüngster Vergangenheit stark verlängert (zwischen 1981 und 1999 von einem auf fast zwölf Jahre;[621] in Kalifornien beträgt die durchschnittliche Wartezeit zwischen Todesurteil und Hinrichtung 25 Jahre[622]), was Katz/Levitt/Shustorovich zu der These führt, dass es unter anderem lange Aufschübe zwischen Urteil und Hinrichtung schwer machen, zu glauben, dass die Angst vor einer Exekution eine treibende Kraft im Kalkül des rationalen Verbrechers darstellt.[623] Die

---

[618] Beccaria (1764a, S. 105).

[619] Beccaria (1764a, S. 106).

[620] So auch Jeffery (1965, S. 299).

[621] Shepherd (2004, S. 293); zu Gründen hierfür vgl. Aarons (1998, S. 13 ff.).

[622] Vgl. „Protokoll einer versuchten Exekution" (*Süddeutsche Zeitung* vom 09.10.2009, S. 10).

[623] Katz/Levitt/Shustorovich (2003, S. 319 f.).

Schnelligkeit von Hinrichtungen kann in temporaler wie geographischer Hinsicht variieren; dass die Variation der durchschnittlichen Verzögerung auch auf statistischen Ursachen beruhen mag – in der Folgezeit eines Moratoriums etwa steigen die mittleren Todestraktwartezeiten erst mit zunehmendem Zeitablauf –, ist letztlich unerheblich, da potentielle Verbrecher sich erfahrungsgemäß danach richten, was sie (subjektiv) bei anderen Todeskandidaten wahrnehmen, in diesem Fall eine längere beziehungsweise kürzere reale Todestraktwartezeit.[624]

Aus vorstehenden theoretischen Erwägungen resultiert die Frage, inwieweit die Ergebnisse der Studien zum Abschreckungseffekt der Todesstrafe durch das Versäumnis einer Berücksichtigung der (variierenden) Schnelligkeit von Hinrichtungen beeinflusst sein könnten. Zwar lässt sich nur spekulieren über den Abschreckungseffekt dieser Dimension von Strafanwendung. Zumindest jedoch mögen die Resultate geprüfter Sanktionsvariablen durch Auslassen der Schnelligkeit von Bestrafung in einem Abschreckungsmodell verzerrt sein, Parameterschätzungen können beliebig verfälscht werden, wenn wichtige Variablen aus dem Modell ausgeschlossen werden.[625] Wie Bailey anmerkt, sind auch inverse Beziehungen zwischen Exekutionen und Tötungsdeliktsraten (wie namentlich in den Untersuchungen von Ehrlich und Yunker) unter Vorbehalt zu handhaben, solange nicht auch die Schnelligkeit der Todesstrafe als Abschreckungsmittel erwogen wird;[626] eben wegen Außerachtlassung dieses wesentlichen Bestandteils der Abschreckungsdoktrin wird in den Studien oftmals abschließend angemerkt, dass die ermittelten Ergebnisse mit Vorsicht zu interpretieren seien.[627] Von den 26 Arbeiten, die die Abschreckungswirkung der Todesstrafe im Ergebnis bejahen, berücksichtigt lediglich eine, die Arbeit von Shepherd,[628] die Unverzüglichkeit der Todesstrafe bei ihren Schätzungen. Zwar nehmen auch von den mehrheitlichen Studien, denen eine Falsi-

---

[624] Shepherd (2004, S. 293, Fn. 10), auch unter Verweis auf Sah (1991, S. 1273).
[625] Black/Orsagh (1978, S. 628).
[626] Bailey (1978a, S. 8).
[627] Vgl. beispielsweise Bailey (1977, S. 140) und Bailey (1980b, S. 202, inkl. Fn. 19).
[628] Shepherd (2004, S. 292 ff., 301 ff., 314 f.).

214

fikation der Nullhypothese zur Abschreckungswirkung der Todesstrafe nicht gelingt, nur wenige die Sanktionsschnelligkeit in ihre Untersuchung auf – wie sich das Manko genau auswirkt, bleibt ungeklärt. Eine entsprechende Fehlerhaftigkeit nahezu aller einschlägigen affirmativen Studien ist aber immerhin angedeutet.

2.4.2.1.3 Publizität der Strafe

Neben Wahrscheinlichkeit und Unverzüglichkeit wurde schon früh der Dimension der Öffentlichkeit von Strafanwendung große Bedeutung beigemessen. Theoretisch begründet wurde und wird dies damit, dass die Theorie der Generalprävention neben einer Motivationstheorie (Wissensverwertung im Handeln) vorgeschaltet eine Kommunikationstheorie (Wissensvermittlung über die Strafrechtspflege) beinhalte.[629] Die Informiertheit der Normadressaten über Androhung und vor allem Anwendung des Gesetzes sei Grundvoraussetzung für die Wirksamkeit von Sanktionen.[630] Richard L. Henshel und Sandra H. Carey argumentieren wie folgt: *„Abschreckung, wenn sie existiert, ist ein Zustand des Geistes. Wenn er keine Kenntnis über die Sanktion hat, dann ist deren objektive Existenz mit bestimmten Niveaus an Schwere, Wahrscheinlichkeit und Promptheit ohne Bedeutung"* [Übersetzung vom Verfasser].[631]

Übertragen auf die Materie vorliegender Arbeit, wäre Publizität der Todesstrafe eine notwendige Bedingung für deren potentielle Abschreckungswirkung; die Todesstrafe dürfte kaum Einfluss auf die Mordrate haben, wenn die Öffentlichkeit über ihre Existenz und Vollstreckung nicht ausreichend informiert ist. Paul R. Zimmerman spricht in diesem Zusammenhang von einem „Announcement Effect" (deutsch: Signalwirkung), wobei er dessen Ursachen bedauerlicherweise nicht in seine Schätzungen integriert, sondern lediglich die stärkere Publizität von Hinrichtungen (durch Medien, Mundpropaganda und ähnliche Informationskanäle) im Vergleich

---

[629] Schumann/Berlitz/Guth/Kaulitzki (1987, S. 4); vgl. auch Bailey/Peterson (1994, S. 56): „[D]eterrence is a communication theory".
[630] Gibbs (1975, S. 140 ff.).
[631] Übersetzung nach Henshel/Carey (1975, S. 56 f.).

zu unbemerkbarer gerichtlicher Aktivität als Begründung dafür anführt, dass angewandte Todesstrafe mehr abschrecke als bloß angedrohte und dass er für Hinrichtungen signifikantere Koeffizienten ermittelt als für Verurteilungen.[632] Bereits im zweiten Teil wurden mehrere Arbeiten als Beispiele einer Studiengattung präsentiert, die den Einfluss öffentlicher Wahrnehmung von Hinrichtungen in ihre Untersuchung miteinbezieht; diese überwiegend in den 1980er Jahren entstandenen Arbeiten verkörpern eine spezielle methodische Ära auf dem Gebiet der Abschreckungsforschung (vgl. Zweiter Teil, Kapitel 1.4). Die Heranziehung der Öffentlichkeit von Exekutionen als erklärende Variable in der Determination der Tötungsrate könnte Bedeutung für den Ausgang einer Studie haben; Öffentlichkeit von Hinrichtungen meint in diesem Zusammenhang die Verbreitung von Informationen über Sanktion und Sanktionswahrscheinlichkeit in der Gesellschaft. Der Einschluss von Variablen, die dem Umstand Rechnung tragen, dass ein generalpräventiver Effekt von Sanktionen nur zu erwarten ist, wenn entsprechende Informationen publik sind, könnte sich stark auswirken.[633] Einerseits wäre in diesem Zusammenhang zu denken an eine Erfassung der Berichterstattung über reale Kriminalität und Verbrechensbekämpfung, andererseits könnte versucht werden, die Vorstellung relevanter Bevölkerungsteile zur Sanktionswirklichkeit (und seien sie auch nur den Massenmedien zu verdanken) quantitativ darzustellen; im Bereich solcher Faktoren bestehen offenkundige Quantifizierungsschwierigkeiten.[634]

Die Studien, die die Vermittlung von Todesstrafendrohung und -anwendung berücksichtigen, versuchen diese über den Grad der Öffentlichkeit, den eine Hinrichtung erfährt, zu operationalisieren;[635] dabei ist

---

[632] Zimmerman (2004, S. 188).

[633] Köberer (1982, S. 214).

[634] Köberer (1982, S. 214).

[635] Unberücksichtigt bleibt insofern, dass Unterschiede in der Sanktionsrealität – gleichgültig ob publiziert oder nicht – von der Bevölkerung nicht wahrgenommen zu werden brauchen, sodass eine objektiv verschiedene Sanktionsrealität subjektiv gleich erscheinen kann und demzufolge etwa unterschiedliche Kriminalitätsraten nicht auf einer Abschreckungswirkung intensiverer Sanktionsrealität zu beruhen brauchen (vgl. Dölling (1990, S. 4)).

216

bestenfalls wiederum zu differenzieren zwischen Printmedien (entscheidend sind hier insbesondere Auflagenhöhe und den Exekutionen gewidmete Beachtung[636]) und elektronischen Medien (wie Radio, Television, Internet) – je nachdem, welche Nachrichtenquelle im Referenzzeitraum als die wichtigste galt[637] – wie auch zwischen Quantität (Spaltenzahl und -größe respektive Sendehäufigkeit und -länge) und Qualität (beispielsweise Angabe von Fällen besonders „verdienter" Todesstrafe, Hinweis auf Anti-Hinrichtungs-Demonstrationen etc.) der Nachrichten.[638]

Als Phillips 1980 die wöchentlichen Mordraten der Jahre 1858 bis 1921 in London vor und nach 22 stark publizierten Hinrichtungen untersuchte, war die Idee einer systematischen Untersuchung der direkten Wirkung medial beachteter Hinrichtungen auf die Mordrate nicht vollständig neu: Untersuchungen von Robert H. Dann, William F. Graves, Leonard Savitz sowie David R. King hatten Kriminologen schlussfolgern lassen, dass selbst solche Hinrichtungen, denen starkes mediales Interesse zuteil wird, keine abschreckende Wirkung auf potentielle Mörder hätten. Um Wiederholungen zu vermeiden, wird für eine detaillierte Deskription der dieser Arbeit zugrunde liegenden Studien, die dem generalpräventiven Aspekt der Publizität von Strafe Bedeutung beimessen, auf die oben gemachten Ausführungen verwiesen (vgl. Zweiter Teil, Kapitel 1.4). Dort wurde zusammenfassend festgestellt, dass die präsentierten Studien sich zwar hinsichtlich ihrer Methodik (Berücksichtigung medialer Berichterstattung über Hinrichtungen) gleichen, hinsichtlich ihrer Ergebnisse jedoch variieren: Während die Arbeit von Stack[639] eine Abschreckungswirkung der Todesstrafe ableitet,

---

[636] Vgl. Phillips (1980, S. 143); vgl. auch Peterson/Bailey (1991, S. 376).
[637] Laut einer Umfrage des US-Meinungsforschungsinstituts *Roper* veränderte sich das Verhältnis der Wichtigkeit von Zeitung und Television als Nachrichtenquelle bei möglichen Mehrfachnennungen beispielsweise zwischen 1959 und 1982 von 57 zu 51 Prozent auf 44 zu 65 Prozent zugunsten des Fernsehens (Bailey/Peterson (1989, S. 728, Fn. 6)).
[638] Sendezeit im Fernsehen beachtet von den einschlägigen Studien erstmals McFarland partiell (vgl. McFarland (1983, S. 1018)); die Qualität der TV-Hinrichtungsberichterstattung berücksichtigen etwa Bailey (1990, S. 629 f.), Peterson/Bailey (1991, S. 375), Bailey/Peterson (1994, S. 63).
[639] Stack (1987).

stellen Phillips (jedenfalls langfristig),[640] McFarland[641] wie auch sämtliche Arbeiten von Bailey (teilweise in Kooperation mit Peterson)[642] fest, dass die Todesstrafe beziehungsweise Medienberichterstattung über Hinrichtungen nicht abschreckend wirkt. Darüber hinaus würdigen auch die Studien von Grogger,[643] jeweils eine weitere Arbeit von Bailey[644] und Stack[645] und die Untersuchung von Stolzenberg/D'Alessio[646] zumindest partiell die Publizität der Todesstrafe bei ihren Schätzungen. Auch von diesen bestätigt lediglich die Arbeit von Stack im Ergebnis die Abschreckungshypothese im Hinblick auf die Todesstrafe. Im Umkehrschluss bedeutet dies, dass 24 Arbeiten Beweise für einen Abschreckungseffekt der Todesstrafe gefunden haben, ohne die Tatsache zu berücksichtigen, dass die Theorie der Generalprävention eine Kommunikationstheorie darstellt. Andererseits stellt sich die Frage, wie sich die vom Gros abweichenden Ergebnisse in den Untersuchungen von Stack erklären lassen. In seiner Arbeit von 1987[647] erforscht dieser die Beziehung zwischen der Berichterstattung über Hinrichtungen und Mordraten, genauer: monatlichen Mordraten in den USA im Zeitraum 1950 bis 1980. Dabei operationalisiert er die Intensität der Exekutionsberichterstattung als die Anzahl der Eintragungen im *New York Times Index* und im *Facts on File Index*, einem nationalen Index führender Zeitungen, und teilt die Hinrichtungen, die im Untersuchungszeitraum vollstreckt wurden, ein nach hoher, mittlerer und geringer medialer Präsenz. Stack findet einen signifikanten Rückgang der Mordraten in Monaten, in denen ausführlich über Hinrichtungen berichtet wurde, und quantifiziert, dass ein groß aufgemachter Artikel über eine aktuelle Hinrichtung 30 Morde im Monat der Publikation verhindert, sodass die 16 stark publizierten Exekutionen im Untersuchungszeitraum 480 Leben retteten. Aller-

---

[640] Phillips (1980).
[641] McFarland (1983).
[642] Bailey/Peterson (1989), Bailey (1990), Peterson/Bailey (1991), Bailey/Peterson (1994).
[643] Grogger (1990, S. 301).
[644] Bailey (1998, S. 715 f.).
[645] Stack (1990, S. 601 f.).
[646] Stolzenberg/D'Alessio (2004, S. 364 ff.).
[647] Stack (1987).

dings schränkt er ein, dass nur beiläufig erwähnte Hinrichtungen ohne Einfluss auf die Mordrate bleiben und dass Variablen zu Arbeitslosigkeit sowie Anteil der Bevölkerung zwischen 16 und 34 Jahren die Mordrate um ein Vielfaches mehr beeinflussen als die „Publicized Execution Story"-Variable. Wenn Stacks Studie von 1987 auch in vielerlei Hinsicht einen Fortschritt für die Forschung bedeutete, so leidet sie doch gerade im Hinblick auf die Einbeziehung der Medienberichterstattung über Hinrichtungen unter erheblichen Schwächen, die es erlauben, Stacks Endbefund in Frage zu stellen.

So werfen Bailey/Peterson, die die Studie diskutieren und replizieren, Stack vor, seine Ergebnisse seien Artefakte, die durch fehlerhaftes Kodieren der Medienpräsenz entstanden sind. Speziell Stacks Klassifizierung der Hinrichtungen in solche mit großer medialer Berichterstattung sei mangelbehaftet. Bei Zugrundelegung von Stacks Klassifizierungsschema bei der Auswertung von *New York Times Index* und *Facts on File Index* wären nach Bailey/Peterson 26 Hinrichtungen in 19 verschiedenen Monaten (statt 23 Hinrichtungen über 16 Monate) unter die erste Kategorie (hohe mediale Präsenz) zu subsumieren.[648] Schon diese Korrektur ändert Stacks Befund dramatisch: Gelingt bei Außerachtlassung der drei in Rede stehenden Hinrichtungen noch nahezu eine Wiederholung von Stacks Ergebnissen, so lässt sich nach entsprechender Korrektur zwischen Hinrichtungspublizitätsstufen und Tötungsdeliktsraten eine signifikant inverse Beziehung nicht mehr feststellen; vielmehr tendieren dann gering bis moderat publik gemachte Hinrichtungen zu einem Zusammenhang mit niedrigeren monatlichen Tötungsraten, wobei die Beziehungen äußerst schwach und daher möglicherweise zufällig sind.[649] Dazu kommen weitere Unzulänglichkeiten, die sich Stack im Zusammenhang mit der Integration der Publizität von Hinrichtungen in sein Modell vorwerfen lassen:[650] Obwohl nicht davon auszugehen ist, dass die Berichterstattung über Hinrichtungen auch

---

[648] Bailey/Peterson (1989, S. 725).
[649] Bailey/Peterson (1989, S. 731, 729).
[650] Vgl. hierzu Eisele (1999, S. 112 f.).

Tötungen in Staaten verhindert, die die Todesstrafe nicht vorsehen,[651] impliziert Stacks Modell diese Annahme; er versäumt es, Anteilsveränderungen der Bevölkerung zu kontrollieren, die in Staaten mit und die in Staaten ohne Todesstrafe lebt. Wäre das Verhältnis der Bevölkerung in den Staaten mit und ohne Todesstrafe im Untersuchungszeitraum weitgehend konstant, so könnte man dies vernachlässigen; jedoch variiert der Bevölkerungsanteil, der in Rechtsordnungen ohne Todesstrafe lebt, im Untersuchungszeitraum zwischen 10 und 45 Prozent. Ferner wird von Stack die Häufigkeit der monatlichen Hinrichtungen, die in den Jahren 1950 bis 1980 zwischen Null und 16 variiert, nicht kontrolliert, weshalb auch nicht zwischen der Abschreckungswirkung der jeweiligen Anzahl der monatlichen Hinrichtungen und der Anzahl der Hinrichtungen mit großer Medienwirksamkeit differenziert wird. Auch beschränkt Stack seine Untersuchung auf die Beziehung zwischen medialer Berichterstattung über Hinrichtungen und Tötungsdelikten innerhalb desselben Monats, womit von vornherein ausgeschlossen wird, dass sich eine Abschreckungswirkung erst im darauffolgenden Monat manifestiert beziehungsweise eine kurzfristige Abschreckungswirkung durch spätere Tötungen ausgeglichen wird (vgl. Dritter Teil, Kapitel 2.3.3.2.2).

Vor allem vorstehende Unzulänglichkeiten scheinen verantwortlich dafür zu zeichnen, dass Stacks Ergebnisse nicht mit denen des Großteils entsprechender Forschung übereinstimmen,[652] vorliegend mit insgesamt neun Studien zur Abschreckungswirkung der Todesstrafe unter Berücksichtigung der öffentlichen Wahrnehmung von Hinrichtungen, denen eine Falsifizierung der Nullhypothese misslingt. Hermann Eisele, der in seiner Metaanalyse eine Aussage zur Abschreckungswirkung der Todesstrafe mit guter Begründung nur auf eine Untersuchung solcher Studien stützt, welche den Einfluss der medialen Berichterstattung über Hinrichtungen auf die Mordrate zu messen versuchen, schließt unter anderem aus den methodi-

---

[651] Anders liegt es laut Bailey (1998, S. 715), wenn es sich um Staaten handelt, die übereinstimmend die Todesstrafe als Sanktion vorsehen.
[652] Vgl. Bailey/Peterson (1989, S. 725).

schen Schwächen in Stacks Untersuchung in Gesamtschau mit den ablehnenden Ergebnissen sämtlicher anderer Arbeiten, „dass eine abschreckende Wirkung der Todesstrafe unwahrscheinlich ist".[653] Zwar soll an dieser Stelle (noch) nicht in gleicher Art geschlussfolgert werden, doch demonstriert das parallele Vorgehen die Wichtigkeit einer Auseinandersetzung mit der Studie von Stack zur Erklärung von Befunddiskrepanzen; zumal hinsichtlich der verbleibenden 24 affirmativen Arbeiten Zweifel an deren Aussagekraft verbleiben: Da die generalpräventive Wirkung von Sanktionen offensichtlich über Information (möglicherweise auch über Illusion) vermittelt sein muss, kann man auf die Berücksichtigung dieses Aspekts in Untersuchungen zur Abschreckungswirkung der Todesstrafe schließlich keinesfalls verzichten.[654]

2.4.2.2.2 Messung von Hinrichtungen als unabhängige Variable

Für weit mehr als die Hälfte der Effektschätzungen vorliegender Integrationsstudie wurde die Abschreckungsvariable über Hinrichtungen operationalisiert: In fast 60 Prozent der Fälle wird der Einfluss der Todesstrafe mittels Exekutionsanzahl oder -rate gemessen (vgl. Zweiter Teil, Kapitel 2.2.1).

2.4.2.2.1 „Linked"-Problematik

Dass im Zusammenhang mit als Raten konstruierten „linked" Variablen, das heißt solchen Variablen, deren Nenner zugleich als Zähler einer anderen Variablen dient, aus Messfehlern unter Umständen Verzerrungen in Richtung einer fälschlichen Bejahung der Abschreckungshypothese resultieren können, wurde im Rahmen der Vorzugswürdigkeit kanadischer Daten bereits angedeutet. Kanadische Daten zeichnen sich in Hinsicht auf die Repräsentation von Risikowahrscheinlichkeiten dadurch aus, dass sie eine Konstruktion unverbundener (englisch: „unlinked") Messungen von Verurteilungs- und Hinrichtungswahrscheinlichkeit ermöglichen, das heißt, es kann eine Variable für die Hinrichtungswahrscheinlichkeit konstruiert

---

[653] Eisele (1999, S. 115).
[654] So auch Köberer (1982, S. 214).

werden, deren Nenner nicht zugleich Zähler derjenigen Variablen ist, die das Verurteilungsrisiko misst (vgl. Dritter Teil, Kapitel 2.3.1.3.1).

Generell kann die „Linked"-Problematik auf zwei verschiedene Arten auftreten: Während man von einem „Direct Link" spricht, wenn es sich um Messfehler bei Daten handelt, die zur Formierung des Nenners einer unabhängigen Variablen und des Zählers der abhängigen Variablen verwendet werden, können ebenso Messfehler bei Daten, die zur Formierung des Nenners einer unabhängigen Variablen und des Zählers einer anderen unabhängigen Variablen verwendet werden, die wiederum über einen Nenner verfügt, der aus den Daten des Zählers der abhängigen Variablen geformt ist („Indirect Link"), zu einer künstlichen Korrelation führen, die Effektschätzungen dahingehend verzerrt, dass ein Abschreckungseffekt ermittelt wird, wo tatsächlich gar keiner existiert.[655]

Offensichtlich können schon kleinste Messfehler bei der Tötungsdeliktsrate bedingen, dass die abhängige Variable und die Abschreckungsvariable sich in entgegengesetzter Richtung vom „wahren Wert" entfernen. Dass solche Messfehler (studienübergreifend) höchst wahrscheinlich sind, wurde bereits mehrfach angemerkt, die Qualität von Kriminalstatistiken ist hinlänglich als mangelhaft bekannt und insbesondere die viel verwendeten *Uniform Crime Reports* (*UCR*) unterliegen starken Einschränkungen (vgl. Dritter Teil, Kapitel 1.1). Nicht so augenfällig, dafür umso überraschender ist die Größenordnung, die die Verzerrung annehmen kann. Klein/ Forst/Filatov gehen in ihrer Studie dieser Frage im Wege einer *Monte-Carlo-Simulation* nach und kommen zu dem Schluss, dass ein Messfehler, der darin besteht, dass die Mordzahlen auf ganze Zehner gerundet werden – wie es beispielsweise bei den von Ehrlich verwendeten Statistiken der Fall ist –, eine angenommene völlige Unabhängigkeit der Tötungsverbrechen von der Exekutionsrate so verzerrt, dass sich eine Elastizität von −1, also der Ausdruck einer deutlichen abschreckenden Wirkung, ergeben würde. Anders ausgedrückt: Selbst wenn die Rate der Tötungsverbrechen

---

[655] Avio (1988, S. 1254).

222

in keiner Weise auf die Veränderung der Exekutionsrate reagieren würde, würde die Regressionsrechnung aufgrund dieses Zusammenhangs in der Berechnung der Werte für die erklärte und die erklärende Variable bei relativ kleinen Messfehlern schon einen starken negativen Zusammenhang im Sinn der Abschreckungshypothese feststellen.[656] Logisch geschlussfolgert könnte man insofern sogar vermuten, dass Ehrlichs Koeffizienten für die Hinrichtungswahrscheinlichkeit, die nur knapp unter Null liegen, eher auf einen mordfördernden (brutalisierenden) Effekt als auf eine abschreckende Wirkung hindeuten, weil sie real positiv sein müssten und erst durch den beschriebenen Verzerrungseffekt in den negativen Bereich hineingelenkt werden.[657]

Des Weiteren ermitteln Klein/Forst/Filatov unter dem Gesichtspunkt eines „Indirect Link", dass aus Ehrlichs Verwendung von Verhaftungs- und konditionaler Verurteilungswahrscheinlichkeit als Teil des Nenners der Hinrichtungswahrscheinlichkeit und ihrer gleichzeitigen Verwendung als separate erklärende Variablen erhebliche Verzerrungen resultieren können. Würden all diese Variablen fehlerfrei gemessen, so würden sie miteinander maximal insoweit korrelieren, als sie sich in einem Strafverfolgungssystem wie Substitute verhalten (vergleiche hierzu auch die späteren Ausführungen zur Kumulation unabhängiger Variablen). Wählt man aber Ehrlichs Konstruktion der Hinrichtungswahrscheinlichkeit, so resultiert aus Messfehlern zusätzlich eine künstliche Korrelation. An der Existenz von Messfehlern bestehen im Übrigen auch für diese Kombination keine Zweifel: Die von Ehrlich verwendeten Zahlen für die Verurteilungen des Jahres 1936 etwa stammen aus nur 13 Gerichtsbezirken, welche ihrerseits zudem relativ groß waren, weshalb die dafür errechneten Raten wahrscheinlich unterschätzt wurden und kaum als repräsentativ angesehen werden können.[658] Im Übrigen enthielt die gewählte *FBI*-Statistik überhaupt erst seit 1936 Angaben über Verurteilungen, sodass Ehrlich entsprechende Daten

---

Klein/Forst/Filatov (1978, S. 347, inkl. Fn. 10).
Klein/Forst/Filatov (1978, S. 347).
Bowers/Pierce (1975, S. 191).

für die Jahre 1933 bis 1935 gerade aus den Zahlen für 1936 konstruiert.[659] Werden beispielsweise Verhaftungs- und Verurteilungswahrscheinlichkeit mit einem durchschnittlichen Zufallsfehler von zwei Prozent gemessen, so würde eine Abschreckungselastizität von −0,05 produziert werden, selbst wenn zwischen Tötungsdeliktsrate und konditionaler Hinrichtungswahrscheinlichkeit tatsächlich keinerlei Beziehung existieren würde.[660]

Ehrlich erwidert zusammen mit Randall Mark auf vorstehende kritische Tests von Klein/Forst/Filatov zwar, dass diese irrelevant für die Determination von Verzerrungen in Ehrlichs Zeitreihenanalyse von 1975 seien und den uninformierten Leser irreführten.[661] Ehrlich/Mark argumentieren, dass ein hypothetisches Experiment, welches den Daten künstlich keine wahre Beziehung zwischen Variablen auferlegt, nicht den Einfluss von Messfehlern aufdecken könne, wenn die Variablen tatsächlich kausal aufeinander bezogen sind. Während Klein/Forst/Filatov für die Daten Messfehler angenommen hätten, habe Ehrlich Instrumentvariablen-Techniken verwendet und versucht, die Daten von jeglichen Messfehlern zu bereinigen, um das wahre Verhältnis zwischen den Variablen offenzulegen. Ungeachtet der Tatsache, dass es sich hierbei um bloße Spekulation handelt,[662] spricht eine Prüfung der Vermutungen von Klein/Forst/Filatov mit kanadischen Daten der Jahre 1926 bis 1960 aber für deren Aussagen: Als attraktive Alternative zur aufgezeigten *Monte-Carlo-Simulation* gilt der Vergleich von Regressionsgleichungen, die „linked" beziehungsweise „unlinked" Konstruktionen der Variablen verwenden; findet sich eine vergleichsweise fehlerfreie Datenserie, so lässt sich der von Klein/Forst/Filatov verfolgte Zweck ohne die Bedenken von Ehrlich/Mark realisieren. Avio schätzt dementsprechend eine Vielzahl von Gleichungen unter Verwendung verschiedener Formulierungen der erklärenden Variablen wie auch verschiedener Schätztechniken.[663] Hierbei differenziert er die Gleichungen nach der

---

[659] Ehrlich (1975a, S. 409).
[660] Klein/Forst/Filatov (1978, S. 348).
[661] Vgl. hierzu Ehrlich/Mark (1977, S. 299 f.).
[662] Vgl. Cameron (1994, S. 204).
[663] Vgl. hierzu Avio (1988, S. 1257 ff.).

Verwendung von Daten zu deren Schätzung, wobei einziges Differenzierungskriterium darin besteht, dass im einen Teil der Gleichungen die Summe von Hinrichtungen und Umwandlungen zur Konstruktion des Nenners der Variablen für das konditionale Hinrichtungsrisiko verwandt wird und im anderen Teil die Verurteilungen wegen Mordes zu diesem Zweck eingesetzt werden. Während sich also letztere Gruppe quasi verlinkter erklärender Variablen bedient, gilt dies für erstere Gruppe nicht in gleicher Weise. Die Resultate indizieren wie vermutet, dass die Gleichungen der zweiten Gruppe nachhaltiger die Abschreckungshypothese belegen; jedenfalls werden die geschätzten Koeffizienten für das Hinrichtungsrisiko „stärker", wenn die verlinkten Hinrichtungsrisikodaten herangezogen werden.[664] Dies gilt im Übrigen unabhängig davon, ob Schätztechniken zur Bereinigung von Messfehlern angewandt werden. Ferner werden qualitativ vergleichbare Ergebnisse für Verurteilungs- und Verhaftungsrate erzielt, weshalb in dieser Hinsicht offenbar alle drei Abschreckungsvariablen durch die vermeintlich harmlose Substitution von Verurteilungen durch die Summe von Hinrichtungen und Umwandlungen bei Konstruktion der Variablen für das konditionale Hinrichtungsrisiko substantiell beeinflusst werden.

Freilich ließe sich alternativ zur Erklärung der kanadischen Resultate theoretisch vertreten, dass potentielle Straftäter ihre subjektive Hinrichtungswahrscheinlichkeit aus der Häufigkeitsrate von Hinrichtungen zu Verurteilungen formen und nicht aus der Häufigkeitsrate von Hinrichtungen zur Summe von Hinrichtungen und Umwandlungen.[665] Jedoch ist zunächst fraglich, ob sich potentielle Täter überhaupt derartige Daten – seien es solche zu Verurteilungen oder Hinrichtungen und Umwandlungen – verschaffen. Im Übrigen fehlen für eine solche Interpretation rationale Argumente: Der Quotient von Hinrichtungen und der Summe von Hinrichtungen und Umwandlungen spiegelt das objektive Hinrichtungsrisiko wider, Informationen zu Umwandlungen und Exekutionen kommen von einer einzigen

---

[664] Avio (1988, S. 1258 f., inkl. Tabelle 1a).
[665] Vgl. hierzu Avio (1988, S. 1259 f.).

Autorität und sind weithin verfügbar, weshalb sie zudem relativ billig einzuholen sind. Es besteht kein schlüssiger Grund, warum potentielle Straftäter – wenn sie sich überhaupt Daten verschaffen – eine weniger verlässliche Prognose ihrer Perspektiven verwenden sollten. Insofern sind die differierenden Ergebnisse eher auf die unterschiedliche Konstruktion („unlinked" statt „linked") der Hinrichtungsvariablen zurückzuführen, worin – wie bereits angesprochen – gleichzeitig der Vorteil kanadischer Daten zu sehen ist: Für Kanada sind neben Gerichtsdaten über Verurteilungen wegen Mordes (die Todesstrafe war in Kanada für Mord obligatorisch) zusätzlich Daten des kanadischen Bundeskabinetts (dieses prüfte jeden Kapitalfall unmittelbar vor dem veranschlagten Exekutionsdatum auf Gewährung des Hoheitsrechts der Barmherzigkeit für jeden verurteilten Mörder nach Erschöpfung aller Rechtsmittel[666]) zu Hinrichtungen und Umwandlungen vorhanden; wird der Nenner des Exekutionsrisikos eines Mörders aber aus der Summe von Hinrichtungen und Umwandlungen gebildet, so stellt sich die „Linked"-Problematik nicht mehr.

Während Messfehler häufig Regressionskoeffizienten in Richtung des Werts Null verfälschen, handelt es sich vorliegend augenscheinlich um eine Situation, in der sich Fehler in drei entscheidenden Variablen – Tötungsdeliktsrate, Verhaftungswahrscheinlichkeit und Verurteilungswahrscheinlichkeit – derart auswirken, dass der Koeffizient der Hinrichtungswahrscheinlichkeit negativ beeinflusst wird.[667] Dieser methodische Zusammenhang gilt für die überwiegende Mehrheit gerade der ökonometrischen Studien zur Abschreckungshypothese, da diese ihre Schätzungen weitestgehend auf verlinkte Abschreckungsvariablen und/oder verlinkte unabhängige und abhängige Variablen stützen.[668] Dass Ehrlichs Zeitreihenstudie von 1975 als eine die Abschreckungshypothese nachhaltig bestätigende Arbeit die Hinrichtungswahrscheinlichkeit aus Schätzungen zur Anzahl der Tötungsdelikte, der Festnahmerate und der konditionalen Verurtei-

---

[666] Zu einer Diskussion des Vorgehens des Kabinetts in Kapitalfällen vgl. Avio (1987).
[667] Klein/Forst/Filatov (1978, S. 348 f.).
[668] Avio (1988, S. 1260).

lungsrate konstruiert,[669] wurde im Verlauf dieser Ausführungen mehrfach angedeutet. Darüber hinaus bezeichnen Ehrlich/Mark – sensibilisiert für vorliegende Problematik – die Resultate aus Ehrlichs Querschnittsuntersuchung der Jahre 1940 und 1950 als *„vielleicht stärksten Beweis in Anbetracht des (Mess-)Fehlerproblems in Zusammenhang mit der Schätzung des Effekts des Hinrichtungsrisikos"* [Übersetzung vom Verfasser].[670] Grund hierfür soll sein, dass die Daten für das Exekutionsrisiko unabhängig von der Deliktsanzahl konstruiert wurden, wie es noch in der Längsschnittuntersuchung der Fall war. Jedoch stützen sich auch alle fünf empirischen Interpretationen des konditionalen Hinrichtungsrisikos in Ehrlichs Querschnittsuntersuchung auf eine (Schätzung der) Anzahl von Verurteilungen wegen Mordes,[671] weshalb man eine ähnliche Verzerrung wie die oben beschriebene erwarten kann; dass Ehrlich die Anzahl der Verurteilungen wegen Mordes durchweg über die Anzahl der Gefangenen, die in staatliche Gefängnisse eingewiesen wurden, schätzt, ändert am „Link" nichts.[672] Schließlich basiert auch Wolpins stark affirmative Untersuchung (Reduktion um über vier Morde bei einer zusätzlichen Hinrichtung eines verurteilten Mörders) zur Abschreckungswirkung der Todesstrafe anhand von Daten aus England und Wales vollkommen auf Schätzungen des konditionalen Hinrichtungsrisikos, das unter Verwendung einer mit dem Verurteilungsrisiko verlinkten Variablen geformt wurde; der Nenner der Exekutionsrate entspricht gänzlich dem Zähler der Verurteilungsrate für Mord.[673] Wolpins Resultate sind in dieser Hinsicht überdies deshalb problematisch, weil keinerlei Versuch unternommen wird, Schätztechniken zur Korrektur von Messfehlern einzusetzen.[674]

Zusammenfassend lässt sich festhalten, dass bei Vorliegen von als Raten konstruierten „linked" Variablen schon kleinste (und regelmäßig wahr-

---

[669] Ehrlich (1975a, S. 407, inkl. Fn. 12).
[670] Übersetzung nach Ehrlich/Mark (1977, S. 300).
[671] Ehrlich (1977b, S. 750, Tabelle 2).
[672] Avio (1988, S. 1260, Fn. 11).
[673] Wolpin (1978, S. 425 f.).
[674] Avio (1988, S. 1260).

scheinliche) Messfehler Effektschätzungen dahingehend verzerren können, dass ein Abschreckungseffekt ermittelt wird, wo tatsächlich keiner existiert. Die potentiell für Befunddiskrepanzen ursächliche Problematik findet sich bei einer Vielzahl ökonometrischer Analysen, insbesondere bei Ehrlichs Längs- und Querschnittsuntersuchungen von 1975 und 1977 und der britischen Studie von Wolpin; diese gehören alle zu den in Rede stehenden 26 Studien mit die Abschreckungshypothese im Hinblick auf die Todesstrafe bejahendem Befund – weshalb ihre Ergebnisse einmal mehr als empfindlich hinsichtlich geringfügiger technischer Analysevariationen und damit als letztlich zweifelhaft angesehen werden können.

2.4.2.2.2 Lösung bei fehlenden Hinrichtungen

Einige Verbrechen ereignen sich nicht in ausreichender Häufigkeit, als dass die Berechnung einer Rate möglich wäre; wenn dies auch grundsätzlich auf alle Straftaten und Abschreckungsmessungen (beispielsweise Raub in Stadtgebieten auf täglicher Basis) zutrifft, so stellt es ein ernstes Problem für Hinrichtungen dar.[675] Die (im Vergleich zu anderen Straftaten und Sanktionen) geringe Inzidenz der Todesstrafe in Gesetz und Praxis bedeutet studienübergreifend eine Einschränkung (vgl. Dritter Teil, Kapitel 1.2). Wählen Studienautoren Referenzzeiträume, in denen die zentrale erklärende Variable der Hinrichtungsrate äußerst kleine Werte annimmt (schon dies kann Probleme bei der Analyse herbeiführen[676]), teilweise gar auf Null abfällt, so mag das Ergebnis, jedenfalls aber die Qualität ihrer Untersuchung davon abhängen, wie mit dieser Ausgangssituation methodisch umgegangen wird.

In den USA blieben von 1967 an Hinrichtungen aus, sodass Ehrlich in seiner Zeitreihenuntersuchung zur Umgehung von Schwierigkeiten im Zusammenhang mit der Verwendung nullwertiger Variablen in dem von ihm gewählten logarithmischen Format für die Jahre 1968, 1969 und 1970 eine fiktive Exekution pro Jahr annimmt, um überhaupt mit den Daten dieser

---

[675] Rupp (2008, S. 24).
[676] Vgl. Peck (1976, S. 361).

228

Jahre rechnen zu können;[677] der natürliche Logarithmus von Null ist nicht definiert. Wie bereits angedeutet, war diese Daten-„Korrektur" ferner aus folgendem Grund nötig: Nach Ehrlichs Mordfunktion ist die Mordrate durch das Produkt der einzelnen Faktoren bestimmt; nähert sich einer dieser Faktoren – vorliegend die Exekutionsrate – dem Wert Null, so muss nach dieser Funktionsform die Mordrate auf Unendlich steigen, wenn eine negative Elastizität besteht, und auf Null fallen, wenn die Elastizität positiv ist. Da aber empirisch eine endliche Mordrate in diesen Jahren festzustellen war, die auch nicht Null betrug, erfordert auch dies die Annahme einer fiktiven Hinrichtung für die Jahre 1968 bis 1970.[678] Wie Ehrlich fingiert auch Wolpin in seiner Studie aus rechnerischen Gründen je eine Exekution für die Jahre 1956 und 1966 bis 1968, in denen in England und Wales tatsächlich keine Hinrichtungen stattfanden.[679]

Während die willkürliche Fiktion einer Hinrichtung als die denkbar fragwürdigste Lösung des Problems fehlender Hinrichtungen im Referenzzeitraum erscheint,[680] sind ihre Auswirkungen nicht abzuschätzen.[681] Andere Ansätze versuchen geringen Hinrichtungszahlen (in einem bestimmten Gebiet über eine gewisse Zeitspanne) innewohnenden Einschränkungen mittels Bildung von Durchschnittswerten zu begegnen.[682] Mehrjahresdurchschnitte der jährlichen Hinrichtungsanzahl brächten generell konsistentere und stärker ausgeprägte Ergebnisse; ihre Überlegenheit sei darauf zurückzuführen, dass die entsprechenden Regressionen eine größere An-

---

[677] Ehrlich (1975a, S. 409).
[678] Köberer (1982, S. 210 f.).
[679] Wolpin (1978, S. 425).
[680] Allgemein zur Problematik vgl. Young/Young (1975).
[681] So auch Köberer (1982, S. 211).
[682] Vgl. beispielsweise Avio (1988, S. 1257); vgl. auch Cloninger (1977, S. 93) einschließlich der Selbstkorrektur in Cloninger (1987), wobei Cloninger mit einer Kombination des vorangehenden Fünf-Jahres-Durchschnitts (1955 bis 1959) der Hinrichtungsrate und der aktuellen (1960) Tötungsdeliktsrate, mithin mit differierenden Zeitrahmen von unabhängiger und abhängiger Variable, auch die „Linked"-Problematik zu lösen versucht (vgl. Cloninger (1977, S. 99 f.).

zahl an Beobachtungen einschließen, wodurch die Resultate über mehr Freiheitsgrade verfügten.[683]

Layson bemüht sich, der Problematik Herr zu werden, indem er eine komplexe Berechnung subjektiver Hinrichtungswahrscheinlichkeiten in Perioden ohne Exekutionen vornimmt. Begründet wurde dieser Ansatz bei der Ergänzung von Avios kanadischer Zeitreihenuntersuchung der Jahre 1926 bis 1960, da die relative Exekutionshäufigkeit in Kanada im erweiterten Zeitraum 15 Jahre lang (von 1963 bis 1977) Null betrug.[684] Trotz dieser Gegebenheit zweifelt Layson nämlich daran, dass potentielle Mörder eine Hinrichtung in diesen Jahren für absolut ausgeschlossen hielten – die Schwierigkeit im Zusammenhang mit logarithmischer Spezifikation war zudem noch zu bewältigen. Layson wählt eine Methode, die weniger willkürlich ist als die Fiktion von Ehrlich: Er nimmt an, dass Mörder Hinrichtungsentscheidungen als Realisierungen einer binomialen Zufallsvariablen mit einer bestimmten Hinrichtungswahrscheinlichkeit ansehen. Der Einfachheit halber wird die (zugegebenermaßen starke) Bedingung auferlegt, dass vor Verzeichnung der Verurteilungs- und Hinrichtungszahlen eines Jahres t keinerlei Informationen zum Wert der Hinrichtungswahrscheinlichkeit dieses Jahres existieren; unter weiteren Annahmen leitet Layson eine Funktion (mit Variablen zu Hinrichtungszahlen und Verurteilungszahlen des Jahres t) her, aus der sich die subjektive Hinrichtungserwartung für das Jahr t ergeben soll.[685] In seiner Überprüfung von Ehrlichs Zeitreihenanalyse zwei Jahre später wählt Layson – alternativ zu Ehrlichs Annahme einer fiktiven Exekution pro Jahr – wiederum eine *bayessche* Annäherung (der *bayessche* Wahrscheinlichkeitsbegriff interpretiert Wahrscheinlichkeit als Grad persönlicher Überzeugung) zur Berechnung von Hinrichtungswahrscheinlichkeiten, welche es potentiellen Straftätern erlaubt, ihre subjektiven Wahrscheinlichkeiten angesichts neuer Informationen jährlich zu

---

[683] Ehrlich (1977b, S. 754).

[684] Layson (1983, S. 58 f.).

[685] Layson (1983, S. 58 f.) stellt allerdings klar, dass die Funktion bei hohen Verurteilungszahlen im Jahr t für keine Hinrichtung im Jahr t und für eine Hinrichtung im Jahr t eine nahezu identische Hinrichtungswahrscheinlichkeit ergibt.

revidieren;[686] unterschiedliche Ergebnisse je nach methodischer Alternative ermittelt er gleichwohl nicht.[687]

Ob einer der Methoden zum Umgang mit geringen (oder fehlenden) Hinrichtungszahlen gegenüber anderen der Vorzug zu gewähren ist und sie eher Verzerrungen in Richtung einer fälschlichen Beurteilung der Abschreckungshypothese ausschließt, kann vom Verfasser nicht abschließend eingeschätzt werden. Stellt die Problematik der geringen Inzidenz der Todesstrafe generell eine Einschränkung dar, so ist freilich gegenüber solchen Untersuchungen Skepsis angebracht, in deren Referenzzeiträumen besonders wenige Hinrichtungen erfolgen – ungeachtet der Methode der Kompensation. Wenn dies auch nicht zwingend zur Begründung divergierender Studienbefunde gereicht, so sehen sich mit den Arbeiten von Ehrlich und Wolpin (die willkürliche Fiktion von Hinrichtungen erscheint methodisch allemal bedenklich) und von Layson vorstehender Argumentation zufolge erneut mehrere affirmative Arbeiten dieser Metaanalyse Zweifeln ausgesetzt.

2.4.2.2.3 Absolute Zahlen statt Verhältniszahlen

Schließlich wird eine weitere Problematik im Zusammenhang mit der Messung von Hinrichtungen als erklärende Variable behandelt. Zieht man Zahlen zu Hinrichtungen (wie im Übrigen auch Verurteilungen oder Verhaftungen) für die empirische Analyse heran, so misst man der Anwendung von Strafe, genauer: der Dimensionen der Wahrscheinlichkeit von Strafanwendung, Bedeutung bei und beschränkt sich nicht auf die bloße Androhung der Todesstrafe im Gesetz. Zwar werden in diesem Zusammenhang die Begriffe „Strafanwendung" und „Strafwahrscheinlichkeit" gelegentlich nicht stringent differenziert; sollen Abschreckungseffekte aber korrekt ermittelt werden, so ist darauf zu achten, dass die unabhängige Variable (jedenfalls auch) als echte Wahrscheinlichkeit operationalisiert wird. Wie auch für die abhängige Variable absoluten Zahlen polizeilich registrierter Straftaten wenig Aussagekraft zukommt (vgl. Dritter Teil, Kapitel

---

[686] Layson (1985, S. 74).
[687] Layson (1985, S. 75).

1.1.1.1), sind bei der erklärenden Variablen allein Verhältniszahlen korrekt. Der klassische Wahrscheinlichkeitsbegriff stellt sich jedoch als Quotient aus Anzahl der interessierenden Ereignisse und Anzahl aller möglichen Ereignisse dar,[688] vorliegend wären dies die Anzahl der Hinrichtungen (respektive Verurteilungen oder Verhaftungen) relativ zur Anzahl der Verurteilungen wegen Mordes (respektive Verhaftungen wegen Mordes oder Morden selbst).

Ermittelt eine Untersuchung signifikante Effekte der Todesstrafe, berücksichtigt hierbei aber keinerlei Messungen zur Wahrscheinlichkeit, mithin keine Hinrichtungsrate (respektive Verurteilungsrate oder Verhaftungsrate), so sind ihre Resultate nichtssagend. Zeigen nur die absoluten Zahlen, nicht aber die Verhältniszahlen (wie die Hinrichtungsrate) einen signifikanten (positiven) Zusammenhang, so beeinflusst die Zahl der Mörder die Zahl der Todesurteile und Hinrichtungen, was selbstverständlich ist.[689] Genauso kann aber aus einem inversen Verhältnis, also etwa gestiegenen Hinrichtungszahlen und darauf folgenden niedrigeren Tötungsdeliktszahlen, nicht schon geschlussfolgert werden, dass eine abschreckende Wirkung von Hinrichtungen ausgeht, da letztendlich nicht klar ist, ob auch die Exekutionswahrscheinlichkeit (Exekutionen pro Verurteilungen oder pro vorangegangenen Morden) gestiegen ist; allein an der tatsächlichen beziehungsweise empfundenen Wahrscheinlichkeit seiner Bestrafung aber orientiert sich der potentielle Straftäter bei seiner Entscheidung.[690] So liegt der Fall in der die Abschreckungswirkung der Todesstrafe bejahenden Studie von Dezhbakhsh/Shepherd aus dem Jahr 2003, welche auch gerade im Hinblick auf das Problem kausaler Verknüpfung von Exekutionen und Mord zweifelhaft gearbeitet zu haben scheint (vgl. Dritter Teil, Kapitel 2.4.1.2): Die Autoren führen ihre Regressionen lediglich für die Abschre-

---

[688] Atteslander (2008, S. 232).

[689] Vgl. Martis (1991, S. 188), der sich mit einer Untersuchung von Shin (1978) auseinandersetzt.

[690] Vgl. Sah (1991, S. 1273); anders sieht dies Yunker (1976, S. 72), der Hinrichtungsraten weniger Bewusstheit bei der reagierenden Bevölkerung zuspricht und daher konsequenterweise seine Schätzungen für absolute Zahlen von Hinrichtungen durchführt, Auswirkungen auf seine Resultate sind nicht ausgeschlossen.

ckungsvariablen „Executions" (Hinrichtungen), „Lagged Executions" (verzögerte Hinrichtungen) und „Moratorium Dummy Variable" (binäre Mora-
torium-Variable) durch[691] und behaupten abschließend, die Abschreckungshypothese im Hinblick auf die Todesstrafe in Praxis und Gesetz bestätigt zu haben.[692] Zweifel an dieser Analyse meldet aus dem hier ausge-
führten Grund auch Rupp an, wenn er konstatiert, dass *„Dezhbakhsh und
Shepherd signifikante Effekte finden, sie aber (praktisch) keine Messungen
der Wahrscheinlichkeit von Strafe berücksichtigen"* [Übersetzung vom
Verfasser].[693]

Es besteht Anlass zu der Vermutung, dass die fehlende Messung von Hinrichtungen mittels Verhältniszahlen als erklärende Variable jedenfalls die
Untersuchung von Dezhbakhsh/Shepherd in ihrem Ergebnis beeinflusst
hat; jenseits dieser Studie werden selten Untersuchungen auf Schätzungen
beschränkt, bei denen Abschreckungsvariablen mittels absoluter (Hinrich-
tungs-/Verurteilungs-/Verhaftungs-)Zahlen operationalisiert werden.

2.4.2.3 Kumulation unabhängiger Variablen

In den Fällen, in denen die Dimension der Anwendung von Strafe in Studi-
en zur Todesstrafe Berücksichtigung findet, werden Abschreckungseffekte
nicht ausnahmslos über Hinrichtungen operationalisiert, sondern – dies
wurde bis dato stets unkommentiert vorausgesetzt – auch andere Variablen
zur Messung der Strafgewissheit als Abschreckungselement in Erwägung
gezogen: so etwa Messungen zur Verhängung der Todesstrafe (Verurtei-
lungsanzahl/-rate, Anteil der Verurteilungen zu Todesstrafen an allen Verurteilungen) (vgl. Zweiter Teil, Kapitel 2.2.1). Ehrlichs wiederholt ver-
wendetes Modell sieht als erklärende Variablen neben der Hinrichtungswahrscheinlichkeit die Verurteilungswahrscheinlichkeit und die Verhaftungswahrscheinlichkeit (als vorangehende Stufen des Strafverfolgungsprozesses) vor. Die Integration zusätzlicher erklärender Variablen birgt
methodische Schwierigkeiten, deren (unbefriedigende) Lösung unter Um-

---

[691] Dezhbakhsh/Shepherd (2003, S. 10, 17).
[692] Dezhbakhsh/Shepherd (2003, S. 27).
[693] Übersetzung nach Rupp (2008, S. 25).

ständen als Ursache für divergierende Studienbefunde in Frage kommt – jedenfalls aber ein methodisches Manko darstellen kann, welchem potentiell Bedeutung für die Aussagekraft von Studien zukommt.

Im Zusammenhang mit der Integration zusätzlicher erklärender Variablen spielt die Frage der „Trade-Offs" zwischen Verurteilungsrate und Exekutionsrate, das heißt das Problem, dass unter bestimmten Bedingungen in einem Strafverfolgungssystem Veränderungen der Exekutionsrate durch Veränderungen der Verurteilungsrate kompensiert werden, eine Rolle. Die Vermutung einer solchen wechselseitigen Beeinflussung wird gestützt durch die Beobachtung, dass Gerichte und Geschworene weniger geneigt sind, einen Angeklagten wegen Mordes zu verurteilen, wenn diesen dann zwingend die Todesstrafe erwartet; umgekehrt mögen Geschworene eher zu Verurteilungen wegen Mordes gewillt sein, wenn die Hinrichtungswahrscheinlichkeit gering ist, beziehungsweise mag ein Abfall der Hinrichtungsrate – bei gleichbleibender Mordrate – durch eine Erhöhung der Verurteilungsrate kompensiert werden.[694] Dass solche Interdependenzen bestehen, lässt sich wiederum aus Ehrlichs Modell theoretisch ableiten.[695]

Passell/Taylor behaupten nun, dass, selbst wenn Ehrlichs Resultate valide wären, ein Anstieg des Exekutionsrisikos einen Anstieg der Mordrate verursachen würde (Brutalisierung statt Abschreckung), sollte das Exekutionsrisiko in einem ausreichend inversen Verhältnis zum Verurteilungsrisiko stehen; selbst wenn Ehrlich die Essenz der Mordfunktion in seiner Regression erfasst hat, könne man aus dieser nicht ableiten, dass eine Veränderung der Strafverfolgung in Form einer Steigerung des Hinrichtungsrisikos Mordraten reduziert.[696] Den Interpretationen Ehrlichs liege eine wichtige Annahme zugrunde: Der von ihm ermittelte negative Koeffizient spiegele die Beziehung zwischen Hinrichtungen und Tötungsdelikten nur wider, wenn es möglich ist, die konditionale Hinrichtungswahrscheinlichkeit zu verändern, ohne den Wert irgendeiner anderen unabhängigen Variablen in

---

[694] Layson (1983, S. 57).
[695] Ehrlich (1975a, S. 402 ff.).
[696] Vgl. hierzu Passell/Taylor (1977, S. 449 f.).

der Gleichung zu ändern, kurz: unter Konstanthaltung der anderen erklärenden Variablen bei variierendem Exekutionsrisiko. Sozialwissenschaftler (Ehrlich eingeschlossen), die sich ökonomischen Verbrechensmodellen widmen, erkennen größtenteils die Simultanität des Systems, mithin die Logik an, sich für Funktionen kriminellen Verhaltens auf „Supply"-Funktionen zu berufen. Zum Zweck der Schätzung geht Ehrlich davon aus, dass Verhaftungs- und Verurteilungswahrscheinlichkeit endogen determiniert sind (das heißt, gemeinsam voneinander abhängig sind und vom Modell erklärt werden); insofern müssten diese beiden Variablen zumindest korrigiert beziehungsweise angepasst werden, bevor Berechnungen zwecks Beurteilung angestellt werden können, ob eine Steigerung der Hinrichtungswahrscheinlichkeit politisch sinnvoll ist. Statt die restlichen Strukturgleichungen im simultanen System zu schätzen, wähle Ehrlich aber eine modifizierte reduzierte Gleichung für Mordraten, von der nicht auszuschließen sei, dass sie durch den Ausschluss von Variablen verzerrte (negative) Koeffizienten hervorbringe. Von Interesse sei in diesem Zusammenhang die Sensibilität des Koeffizientenvorzeichens, also dessen Abhängigkeit von der Elastizität der Verurteilungswahrscheinlichkeit in Beziehung zur Hinrichtungswahrscheinlichkeit. Hier verweisen Passell/Taylor auf die oben angesprochenen Interdependenzen zwischen Hinrichtungs- und Verurteilungsrisiko. Da sich beide Größen wie Substitute verhielten, sei von einem ausreichend inversen Verhältnis des Exekutionsrisikos zum Verurteilungsrisiko auszugehen und infolgedessen davon, dass ein Anstieg des Exekutionsrisikos – statt eines Rückgangs – einen Anstieg der Mordrate verursache (Passell/Taylor bezeichnen die resultierende Konstellation als „Perverse Impact").[697]

Zum besseren Verständnis soll die Problematik zusätzlich anhand der von Ehrlich ermittelten Schätzkoeffizienten und Abbildung 9 erläutert werden:[698] Die Pfeile repräsentieren kausale Einflüsse, die Werte die von Ehr-

---

[697] Passell/Taylor (1977, S. 450); vgl. auch Passell (1975, S. 64).
[698] Vgl. hierzu Baldus/Cole (1975, S. 181 ff.).

lich berechneten Elastizitäten[699] und das Fragezeichen die Elastizität der Verurteilungswahrscheinlichkeit in Beziehung zur Hinrichtungswahrscheinlichkeit. Die Elastizität von −0,065 impliziert, dass ein Rückgang der Hinrichtungswahrscheinlichkeit um ein Prozent mit einem Anstieg der Tötungsdeliktsrate um 0,065 Prozent verbunden ist (was im Übrigen der mehrfach geäußerten Quantifizierung entspricht, dass eine zusätzliche Hinrichtung pro Jahr im Untersuchungszeitraum sieben bis acht weitere Tötungsdelikte verhindert habe). Derselbe einprozentige Rückgang der Exekutionswahrscheinlichkeit würde aber wegen der erläuterten wechselseitigen Beeinflussung zu einem unbekannten (x Prozent) Anstieg der Verurteilungswahrscheinlichkeit führen. Da in Ehrlichs Modell auch die Verurteilungsrate einen Abschreckungseffekt (−0,37) hat, hätte jener Anstieg wiederum einen Rückgang der Tötungsdeliktsrate von 0,37 mal x Prozent zur Folge, welcher mehr oder weniger den direkt aus dem Rückgang der Hinrichtungswahrscheinlichkeit resultierenden Anstieg der Tötungsdeliktsrate kompensiert. Beträgt die Elastizität der Verurteilungswahrscheinlichkeit in Beziehung zur Hinrichtungswahrscheinlichkeit 0,175 Prozent, so ist das Resultat dieser Kausalkette ein 0,065-prozentiger (0,175 mal 0,37 Prozent) Rückgang der Tötungsdeliktsrate; dieser Rückgang würde den 0,065-prozentigen Anstieg der Tötungsdeliktsrate, verursacht durch den Rückgang der Hinrichtungswahrscheinlichkeit, exakt ausgleichen.

---

[699] Ehrlich (1975a, S. 410, Tabelle 3).

236

Abbildung 9: Netto-Effekt eines Anstiegs des Hinrichtungsrisikos[700]

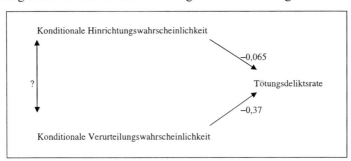

Produziert also eine einprozentige Steigerung des Hinrichtungsrisikos mehr als einen 0,175-prozentigen Rückgang der Verurteilungsrate, so würde ein Anstieg des Exekutionsrisikos netto in einem Anstieg der Tötungsdeliktsrate resultieren.[701] Passell/Taylor gehen offensichtlich von einem solch starken Verhältnis aus, wenngleich Ehrlich die tatsächliche Beziehung zwischen Hinrichtungen und Tötungsdelikten noch als teilweise abhängig sieht von der staatlichen Fähigkeit zu simultaner Kontrolle aller Strafverfolgungsvariablen, mit anderen Worten: Festnahme- und Verurteilungsrate konstant zu halten bei steigendem Exekutionsrisiko.[702]

Vor diesem Hintergrund besteht einmal mehr Potential zu Zweifeln an Untersuchungen, die sich Ehrlichs Modell bedienen. Beispielhaft soll hier noch die Studie von Stephen K. Layson von 1983 betrachtet werden. Die eng an Ehrlich orientierte Arbeit verfolgt das Ziel, die (ökonomische) Haltung pro Abschreckung zu rehabilitieren, indem sie eine kanadische Studie[703] mit Daten bis in die 1970er Jahre aktualisiert; wie Ehrlich sichert auch Layson nicht die Konstanthaltung anderer erklärender Variablen (insbesondere Verurteilungswahrscheinlichkeit) bei variierendem Exekutionsrisiko ab. Zudem sieht Layson sein Datenmaterial sogar als „drastisches

[700] Vgl. Baldus/Cole (1975, S. 182, Fn. 42).
[701] Passell/Taylor (1977, S. 450); zu einer Erwiderung auf die gesamte Argumentation vgl. Ehrlich (1977a, S. 454 f.).
[702] Ehrlich (1975a, S. 415).
[703] Avio (1979).

Beispiel" für Ehrlichs Annahme eines Substitutionsverhältnisses zwischen Verurteilungs- und konditionaler Hinrichtungswahrscheinlichkeit:[704] Die Reform des kanadischen Strafgesetzbuchs von 1961 zog es nach sich, dass nur noch wegen „Capital Murder" verurteilte Personen hingerichtet werden konnten; zudem wurde bei einer Verurteilung wegen „Capital Murder" automatisch beim Appellationsgericht der jeweiligen Provinz ein Bekenntnis des Angeklagten auf „nicht schuldig" (englisch: „plea of not guilty") eingelegt. Diese gesetzlichen Veränderungen verursachten einen starken Rückgang der relativen Häufigkeit von Hinrichtungen, während die Verurteilungsrate für Mord substantiell anstieg.[705] Layson kommt zu dem Ergebnis, dass ein Anstieg der Hinrichtungswahrscheinlichkeit die Tötungsdeliktsrate absenkt.[706] Weisen kanadische Daten der 1960er Jahre ein stark inverses Verhältnis zwischen Exekutionsrisiko und Verurteilungsrisiko auf, dann müsste aber in Anlehnung an obenstehende Ausführungen von Passell/Taylor gerade für die Untersuchung von Layson, die methodisch weitestgehend an Ehrlich angenähert ist, richtigerweise angenommen werden, dass ein Anstieg des Exekutionsrisikos netto in einem Anstieg der Mordrate resultiert.

Neben den angedeuteten Schwierigkeiten um die „Trade-Offs" können aus einem weiteren Grund Probleme bei Aufnahme zusätzlicher Präventionsvariablen in die Regression auftreten. Teilweise wird angemerkt, dass es der Natur der multiplen Regressionsrechnung geschuldet sei, dass sie zu verzerrten Resultaten bei Integration mehrerer unabhängiger Variablen im Fall von (zu) geringfügiger Variation diverser Kausalfaktoren führt. Variieren erklärende Faktoren nur wenig, so könne dies von Individuen schlichtweg nicht wahrgenommen und darauf von diesen folglich nicht reagiert werden. Tatsächlich käme es zu Reaktionen, wenn überhaupt, nur bei Erreichen eines bestimmten Mindestmaßes an Variation, die Rede ist von einem sogenannten „Threshold of Awareness".[707] Derartige Überlegungen sind der

---

[704] Layson (1983, S. 57).
[705] Layson (1983, S. 57 f., inkl. Tabelle 1).
[706] Layson (1983, S. 69).
[707] Yunker (1976, S. 70 f.); vgl. auch Bailey (1977, S. 136).

Abschreckungsforschung generell nicht fremd, so wird vielfach gemutmaßt, dass die jeweilige Messung einer Strafsanktion ein bestimmtes Level
(„Tipping Point") erreichen muss, bevor der Sanktion effektive Abschreckungswirkung zukommen könne.[708] In den letzten Jahren des Referenzzeitraums von Ehrlichs Zeitreihenuntersuchung gab es einen zwar stetigen,
aber insignifikanten Abfall von Verhaftungswahrscheinlichkeit und Verurteilungswahrscheinlichkeit für Mord. Es wird angemerkt, dass es gut möglich sei, dass dieser Rückgang zu schwach war, um eine messbare Antwort
bei potentiellen Straftätern hervorzurufen. Eine multiple Regressionsanalyse der Tötungsdeliktsrate gegen alle drei Wahrscheinlichkeiten (Verhaftung, Verurteilung, Hinrichtung) weise einen Teil des Anstiegs der
Tötungsdeliktsrate aber den ersten beiden Wahrscheinlichkeiten zu, obwohl diese womöglich tatsächlich keine kausalen Faktoren sind.[709] Die Resultate für Verurteilungs- und Verhaftungsrate (Ehrlich etwa berichtet für
die Beziehung zwischen Tötungsrate und Festnahmerisiko Elastizitäten
von −1,0 bis −1,5 und für die Beziehung zwischen Verbrechensrate und
der Wahrscheinlichkeit, verurteilt zu werden, Zahlen zwischen −0,4 und
−0,5[710]) werden dessen ungeachtet vom jeweiligen Studienautor (jedenfalls
auch) als Grundlage zur Formulierung seines Studienbefunds einer Abschreckungswirkung der Todesstrafe herangezogen – Ehrlich spricht etwa
davon, dass die Werte *„das sicherste Ergebnis seiner empirischen Untersuchung darstellten"* [Übersetzung vom Verfasser].[711] Somit dienen den
jeweiligen Autoren auch die Schätzwerte für Verurteilungs- und Verhaftungsrate der vermeintlichen Affirmation der Abschreckungshypothese,
obwohl deren korrektes Zustandekommen durchaus fraglich ist.

2.4.3 Operationalisierung des Wirkungsbereichs von Abschreckung (abhängige Variablen)

Sämtliche Studien dieser Metaanalyse bedienen sich methodisch der Untersuchung von Kriminalstatistiken und nahezu alle zugrunde liegenden Ef-

---

[708] Vgl. Bailey (1978b, S. 259), auch unter Verweis auf Tittle/Rowe (1974).
[709] Yunker (1976, S. 70 f.).
[710] Ehrlich (1975a, S. 411).
[711] Übersetzung nach Ehrlich (1975a, S. 411).

fektschätzungen sind unter Heranziehung der Kriminalitätsbelastungszahl beziehungsweise der Anzahl polizeilich registrierter Taten als abhängige Variable zustande gekommen; mehrmals wurde in dieser Arbeit bereits auf die Vorbehalte gegenüber Kriminalstatistiken und den *UCR* hingewiesen, die nicht als Diskrepanzbegründung taugen. Ferner wurden im deskriptiven Teil die zur Operationalisierung des Wirkungsbereichs von Abschreckung verwendeten Delikte beziehungsweise Straftaten in Kategorien aufgeschlüsselt (vgl. Zweiter Teil, Kapitel 2.2.2).

Gerade soziologische Autoren argumentieren immer wieder, dass bei Schätzungen zum Abschreckungseffekt der Todesstrafe für die zentrale abhängige Variable, das heißt die Variable, über die der Wirkungsbereich von Abschreckung regelmäßig operationalisiert wird, korrekterweise (nur) diejenigen Delikte gewählt werden sollten, die auch juristisch als „Kapitalverbrechen" (im ursprünglichen Sinn von mit dem Verlust des Lebens, der Dekapitation, zu ahndende Straftaten) definiert sind. Dabei handelt es sich um die Präzisierung des Grundsatzes, dass sich unabhängige und abhängige Variable auf das gleiche Delikt beziehen müssen, insoweit, als für die abhängige Variable nicht nur schlicht eine Gattung von Delikten (beispielsweise generell Tötungsdelikte) zu wählen ist, die unter anderem die für die unabhängige (Sanktions-)Variable relevanten Delikte mitumfasst, sondern für die abhängige Variable wirklich nur solche Delikte in Frage kommen, die in direktem Zusammenhang mit (den Sanktionen) der unabhängigen Variablen stehen. Dazu gehören hier vorwiegend qualifizierte Arten von Tötungsdelikten, unter Umständen jedoch auch – wie oben bereits angedeutet – Vergewaltigungen, für die dann die gleiche Bedingung greift.[712] Die Argumentationslinie basiert auf der Annahme, dass Abschreckung eine bewusste Risikoabwägung des Täters voraussetzt und dieser in-

---

[712] Vgl. Bailey (1977), der deshalb ausdrücklich feststellt: „Both rape and [...] are subject to the death penalty [...] for the states and years examined in this investigation" (Bailey (1977, S. 116)).

240

sofern eine Hinrichtung als Konsequenz der Begehung von nicht unter Todesstrafe stehenden Delikten missachtet.[713]

Bezugnehmend auf makrosoziale Abschreckungsforschung im Allgemeinen wird unterstellt, dass die Messung der abhängigen Variablen (das heißt
Verbrechenslevel oder -raten, wie sie in offiziellen Statistiken wie den
UCR ausgewiesen sind), bedingt durch starke Heterogenität in den offiziellen Verbrechenskategorien, zu Ungenauigkeiten tendiert; Aufstellungen
amtlicher Kriminalitätszahlen neigen zur Zusammenfassung ungleichartiger Verhaltensweisen unter bestimmte Verbrechenskategorien.[714] Dieser
„Offense Aggregation Bias" ist insbesondere als Problem bei der Erforschung des Einflusses von Exekutionen ausgemacht worden,[715] weshalb
die Methode der Disaggregation vorliegend auch dahingehend Relevanz
erlangt, das Kollektiv der Tötungsdelikte mit dem Ziel aufzuschlüsseln, die
abhängige Variable auf diejenigen Delikte zu begrenzen, die die Todesstrafe als mögliche Konsequenz haben. Offizielle Messungen von in der Abschreckungsforschung verwendeten Raten von Tötungsdelikten (englisch:
„criminal homicides") *„scheren typischerweise eine große Mannigfaltig-
keit von verschiedenen Tötungsdeliktsarten über einen Kamm, die in unterschiedlicher Beziehung zur Todesstrafe in Praxis und Gesetz stehen können"* [Übersetzung vom Verfasser]:[716] Sie fassen Mord und vorsätzlichen
Totschlag zusammen, desgleichen Mord ersten[717] und zweiten Grades wie
auch innerhalb des erstgenannten den Todesstrafe-bewehrten Mord (englisch: „capital murder") und den nicht unter Todesstrafe stehenden Mord
(englisch: „non-capital murder").[718] Diese Aggregation diverser Verhaltensweisen verhindert die separate Erforschung von Effekten auf verschie-

---

[713] Vgl. Bailey (1991, S. 21).
[714] Chamlin/Grasmick/Bursik/Cochran (1992, S. 391).
[715] Cochran/Chamlin/Seth (1994, S. 116).
[716] Übersetzung nach Thomson (1997, S. 113 f.).
[717] Die Begriffe „Mord ersten Grades" (englisch: „first-degree murder", „murder I"), „vorsätzlicher Mord" (englisch: „premeditated murder") und „schwerer Mord" (englisch:
„aggravated murder") werden in der anglo-amerikanischen Rechtsterminologie regelmäßig
gleichbedeutend verwendet (Bailey (1983, S. 831, Fn. 29)).
[718] Allgemein zum – für die Differenzierung relevanten – subjektiven Tatbestandselement im
Model Penal Code (*MPC*) vgl. Dubber (2005, S. 61 ff., 67).

dene Arten von Mord und verschleiert dadurch möglicherweise Abschreckungs-, aber auch Brutalisierungseffekte.[719]

Um dem Problem der Aggregation gerecht zu werden, ist eine Aufschlüsselung der Tötungsdeliktstypen anhand Charakteristika erforderlich, die von Bedeutung für das Verhältnis zwischen Hinrichtungen und Tötungsdeliktsraten sind. Einen Ansatz in diesem Zusammenhang stellt die Hypothese dar, dass Hinrichtungen einen Abschreckungseffekt (gerade) auf die Rate sogenannter „Felony Murders" haben, da diese als häufigster Fall von mit Todesstrafe sanktionierten Tötungsdelikten gewertet werden.[720] Unter „Felony Murders" werden Tötungen (die Tötung muss nicht beabsichtigt gewesen sein, es wird keinerlei Vorsatzform bezüglich des Mordtatbestands vorausgesetzt) im Verlauf bestimmter schwerwiegender Straftaten wie Vergewaltigung, Raub, Einbruch, Brandstiftung oder Entführung verstanden,[721] wobei die Sanktion der Hinrichtung entweder durch eine gesetzliche Definition des „Felony Murder" generell als „Capital Homicide" vorgesehen ist oder dadurch, dass die Begehung bestimmter Verbrechen, die in einer Tötung enden, verschärfende Umstände bedeuten, die ein Richter beziehungsweise die Geschworenen bei ihrer Entscheidung zwischen Todes- und Haftstrafe zu berücksichtigen haben.[722] Der Ansatz wurde bereits im Rahmen der Diskrepanzursachen auf der Ebene der Datenquelle angesprochen, da die detaillierten *SHR* die Disaggregation von „Felony Murder" und sonstigen Tötungsdelikten ermöglichen (vgl. Dritter Teil, Kapitel 2.3.1.2). Mit vergleichbarer Begründung werden zudem Polizistentötungen als abhängige Variable für Effektschätzungen in Studien zur Abschreckungsforschung der Todesstrafe gewählt,[723] da Polizistenmörder ebenso „Prime Candidates" für die Todesstrafe sind – entweder wegen gesetzlicher Normierung des Polizistenmordes als Anwendungsfall

---

[719] Bailey (1998, S. 711).

[720] Peterson/Bailey (1991, S. 370); Sorensen/Wrinkle/Brewer/Marquart (1999, S. 491, Anm. 4).

[721] Zur sogenannten „Felony Murder Rule" vgl. Dubber (2005, S. 96).

[722] Peterson/Bailey (1991, S. 369, Fn. 4, 3).

[723] So aus dem Untersuchungsgegenstand dieser Metaanalyse von Bailey (1982), Bailey/Peterson (1994), Cardarelli (1968) und Kaminski/Marvell (2002).

der Todesstrafe oder wegen Wertung als strafschärfender Faktor. Wenige andere Verbrechenskategorien genießen so viel Aufmerksamkeit in den Statuten; wenn die Todesstrafe einen Abschreckungseffekt habe, dann müsse sie gerade Polizistentötungen reduzieren,[724] so die Argumentation. Umgekehrt könnte im Rahmen der Diskussion um die Verwendung einer undifferenzierten abhängigen Variablen zu berücksichtigen sein, dass die Todesstrafe möglicherweise solche Tötungen erst hervorruft, bei denen Fremde (englisch: „strangers") involviert sind. Sollten durch Hinrichtungen generell Hemmungen gegen die Verwendung tödlicher Gewalt zur Lösung von Problemen abgebaut werden, so tritt ein derartiger Brutalisierungseffekt wohl am ehesten in Situationen auf, in denen es Hemmungen gegen Gewaltanwendung ohnehin ermangelt oder in denen diese schon beträchtlich gelockert sind.[725] Angriffe auf Fremde gehören in einen solchen Kontext, da soziale Bindungen und damit auch soziale Kontrollmechanismen bei einander unbekannten Personen wesentlich schwächer sind.[726] Tötungen von Fremden („Stranger Killings") wären demzufolge prädestiniert, ein positives Verhältnis zwischen Hinrichtungs- und nicht-spezialisierten Tötungsdeliktsraten hervorzubringen.

Andererseits wird behauptet, dass es durchaus fraglich sei, ob der Abschreckungseffekt der Todesstrafe auf diejenigen Delikte begrenzt ist, die gesetzlich unter Todesstrafe gestellt sind. Der kognitive Link in der Psyche potentieller Täter verbinde die äußerste Sanktion der Todesstrafe eher mit dem generellen Akt des Tötens als mit irgendeinem speziellen gesetzlichen Subtyp der Tötungsdelikte. Es gebe keinen Grund, den angenommenen Effekt von Abschreckungsvariablen nur auf Mord ersten Grades zu begrenzen, da präventive Effekte juristischer Sanktionen nicht zwingend auf einer bewussten Erwägung denkbarer Bestrafung durch den potentiellen Straftäter basierten.[727] Ob jemand wegen eines Kapitalverbrechens verurteilt werde, hänge von der Qualität seines Verteidigers, der Anklageentscheidung

---

[724] Kaminski/Marvell (2002, S. 177).
[725] Cochran/Chamlin/Seth (1994, S. 110).
[726] Thomson (1999, S. 133).
[727] Kleck (1979, S. 888, Fn. 5).

des Staatsanwalts und dem Urteil der Geschworenen ab; in den meisten Fällen von Mord wisse der Täter daher vorher nicht, ob er letztendlich wegen eines Todesstrafe-bewehrten Mordes verurteilt werde, da er zudem die juristische Klassifikation seines Verbrechens gar nicht kenne.[728] Wird für die Schätzung infolgedessen eine „pauschale abhängige Variable" (unter Einschluss aller Arten von Tötungsdelikten) verwendet, so handelt es sich hierbei jedoch um eine Ersatzlösung, die ein Mangel an Daten etwa für Mord ersten Grades erforderlich macht.[729] Die Begründungen erscheinen wie die Rechtfertigung eines Vorgehens, für das es im Einzelfall an Alternativen mangelt, das aber schlichtweg methodisch unsauber ist. Hierfür spricht umso mehr, dass in der entsprechenden Literatur die theoretischen Modelle generell als Mord erklärend präsentiert werden, während die empirischen Überprüfungen des Modells eine umfassendere Kategorie der Tötungsdelikte verwenden.[730]

Räumt man ein, dass das hier favorisierte Konzept des Kapitalmordes als richtige Operationalisierung des Wirkungsbereichs von Abschreckung aus vorstehend genannten Gründen (ob ein Kapitalverbrechen vorliegt, entscheidet letztendlich der gesamte Strafprozess) „zweideutig" ist,[731] so ist es zwar nicht als Optimum, doch aber als brauchbare Alternative zu werten, wenn Forscher ihre Wahl der allgemeinen Tötungsrate für die abhängige Variable damit begründen, dass sich die Rate der Morde ersten Grades konstant zur gewählten verhalte und daher jedenfalls als Grobindikator von Kapitalmorden tauge.[732] Letztlich können aber – in Anbetracht der theoretischen Grundlagen – korrekte Ergebnisse nur erzielt werden, wenn für die abhängige Variable diejenigen Delikte gewählt werden, die auch juristisch als Kapitalverbrechen definiert sind. Aggregierte Tötungsdeliktsstatistiken

---

[728] Shepherd (2004, S. 292).

[729] Vgl. beispielsweise Stack (1990, S. 601): „While it might be desirable to compare these results with ones based on first degree murder (those homicides most apt to result in the death penalty), the relevant data are not available [...]. Hence, a global dependent variable including all homicides may be desirable".

[730] Vgl. Avio (1979, S. 650, Fn. 5).

[731] So auch Hoenack/Kudrle/Sjoquist (1978, S. 506).

[732] So Stolzenberg/D'Alessio (2004, S. 363).

erschweren es, diesem Anspruch gerecht zu werden; es steht jedoch außer
Frage, dass die unsachgemäße Operationalisierung der abhängigen Variablen in Studien zur Todesstrafe eine ernsthafte Einschränkung der Abschreckungsforschung darstellt.[733] Wie angedeutet, wurde die Diskussion in dieser Hinsicht besonders vorangetrieben durch soziologische Autoren, speziell William C. Bailey, der sich in einer Vielzahl von – zum großen Teil
auch dieser Metaanalyse angehörenden – Studien mit der Problematik auseinandersetzt. In seinen bereits im zweiten Teil beschriebenen Arbeiten
von 1974 und 1975 bedient er sich beispielsweise Daten von Gefängnisverwaltungen in 42 US-Bundesstaaten über Insassen, die 1967 und 1968
wegen einschlägiger Verurteilungen ins Gefängnis eingeliefert wurden, da
jene Angaben enthalten, die sich ausschließlich auf Mord ersten Grades als
generellem Anwendungsfall der Todesstrafe beziehen.[734] Die Operationalisierungen des Wirkungsbereichs von Abschreckung über „Felony
Murders", Polizistenmorde oder „Stranger Killings" stellen weitere denkbare Ansätze dar, das Problem der Aggregation zu handhaben. Bailey jedenfalls kommt in keiner seiner einschlägigen Studien zu einer Bestätigung
der Abschreckungswirkung der Todesstrafe, während gerade die Arbeiten
von Shepherd und Stack, die sich für ihre Effektschätzungen einer umfassenden abhängigen Variablen unter Einschluss aller Arten von Tötungsdelikten bedienen, zu den die Abschreckungshypothese im Hinblick auf die
Todesstrafe bejahenden Untersuchungen dieser Integrationsstudie gehören.[735] Interessanterweise können zudem sämtliche vier Studien dieser Metaanalyse, die sich der Wirkung der Todesstrafe auf Polizistenmörder als
Hauptkandidaten derselben widmen,[736] keinen Abschreckungseffekt feststellen. Freilich kann kein zwingender Zusammenhang zwischen
Operationalisierung der abhängigen Variablen und Studienbefund nachgewiesen, jedoch können zumindest die Methoden beurteilt und systemati-

---

[733] So auch Peterson/Bailey (1991, S. 370); mit spezieller Bezugnahme auf Ehrlich vgl. van
den Haag/Conrad (1983, S. 150).
[734] Bailey (1974, S. 418) und Bailey (1975, S. 673).
[735] Vgl. Shepherd (2004, S. 315 ff.) und Stack (1990, S. 606).
[736] Bailey (1982), Bailey/Peterson (1994), Cardarelli (1968) und Kaminski/Marvell (2002).

sche Tendenzen aufgezeigt werden; insofern steht jedenfalls die Unzulänglichkeit der Arbeiten von Shepherd und Stack zu Buche.

2.4.4 Zeitliches Verhältnis zwischen unabhängiger und abhängiger Variable

In einem Zug mit der Operationalisierung von Abschreckungseffekten und
Wirkungsbereich von Abschreckung ist schließlich noch die methodische
Berücksichtigung des zeitlichen Verhältnisses von unabhängiger und abhängiger Variable aufzugreifen. Wird untersucht, ob die Todesstrafe (in
diesem Fall vorwiegend in der Praxis, mithin: die Todesstrafenanwendung)
eine Abschreckungswirkung auf einschlägige Delikte hat, so prüft man ein
Kausalverhältnis zwischen Hinrichtungen und einem Rückgang der Tötungsdelikte. Kausalität als Zusammenhang zwischen Ursache und Wirkung hat eine feste zeitliche Richtung, die immer von der Ursache ausgeht,
auf die die Wirkung folgt. Insofern ist – wie bereits oben – vorauszusetzen,
dass sich die Messung der unabhängigen Variablen nicht auf einen späteren Zeitraum bezieht als die der abhängigen Variablen (vgl. Dritter Teil,
Kapitel 2.3.3.2.1); andernfalls können eventuell festgestellte Effekte schon
denklogisch nicht die Wirkung der Todesstrafe auf Tötungsdelikte widerspiegeln. Eine Integration nachfolgender Hinrichtungszahlen wird etwa
damit begründet, dass Hinrichtungen erst in gewissem Zeitabstand auf
Verurteilungen folgen, was von Bedeutung für die objektive Prognose der
Wahrscheinlichkeit sei, dass eine Verurteilung wegen Mordes in eine Exekution mündet;[737] diese Argumentation lässt jedoch unberücksichtigt, dass
dann die Anzahl der hingerichteten Personen zum Zeitpunkt der Tatbegehung für den potentiellen Täter nicht bekannt ist und vorausberechnet werden müsste – Letzteres erscheint realitätsfremd. Sieben Effektschätzungen
sind im Datensatz vorliegender Metaanalyse verzeichnet, bei denen die Daten für die abhängige Variable denjenigen für die unabhängige vorangehen;
vier dieser Effektschätzungen entstammen gerade der affirmativen Studie
von Ehrlich aus dem Jahr 1975 und zwei der von Dezhbakhsh/Shepherd
von 2003.

---

[737] Ehrlich (1975a, S. 407).

Alternativ lassen sich die Abläufe als Gleichzeitigkeit beziehungsweise als Vorangehen der Abschreckungsvariablen deuten und methodisch interpretieren. Wird aber derselbe Zeitraum für erklärende und zu erklärende Variable gewählt (dies gilt für den Großteil gegenständlicher Effektschätzungen), verbleibt es für temporal aggregierte Daten bei der Problematik einer korrekten Würdigung der zeitlichen Sequenz zwischen Hinrichtungen und Morden. Wird eine Hinrichtung am Ende einer temporalen Analyseeinheit vollzogen, so erscheint es wenig schlüssig, von dieser Exekution Auswirkungen auf die Tötungsdeliktsrate für die gesamte Einheit zu erwarten, da zum Zeitpunkt der Hinrichtung bereits große Teile des Zeitabschnitts vergangen sind, in denen sich Tötungsdelikte ereignen konnten. Vielmehr kann ein eventueller Abschreckungseffekt erst im kleinen letzten Teil der Zeiteinheit beziehungsweise im ersten Teil der darauffolgenden Analyseeinheit zum Tragen kommen. Ein Außerachtlassen dieser Problematik wäre etwa nur unter der gewagten Hypothese gerechtfertigt, dass Medien über Hinrichtungen auch vor dem eigentlichen Ereignis berichten und den Berichterstattungen bereits ein der Hinrichtung gleichwertiger Abschreckungscharakter zukommt.[738] Jenseits einer solchen Annahme lassen sich – das Vorliegen entsprechender Informationen vorausgesetzt – Algorithmen zur korrekten Wertung potentieller Abschreckungsauswirkungen in zeitlicher Hinsicht entwickeln: In Betracht kommt eine Gewichtung einer Hinrichtung zu Anfang einer Analyseeinheit als volle Hinrichtung dieser Einheit und im Übrigen eine Gewichtung je nach prozentualem Zeitablauf der Analyseeinheit oder schlicht die Zuordnung einer Hinrichtung während der ersten drei Viertel einer temporalen Analyseeinheit zu dieser (t), während des letzten Viertels der Analyseeinheit zum nächsten Abschnitt (t+1).[739] Sämtlichen Ansätzen fehlt gleichwohl eine umfassende theoretische Legitimation.

---

[738] Vgl. Shepherd (2004, S. 291 f.).
[739] Zu beiden Algorithmen vgl. Mocan/Gittings (2003, S. 460 f.); vgl. auch Stack (1987, S. 534 f.).

Auch bei einem Arbeiten mit Messungen der unabhängigen Variablen, die sich auf einen früheren Zeitraum beziehen als die der abhängigen Variablen, und bei der insofern gewählten Konstruktion eines Zeitabstands (englisch: „lag") zwischen Hinrichtungen (t) und Tötungsdelikten (t+1) – diese Methode wird teilweise auch in dem Glauben gewählt, das Problem der Simultanität eliminieren (vgl. Dritter Teil, Kapitel 2.4.1.2) wie auch die „Linked"-Problematik reduzieren zu können[740] – ergeben sich in Studien gleich welchen verwendeten Datentyps (Längsschnitt, Querschnitt, Panel) Probleme. Denn auch für diesen Fall gibt es keine Gewissheit, dass der tatsächliche Abstand zwischen Hinrichtungs- und Tötungsdeliktsrate einheitlich richtig erfasst wird. Werden die Tötungsdeliktsraten zweier Staaten A und B in einer temporalen Analyseeinheit untersucht (Querschnitt), so findet möglicherweise die letzte Hinrichtung der Analyseeinheit in Staat A ganz zu Anfang statt, während sie im Staat B ganz am Ende der Einheit stattfindet, beziehungsweise werden die Tötungsdeliktsraten eines Staats in einer Zeitreihe untersucht, so findet unter Umständen die letzte Hinrichtung in einer Zeiteinheit ganz zu Anfang statt, während sie in einer anderen Untersuchungseinheit ganz am Ende erfolgt. Zwar sind dies Extrembeispiele, da das Szenario einer maximal möglichen Differenz gezeichnet wird, jedenfalls kann aber nicht von einer in zeitlicher Hinsicht uniformen Hinrichtungspraxis der jeweiligen Todesstrafenstaaten ausgegangen werden.[741]

Die hier geführte Argumentation wurde bereits zur Erläuterung der Vorzugswürdigkeit von Daten kleinerer temporaler Analyseeinheiten herangezogen (vgl. Dritter Teil, Kapitel 2.3.3.2.1): Zusammenfassungen von (Hinrichtungs- und Tötungsdelikts-)Daten in zeitlicher Hinsicht – insbesondere jährliche Aggregationen – bergen Potential zu verfälschten Schätzungen,[742] Disaggregation der temporalen Analyseeinheit indessen verspricht zumindest eine optimierte Erfassung der zeitlichen Reihenfolge von abhängiger

---

[740] Vgl. Katz/Levitt/Shustorovich (2003, S. 325).
[741] Vgl. Bowers/Carr/Pierce (1974, S. 200 ff.).
[742] Bailey (1983, S. 834).

und unabhängiger Variable, da mit Daten kleinerer temporaler Analyseeinheiten präzisere Schätzungen vorgenommen werden können. Diese Aussage gilt umso mehr, wenn zusätzlich die richtige Verzögerungsstruktur zwischen Exekutionen und Tötungsdelikten (das heißt unverzügliche oder spätere Wirkung[743]) angenommen wird. Die Wahl einer konkreten Verzögerung jedoch ist willkürlich,[744] Befürworter von Abschreckungstheorie und Todesstrafe sind uneins über die korrekt zu konstruierende Zeitverzögerung.[745] Wird ein „Time Lag Model" formuliert, so wäre korrekterweise immer darauf hinzuweisen, dass die Annahmen rein subjektiv begründet sind und weder die theoretische noch die empirische Abschreckungsliteratur eindeutige Richtlinien zur Wahl einer (wenn überhaupt nötigen) adäquaten Zeitverzögerung bei der Untersuchung des Verhältnisses von Strafanwendung und Deliktsraten liefert.[746]

In Anbetracht der Tatsache, dass – jenseits der Vorteile temporal disaggregierter Daten – gesicherte Erkenntnisse zu Existenz und Umfang einer Verzögerungsstruktur zwischen der Todesstrafenanwendung und einschlägigen Deliktsraten nicht vorliegen, taugt die methodische Berücksichtigung des zeitlichen Verhältnisses von unabhängiger und abhängiger Variable als Ansatzpunkt für Kritik nur begrenzt, als Ursache für divergierende Studienbefunde scheidet sie ohnehin aus. Allein den Effektschätzungen, bei denen sich die abhängige Variable auf einen der unabhängigen Variablen vorangehenden Zeitraum bezieht, ist die Eignung für eine Erforschung der Abschreckungshypothese abzusprechen; derartige Effektschätzungen stammen nahezu ausschließlich aus den affirmativen Studien von Ehrlich und Dezhbakhsh/Shepherd, was unter Umständen deren Befunde beeinflusst hat, jedenfalls aber ihre Aussagekraft in Frage stellt.

---

[743] Vgl. Decker/Kohfeld (1990, S. 181).
[744] Grogger (1990, S. 298).
[745] Bailey (1983, S. 844).
[746] So geschehen durch Bailey (1980b, S. 203 f., Anm. 10).

2.4.5 Kontrollvariablen

Wie generell bei der statistischen Überprüfung von Forschungshypothesen ist auch bei Untersuchungen zur Abschreckungswirkung der Todesstrafe sicherzustellen, dass mit der abhängigen Variablen gemessene Effekte eindeutig auf eine Manipulation der unabhängigen Variablen zurückzuführen sind; zur Entschärfung des sogenannten *Ceteris-paribus*-Problems werden Kontrollvariablen benutzt.[747] Diese dritten Variablen begründen die Mehrdimensionalität der Analysen (über den Zusammenhang zwischen den Merkmalen Sanktion und Verbrechen hinaus), welche ihrerseits multivariate Verfahren zur Prüfung notwendig macht. In den Primärstudien dieser Metaanalyse werden regelmäßig Drittvariablen integriert und die Befunde daher auf anderweitige Einflüsse kontrolliert – 70 Studien ziehen Kontrollvariablen heran (vgl. Zweiter Teil, Kapitel 2.2.3).

Umgekehrt ist in diesem Zusammenhang darauf hinzuweisen, dass die (erklärenden und kontrollierenden) Variablen in der Regressionsgleichung alle kausalen Faktoren der zu erklärenden Variablen enthalten müssen, will man nicht eine verzerrte Wiedergabe der kausalen Beziehungen in Kauf nehmen. Der Grund hierfür ist einfach: Sind die abhängige Variable und eine erklärende Variable jeweils von einem dritten Faktor abhängig, der selbst nicht in der Regressionsgleichung enthalten ist, so werden Schätzkoeffizienten (wie auch entsprechende Standardfehler) ernsthaft verzerrt und es kann sich in der Regressionsrechnung ein Zusammenhang ergeben, der, da die tatsächliche Verbindung nicht miteinbezogen ist, ein falsches Bild der Beziehung liefert.[748] Die Einbeziehung aller theoretisch kriminalitätsrelevanten Kontrollvariablen in die Analyse wird jedoch regelmäßig nicht geleistet und kann auch nicht geleistet werden, da jene gar nicht alle bekannt sind.[749] Teilweise wird aus diesem Umstand auch der Schluss gezogen, dass es sinnlos sei, komplexe statistische Verfahren anzuwenden, so-

---

[747] Müller (1996, S. 38).
[748] Vgl. Knorr (1979, S. 241).
[749] Vgl. Eisele (1999, S. 34).

250

lange es keine einigermaßen vollständige Theorie des Mordes gibt[750] – falls es eine solche überhaupt geben kann.

Eine detaillierte Analyse von Lee S. Friedman[751] kritisiert die Zeitreihenuntersuchung von Ehrlich dahingehend, dass dieser eine Reihe von Variablen, welche die Mordrate beeinflussen, ignoriert hat, etwa die durchschnittliche Freiheitsstrafe für Mord, die Zahl der Handfeuerwaffen in Privatbesitz (diese nahm in den 1960er Jahren zu) und den Grad der Einkommensungleichheit. Unter anderem deshalb konstatiert Friedman, dass Ehrlichs Studie auf einer Vielzahl von Annahmen beruht, von denen etliche sehr zweckdienlich für das Ergebnis einer abschreckenden Wirkung der Todesstrafe sind. Als ein Kriterium für die Elaboriertheit einer Studie gelten Zahl und Art der in die Untersuchung einbezogenen intervenierenden Variablen und die Analyse der Interaktion dieser Faktoren mit den Abschreckungsvariablen. Gut möglich erscheint insofern, dass bestimmte Kontrollvariablen sowohl das Abschreckungsmerkmal als auch die mögliche Abschreckungswirkung beeinflussen, sodass ihre Nichtberücksichtigung zu einer Scheinkorrelation führen könnte; außerdem könnte das Fehlen mancher Drittvariablen zu einer Scheinnonkorrelation zwischen Abschreckungsindikator und Kriminalität führen. In beiden Fällen (Scheinkorrelation wie -nonkorrelation) hätte die Nichtberücksichtigung der Drittvariablen eine Fehlspezifikation des Modells und somit verzerrte Schätzungen zur Folge, weshalb ein Modell zu einer (potentiellen) Abschreckungswirkung der Todesstrafe beide Arten von Variablen berücksichtigen muss, um korrekte Resultate zu erhalten.[752] In Anlehnung an Friedmans Erkenntnis lässt sich formulieren: Die Elaboriertheit einer Studie kann sich auf deren Ergebnis bezüglich der Abschreckungshypothese auswirken, wobei – jenseits eines Anspruchs auf Vollständigkeit der integrierten Drittvariablen – insbesondere von einem Einfluss der Art der berücksichtigten Kontrollvariablen auf die Effektstärken und damit den Studienbefund ausgegangen werden kann.

---

[750] Vgl. Baldus/Cole (1975, S. 180 f.).
[751] Friedman (1979).
[752] Dölling/Entorf/Hermann/Häring/Rupp/Woll (2007, S. 205).

Deskriptiv wurde bereits festgestellt, dass neben der Kategorie zu den sonstigen Kontrollvariablen die Variablen Einkommen, Arbeitslosigkeit, Hautfarbe, Alter und Anteil der Jugendlichen an der Bevölkerung die vorwiegend herangezogenen Drittvariablen der Primäranalysen darstellen (vgl. Zweiter Teil, Kapitel 2.2.3). Die Berücksichtigung gerade dieser Variablen liegt zwar nahe, da sie üblicherweise in den Datenbanken unterschiedlicher Länder verfügbar sind und sie – aufgrund ihres beschriebenen Einflusspotentials – gebräuchliche Proxy-Variablen für Verbrechensursachen darstellen. Allgemein gilt jedoch, dass oftmals die in verschiedenen Analysen getroffene Auswahl intervenierender Variablen mehr oder minder zufällig erfolgt, wobei das Fehlen einer eingehenden Begründung für die Einbeziehung oder Vernachlässigung bestimmter Variablen zur Kontrolle „besonders ärgerlich" ist.[753] Zu einer angemessenen theoretischen Erfassung der Frage nach einer Abschreckungswirkung der Todesstrafe müssen auch alle nicht-abschreckenden Faktoren, die Kriminalität beeinflussen, bekannt sein, ehe man irgendetwas über Abschreckung herausfinden kann. Zählt vorliegendes Forschungsfeld zur Gewaltkriminalität, so ist etwa eine Integration von demographischen und sozioökonomischen Trends – wie Entwicklung der Arbeitslosigkeit (Stichwort: Opportunitätskosten) und insbesondere Alter der Bevölkerung – theoretisch begründet, da Gewalttäter überdurchschnittlich jung sind und deshalb in einer jungen Population mehr Gewaltdelikte verübt werden als in einer älteren Gesellschaft, ohne dass dies auf unterschiedliche Handhabung der Todesstrafe zurückgeführt werden kann.[754] Ein Zusammenhang mit der Mordrate liegt überdies für die Wahrscheinlichkeit und die Schwere von Haftstrafen für Morde wie auch die – gerade in den USA bedeutsame – Zahl der Handfeuerwaffen in Privatbesitz nahe.[755]

---

[753] Müller (1996, S. 38, inkl. Fn. 3).
[754] Vgl. Eisele (1999, S. 34).
[755] Vgl. Martis (1991, S. 179).

2.4.5.1 Illustration anhand Ehrlichs Modell

Ehrlichs Modell für seine Zeitreihenstudie integriert als exogene Variablen sowohl sozioökonomische als auch demographische Variablen (beispielsweise Erwerbsquote, Arbeitslosenrate, Pro-Kopf-Einkommen, Anteil der Altersgruppe zwischen 14 und 24 Jahren an der Gesamtbevölkerung, Pro-Kopf-Ausgaben für Polizei, Größe der Gesamtbevölkerung, Anteil der nicht-weißen Bevölkerung) (vgl. Zweiter Teil, Kapitel 1.2.2). Waffenbesitz und Haftstrafen werden aber von ihm genauso wenig berücksichtigt, wie Variablen ignoriert werden, die der Tatsache Rechnung tragen, dass manche Individuen durch Sanktionierung von Mord per se nicht abschreckbar sind,[756] und solche, die das Aufkommen von Gewaltverbrechen gegen Eigentum widerspiegeln.[757]

2.4.5.1.1 Unterschiedliche Abschreckbarkeit von Personen

Vor diesem Hintergrund soll auf die Bedeutung differierender Abschreckbarkeit von Personen hingewiesen werden, wurde und wird doch im Verlauf der Arbeit – unter Verwendung der universalen Terminologie „andere" beziehungsweise „potentielle Straftäter/Mörder"[758] – weitgehend auf eine diesbezügliche Differenzierung verzichtet.[759] Laut Zimring/Hawkins[760] ist die Bevölkerung dreigeteilt in Personen, (1) die konform sind, (2) die sich von Abweichung abschrecken lassen und (3) die abweichen. In einer empirischen Abschreckungsstudie gehe es darum, die Gruppe der Abschreckbaren mit der der Nicht-Abschreckbaren zu vergleichen und zu prüfen, ob geänderte Strafverfolgung (vorliegend: Umgang mit der Todesstrafe) die Gruppengrenzen zu verschieben vermag. Untersuchungen repräsentativer

---

[756] Knorr (1979, S. 241).

[757] Baldus/Cole (1975, S. 180).

[758] Die anglo-amerikanische Literaturterminologie erstreckt sich von „Others" und „the General Population" über „Would-Be Criminals" und „Prospective Offenders" bis hin zu „Potential Criminals" (zu deren Zusammenstellung vgl. Zimring/Hawkins (1968, S. 100 f.), die feststellen: „In the literature dealing with deterrence, those at whom the threat of punishment is aimed are usually referred to in general terms").

[759] Die unterschiedliche Abschreckbarkeit von Delikthandlungen dürfte aufgrund der regelmäßigen Begrenzung vorliegenden Forschungsbereichs auf Tötungsdelikte hingegen keine Rolle spielen.

[760] Zimring/Hawkins (1968, S. 100 ff.).

Stichproben enthalten immer auch eine Vielzahl von Personen, die weder zu den Abweichern noch zur Gruppe der Abschreckbaren gehören, sondern die aus anderen Gründen konform sind (1). Zum einen ist es hier wichtig, Personen ohne jedes Interesse an Kriminalität als ungeeignete Adressaten der Abschreckung zu erkennen, zudem kommt als sonstiger Grund für Konformität im Fall der Tötungsdelinquenz die Abschreckungswirkung der Alternativsanktion Freiheitsstrafe (deren Wahrscheinlichkeit beziehungsweise Schwere) in Betracht. Die erste Gruppe von Personen ist auszuschließen, wenn die Abschreckungswirkung der Todesstrafe festgestellt werden soll; die Identifikation der Restgruppe ist das entscheidende Problem.

Die Ausführungen von Forst, der in Anlehnung an Amsterdam[761] konstatiert, dass die Todesstrafe einen Ausnahmefall darstellt, auf den die Abschreckungstheorie nicht anwendbar ist, da die eigentlich Gewaltgeneigten durch eine verstärkte Anwendung der Todesstrafe nicht abgeschreckt werden, während die Mehrheit der Gesellschaftsmitglieder erschöpfend durch anderweitige strafrechtliche und soziale Sanktionen abgeschreckt wird, sodass für diese die Todesstrafe eine überflüssige Sanktion darstellt,[762] sind unter dem Blickwinkel dieses theoretischen Ansatzes so zu verstehen, dass die Todesstrafe die Gruppengrenzen zwischen (2) und (3) nicht zu verschieben vermag, es existiert nur die Gruppe der Abweichenden (3) und der Konformen (1).

An anderer Stelle wird der Ansatz als Überlegung mit richtigem Kern wegen seiner starken Vereinfachung kritisiert.[763] Dem könnte man sich wie folgt anschließen: Das Bild kann nur so verstanden werden, dass zu einem gegebenen Zeitpunkt bestimmte Personen aus bestimmten Gründen kein Interesse, ein einschlägiges (Tötungs-)Delikt zu begehen, haben (1), während andere Interesse haben, dies aber aus Angst vor der Todesstrafe unterlassen (2) oder trotz aller Bedenken aus spezifischen Gründen begehen (3).

---

[761] Amsterdam (1977, S. 42).
[762] Forst (1983, S. 940); ähnlich Fox/Radelet (1989, S. 40).
[763] Vgl. hierzu Schumann/Berlitz/Guth/Kaulitzki (1987, S. 30).

Es handelt sich – gerade auch in Anbetracht der Qualifizierung vieler Tötungsdelikte als Konflikt- und Affektverbrechen – um eine sehr dynami-
sche Denkfigur (zu anderen Zeitpunkten, in anderen Situationen können
sich die Personen anders verhalten), deren Erklärungsinhalt durch das Bild
von den Gruppen missverständlich statisch wird; besser als von Gruppen
wäre von Wahrscheinlichkeiten zu sprechen, mit denen Personen zu der einen oder anderen Disposition kommen. In diesem Sinn könnte man vermuten, dass Faktoren, die als Kriminalitätsgründe erkannt sind, die Wahrscheinlichkeit festlegen, mit der Personen, die diese Merkmale besitzen beziehungsweise nicht besitzen, in Situationen geraten (oder diese selbst herbeiführen), in denen sich die Entscheidung stellt, ob man Handlungen
begeht, die unter Todesstrafe stehen. Fehlt es an solchen kriminogenen Lebensbedingungen, so scheiden entsprechende Individuen für Situationen
zur Beantwortung der Frage nach der Abschreckungswirkung der Todesstrafe aus (kriminalitätserklärende Faktoren bestimmen gewissermaßen für
alle Personen die unterschiedliche Gefahr, in relevante Situationen zu geraten). Wurde theoretisch entwickelt, welche Faktoren eben diese Wahrscheinlichkeiten bestimmen könnten, so empfiehlt es sich, die Erkenntnisse
zu operationalisieren und die entsprechenden Schätzungen auf die krimina-
litätserklärenden Faktoren (durch Einbezug in multiple Regression) zu
kontrollieren.

2.4.5.1.2 Faktoren unterschiedlicher Abschreckbarkeit von Personen
Gefestigte familiäre Bindungen, ein stärkendes persönliches Umfeld und
soziale Einbindung können etwa dafür verantwortlich zeigen, dass Personen von vornherein beziehungsweise in einer bestimmten Situation jedwedes Interesse an Kriminalität fehlt und sie daher ungeeignete Adressaten
der Abschreckung sind, sie mithin – möchte man in jenem Schema bleiben
– zur Gruppe der Konformen (1) zu zählen sind. Generell haben idealisti-
sche und leistungsbezogene Werte, die wiederum stark von religiöser Prä-
gung abhängen, einen starken Einfluss auf Kriminalität und verhindern,

dass jemand zum Mördcr wird.[764] Darüber hinaus fungieren gegebenenfalls lange Freiheitsstrafen als gewöhnliche Alternative zur Todesstrafe als Abschreckungsmittel; auch diese bedingen Konformität aus anderen Gründen (als solchen der Todesstrafe) und daher Zugehörigkeit zur ersten Gruppe. Ehrlich gesteht potentielle Probleme im Zusammenhang mit Außerachtlassung einer entsprechenden Variablen in seiner Zeitreihenuntersuchung von 1975 ein, indem er in seiner Querschnittsstudie wenig später die Variable zur Strenge einer Haftstrafe für Mord und andere Verbrechen einführt und dies als Vorteil für eine vollständige Erforschung der Abschreckungswirkung (der Todesstrafe) empfindet.[765] Schon in einer früheren Studie von 1973 hatte Ehrlich herausgefunden, dass lange Haftstrafen als effektives Abschreckungsmittel dienen; vertraut man diesem Befund und hat die Länge von Gefängnisstrafen während der 1960er Jahre abgenommen (darauf deuten Zahlen der *National Prisoner Statistics* hin), so könnte Ehrlichs Befund von 1975, dass steigende Tötungsdeliktszahlen auf den Rückgang der Todesstrafe zurückzuführen sind, fehlerhaft sein.[766] Dass die Integration einer Variablen zur Haftstrafenlänge auch über die Studie von Ehrlich hinaus dafür sorgt, dass die Abschreckungswirkung der Todesstrafe bestätigende Studienbefunde „korrigiert" (in Richtung Widerlegung der Abschreckungshypothese) werden, meint im Übrigen Samuel Cameron in seinem „*Review of the Econometric Evidence on the Effects of Capital Punishment*" – auch unter Verweis auf die beiden einschlägigen Studien von Avio.[767] Für die Integration einer Variablen zur Strenge von Haftstrafen, eher jedoch im Sinn der in Gefängnissen vorzufindenden Lebensqualität, sprechen überdies die Ergebnisse der Studie von Katz/Levitt/Shustorovich: Die von den Autoren als Proxy-Variable für Anstaltsbedingungen herangezogene Todesrate unter Häftlingen (aus jedweden Gründen, darunter inadäquate medizinische Versorgung, (Selbst-)Tötungen, Unfälle) weist

---

[764] http://chrismon.evangelisch.de/artikel/2011/urteil-minsk-schreckt-die-todesstrafe-wirklich-ab-11569 (Stand 20.12.2011).
[765] Ehrlich (1977b, S. 742).
[766] Klein/Forst/Filatov (1978, S. 345 f.).
[767] Cameron (1994, S. 203).

ein inverses Verhältnis mit der Kriminalitätsrate auf,[768] sodass auch deren Einsatz jedenfalls als Drittvariable in einschlägigen Untersuchungen infolge ihrer Erklärungskraft sinnvoll erscheint.

Umgekehrt gelten als Faktoren, die die Häufigkeit erhöhen, dass Personen in kriminogene Situationen geraten und die dazu beitragen können, dass Personen durch formelle wie informelle Sozialkontrolle von Mord per se nicht abschreckbar sind, die Absenz starker familiärer Bindungen oder das Fehlen von Freunden und Bekannten in der Gesellschaft. Die Integration solcher nicht-ökonomischer Variablen mag folglich wichtig sein, soll das Modell brauchbare Schätzungen des Abschreckungseffekts der Todesstrafe generieren; die fehlende Einbeziehung solcher Variablen durch Ehrlich könnte seine Resultate verfälscht haben.[769] Die reduzierte Anwendung der Todesstrafe kann für einen Anstieg der Mordrate verantwortlich gemacht werden und ein inverses Verhältnis zwischen Todesstrafe und Tötungsdelikten begründen – genauso kann aber verstärkt fehlender sozialer Halt die Abschreckbarkeit von potentiellen Mördern reduzieren und dadurch die Mordrate ansteigen lassen.

Schließlich spricht viel für die Notwendigkeit einer Einbeziehung der Waffenverfügbarkeit wegen der Relevanz dieses Faktors für die Zahl der Morde. In gewisser Weise mag es sich hierbei auch um einen Faktor handeln, der die Wahrscheinlichkeit festlegt, mit der Personen in Situationen geraten, in denen sich die Entscheidung stellt, ob man mordet oder nicht: Der Einsatz von Feuerwaffen ist schließlich in Auseinandersetzungen oftmals der Grund für eine Eskalation, wenn beispielsweise die Pistole einer körperlich unterlegenen Person den Angriff auf eine stärkere erst ermöglicht. Verschiedene Studien weisen auf einen deutlichen Zusammenhang zwischen der Zunahme von Handfeuerwaffen in Privatbesitz und einem Anstieg von Tötungsdelikten hin, gerade in den Vereinigten Staaten von

---

[768] Katz/Levitt/Shustorovich (2003, S. 339 f.); Liu (2004, S. 251 f.) schreibt Gefängnisbedingungen ebenfalls Abschreckungspotential zu, operationalisiert jene aber über eine Dummy-Variable „South", da sie historisch betrachtet in Südstaaten schlechter gewesen sind als in Nordstaaten.
[769] Passell (1975, S. 66).

Amerika während der 1960er Jahre. Als „möglicherweise ernsthaftesten Fehler in Ehrlichs Modell" bezeichnet Gary Kleck daher die unterlassene Berücksichtigung eines möglichen Effekts von Waffenbesitztrends auf die Tötungsdeliktsrate.[770] Kleck diskutiert diverse (nicht zum vorliegenden Untersuchungsgegenstand gehörige) Studien, die sich mit dieser Problematik auseinandersetzen, und entwickelt auf diesem Weg seine Modellspezifikation unter Berücksichtigung des Faktors Schusswaffenverfügbarkeit.

Während Marvin E. Wolfgangs Untersuchung von Daten der polizeilichen Mordkommission Philadelphias noch keine kausale Beziehung zwischen Feuerwaffenbesitz oder -zugänglichkeit und Tötungsdelikten feststellt,[771] behaupten George D. Newton und Franklin E. Zimring, herausgefunden zu haben, dass mehr Waffen auch mehr Waffengewalt bedeuten, wobei sie sich auf simple Korrelationen zwischen beiden Größen stützen.[772] Douglas R. Murrays Querschnittsanalyse indiziert keine Beziehung zwischen Schusswaffenbesitz und Tötungsdeliktsraten,[773] die Zeitreihenanalyse von Phillips/Votey/Howell jedoch eine positive.[774] Keine Studie entwickelt allerdings ein explizites Modell eines Tötungsdelikts-Kausalzusammenhangs; die beiden genannten Untersuchungen behandeln Waffenbesitz als exogene (das heißt selbst nicht durch die endogenen Variablen beeinflusste, diese jedoch determinierende) Variable, obgleich es durchaus begründet sein kann, eine simultan reziproke Beziehung zwischen Handfeuerwaffenbesitz und Kriminalität zu erwarten, dementsprechend Waffenbesitz als endogen zu spezifizieren wäre. Dahinter steht die theoretische Überlegung, dass Verbrechen ebenso eine Ursache von Waffenbesitz ist, wie Waffenbesitz eine Ursache von Verbrechen ist. Solange die Bevölkerung aus Angst vor Viktimisierung Schusswaffen besitzt, solange hohe Verbrechensraten und das Gefühl der Unerlässlichkeit von Selbstverteidigung die Menschen beherrschen, solange dürfte eine Reduzierung von Waffen zur Eindäm-

---

[770] Kleck (1979, S. 887).
[771] Wolfgang (1958, S. 82 f.).
[772] Newton/Zimring (1969).
[773] Murray (1975).
[774] Phillips/Votey/Howell (1976).

258

mung der – mit diesen umgekehrt einhergehenden – Gewaltkriminalität nahezu aussichtslos sein.[775] Sowohl Steven T. Seitz in seiner Studie von 1972[776] als auch Joseph C. Fisher vier Jahre später[777] ignorieren ebenfalls die Möglichkeit einer reziproken Beziehung zwischen Tötungsdelikten und Waffenbesitz, sodass auch ihre jeweiligen Befunde einer positiven Beziehung zwischen beiden Faktoren wenig Aussagekraft besitzen.

Kleck spezifiziert nun in seinem Modell eine simultan reziproke Beziehung zwischen Schusswaffenbesitz (operationalisiert über die Pro-Kopf-Zahlen von Schusswaffen allgemein und Handfeuerwaffen speziell) und Tötungsdeliktsrate und führt seine – in starkem Widerspruch zu Ehrlich stehenden – Ergebnisse (unter anderem) auf die Missspezifikation von Ehrlichs Modell durch Außerachtlassen einer Variablen zum Waffenbesitz zurück.[778] Erneut ließen sich also die in den 1960er Jahren steigenden Tötungsdeliktszahlen, die Ehrlichs Modell auf den Rückgang der Todesstrafe zurückführt, durch eine andere Größe erklären, da die Zahl der Handfeuerwaffen im Privatbesitz im Untersuchungszeitraum rapide anstieg.

Dafür, dass die Rate der Handfeuerwaffen mit der Mordrate in Zusammenhang steht und infolgedessen zu einem Modell zur Untersuchung der Abschreckungswirkung der Todesstrafe (auf Morde) gehören sollte, sprechen zwei weitere Untersuchungen, die die Abschreckungswirkung der Todesstrafe im Ergebnis nicht bestätigen: Sowohl die frühe Studie von Cardarelli zu Polizistentötungen als auch die Arbeit von Miron zum Einfluss von Drogen und Waffen auf Gewalt(-kriminalität) bestätigen, dass Schusswaffenverfügbarkeit und diesbezügliche staatliche Kontrolle quantitativ wichtige Determinanten von Gewalt- und Tötungsdeliktsaufkommen sind.[779]

---

[775] Kleck (1979, S. 908).
[776] Seitz (1972).
[777] Fisher (1976).
[778] Kleck (1979, S. 893, 895, 907 f.).
[779] Cardarelli (1968, S. 452 f.) und Miron (2001, S. 616), wobei Miron überdies in Anlehnung an Kleck auch von einer Reziprozität von Schusswaffen- und Gewaltaufkommen ausgeht.

Beeinflussen also das Vorliegen sozialer Einbindung oder die Strenge einer Haftstrafe für Mord einerseits und die Absenz sozialen Halts andererseits oder auch die Zahl der Handfeuerwaffen in Privatbesitz das Bild individueller Abschreckbarkeit durch die Todesstrafe, so sind Variablen hierzu in die Abschreckungsgleichung aufzunehmen und zu kontrollieren. Den vorstehenden Ausführungen entsprechend ist davon auszugehen, dass die genannten Größen Einfluss auf die relevante Delinquenz nehmen, infolgedessen ihre Nichtberücksichtigung zu einer Scheinkorrelation zwischen Todesstrafe und Tötungsdelikten führen kann.

2.4.5.2 Relevanz für (affirmative) Studienbefunde

Die Elaboriertheit einer Studie kann sich auf deren Ergebnis auswirken, insbesondere kann von einem Einfluss der vorstehend angesprochenen Größen auf die Effektstärken und damit den Studienbefund ausgegangen werden. Dass und inwiefern die Musterstudie zur Bestätigung einer Abschreckungswirkung der Todesstrafe von Ehrlich (gerade mit ihren Daten aus den 1960er Jahren) auf Modellannahmen bezüglich der Integration und Außerachtlassung beispielhafter Drittvariablen beruht, die dem Zweck der Bestätigung der Abschreckungshypothese dienen, haben die vorstehenden Ausführungen unter der Sichtweise einer unterschiedlichen Abschreckbarkeit von Personen gezeigt.

Die Problematik nicht-berücksichtigter (Dritt-)Variablen gerade in affirmativen Studien tritt darüber hinaus auf andere Weise zutage. Steigt beziehungsweise sinkt die abhängige Variable der Tötungsdeliktsrate entgegen der Hinrichtungsrate in einem Referenzzeitraum, so scheint ein Vergleich mit anderen Verbrechensraten (etwa dem Niveau gewalttätiger Eigentumsdelikte[780]) angebracht, welche nicht unter Todesstrafe stehen und bei deren Begehung die Todesstrafe (in Gesetz und Praxis) als Konsequenz missachtet werden dürfte. Verhalten sich diese Deliktsraten nämlich vergleichbar zur Tötungsdeliktsrate (oder steigen gar stärker an beziehungsweise sinken stärker ab), so liegt nahe, dass starke statistische Beziehungen zwischen

---

[780] Vgl. Köberer (1982, S. 209).

Hinrichtungen und Tötungsdelikten signifikant von unberücksichtigten Faktoren abhängen – Faktoren, die einen generellen Kriminalitätsanstieg respektive -rückgang verursachen.[781] Klein/Forst/Filatov schlagen insofern die Integration eines Verbrechensindexes (Tötungsdelikte ausgeklammert) in die Schätzgleichung vor, was in ihrer (Neu-)Schätzung der Gleichung Ehrlichs tatsächlich dazu führt, dass der Koeffizient der Hinrichtungsrate insignifikant wird und der Punktwert zudem abnimmt. Die Resultate der alternativen Spezifikation indizieren ein Bedürfnis nach Entschlüsselung komplizierter Zusammenhänge zwischen verschiedenen Arten von Verbrechen.[782] McKee/Sesnowitz gehen vergleichbar für die stark affirmative Studie von Yunker vor, auch bei ihnen lässt die addierte Variable (andere Kriminalitätsraten) die Signifikanz der Exekutionsrate schwinden und sie kommen zu dem Schluss, dass Yunkers Resultate möglicherweise schlicht statistische Artefakte sind.[783] Diese Erkenntnisse begründen Zweifel an der richtigen Spezifikation entsprechender Schätzgleichungen im Fall eines Außerachtlassens von Messungen zum Aufkommen von (Gewalt-)Verbrechen; gleichwohl verzichten (bestätigende) Arbeiten dieser Integrationsstudie fast ausschließlich auf derartige Messungen.[784]

War bisher lediglich die Rede von möglichen Verzerrungen aufgrund Nichtberücksichtigung bestimmter Kontrollvariablen, so spielt der umgekehrte Fall einer fälschlichen Einbeziehung von Drittvariablen regelmäßig keine Rolle. Eine Ausnahme hiervon bildet in Querschnittsuntersuchungen die Dummy-Variable zu Staaten, die hinrichten („Executing States"), und solchen, die nicht hinrichten („Non-Executing States"). Ehrlich rechtfertigt die Integration dieser Variablen etwa damit, dass sie unspezifizierte, un-

---

[781] Klein/Forst/Filatov (1978, S. 346); vgl. auch Forst (1983, S. 934 ff.); stehen Hinrichtungen im Referenzzeitraum in einem positiven Verhältnis zu generellen Kriminalitätsraten, so geht Cloninger (1992, S. 635) davon aus, dass der negative (abschreckende) Effekt von Hinrichtungen durch jene – die allgemeinen Verbrechensraten und damit auch die Tötungsdeliktsraten beeinflussenden – Faktoren aufgehoben werde.
[782] Klein/Forst/Filatov (1978, S. 355 f.).
[783] McKee/Sesnowitz (1977b, S. 220 ff.).
[784] Im Datensatz dieser Metaanalyse sind lediglich für die Studie von Cloninger (1992) Effektschätzungen verzeichnet, die unter Integration der Kontrollvariable „Total Crime Portfolio" zustande gekommen sind.

gemessene Differenzen zwischen Staaten erfasse; zudem, so argumentiert er, glaubten Individuen in nicht-hinrichtenden Staaten, dass die Hinrichtungswahrscheinlichkeit größer als Null ist.[785] Es erscheint schwierig, wenn nicht gar unmöglich, zu beurteilen, ob eine dieser beiden Erklärungen zutrifft, sodass die theoretischen Argumente zur Integration beider Variablen (Dummy und Hinrichtungsraten) in die Regression nicht zwingend sind.[786] Eine Reihe von Forschern, die mit Querschnittsdaten arbeiten, sieht von einer Berücksichtigung dieses Dummies ab und kann Ehrlich nicht bestätigen, so etwa Passell[787] und Forst[788] in ihren Untersuchungen. Gerade auf die Tatsache, dass er in seine Schätzgleichung zwei auf die Abschreckungswirkung abzielende Variablen zugleich einbezieht, könnten also Ehrlichs Resultate zurückzuführen sein. Auch Ehrlichs stark affirmative Querschnittsuntersuchung ist mithin mit Vorsicht zu beurteilen, zeigt vor allem auch, dass die Methodendiskussion oft in einfacher Weise die Erklärung für völlig divergierende Ergebnisse zu liefern vermag – ohne allerdings meist eine Entscheidung über die „richtige" Variante liefern zu können.

Bereits im Rahmen der Darstellung einer möglichen Beeinflussung von Studienbefunden durch die Voreingenommenheit des Autors (vgl. Dritter Teil, Kapitel 2.1.2) wurden die Arbeiten von Leamer[789] und McManus[790] dargestellt, die die Wirkung verschiedener Vorüberzeugungen hinsichtlich der Frage nach einer Abschreckungswirkung der Todesstrafe erforschen. Mit einer sogenannten *Extreme Bounds Analysis* (*EBA*) messen sie, inwieweit die Auswahl der erklärenden Variablen Einfluss auf die relevanten Schätzkoeffizienten hat.[791] Zugrunde liegt beiden Arbeiten die Idee, die generelle Vorüberzeugung des Autors einer Studie über seine Haltung hinsichtlich der Frage zu operationalisieren, welche erklärenden Variablen die

---

[785] Vgl. Ehrlich (1977b, S. 756 ff.).
[786] So auch Taylor (1978, S. 74).
[787] Passell (1975).
[788] Forst (1977).
[789] Leamer (1983).
[790] McManus (1985).
[791] Vgl. McAleer/Veall (1989, S. 99).

Mordrate determinieren und daher in der Regressionsgleichung vorkommen müssen und bei welchen Variablen ein Einfluss und daher die Notwendigkeit der Berücksichtigung jedenfalls zweifelhaft ist.

Während Leamer und McManus schließen, dass ihre *Extreme Bounds Analysis* ernsthafte Zweifel an der Gültigkeit der Abschreckungshypothese im Hinblick auf die Todesstrafe aufwirft, wird anhand beider Arbeiten insbesondere auch deutlich, wie stark der Befund einer einschlägigen Studie von der Auswahl kontrollierender Variablen abhängt – je nach ihrer Komposition scheint jedes beliebige Ergebnis kreierbar,[792] bereits geringfügige Modifikationen der verwendeten Variablen können zu einer qualitativen Veränderung der Analyseergebnisse führen.[793] Gerade die Beweise pro Abschreckung seien insofern im Wesentlichen ein Produkt der „Prior Beliefs" des jeweiligen Forschers, unter anderem in Ehrlichs Fall.[794]

Der Vorwurf eines gezielten oder willkürlichen Einsatzes intervenierender Variablen beschränkt sich natürlich nicht allein auf die Untersuchung von Isaac Ehrlich. Während dieser zumindest ein Set sozioökonomischer und demographischer Variablen integriert und die Kritik an ihm auf seiner Vernachlässigung spezifischer Faktoren beruht, berücksichtigt die Analyse von Yunker mit der Arbeitslosenrate eine einzige Drittvariable,[795] sogar aussagekräftige Variablen zu Alter der Population und Anteil der Jugendlichen an der Gesamtbevölkerung lässt Yunker außer Acht. Wenn er dies auch als relativen Nachteil gegenüber der Zeitreihenstudie von Ehrlich erachtet, so hält er die Nichtbeachtung zusätzlicher Variablen doch für „keine ernsthafte Unzulänglichkeit".[796] Es ist jedoch eine Illusion, zu glauben, mit der Berücksichtigung einer einzigen Variablen wie der Arbeitslosigkeitsrate – obschon die einflussreichste intervenierende Größe – könnten

---

[792] Rupp (2008, S. 23).
[793] Vgl. auch Passell/Taylor (1977, S. 448), die die von Ehrlich integrierte Variable zur Altersgruppe der 14- bis 24-jährigen durch die der 18- bis 24-jährigen ersetzen und dazu kommen, dass die errechnete Abschreckungswirkung ihre statistische Signifikanz verliert und nicht mehr deutlich von Null verschieden ist.
[794] Vgl. Forst (1983, S. 939).
[795] Yunker (1976, S. 60).
[796] Yunker (1976, S. 67 ff.).

alle kausalen Faktoren der zu erklärenden Variablen kontrolliert werden; wird teilweise schon die Existenz einer vollkommenen Theorie des Mordes in Frage gestellt, so ist nicht davon auszugehen, dass ein einziger Faktor neben der Todesstrafe sämtliche Varianz zu erklären geeignet ist, weswegen Yunkers Annahme nicht überzeugen kann. Sein Ergebnis von 156 durch eine Hinrichtung verhinderten Morden erscheint (auch) der Missspezifikation des gewählten Modells geschuldet.

Yunkers andere einschlägige Arbeit berücksichtigt für ihre Schätzungen auch nur die verzögerte Tötungsdeliktsrate und alternativ drei klassische demographische Kontrollvariablen (Urbanisierungsgrad, Anteil der nicht-weißen Bevölkerung, Jugendlichenrate);[797] möglicherweise übersieht er, dass sich mit einem beinahe experimentellen Aufbau im Zusammenhang mit dem nationalen Moratorium noch nicht die Berücksichtigung sämtlicher erklärender Faktoren erübrigt.[798] Neben den Studien von Ehrlich und Yunker leidet unter mangelnder Würdigung von Kontrollvariablen freilich auch eine Vielzahl an Untersuchungen, die die Abschreckungshypothese im Hinblick auf die Todesstrafe nicht bestätigen können. Auch deren Ergebnisse mögen in erörterter Hinsicht nur eingeschränkt Gültigkeit beanspruchen können. So ignorieren etwa drei Studien von Bailey und beide eingegangenen Studien von Thomson komplett die Kontrolle der Befunde auf zusätzliche erklärende Faktoren; zudem vermittelt sich der Eindruck, dass es auch bei den Studien, die die Nullhypothese nicht falsifizieren können, teilweise an logisch zwingenden Selektionsbegründungen für Drittvariablen fehlt. Jedoch stehen im Mittelpunkt dieser Metaanalyse die bestätigenden Arbeiten und eine Erklärung derer Befunde – und auch für die Frage der Elaboriertheit weisen gerade diese eine Methodik auf, die ihre Befunde in Frage stellt. Neben Ehrlich und Yunker gilt dies auch für Cloninger: Richard M. McGahey führt die stark bestätigenden Befunde in Cloningers Querschnittsanalyse von 1977 unter anderem auf das Fehlen

---

[797] Yunker (2001, S. 303, 308 f.).
[798] Vgl. Klein/Forst/Filatov (1978, S. 345).

einer Variablen zur Länge von Gefängnisstrafen zurück,[799] die Erforder-
lichkeit einer Einbeziehung der Strenge einer Haftstrafe in die Regression
wurde ausführlich begründet.

2.4.6 Funktionsform

Als letzter Schritt auf der Suche nach Diskrepanzursachen in theoretisch-
methodischer Hinsicht wird mit der Funktionsform (englisch: „functional
form") des Modells ein weiterer viel diskutierter Problemkomplex behandelt. Es geht um die additive oder multiplikative Funktionsform unter Einsatz natürlicher Werte der Variablen oder derer natürlicher Logarithmen.
Wie die Modifikation der verwendeten Variablen kann auch die ihrer Verknüpfung zu einer qualitativen Veränderung der Analyseergebnisse führen.[800]

Ehrlichs Modell etwa hat eine log-lineare Natur. Als log-lineares Modell
(oder auch log-log Modell) wird ein Modell bezeichnet, bei dem die Gleichung ein lineares Verhältnis (das heißt linear in den Parametern) zwischen
log-transformierten abhängigen und unabhängigen Variablen spezifiziert.
Konkret geht Ehrlich von einem multiplikativen (statt additiven) Effekt der
Faktoren, die die Mordrate bestimmen, aus und nutzt Daten für abhängige
und erklärende Variablen, die logarithmisch transformiert sind, um diese
multiplikative Beziehung in eine äquivalente lineare Form zu transformieren.[801] Durch Variablentransformation wie Logarithmieren wird häufig ein
lineares Modell zu erzeugen und somit die (extrem schwierige) nichtlineare Regression zu umgehen versucht, so etwa für den Fall der von Ehrlich gewählten Produktionsformel vom *Cobb-Douglas*-Typ (Funktion, die
in der Mikro- und Makroökonomie wie auch der Produktionswirtschaft als
Produktions- respektive Nutzenfunktion eingesetzt wird).[802] Ehrlich hält
aufgrund diverser analytischer und empirischer Erwägungen seine lineare
Spezifikation in natürlichen Logarithmen von abhängiger und wesentlichen

---

[799] McGahey (1980, S. 497).
[800] Müller (1996, S. 39).
[801] Vgl. Ehrlich (1975a, S. 406 ff.).
[802] Vgl. Wonnacott/Wonnacott (1970, S. 91 ff.).

unabhängigen Variablen zum Zweck einer empirischen Formulierung für vorzugswürdig.[803] Die Schätzkoeffizienten log-linearer Modelle können direkt als partielle Elastizitäten (das Ausmaß, in dem eine Variable auf die Änderung einer anderen Variablen *ceteris paribus* reagiert) interpretiert werden. Unter Anwendung der *Box-Cox-Transformation*[804] meint Ehrlich eine empirische Überlegenheit seiner log-linearen Spezifikation nachzuweisen.

Alternativ zur log-linearen Transformation kommen semilogarithmische Spezifikation (semi-log Modell, auch als log-lin beziehungsweise lin-log Modell bezeichnet) und Schätzung einer linearen Funktion in Betracht, in die die natürlichen Werte der untersuchten Variablen eingesetzt werden. Konventionelle semilogarithmische Spezifikation bedeutet, dass die abhängige Variable in logarithmierter und die erklärenden Variablen in nicht-logarithmierter Form in die Schätzungen eingehen.[805] Indessen ist eine Funktionsform niemals die exakt richtige, lediglich eine annähernd korrekte wird benötigt.[806]

Nicht nur, weil in bestimmten Jahren keine Exekutionen stattfanden (die Exekutionsrate also den Wert Null annehmen musste) und sich für Ehrlichs Mordfunktion infolgedessen Probleme ergeben, die dieser durch willkürliche Fiktion einer Hinrichtung pro Jahr zu beheben sucht (vgl. Dritter Teil, Kapitel 2.4.2.2.2), haben zahlreiche Autoren neben der von Ehrlich vorgenommenen Schätzung der multiplikativen Funktion, in die die natürlichen Logarithmen der Variablen eingehen, eine Schätzung von Funktionen durchgeführt, für die eine additive Beziehung der untersuchten Faktoren angenommen wird und in die die natürlichen Werte der untersuchten Variablen eingesetzt werden. Insbesondere zweifeln Bowers/Pierce an der rich-

---

[803] Vgl. hierzu Ehrlich (1975b, S. 217 ff.) und Ehrlich (1977b, S. 746 ff.).

[804] Hierbei handelt es sich um eine von Box/Cox (1964) vorgeschlagene Transformation, die von einem Parameter, der aus den Daten geschätzt werden kann, abhängt. *Box-Cox-Transformationen* dienen unter anderem der Spezifikation und Auswahl der Funktionsform ökonometrischer Modellgleichungen, sie enthalten auch als Spezialfälle das lineare und das logarithmisch lineare Regressionsmodell (Roberts/Mosena/Winter (2010b, S. 518)).

[805] Vgl. Spengler (2004, S. 208).

[806] Peck (1976, S. 361).

tigen Spezifikation in Ehrlichs Modell und stellen fest, dass die Elastizität der Hinrichtungsrate in Bezug auf die Mordrate insignifikant beziehungsweise positiv für alle alternativen Maße des Exekutionsrisikos wird.[807] Ehrlich hat zwar mehrfach bekräftigt, dass seine Ergebnisse robust, das heißt unabhängig von der Funktionsform, seien,[808] eine Untersuchung von Klein/Forst/Filatov, die sich auf seine Daten stützen und somit seine ursprünglichen numerischen Werte fast identisch reproduzieren konnte, kommt jedoch zu dem Ergebnis, dass der negative Zusammenhang zwischen Exekutionsrate und Mordrate insignifikant wird, wenn eine lineare Funktionsform für die von Ehrlich verwendeten Variablen benutzt wird; die von ihm angegebene Schätzgleichung stellt offensichtlich nicht die ideale Approximation an die Beobachtungsdaten dar.[809]

Während die Theorie suggeriert, dass eine ökonometrische Struktur in der mathematischen Form zu spezifizieren ist, die am ehesten den Verhaltenserwartungen entspricht, lässt sich die Praxis oftmals von den Ergebnissen empirischer Spezifikationstests, vor allem aber mathematischer Beherrschbarkeit leiten[810] und es werden Formen gewählt, die linear in den Parametern (im Unterschied zu den Variablen) sind, um die Interpretation der statistischen Eigenschaften der Schätzfunktion zu erleichtern; zudem wird regelmäßig die logarithmische Transformation (der Variablen) gewählt zur leichteren Interpretation der linearen Parameterschätzungen als partielle Elastizitäten.[811] Für letzteren Fall wird das Vorgehen oft *ex ante* mit theoretischen und teilweise auch *ex post* mit statistischen Argumenten begründet. Ist jedoch die theoretische Rechtfertigung für eine gewählte Funktionsform schwach, so kommen Zweifel an den Schätzergebnissen auf, wenn diese empfindlich hinsichtlich der gewählten Transformation sind. Im Fall von Ehrlichs logarithmischer Transformation ist dessen theoretische Be-

---

[807] Bowers/Pierce (1975, S. 199 f.).
[808] Ehrlich (1975a, S. 412) und Ehrlich (1975b, S. 219).
[809] Klein/Forst/Filatov (1978, S. 357, inkl. Fn. 17).
[810] Vgl. Curti (1999, S. 156).
[811] Passell/Taylor (1977, S. 448).

gründung[812] laut Passell/Taylor nicht überzeugend.[813] Zudem scheint Ehrlichs Befund eines signifikanten Abschreckungseffekts unter Verwendung von Daten aus den 1960er Jahren in Anbetracht der genannten Untersuchungen (von Bowers/Pierce, Klein/Forst/Filatov und auch Passell/Taylor) empfindlich hinsichtlich seiner Wahl der Transformation zu sein.

Das Phänomen, dass die Wahl einer anderen Funktionsform bei gleichen Daten zu qualitativ erheblich abweichenden Ergebnissen führt, kann in diesem Fall möglicherweise darauf zurückzuführen sein, dass durch die Transformation der ursprünglichen Daten in deren logarithmische Werte Variationen im unteren Bereich einer Variablen stärkere Auswirkungen auf die Schätzparameter bekommen.[814] Durch eine logarithmische Transformation werden nicht nur große Zahlenwerte überproportional verkleinert (Logarithmierung bietet sich daher an, wenn die Verteilung der abhängigen Variablen schief ist und wenige Fälle relativ große Werte haben; die Verteilung wird „gestaucht" und die Gleichung ist weniger anfällig gegen Ausreißer),[815] sondern logarithmischer Transformation ist auch eigen, die Änderungen am unteren Ende der Skala einer Variablen besonders hervorzuheben.[816] Je kleiner der numerische Wert der betreffenden Variablen wird, umso größer ist die Akzentverschiebung (das heißt eine Differenz zwischen einer und zwei Hinrichtungen pro 1.000 Verurteilungen fällt beispielsweise größer aus als eine Differenz zwischen 350 und 650 Hinrichtungen pro 1.000 Verurteilungen[817]). Darin könnte zugleich der Grund für die – oben ausführlich dargestellte (vgl. Dritter Teil, Kapitel 2.3.4.1.1) – zeitliche Heterogenität der Ergebnisse liegen, das heißt für die Beobachtung, dass der abschreckende Effekt verschwindet, wenn man die 1960er Jahre, in denen Hinrichtungen stark sanken und schließlich ganz ausblieben, in die Rechnung nicht mit aufnimmt. Bowers/Pierce sehen gerade in

---

[812] Ehrlich (1975b, S. 217 f.), auch unter Verweis auf Ehrlich (1974, S. 127 ff.).
[813] Passell/Taylor (1977, S. 448 f.).
[814] Peck (1976, S. 361).
[815] Vgl. Dölling/Hermann (2003, S. 142, Fn. 9).
[816] Vgl. Prisching (1982, S. 167, Fn. 8).
[817] Vgl. Bowers/Pierce (1975, S. 201).

268

der Kombination der Daten der 1960er Jahre und der log-linearen Spezifikation die Ursache für Ehrlichs stark affirmative Befunde: *„Durch die Verwendung von logarithmischen Werten des Exekutionsrisikos misst Ehrlich den extrem niedrigen Werten dieser Variablen ab 1964 in seiner Regressionsanalyse unverhältnismäßiges Gewicht bei"* [Übersetzung vom Verfasser].[818]

Stephen Layson folgt Ehrlich in seinen beiden Analysen, in denen er US-amerikanische und kanadische Daten bis in die 1970er Jahre verwendet, methodisch – auch im Hinblick auf die Funktionsform. Sowohl in seiner Ergänzung und Erweiterung einer kanadischen Zeitreihenuntersuchung im Jahr 1983 als auch in seiner Nachprüfung von Ehrlichs Längsschnittsanalyse zwei Jahre später wählt er (unter anderem) die log-lineare Transformation und kommt schließlich zu Ergebnissen, die mit denen von Ehrlich übereinstimmen. Während er seine Wahl der Funktionsform in letzter Studie ebenfalls mit der *Box-Cox-Transformation* begründet,[819] fällt in der Studie von 1983, in der Layson die „Canadian Homicide Function" mit vier verschiedenen Transformationen (log-linear, konventionell semilogarithmisch, lin-log und linear) schätzt, auf, dass gerade auch im Fall der log-linearen Spezifikation – wie die Auseinandersetzungen mit Ehrlichs Analyse bereits vermuten lassen – die Abschreckungshypothese stärker gestützt wird als bei Schätzung der anderen Gleichungen.[820]

Die Studie von Hoenack/Weiler bedient sich als eine der wenigen Untersuchungen ausschließlich einer semilogarithmischen Spezifikation der Form, dass die abhängige Variable in natürlichen Werten, die erklärenden Variablen in Logarithmen gemessen werden.[821] Die Autoren begründen ihre Wahl eines sogenannten lin-log Modells ausführlich und setzen zu diesem

---

[818] Übersetzung nach Bowers/Pierce (1975, S. 202).
[819] Layson (1985, S. 83 ff.).
[820] Layson (1983, S. 64).
[821] Hoenack/Weiler (1980, S. 330).

Zweck bei Ehrlichs Begründung für dessen log-lineare Spezifikation an.[822] Ohne in Einzelheiten zu gehen, kann vermerkt werden: Hoenack/Weiler gehören zu den wenigen Studienautoren, deren Wahl der Funktionsform nicht willkürlich zu sein scheint,[823] und sie kommen unter Verwendung des von ihnen präferierten lin-log Modells nicht zu einer Bestätigung der Abschreckungshypothese im Hinblick auf die Todesstrafe.

Passell arbeitet für seine Replikationsstudie von Ehrlichs Querschnittsuntersuchung teils mit einem polynomischen Modell; er wählt für seine Schätzungen alternativ die zehnte Wurzel und die Quadratwurzel der abhängigen und unabhängigen Variablen.[824] Auch die Verwendung dieser Funktionsform lässt den von Ehrlich (in diesem Fall in seiner Querschnittsanalyse) ermittelten signifikanten Abschreckungseffekt von Hinrichtungen schwinden und einmal mehr seine Abhängigkeit von Modellannahmen und der gewählten Spezifikation vermuten.

Das Problem, welche Funktionsform die zugrunde liegende Beziehung zumindest annähernd adäquat abbildet, also der „Wahrheit" am nächsten kommt, ist durch die voranstehenden Hinweise freilich nicht gelöst. Die Tatsache, dass Schätzungen mit logarithmischen Werten, die mithin nicht

---

[822] Hoenack/Weiler (1980, S. 330, Fn. 8): „*Ehrlich spezifizierte eine log-lineare Beziehung zwischen Q^c/N (Kapitalmordrate) und den Variablen rechter Hand in seiner ‚Murder Supply Function'. Aufgrund fehlender Daten zu Q^c spezifizierte er nun eine Zeittrend-Beziehung zwischen Q (Anzahl aller Morde; für diese sind Daten vorhanden) und Q^c, um die abhängige Variable in Q zu transformieren und in der die Zeit als T selbst in die ‚Murder Supply Function' einzugehen hatte. Werden log-lineare Formen für irgendwelche zwei der drei Raten Q^c/N, Q^n/N und Q/N (wobei Q^n die Anzahl der Morde ist, die nicht unter Todesstrafe stehen) spezifiziert, so impliziert die lineare Identität $Q/N \equiv Q^c/N + Q^n/N$ eine ungewöhnliche, an sich nichtlineare Form für die dritte Rate. Eine alternative Spezifikation für Q^n/N und Q^c/N ergibt eine semilogarithmische Formulierung für Q/N, deren Parameter unter Verwendung linearer Regression geschätzt werden können. Somit ist das semilogarithmische Verhältnis konsistent mit einer direkten Beziehung zwischen Q und Q^c, endogen determiniert innerhalb der Theorie des Mordverhaltens. Zeit ist schlicht als eine separate unabhängige Variable integriert, um auf unberücksichtigte exogene Einflüsse auf Q^c/N und/oder Q^n/N zu kontrollieren; während mithin die Form der Variablen (das heißt T oder lnT oder T^2 etc.) die empirischen Resultate beeinflusst, ist ihre apriorische Spezifikation eindeutig willkürlich*" [Übersetzung vom Verfasser].
[823] So auch Dezhbakhsh/Rubin/Shepherd (2003, S. 353, inkl. Fn. 8).
[824] Passell (1975, S. 72 f., 75 ff.).

von einer linearen Beziehung ausgehen, die oben angesprochenen Eigenschaften aufweisen, bedeutet nicht automatisch, dass es falsch wäre, sie zu benutzen. Umgekehrt bedienen sich auch mehrere Untersuchungen mit die Abschreckungswirkung der Todesstrafe bestätigendem Ergebnis einer (in Parametern und Variablen) linearen Funktionsform, so die Arbeiten von Zimmerman,[825] Dezhbakhsh/Rubin/Shepherd[826] und die Querschnittsanalyse von Cloninger,[827] welche Ehrlichs Thesen nachdrücklich unterstützt. Es gibt aber weder intuitive Gründe noch von vornherein zwingende theoretische Überlegungen für eine log-lineare Transformation, auch wenn Ehrlich größere Effizienz für sie beansprucht.[828] Schließlich sind auch die üblichen Maße für den Grad an Übereinstimmung zwischen den Beobachtungsdaten und der geschätzten Gleichung, die bei einfachen Regressionen errechnet werden können, bei der in diesen Fällen benutzten mehrstufigen Regression sinnlos, sodass sich auch daher keine Entscheidungskriterien für die eine oder andere Funktionsform ergeben.[829] Die Resultate der von Ehrlich angewandten *Box-Cox-Transformation*, die unter anderem zur Spezifikation und Auswahl der Funktionsform ökonometrischer Modellgleichungen dient, geben ebenso wenig Aufschluss, da das Modell über den Analysezeitraum nicht stabil ist.[830] Doch selbst wenn statistische Kriterien die Wahl einer bestimmten Transformation (in diesem Fall der logarithmischen) nahelegen würden, müsste man die Schätzresultate jedenfalls dann anzweifeln, wenn sie extrem sensibel hinsichtlich dieser Wahl bei gleichzeitigem Fehlen einer fundierten theoretischen Begründung wären.[831] So liegt aber die Situation im Fall von Ehrlichs affirmativen Ergebnissen und damit auch den Studien, die Ehrlich methodisch folgen: Weder stellen sich diese als robust bei der Wahl alternativer Spezifikationen dar noch

---

[825] Zimmerman (2004, S. 169, 188 f.).

[826] Dezhbakhsh/Rubin/Shepherd (2003, S. 352 ff.).

[827] Cloninger (1977, S. 91).

[828] Klein/Forst/Filatov (1978, S. 357) in Erwiderung von Ehrlich (1975b, S. 218).

[829] Köberer (1982, S. 211 f.).

[830] Passell/Taylor (1977, S. 449, Fn. 8); zu einer Erwiderung auf diese Argumentation vgl. Ehrlich (1977a, S. 454); zu einem weiteren Grund für die Unanwendbarkeit der *Box-Cox-Transformationen* vgl. Dezhbakhsh/Rubin/Shepherd (2003, S. 353, Fn. 8).

[831] Passell/Taylor (1977, S. 449).

verfügen sie über eine zwingende theoretische Legitimation;[832] multiplikative Funktionsformen werden regelmäßig ohne fundierte theoretische Begründung für ihre Anwendung gewählt. Ihr Einsatz könnte schlichtweg dazu dienen, präferierte Ergebnisse durch die Regression zu bestätigen. Interessanterweise berichtete Cloninger schon früh, dass gerade Ehrlich sich auf einer Konferenz der *Southern Economic Association* in Atlanta weigerte, seine „beharrliche Vorliebe für log-lineare Systeme" zu erläutern.[833]

Ungeachtet dessen müssen bestimmte Annahmen zur konkreten Form der Mordfunktion einer treffenden Schätzung eines durchschnittlichen Effekts der Todesstrafe nicht zwingend entgegenstehen. In der Tat wird der Abschreckungseffekt typischerweise als eine konstante Austauschzahl – der sogenannte „Life-Life Tradeoff" – geschätzt, als ob die zugrunde liegende Funktion linear wäre, selbst wenn die Mordfunktion nicht-linear vermutet wird (werden die Variablen in natürlichen Werten ausgedrückt, so indizieren die Regressionskoeffizienten die Veränderung der Tötungsdeliktsrate, welche durch eine Veränderung des Hinrichtungsrisikos um eine Einheit zu erwarten ist[834]). Ehrlich etwa schätzt in seinen beiden Untersuchungen den „Life-Life Tradeoff" auf sieben bis acht verhinderte Tötungsdelikte pro Exekution im Zeitraum von 1933 bis 1967 in den USA beziehungsweise auf 20 bis 24 gerettete Leben für die Jahre 1940 und 1950.[835] In Anbetracht der oben festgestellten mangelnden Robustheit der Befunde im Hinblick auf die Spezifikation der Schätzgleichung wäre ein Schätzvorgehen wünschenswert, das relativ unempfindlich hinsichtlich der Funktionsform ist.[836] Forst hat diese Überlegung in seinen Schätzungen umgesetzt und ein Vorgehen gewählt, das die Annahme einer bestimmten Form für die Mordfunktion entbehrlich macht.[837] Er erhält keine die Abschreckungswirkung

---

[832] Neben Passell/Taylor (1977, S. 448 f.) zweifelt an der theoretischen Legitimation etwa auch Cameron (1988, S. 309).
[833] Cloninger (1975, S. 331), zitiert bei Cameron (1988, S. 309).
[834] Bowers/Pierce (1975, S. 199 f., Fn. 36).
[835] Ehrlich (1975a, S. 398) und Ehrlich (1977b, S. 779).
[836] Forst (1983, S. 932)
[837] Vgl. hierzu Forst (1983, S. 932 f., 941 f.).

der Todesstrafe bestätigenden Resultate; eher stehen diese im Einklang mit der Hypothese, dass Hinrichtungen alles in allem Tötungsdelikte provozieren.[838] Werden also Schätzungen zur Abschreckungswirkung der Todesstrafe losgelöst von einer hypothetischen Funktionsform vorgenommen, so scheinen diese die Abschreckungshypothese abermals nicht bestätigen zu können.

2.5 Statistische Ebene

Neben Datenmaterial und zugrunde gelegten Theorien interessieren ebenso die Methoden zum Umgang mit Daten als systematische Verbindung zwischen Empirie und Theorie. Daher soll bei der Suche nach Diskrepanzursachen und eventuellen Zusammenhängen zwischen dem Resultat einer Abschreckungswirkung der Todesstrafe und dem jeweiligen Untersuchungsvorgehen nun die statistische Ebene einschlägiger Analysen behandelt werden. Wie auch Jeffrey Grogger einschätzt, hat die statistische Dimension in vorliegendem Kontext keine elementare Bedeutung, notwendige Bedingung ist eine adäquate Datenbasis: *„Die Forschung zu dieser wichtigen sozialpolitischen Frage hat in hohem Maß darunter gelitten, dass Daten von geeigneter Qualität fehlen, und in einem etwas geringeren Maß darunter, dass schwache oder ungeeignete statistische Techniken zur Analyse der vorhandenen Daten verwendet werden"* [Übersetzung vom Verfasser].[839]

2.5.1 Statistische Analysemethode

Da die Abschreckungsforschung zur Todesstrafe Tendenzen von Interdisziplinarität trägt und Analysemethoden zwischen den Disziplinen vermittelt werden, hat gerade die Fortentwicklung statistischer, vor allem ökonometrischer Verfahren, verbunden mit den technologischen Möglichkeiten, den empirischen Untersuchungen neue Anstöße gegeben.[840] Entsprechende Schätzgleichungen werden regelmäßig mithilfe der Regressions-

---

[838] Forst (1983, S. 938); zum Ganzen vgl. auch Forst (1977, S. 749 f., inkl. Fn. 34, S. 752 f., 754 f.).
[839] Übersetzung nach Grogger (1990, S. 295).
[840] Vgl. Prisching (1982, S. 163).

analyse vorgenommen; sie stellt die bevorzugt verwandte Analysemethode der Primärstudien dieser Metaanalyse dar. Während die Korrelationsanalyse dazu dient, die Stärke des Zusammenhangs zwischen zwei Variablen zu ermitteln, führt die Regressionsanalyse zu einer Bestimmung des Einflusses der unabhängigen Variablen auf die abhängige, sie beantwortet also die Frage, wie sich eine Veränderung in der unabhängigen Variablen auf die abhängige Variable auswirkt.[841] Die Regressionsanalyse bietet sich für die Frage nach einer (Abschreckungs-)Wirkung der Todesstrafe (unabhängige Variable) auf einschlägige Kriminalität (abhängige Variable) mithin an.[842]

In der Regel konzentriert sich die Regressionsanalyse auf lineare Wirkungseffekte, das Modell ist linear in den Parametern (nicht unbedingt in den Variablen (vgl. Dritter Teil, Kapitel 2.4.6)).[843] Aufgrund dieser Linearitätsannahme genügt es bei einer einfachen Regressionsanalyse, eine Gerade (Regressionsgerade) zu finden, mit der die Größenveränderung einer Variablen möglichst gut auf den Einfluss einer anderen Variablen zurückgeführt werden kann. Zur korrekten Wahl der Regressionsgeraden (je nach Korrelation der unabhängigen mit der abhängigen Variablen) bedarf es der Definition eines Kriteriums für die unterschiedliche Anpassungsqualität der möglichen Geraden; übliches Maß hierfür ist die Summe der quadrierten vertikalen Distanzen der Messwerte von einer Geraden.[844] Die Regressionsgerade berechnet sich daher durch die Minimierung dieser summierten Quadrate der Residuen, das entsprechende Schätzverfahren wird als Methode der kleinsten Quadrate bezeichnet. In der multiplen linearen Regression wird eine abhängige Variable erklärt durch mehrere exogene Variablen; statt einer Geraden wird eine Regressionsebene beziehungsweise -hyperebene berechnet, die übliche Schätzung der Koeffizienten erfolgt indessen wie in der einfachen Regression über die Kleinstquadratmethode.

---

[841] Hermann (1989, S. 159).
[842] Vgl. auch Antony/Entorf (2003, S. 174), denen zufolge Abschreckungsforschung fokussiert auf den Schätzkoeffizienten β der Abschreckungsvariablen in einer Regression des Typs: Kriminalität=α+β[Vektor der Abschreckungsvariablen]+γ[Vektor der Kontrollvariablen].
[843] Allgemein zu linearer Regression vgl. Roberts/Mosena/Winter (2010d, S. 2567).
[844] Hermann (1989, S. 159).

Wie bereits im deskriptiven Teil festgestellt, analysieren die Primärstudien bevorzugt mithilfe der gewöhnlichen Methode der kleinsten Quadrate (*Ordinary Least Squares, OLS*), 40 Prozent aller Effektschätzungen kommen unter Einsatz der *OLS*-Schätzung zustande; ferner wird gehäuft die zweistufige Kleinstquadratmethode (*Two-Stage Least Squares, 2SLS*) verwandt (vgl. Zweiter Teil, Kapitel 2.2.4).

Differenzierungspotential in Bezug auf die statistische Analysemethode, insbesondere die Minimum-Quadrat-Methode, wurde oben bereits in Aussicht gestellt (vgl. Dritter Teil, Kapitel 2.4.1.2): Simultane Effekte zwischen Verbrechen und Hinrichtungen werden vorzugswürdig durch Formulierung eines simultanen Gleichungssystems bei gleichzeitiger Anwendung der zweistufigen Regressionsmethode (*2SLS*) berücksichtigt, so auch bei Ehrlich. Die zweistufige Kleinstquadratmethode ist eher geeignet als die gewöhnliche, wenn ein non-rekursives Modell mit simultan reziproken Beziehungen spezifiziert wird, da letztere Schätzmethode in diesem Fall zu verzerrten und inkonsistenten Schätzungen führt.[845] In Anbetracht dieser Erkenntnis wirft es Fragen auf, wenn Layson, der in seiner Nachprüfung von Ehrlichs Zeitreihenanalyse im Jahr 1985 diesem zwar grundsätzlich in Modell und Methode folgt, manche Effekte jedoch mit *OLS*- statt mit *2SLS*-Regression schätzt.[846] Er begründet dieses Vorgehen mit den Ergebnissen des von ihm durchgeführten *Hausman-Tests*, der auf Korrelation zwischen den erklärenden Variablen und der Störgröße kontrolliert und ihn dazu bringt, die Existenz von Endogenität abzulehnen; vielmehr seien die erklärenden Variablen seines Erachtens exogen. Diese Behauptung verwundert angesichts des weitgehenden Konsenses zur Simultanität in der Literatur. Desgleichen bedient sich auch Yunker in seiner stark affirmativen Arbeit der gewöhnlichen Kleinste-Quadrate-Schätzung, obwohl er ein simultanes Gleichungssystem zugrunde legt. Er rechtfertigt dies mit dem Argument, dass keine Verzerrungen in der *OLS*-Schätzung auftreten könn-

---

[845] Kleck (1979, S. 897); Passell (1975, S. 73).
[846] Layson (1985, S. 71 ff.).

ten, da das von ihm gewählte „System rekursiv" sei.[847] Yunkers Kritiker Fox widerlegt jedoch detailliert, dass Yunkers Modell rekursiv ist, und schließt daraus, dass Verzerrungen bei der gewöhnlichen Kleinstquadratmethode die Folge sein können.[848] Möglicherweise hat die fälschliche Anwendung der gewöhnlichen Methode der kleinsten Quadrate durch Layson wie auch Yunker zu deren die Abschreckungswirkung der Todesstrafe bestätigenden Befunden beigetragen.

Neben besagten Arbeiten setzt sich überdies die Studie von Phillips zum kurzfristigen Abschreckungseffekt der Todesstrafe wegen ihrer statistischen Methodik Zweifeln aus. Diese arbeitet mit nicht-parametrischen Verfahren.[849] Anders als bei parametrischen Verfahren werden bei nicht-parametrischen Verfahren keine oder nur schwache Annahmen über die Wahrscheinlichkeitsverteilung der zu untersuchenden Variablen gemacht. Ungeachtet der Tatsache, dass die Studie unter erheblichen Analysefehlern und Datenmängeln leidet,[850] verwendet McFarland in seiner partiellen Replikationsstudie mit dem von Box/Jenkins entwickelten *ARIMA-Modell*[851] ein anderes Verfahren zur statistischen Analyse von Zeitreihen und kann Phillips' Nachweis eines kurzfristigen Abschreckungseffekts nicht bestätigen (vgl. Zweiter Teil, Kapitel 1.4). Er sieht sein parametrisches Verfahren im Vorteil, da er vermöge dessen insbesondere Effekte von Trend und Saisonbedingtheit in den wöchentlichen Zeitreihendaten beseitigen könne.[852] Für keine untersuchte Hinrichtung kann McFarland statistisch verlässliche Beweise zugunsten eines kurzfristigen Abschreckungseffekts (respektive langfristigen Brutalisierungseffekt) feststellen; die große Variation wöchentlicher Tötungsdeliktszahlen unterscheidet diese fallweise Zeit-

---

[847] Yunker (1976, S. 60, Fn. 10).

[848] Fox (1977, S. 233 ff.).

[849] Phillips (1980, S. 141 ff., Fn. 8).

[850] Vgl. hierzu Bowers (1988, S. 72 ff.).

[851] Hierbei handelt es sich um ein parametrisches Verfahren zur statistischen Analyse und Prognose von Zeitreihen, das keine ökonomischen Variablen zur Erklärung einer Variablen einsetzt, sondern dabei auf ihre historische Entwicklung zurückgreift (Box/Jenkins (1970); Roberts/Mosena/Winter (2010b, S. 518)).

[852] McFarland (1983, S. 1019 ff.).

reihenanalyse von vorangegangenen Studien zum kurzfristigen Abschreckungseffekt.[853] Phillips' signifikant negative Effektschätzungen und seine
Ergebnisse eines kurzfristigen Abschreckungseffekts sind daher in statistischer Hinsicht fragwürdig.

2.5.2 Umgang mit statistischen Problemen

(Multiple) Regressionsanalysen unterliegen Anwendungsvoraussetzungen;
das lineare Regressionsmodell basiert auf einer Vielzahl von Annahmen,
deren Überprüfung einschlägige Untersuchungen leisten müssen, um nöti-
genfalls Fehlerquellen beheben, allemal aber, um aussagekräftige Ergebnisse liefern zu können.

James A. Yunker ist es, der sich in seiner Zeitreihenanalyse von 1976 im
Hinblick auf die Verletzung derartiger Prämissen wie folgt äußert: „*Autokorrelation als eine dieser statistischen Gefahren wirkt – wie auch Multikollinearität, Variablenfehler und viele andere – in einer ungewissen und
größtenteils unerklärlichen Weise. Werden potentielle hypothetische Probleme wie diese ‚zu' ernst genommen, so würden sie gewissermaßen die
Möglichkeit jedweder statistischer Untersuchung untergraben, da irgend-
eines von ihnen bei praktisch jeder erdenklichen Analyse Relevanz erlangt.
Bewusstsein dieser Probleme ist sicherlich wünschenswert, um ‚blindem'
Vertrauen in möglicherweise irreführende statistische Beweise vorzubeugen; gleichzeitig wäre es aber höchst bedenklich, augenscheinlich starke
statistische Beweise vollständig zu ignorieren, nur weil unter Umständen
eines oder mehrere dieser Probleme bestehen könnten*" [Übersetzung vom
Verfasser].[854]

---

[853] Bowers (1988, S. 70).
[854] Übersetzung nach Yunker (1976, S. 64 f.).

Die Proklamation zur Vernachlässigung konventioneller ökonometrischer Probleme wie Autokorrelation,[855] Multikollinearität[856] oder Heteroskedastizität[857] erweckt den Anschein einer Apologie und lässt an der Aussagekraft von Yunkers Arbeit zweifeln. Im Fall einer Ermittlung gravierender Zusammenhänge sind nach Yunker Verletzungen der Modellvoraussetzungen zu verdrängen. Dass die Stärke des von ihm festgestellten Zusammenhangs gerade auf diese statistischen Schwierigkeiten zurückzuführen sein könnte, erachtet er als wenig wahrscheinlich und noch weniger problematisch. Multikollinearität bleibt gänzlich unberücksichtigt; die Möglichkeit von Autokorrelation verdiene zwar Erwähnung, praktisch sei aber ausgeschlossen, dass dieses Problem in seiner Studie ein Maß annimmt, das ausreicht, um das qualitative Resultat einer inversen Beziehung von Hinrichtungszahlen und Tötungsdeliktsrate ins Gegenteil zu verkehren.[858] Fox hingegen legt dar, dass der von Yunker angewandte Test auf Autokorrelation in seinem Fall nicht geeignet sei.[859] Autokorrelation könne demnach für Yunkers Regressionsmodell nicht ausgeschlossen werden. Liegt Autokorrelation vor, so bleiben die Regressionskoeffizienten zwar unverzerrt, „die Standardfehler der Regressionskoeffizienten werden aber in unbestimmtem Maß nach unten beeinflusst, wodurch sich die t-Werte erhöhen".[860] Praktische Konsequenz ist, dass es scheint, als hätten unabhängige Variablen einen signifikanten Einfluss auf die abhängige Variable, obwohl sie diesen tatsächlich gar nicht haben.[861] Tritt in Yunkers Modell demnach

---

[855] Diese liegt vor, wenn die Werte einer Zeitreihe zeitverzögert mit sich selbst korreliert sind (Roberts/Mosena/Winter (2010a, S. 296)).

[856] Diese ist gegeben, wenn in der Regressionsanalyse die erklärenden Variablen einer zu schätzenden Regressionsbeziehung mehr oder minder untereinander korreliert sind; der Einsatz der klassischen Schätzverfahren ist bei Multikollinearität zwar nicht gefährdet, es ergeben sich jedoch unter Umständen Probleme bei der Trennung der Effekte hoch korrelierter Variablen (allgemein zu Multikollinearität vgl. Hackl (2005, S. 159 ff.)).

[857] Diese liegt vor, wenn sich in einem Regressionsmodell die Varianz (Streuung) des Residuums für die verschiedenen Zeitperioden unterscheidet (Roberts/Mosena/Winter (2010c, S. 1415)).

[858] Yunker (1976, S. 64).

[859] Vgl. Fox (1977, S. 236, inkl. Fn. 3); vgl. auch Savin/White (1977, S. 1989).

[860] Vgl. Yunker (1976, S. 64).

[861] Vgl. Yunker (1976, S. 64).

278

tatsächlich Autokorrelation auf und begegnet er ihren Folgen nicht, so liegen verfälschte Ergebnisse, gegebenenfalls auch eine fälschliche Bejahung der Abschreckungshypothese, nahe.

Das Vorliegen von Heteroskedastizität stellt ebenfalls eine Verletzung der Annahmen des klassischen Modells der linearen Regression dar, nämlich der Annahme einer konstanten Streuung der Störterme (Inbegriff der Einflüsse, die neben den erklärenden Variablen auf die abhängige Variable einwirken). Heteroskedastizität führt zu unsicheren Signifikanzschätzungen.[862] Cameron kritisiert, dass einige Studien zur Abschreckungswirkung der Todesstrafe willkürlich heteroskedastische „Korrekturen" anwenden, so auch Ehrlich in der Querschnittsuntersuchung von 1977.[863] Ob sich diese „Korrekturen" wiederum förderlich auf das Ergebnis einer abschreckenden Wirkung der Todesstrafe auswirken oder schlicht unwirksame Versuche zur Behebung der potentiellen Fehlerquelle Heteroskedastizität sind (so dürfte sich Cameron verstanden wissen wollen), vermag hier nicht eingeschätzt werden. Jedenfalls wird die Aussagekraft entsprechender Befunde eingeschränkt.

Ferner setzt die Anwendung einer Regressionsanalyse mit Zeitreihen sogenannte Stationarität voraus, das heißt die Eigenschaft des Residuums, keine systematische, statistisch signifikante Auf- bzw. Abwärtsbewegung auszuweisen.[864] James P. Cover und Paul D. Thistle zeigen auf, dass die Tötungsdeliktsrate in den Vereinigten Staaten eine nicht-stationäre Zeitreihe ist.[865] Die Verletzung der Voraussetzung der Stationarität in Regressionsanalysen kann zu erheblichen Schwierigkeiten führen. Es drohen Scheinregressionen, bei denen fälschlicherweise ein statistisch signifikanter Zusammenhang zwischen einer unabhängigen Variablen und einer abhängigen Variablen festgestellt werden kann.[866] Cover/Thistle schlagen daher vor, den nicht-stationären Prozess in einen stationären zu überführen, und

---

[862] Roberts/Mosena/Winter (2010c, S. 1415).
[863] Cameron (1994, S. 205).
[864] Vgl. Sebastian (2009, S. 12).
[865] Cover/Thistle (1988, S. 616 f.).
[866] Roberts/Mosena/Winter (2010d, S. 2663 f.).

können hiernach keinen belastbaren empirischen Nachweis für die Abschreckungswirkung der Todesstrafe feststellen.[867] Im Widerspruch etwa zu den von Cover/Thistle vergleichsweise betrachteten US-Zeitreihenuntersuchungen von Ehrlich[868] und Layson[869] implizieren die empirischen Resultate unter Würdigung des Problems der Instationarität zumindest, dass die amerikanischen Zeitreihendaten keine eindeutige Unterstützung der Abschreckungshypothese liefern.[870]

Alles in allem entsteht der Eindruck, dass die statistische Ebene der Abschreckungsstudien zur Todesstrafe wenig Potential zur Erklärung divergierender Studienergebnisse bietet. Statistische Probleme werden in der Sekundärliteratur selten diskutiert. Es lässt sich lediglich festhalten, dass der Umgang mit Verletzungen der Modellvoraussetzungen – beispielhaft wurden hier Autokorrelation, Multikollinearität, Heteroskedastizität und Instationarität aufgegriffen – in beiden Studien von Ehrlich, bei Yunker wie auch Layson nicht überzeugt. Weder werden Fehler hinreichend diagnostiziert noch effektiv behoben. Zudem wurde die fragwürdige Wahl der statistischen Analysemethode im Zusammenhang mit korrekter Modellspezifikation in den Arbeiten von Yunker und Layson ausgeführt wie auch das statistische Analysevorgehen von Phillips bei seiner Ermittlung eines kurzfristigen Abschreckungseffekts der Todesstrafe in Zweifel gezogen. Auch hier kann nicht ausgeschlossen werden, dass auch die Studien, die die Abschreckungswirkung der Todesstrafe verneinen, unter erheblichen statistischen Schwächen leiden. Dass sich jedoch erneut gerade die (stark) affirmativen Arbeiten nachhaltig diskutierter Kritik aussetzen, darf jedenfalls als weitere Tendenz verstanden werden.

---

[867] Cover/Thistle (1988, S. 621).
[868] Ehrlich (1975a).
[869] Layson (1985).
[870] Cover/Thistle (1988, S. 621).

2.6 Interpretatorische Ebene

2.6.1 Berücksichtigung anderweitiger Ursachen für negativen Effekt der Todesstrafe

Selbst wenn einschlägige Untersuchungen in den bis hierhin diskutierten Beziehungen frei von vermeidbaren Schwächen sind, kann eine durch sie diagnostizierte Senkung der Verbrechensraten im Modell „Sanktion-Verbrechen" (noch immer) nicht ohne Weiteres dahingehend interpretiert werden, dass die Todesstrafe (Tötungs-)Delikte abschreckt. Vielmehr sind neben Abschreckung auch andere Vorgänge auf Seiten potentieller Täter denkbar, die denselben Effekt herbeiführen können, so etwa Ausläufer der Spezialprävention oder der Integrationsprävention.

2.6.1.1 „Incapacitation Effect"

Die konkreten Auswirkungen der Sanktion müssen in Rechnung gestellt werden. Da ein zum Tode Verurteilter während seiner Wartezeit im Todestrakt – genauso wie alternativ ein zu (lebenslanger) Freiheitsstrafe Verurteilter – und nach seiner Hinrichtung keine Straftaten verüben kann, nimmt die Zahl der potentiellen Delinquenten für diesen Zeitraum ab. Zwar ist es nicht völlig abwegig, dass ein anderer an die Stelle des Verhinderten tritt, um die gleichen Straftaten zu verüben, die faktische Separation des individuellen Straftäters mithin ohne Auswirkungen auf das Kriminalitätsaufkommen bleibt; Grundlage einer solchen Annahme könnte etwa sein, dass es ein im Ganzen gleichbleibendes Maß an abweichendem Verhalten in einer Gesellschaft gibt, das trotz unterschiedlicher kriminalpolitischer Maßnahmen seine Größe nicht wesentlich ändert.[871] Abgesehen davon ist jedoch durch Einführung respektive verstärkte Anwendung der Todesstrafe ein negativer (im Sinn von absenkender) Einfluss auf einschlägige Verbrechensraten zu erwarten. Dieser Effekt ist allerdings Ausdruck der Spezial-,

---

[871] So etwa Doleschal (1979, S. 97 ff.), der in diesem Zusammenhang von einem „homöostatischen Prozess" im Hinblick auf Kriminalität und Strafe spricht; der Ansatz weist zumindest Parallelen zu Quetelets Idee eines Verbrechensbudgets auf, welche besagt, dass in einem gesellschaftlichen Verband auch Gleichläufigkeiten in der Entwicklung der Mordzahlen zu finden sind („Es gibt ein Budget, das mit einer schauerlichen Regelmäßigkeit bezahlt wird, nämlich das der Gefängnisse, der Galeeren und der Schafotte") (Quetelet (1835a, S. 9)).

nicht der Generalprävention, da die Wirkungen in diesem Fall allein die (wegen bisheriger Straftaten) als Täter beurteilten Personen betreffen.

Betrachtet man die extrem geringe Rückfallrate für Tötungsdelikte bei Mördern, die aus dem Gefängnis entlassen werden, so erscheint es fernliegend, dass Mörder erneut mordeten, würden sie nicht hingerichtet werden.[872] Diese Beobachtung spricht in Verbindung mit der Tatsache, dass häufig nur wenige Mörder überhaupt exekutiert werden, freilich dafür, dass der „Incapacitation Effect" von Hinrichtungen auf die Tötungsdeliktsrate gering ist, während der generalpräventive Effekt theoretisch jeden beeinflussen kann. Solange diesbezüglich allerdings keine gefestigten Erkenntnisse vorliegen, lässt sich ein negativer Effekt von Sanktionen in Bezug auf die Verbrechensrate jedenfalls nicht ausschließlich einer generalpräventiven Wirkung der Todesstrafe zuschreiben. Kein empirisches Modell zur Messung von Abschreckungseffekten hat Anspruch auf Vollständigkeit, solange es nicht den zugehörigen „Incapacitation Effect" in irgendeiner Form erfasst.[873]

Zahlenmäßig sind beide Effekte zunächst tatsächlich nicht differenzierbar; erst durch eine gesonderte Untersuchung könnten die relevanten Beiträge von Generalprävention und Spezialprävention zu einer eventuellen Senkung der Tötungsdeliktsraten voneinander getrennt werden. Nagin stellt fest, dass das Erstellen eines Modells zu Auswirkungen der Tätersicherung (als einer Ausprägung der negativen Spezialprävention) selbst unter der Annahme keiner Abschreckung äußerst schwierig ist:[874] Seines Erachtens bedürfte solch ein Modell der Berücksichtigung von Faktoren wie Wahrscheinlichkeit, dass eine Person kriminell wird, Länge einer kriminellen Karriere, Verbrechensbegehungsraten während einer kriminellen Karriere, Festnahme-, Verurteilungs- und Hinrichtungswahrscheinlichkeit. Darüber hinaus stehen ernsthaften Versuchen einer Separation der Effekte von negativer Spezial- und Generalprävention in der Regel fehlendes Wissen über

---

[872] Kleck (1979, S. 886 f., Fn. 4).
[873] Brier/Fienberg (1980, S. 150).
[874] Vgl. hierzu Nagin (1978, S. 130).

die Umstände der Taten im Einzelfall wie auch mangelndes Verständnis der individuellen sozialen Netzwerke von Tätern und ihren Opfern entgegen.[875]

Ehrlich sieht sich in seinen Untersuchungen demselben Problem ausgesetzt, ob der von ihm beobachtete Effekt einer negativen Elastizität auf Abschreckung („Pure Deterrent Effect") beruht oder lediglich die endgültige Spezialprävention widerspiegelt, die verhindert, dass der hingerichtete Mörder jemals wieder einen Mord begeht („Execution Eliminates Categorically the Possibility of Recidivism").[876] Als Antwort auf die Frage ergibt Ehrlichs Analyse Folgendes: Wenn man – schon sehr unrealistisch – davon ausginge, dass jeder potentielle Mörder pro Jahr einen Mord begeht, und dann berechnete, wie viele Morde dadurch entfallen, dass ein bestimmter Prozentsatz der Mörder durch eine Verurteilung endgültig unschädlich gemacht wird, ergäben sich keine so stark negativen Elastizitäten wie er sie ermittelte.[877] In welchem Ausmaß die festgestellte negative Elastizität auf die abschreckende Wirkung zurückzuführen ist, wird gleichwohl offen gelassen. Kleck kritisiert, dass Ehrlich es versäume, zwischen präventiven Effekten von Bestrafung in Form von Abschreckung und präventiven Effekten in Form von Neutralisierung durch Freiheitsstrafe zu unterscheiden.[878] Schenkt man entsprechenden Untersuchungen Glauben, die den „Incapacitation Effect" alternativer Gefängnisstrafen beziffern, so beläuft sich die Anzahl von Gewaltverbrechen generell, die bei einem zusätzlichen Gefangenen pro Jahr entfallen, auf maximal zehn.[879]

Es bleibt festzuhalten, dass die die Abschreckungswirkung der Todesstrafe bejahenden Arbeiten regelmäßig eine Prüfung schuldig bleiben, ob und insbesondere zu welchem Anteil die von ihnen ermittelten inversen Verhältnisse zwischen Sanktion und Kriminalität auf psychischen Prozessen in der Person des Täters beruhen oder ob diese schlicht auf dessen physische

---

[875] Vgl. auch Brier/Fienberg (1980, S. 150).
[876] Ehrlich (1975a, S. 398).
[877] Ehrlich (1975a, S. 413).
[878] Kleck (1979, S. 886).
[879] Vgl. Katz/Levitt/Shustorovich (2003, S. 331), auch unter Verweis auf Levitt (1996).

Unfähigkeit zur Begehung einschlägiger Delikte zurückzuführen sind. Dass – jedenfalls zu quantitativen Aspekten – bis dato keine adäquaten Modelle entwickelt werden konnten,[880] ändert nichts an der Kritikwürdigkeit der affirmativen Studien.

2.6.1.2 „Victim Mobilization" und positive Generalprävention

Auch unter rein psychologischer Betrachtungsweise kommen alternative Interpretationsmöglichkeiten für negative Schätzkoeffizienten in Betracht. So lassen sich inverse Beziehungen zwischen Variablen zu Todesstrafe und Tötungsdelikten bei verstärkter Anwendung der Ersteren einerseits als Zeichen von Abschreckung und damit Angst vor Bestrafung deuten, gleichzeitig sind aber auch andere (individual- und kollektiv-)psychische Prozesse denkbar: Möglicherweise erinnern Hinrichtungen als Exempel für die Anwendung der Todesstrafe Menschen an die Gefahr, Opfer eines Tötungsdelikts zu werden, weshalb sie massivere präventive Vorkehrungen als gewöhnlich treffen, beispielsweise Aufeinandertreffen mit gewaltbereiten Personen meiden, Türen abschließen und sich generell vorsichtiger verhalten (sogenannte „Victim Mobilization").[881] Durch eine Bewusstseinsänderung bei potentiellen Opfern würde demnach auf einer zweiten Stufe ein Rückgang einschlägiger Delikte herbeigeführt.

Darüber hinaus verdient ein ebenso zweigliedriger,[882] ungleich bedeutsamerer psychosozialer Mechanismus Beachtung: Durch die Sanktionierung des Rechtsbruchs kann die Abscheu der Bevölkerung gegen das entsprechende Delikt bestätigt und dadurch die Rechtstreue der Bevölkerung stabilisiert werden; die Strafe wirkt dann als Verteidigung der Sozialordnung.[883] Dieser Prozess wurde allgemein formuliert von Émile Durkheim[884], Jack P. Gibbs bezeichnete ihn als „Normative Validation",[885] im

---

[880] Vgl. auch Blumstein/Cohen/Nagin (1978, S. 65 ff., 75).
[881] Stack (1990, S. 607).
[882] Zur Unterteilung der generalpräventiven Theorie in zwei Argumentationsschritte vgl. Dölling (1995, S. 156).
[883] Vgl. Hermann (1992, S. 523).
[884] Durkheim (1893, S. 155 ff.).
[885] Gibbs (1975, S. 79 ff.).

deutschen Sprachraum ist die Rede von Integrationsprävention oder positiver Generalprävention.[886] Gesetzt wird auf die mögliche Wirkung der Androhung und Verhängung von Strafe, „das Vertrauen der Bevölkerung in die Unverbrüchlichkeit des Rechts und in den Schutz der Rechtsordnung vor kriminellen Angriffen", oder kürzer: das Vertrauen in die „Bestands- und Durchschlagskraft der Rechtsordnung" zu erhalten und zu stärken.[887]

Die hier analysierten Untersuchungen befassen sich regelmäßig mit der negativen Generalprävention, was daran liegen mag, dass der empirische Zugang zur Integrationsprävention noch schwieriger ist als der zur Abschreckungsprävention,[888] ferner daran, dass herangezogene Arbeiten zum größten Teil in den USA zu verorten sind (vgl. Zweiter Teil, Kapitel 2.1.2) und dort Generalprävention weitgehend auf Abschreckung reduziert wird.[889] Integrationsprävention (genau wie die Verhinderung von Straftaten infolge eines Viktimisierungsbewusstseins) und Abschreckungsvorgänge schließen sich nicht aus, vielmehr können beide (genauer: alle drei) gleichzeitig wirksam sein;[890] insofern wären auch hier Erkenntnisse darüber wünschenswert, zu welchem Anteil ermittelte negative Elastizitäten auf welchem Vorgang beruhen. Jedoch ist es im Fall von erzieherischen und moralisierenden Mechanismen, durch die (Todes-)Strafe unter Umständen auf die Gesellschaft als Ganzes einwirkt und Verbrechen verhindert, wiederum schwierig, eine Separation von Abschreckungseffekten vorzunehmen,[891] eine getrennte Messung der jeweiligen Effekte erweist sich als weit komplizierter, als es auf den ersten Blick scheinen mag. Dem hohen theoretischen Aufwand, der auf dem Gebiet der positiven Generalprävention betrieben wird, steht ohnehin grundsätzlich ein begrenztes empirisches Wissen gegenüber,[892] es wird teils sogar bezweifelt, dass es diesbezüglich fun-

[886] Dölling (1990, S. 2).

[887] Stratenwerth/Kuhlen (2004, S. 12).

[888] Vgl. Zipf (1989, S. 484 f.).

[889] Vgl. Schumann/Berlitz/Guth/Kaulitzki (1987, S. 18).

[890] Stack (1990, S. 607).

[891] Brier/Fienberg (1980, S. 149).

[892] Zusammenfassend Müller-Tuckfeld (1998, S. 115 ff.).

dierte Aussagen mangels empirischer Zugänglichkeit jemals geben könnte.[893]

Dass möglicherweise die Vorstellung der Abschreckung einzelner potentieller Täter an den tatsächlichen psychologischen Prozessen vorbeigeht, wird nur allzu selten erkannt, geschweige denn in Erwägung gezogen. Das zugrunde liegende Modell wäre um die benannten alternativen Erklärungen der Reaktionen zu ergänzen und zu verfeinern.[894] Regelmäßig fehlen wünschenswerte Differenzierungen in entsprechenden Studien – auch weit über den vorliegenden Untersuchungsgegenstand hinaus. Phillips beispielsweise versucht die Problematik zu umgehen, indem er schlicht auf die dargestellten moralischen Prozesse als alternative Begründung des ermittelten kurzfristig absenkenden Effekts der Todesstrafe verweist.[895] Wenn sich auch so gut wie nichts darüber sagen lässt, bei welchen Sanktionen – und damit auch, ob bei der Todesstrafe – die eine (negative) oder andere (positive) Form der Generalprävention im Vordergrund steht,[896] ist hier gleichwohl auf diese Alternativbegründungen für ein inverses Verhältnis zwischen Todesstrafe und einschlägiger Kriminalität hinzuweisen.

2.6.1.3 Relativierung und Resümee

Als normativer Vorbehalt affirmativer Befunde sind vorstehende Ausführungen nur zu begreifen, wenn es für eine legislative Entscheidung zur Todesstrafe neben dem „Ob" auch auf das „Warum" der Effektivität derselben bei der Prävention entsprechender Verbrechen ankommen sollte. Unter dem Blickwinkel effektiver Kriminalitätsbekämpfung ist die Differenzierung zwischen „Incapacitation Effect", Abschreckung und normativer Stabilisierung weitgehend theoretischer Natur, da alle drei das Verbrechen kontrollierende Effekte haben, die (vermeintlich) durch verstärkte Anwendung der Todesstrafe herbeigeführt werden können. So gesehen ist der Anteil, der der jeweiligen Ursache zuzusprechen ist, unerheblich. Aus der

---

[893] Vgl. etwa Müller-Dietz (1985, S. 820).
[894] Vgl. Haffke (1976, S. 81).
[895] Phillips (1980, S. 144 f.).
[896] Vgl. Stratenwerth (1981, S. 22).

wissenschaftlichen Perspektive der Begründung von Abschreckungseffekten aber ist der Beitrag von negativer Spezialprävention und positiver Generalprävention zum beobachteten inversen Verhältnis sehr wohl zu ermitteln. Unabhängig davon, ob die fehlerhafte Erfassung der tatsächlich stattfindenden Vorgänge Auswirkungen auf Modellspezifikation oder Methode und deshalb Befunde hat, kann die „Abschreckungswirkung" der Todesstrafe schließlich nur bejaht werden, wenn der festgestellte Verbrechensrückgang (respektive -anstieg) seinen Ursprung auch wirklich in der Furcht (respektive abgemilderten Furcht) potentieller Mörder vor der Todesstrafe hat. Eine diesbezügliche adäquate Analyse scheint aber (bis dato) nahezu ausgeschlossen, fehlt insofern jedenfalls in den hier untersuchten 26 Arbeiten, die behaupten, die Abschreckungshypothese im Hinblick auf die Todesstrafe bestätigen zu können.

2.6.2 Berücksichtigung des alternativen Brutalisierungseffekts

Bereits zu Anfang dieser Arbeit (vgl. Erster Teil, Kapitel 2.1.2) wurde darauf verwiesen, dass im Rahmen der theoretischen Diskussion um die Abschreckungswirkung der Todesstrafe Letzterer teilweise die Effektivität abgesprochen wird, weil sie – wie Beccaria formulierte – ein Beispiel von Grausamkeit gebe.[897] Androhung und vor allem Vollstreckung der Todesstrafe „brutalisiere" die Gesellschaft und stimuliere insbesondere zur Begehung von Morden. Als Botschaft von Exekutionen werde verstanden, dass es gerecht sei, einen Übeltäter umzubringen, tödliche Rache sei legitimiert.[898] Die Menschen identifizierten nicht sich selbst mit den Hingerichteten; sogar bei potentiellen Mördern dürfte eine Identifikation mit den Hingerichteten ausbleiben, da diese regelmäßig nicht als nachahmenswert gelten, sind sie doch überführt der Begehung von Verbrechen der Grausamkeit und Feigheit ohne vorherige Provokation und nachfolgende Reue.[899] Stattdessen werde der zum Tode Verurteilte mit Feinden und verhassten Personen gleichgesetzt, weshalb Lynchmorde oder andere als ge-

---

[897] Beccaria (1764a, S. 129 f.).
[898] Bowers/Pierce (1980, S. 456).
[899] Thomson (1999, S. 130).

recht empfundene Morde in Imitation des staatlichen Verhaltens ausgelöst würden; der Todesstrafe werde „Vorbildcharakter"[900] zuteil.

Alternativ zu Abschreckung kommt theoretisch für eine Falsifizierung der Nullhypothese also auch der Vorgang der Brutalisierung in Betracht, einem negativen (im Sinn von absenkenden) Einfluss stehen positive Effekte gegenüber. Denkbar sind Überlagerungen der Form, dass ein Effekt den anderen dominiert beziehungsweise sich beide Effekte neutralisieren. Freilich mag letztlich zu einer Bestätigung der Abschreckungshypothese einzig der Effekt *per saldo* (das heißt insgesamt inverses Verhältnis zwischen Todesstrafe und Tötungsdeliktsraten) ausschlaggebend sein. Doch droht insofern die Unterschlagung von Effekten, die für eine Verrohung sprechen: Etwa, dass im Fall geographischer Aggregation eigentlich für einen Populationsteil Abschreckung, für den anderen Teil aber Brutalisierung abzuleiten wäre, dass sich bei temporaler Aggregation eigentlich für die eine Zeitspanne ein inverses Verhältnis von Abschreckungsvariable und Mordzahlen ergeben würde, für die restliche Periode jedoch positive Zusammenhänge, oder – sehr wahrscheinlich – dass bei Zusammenfassung ungleichartiger Verhaltensweisen für Messungen der abhängigen Variablen eigentlich manche Delikte durch die Todesstrafe gefördert und andere verhindert würden. Sollten dann die Teilresultate, die für eine Abschreckungswirkung sprechen und aufgrund ihres Überwiegens die restlichen Messergebnisse kompensieren und umkehren, fehlerhaft sein (etwa aufgrund punktueller Datenmängel oder Analyseschwächen), so würde der (tatsächlich bestehende) Brutalisierungseffekt gänzlich verkannt – wahlweise natürlich auch *vice versa*. In jedem Fall gilt: Nur wenn man sich die Alternative des „Brutalization Effect" vergegenwärtigt, ist eine zutreffende Interpretation von ermittelten Schätzkoeffizienten im Rahmen der Erforschung der Abschreckungswirkung der Todesstrafe gewährleistet.

Hinsichtlich der Begründung für eine mögliche Stimulierung von Morden durch die Todesstrafe werden mehrere Ansätze verfolgt. Zum einen könn-

---

[900] Kaiser (1996, S. 1046).

ten Hinrichtungen steigende Tötungsdeliktsraten bedingen, indem sie Beispiel für letale Rache geben (statt sie zu verurteilen) und selbige dadurch
quasi rechtfertigen; Identifikation mit dem Exekutionsvorgang trete auf, da
es angebracht zu sein scheine, diejenigen zu eliminieren, die uns ernsthaft
angreifen.[901] Das Hinrichtungsopfer werde mit Verabscheuten assoziiert
und ein selbstgerechter Schulterschluss mit dem Scharfrichter vollzogen.

Über diesen regelmäßig angeführten Hintergrund hinaus mag aber ebenso
(unerwünschte) Identifikation mit dem Hinrichtungsopfer eintreten.[902] Gemeint ist nicht nur, dass Suizidgefährdeten, die die Hinrichtung nachemp-
finden, Exekutionen als Auslöser für ihren Selbstmord dienen, sondern genauso, dass Personen, die von tiefgründigem Hass auf sich selbst und andere erfüllt sind, (wahllos) Letztere mit dem Ziel töten, den eigenen Freitod
durch Hinrichtung herbeizuführen (sogenannte „Perverse Deterrence").
Was das Handeln aus selbstzerstörerischem Antrieb anbetrifft, könnte die
Tötung als mittelbare Flucht aus dem Leben dem konventionellen Selbstmord vorgezogen werden. Die Mischung aus mörderischen und suizidalen
Motiven kann sozialpsychiatrisch zudem dahingehend erklärt werden, dass
sich der Täter mit dem Verbrechen gegen Gesellschaft und spezielle Individuen zur Wehr setzt, zudem, dass Hinrichtungsprozess und Hinrichtung
selbst für Aufmerksamkeit sorgen wie auch eine Gelegenheit schaffen, den
eigenen Unmut der Öffentlichkeit zu demonstrieren.[903] Trete also aus-
nahmsweise Identifikation mit dem exekutierten Straftäter oder dessen Situation auf, dann gewöhnlich nicht mit dem Ergebnis von Abschreckung.

Schließlich kommt als Deutung von Brutalisierungseffekten die Imitation
von Verbrechen der zum Tode Verurteilten in Betracht.[904] Denkbar sei eine
von den Untaten ausgehende Faszination, zumindest aber Desensibilisie-
rung durch die wiederholte Konfrontation mit Gewalt und Entwertung
menschlichen Lebens. Im Einklang mit Albert Bandura[905] ließe sich der

---

[901] Vgl. Stack (1993, S. 26 f.).
[902] Vgl. Yang (1998, S. 83 f., 87 f.).
[903] Vgl. Bowers/Pierce (1980, S. 458).
[904] Vgl. Bowers/Pierce (1980, S. 457, 459).
[905] Vgl. Bandura (1973).

vielfachen Auseinandersetzung mit direkter oder indirekter Gewalt ein Effekt auf Individuen zuschreiben, welcher diese insofern unempfindlich macht. Entsprechende Gedanken decken sich mit experimentellen Studien, die dokumentieren, dass häufige Konfrontation mit Gewalt nicht nur in schrittweiser Abstumpfung emotionaler Reaktionen auf Aggressionsdarstellungen resultiert, sondern auch die Geschwindigkeit und den Willen eines Individuums reduzieren, bei gewaltsamen Auseinandersetzungen anderer zu intervenieren;[906] ferner fügt sich in den Zusammenhang der Erlernbarkeit aggressiver (letaler) Aktivität die Forschungserkenntnis ein, dass Tötungsdelikte im Anschluss an medial stark beachtete Meisterschaftsboxkämpfe merklich ansteigen.[907]

Auf dem Gebiet der Abschreckungsforschung zur Todesstrafe findet die Brutalisierungsthese empirische Bestätigung. Bowers/Pierce etwa beantworten in ihrer als Frage formulierten Arbeit „*Deterrence or Brutalization: What is the Effect of Executions?*" jene durch starke Beweise zugunsten der Letzteren (sie ermitteln, dass in den Monaten nach Exekutionen mindestens zwei zusätzliche Morde im untersuchten Staat begangen werden);[908] acht Jahre später hat Bowers bereits sein Ergebnis in den Titel aufgenommen („*The Effect of Execution is Brutalization, not Deterrence*").[909] Ebenso ermitteln King wie auch Cochran/Chamlin/Seth spezifische Indizien für einen Brutalisierungseffekt: Während King Hinweise darauf findet, dass Medienberichterstattung über Hinrichtungen einen verspäteten Brutalisierungseffekt im Monat nach der Veröffentlichung einer Hinrichtungsmeldung hat,[910] stellen Cochran/Chamlin/Seth insbesondere für Tötungen von Fremden („Stranger Killings") einen Anstieg (ungefähr ein zusätzliches Delikt im analysierten Staat pro Monat) im Anschluss an die von ihnen untersuchte Hinrichtung fest.[911] Espy kann die Hypothese der „Per-

---

[906] Stolzenberg/D'Alessio (2004, S. 354).
[907] Phillips (1983, S. 567).
[908] Bowers/Pierce (1980, S. 481).
[909] Bowers (1988).
[910] King (1978, S. 686 f., inkl. Tabelle 2).
[911] Cochran/Chamlin/Seth (1994, S. 129 f.).

verse Deterrence" stützen, indem er vier Fälle schildert, in denen der letztendlich Hingerichtete nur tötete, um den eigenen Freitod durch Exekution
herbeizuführen.[912] Auch Studien aus vorliegendem Untersuchungsgegenstand stellen eine Verrohung infolge Hinrichtungen fest, so findet Thomson in seinen Untersuchungen einerseits eine Bestätigung der Brutalisierungsthese dahingehend, dass im Anschluss an die untersuchte Hinrichtung
Tötungsdelikte gehäuft auftreten, die aus Streitigkeiten und Konflikten
speziell unter Teenagern und unter Verfügbarkeit von Schusswaffen entstehen;[913] zum anderen ermittelt er, dass einem kurzfristigen Rückgang von
Tötungsdelikten im ersten Monat nach einer untersuchten Hinrichtung
überdurchschnittliche Tötungsdeliktszahlen in den darauffolgenden sieben
Monaten folgen, sodass von einem Netto-Brutalisierungseffekt auszugehen
ist.[914] Geht verstärkte Anwendung der Todesstrafe mit erhöhten Tötungsdeliktsraten einher, so handelt es sich hierbei nicht um ein *Henne-Ei-
Problem*,[915] vielmehr kann Todesstrafe offensichtlich brutalisieren.

Ist man sich der Hintergründe wie auch Beweise zur Existenz eines
„Brutalization Effect" nicht bewusst, so mag die Interpretation der jeweiligen Schätzkoeffizienten im Rahmen der Erforschung der Abschreckungswirkung der Todesstrafe fehlgehen. Darüber hinaus ist möglicherweise
schon die Richtigkeit der Schätzergebnisse selbst anzuzweifeln, da je nach
zugrunde liegender Theorie (und zu erforschender Argumentation) der korrekte methodische Rahmen variieren kann;[916] denkbar sind etwa Auswirkungen auf die Debatte um die Integration von Dummy-Variablen zu Staaten, die hinrichten, und solchen, die nicht hinrichten.[917] Zusammenfassend
ist bei Bewertung von die Abschreckungswirkung der Todesstrafe bejahenden Arbeiten dann Vorsicht geboten, wenn sie die konträre Idee einer

---

[912] Espy (1980, S. 543 f.).
[913] Thomson (1997, S. 123).
[914] Thomson (1999, S. 145).
[915] So aber Glaser/Zeigler (1974, S. 335).
[916] Vgl. Stack (1987, S. 538) unter Verweis auf King (1978); vgl. auch Bailey (1998, S. 712)
unter zusätzlichem Verweis auf Bowers (1988).
[917] Vgl. Cameron (1994, S. 206), der damit argumentiert, dass hinrichtende Staaten infolge
langfristiger Brutalisierungseffekte höhere Tötungsdeliktsraten haben.

potentiellen Brutalisierung gänzlich ignorieren – dahingehend mag auch Cameron zu verstehen sein, wenn er im Zuge seines Reviews von Kritikpunkten an affirmativen Arbeiten konstatiert: „Ehrlich fails to consider the possibility of brutalization effects, whereby execution induces murder by lowering societal respect for human life".[918] Neben Ehrlichs Arbeiten fehlen Erwägungen zur Brutalisierungswirkung aber auch anderen (affirmativen) ökonomischen Studien, was daran liegen mag, dass Wirtschaftswissenschaftler ihr regelmäßig keinen Glauben schenken, sie stattdessen dazu neigen, Beweise zu ihren Gunsten als Ergebnis von Missspezifikation und fehlerhafter Würdigung von Reziprozität (hohe Mordraten bedingen gesellschaftlichen Rückhalt der Todesstrafe und politischen Druck auf deren verstärkte Anwendung) abzutun.

2.6.3 Berücksichtigung des relativen Abschreckungseffekts

Die Abschreckungshypothese im Hinblick auf die Todesstrafe besagt, dass die Sanktionierung mit dem Tod und die tatsächliche Hinrichtung überführter Täter abschreckend auf potentielle andere Täter wirkt und diese effektiver von Strafe abhält als angedrohte Freiheitsstrafen. Abschließend soll mit Blick auf die interpretatorische Ebene speziell der zweite Teil der These zum Gegenstand gemacht werden: der sogenannte relative Abschreckungseffekt, der die Todesstrafe in ein Verhältnis zum (lebenslangen) Freiheitsentzug setzt. Im Anwendungsbereich der Todesstrafe gilt schließlich neben dieser stets die lebenslängliche Freiheitsstrafe als Alternative beziehungsweise Substitut; der gesetzlichen Androhung der nächststrengeren Sanktionsform kommt die Rolle einer *Conditio sine qua non* für die Abschaffung der Todesstrafe zu.[919]

Die frühen Studien zur Abschreckungswirkung der Todesstrafe (bis Anfang der 1970er Jahre), welchen vorwiegend einfache komparatistische Konzepte in Form informeller Vergleiche der Tötungsdeliktshäufigkeit entweder in Staaten mit und ohne Todesstrafe oder vor und nach Abschaffung und/oder Wiedereinführung der Todesstrafe zugrunde liegen, treffen

---

[918] Cameron (1994, S. 205).
[919] Jayewardene (1973, S. 269).

regelmäßig Aussagen zu einem zusätzlichen Abschreckungseffekt der Todesstrafe über die lebenslange Freiheitsstrafe hinaus, nicht aber zu deren
absolutem Abschreckungseffekt.[920] Diese These lässt sich anhand des
Denkmusters eines kontrollierten Experiments (Abbildung 10) stützen,
welches jene Studien implizieren:[921] Es wird von zwei Populationen potentieller Mörder (jeweils I+II+III) ausgegangen, die in jedweder Hinsicht
übereinstimmen, abgesehen davon, dass für die einen Mord unter Todesstrafe steht und für die anderen nicht. Die erste Gruppe (I) repräsentiert
diejenigen potentiellen Mörder, die in beiden Populationen abgeschreckt
werden, und zwar bereits durch die Androhung von Haftstrafe; die Begrenzung der Gruppe kann vom linken Balken auf den rechten übertragen werden. Am unteren Ende der beiden Balken (III) ist der Anteil der potentiellen Mörder erfasst, welche sogar die Androhung der Todesstrafe nicht abschreckt; die Begrenzung kann vom rechten Balken auf den linken übertragen werden. Die entscheidende Frage ist, ob sich eine Gruppe (II) ermitteln
lässt, die durch die Todesstrafe, nicht aber durch bloße Androhung der lebenslangen Freiheitsstrafe abgeschreckt wird. Der statistische Test, der die
Existenz einer solchen Gruppe nachweist, müsste ein signifikant niedrige-
res Mordlevel bei Androhung der Todesstrafe hervorbringen, soll die Abschreckungshypothese im Hinblick auf diese Sanktion bestätigt werden. In
praktischer Hinsicht lassen sich nur diejenigen (Mörder) identifizieren, die
nicht abgeschreckt werden, Zahlen zu den abgeschreckten Tötungsdelikten
entziehen sich einer Messung. Werden tatsächlich unterschiedliche Mordraten festgestellt, so bedeutet das, dass der Todesstrafe zusätzlicher Abschreckungseffekt über die lebenslange Freiheitsstrafe hinaus zukommt.

---

[920] Vgl. Tittle/Logan (1973, S. 371 f., 373).
[921] Vgl. hierzu Zeisel (1976, S. 318 f.).

Abbildung 10: Denkmuster bei Vergleichsanalysen[922]

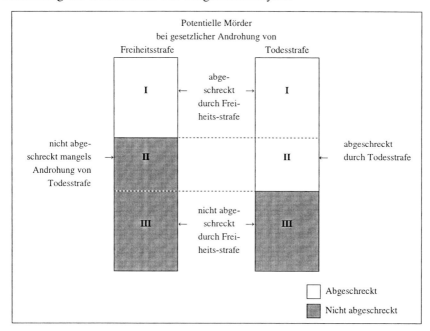

Das beschriebene Modell verdeutlicht, dass bei den einfachen Vergleichsanalysen grundsätzlich (nur) auf einen relativen Abschreckungseffekt untersucht wird und werden kann. Seinerzeit wurden Forderungen laut, die
Todesstrafe mit der Alternative überhaupt keiner strafrechtlichen Sanktion
zu vergleichen, da nur so ein aussagekräftiger Test des Abschreckungseffekts der Todesstrafe aussehen könne.[923] Dieser Idee war zu entgegnen,
dass man sich – trotz Aufrechterhaltung des Anspruchs, Resultate von Ver-
haltenskriminalisierung und -entkriminalisierung zu studieren – *„selten in
der Position befinde, absolute Abschreckung untersuchen zu können, das
heißt eine Situation, in der kein Abschreckungsmittel vorliegt, mit einer Situation vergleichen zu können, in der nur dieses eine Abschreckungsmittel*

[922] Vgl. Zeisel (1976, S. 319).
[923] So Tittle/Logan (1973, S. 373).

vorliegt" [Übersetzung vom Verfasser],[924] so auch und insbesondere bei der Erforschung der Abschreckungswirkung der Todesstrafe.

Zur äußerst bedingten Aussagekraft der frühen Vergleichsanalysen wurden bereits Ausführungen im deskriptiven Teil dieser Arbeit bemüht (vgl. Zweiter Teil, Kapitel 1.1 und 1.2), neben Datenschwächen und unvollständiger Berücksichtigung von Kontrollfaktoren (diese Studien konnten sich dem Ideal eines kontrollierten Experiments noch nicht nähern) zählt hierzu auch die fehlende Würdigung der Realität der Sanktion, die neben Androhung auch Anwendung derselben bedeutet. Infolge Fortentwicklung statistischer, insbesondere ökonometrischer Verfahren und ihres Einsatzes auf die Todesstrafenproblematik wandelten sich die mit den empirischen Untersuchungen verbundenen Forschungsmöglichkeiten. Es wurden auch Studien veröffentlicht, die ihre Befunde allein auf Erkenntnisse zum absoluten Abschreckungseffekt von Hinrichtungen stützen. Cloninger etwa äußert sich in seiner affirmativen Studie diesbezüglich wie folgt: „One additional issue that was not treated directly in this study was the relative deterrence effect of executions over life sentences. If executions were to be justified on the basis of deterrence, it was necessary first to find evidence that executions had a deterrent effect per se, as had been found in this study. It also had to be shown that executions carried a greater deterrent effect than life or other sentences. To this point, there exists only indirect evidence that such might be the case".[925]

Zwar wird teilweise in Frage gestellt, ob die Generalpräventionstheorie überhaupt die Annahme impliziert, dass die Todesstrafe im Vergleich zur lebenslangen Freiheitsstrafe einen zusätzlichen Abschreckungseffekt hat,[926] mit Eisele[927] und dem Gros der Literatur soll diesen Zweifeln aber nicht gefolgt werden; schließlich stellt die Abschreckungstheorie auch und gerade auf die Härte der Strafe ab, wenn sie formuliert, dass mit steigender

---

[924] Übersetzung nach Zimring/Hawkins (1973, S. 14).
[925] Cloninger (1977, S. 100).
[926] So etwa Vanberg (1982, S. 39).
[927] Eisele (1999, S. 37).

Sanktionsschwerc, mit steigender Sanktionswahrscheinlichkeit und mit steigender Sanktionsschnelligkeit jeweils die Wahrscheinlichkeit einer Normübertretung sinkt. Davon unabhängig ist im Übrigen die Erkenntnis für Untersuchungen zur Todesstrafe, bei denen es sich in diesem Sinn weniger um Messungen der Strafstrenge als der bloßen Existenz (zusätzlich zur Haftstrafe) handelt, dass separate Aussagen zum Abschreckungsausmaß von Strafdrohung (ohne Berücksichtigung von Strafanwendung/-wahrscheinlichkeit) nahezu bedeutungslos sind (vgl. Dritter Teil, Kapitel 2.4.2.1.1).

Während die Problematik absoluter Abschreckung die Frage behandelt, ob die eine spezielle strafrechtliche Sanktion abschreckt, steht die Problematik um die „Marginal Deterrence"[928] in Zusammenhang mit der Frage danach, ob eine strengere Strafe für spezifisches strafrechtlich untersagtes Verhalten effektiver abschrecken würde. Die Debatte um die Todesstrafe ist keine um die absolute Abschreckung – ob die Todesstrafe ein Abschreckungsmittel ist; es ist vielmehr eine um die relative Abschreckung – ob sie ein effektiveres Abschreckungsmittel als die alternative Sanktion der lebenslangen Freiheitsstrafe darstellt.[929] Diese Erkenntnis hat Auswirkungen auf vorliegende Metaanalyse und die Beurteilung der ihr zugrunde liegenden Primäranalysen. Unter dem Leitbild der Praxisorientierung wissenschaftlicher Befunde (vorliegend für die Frage nach Abschaffung beziehungsweise (Wieder-)Einführung der Todesstrafe) muss einer einschlägigen Studie abverlangt werden, dass sie ihre Resultate in Relation setzt, mithin nach Art eines relativen Abschreckungseffekts interpretiert, um eine sinnvolle Einschätzung des Instituts Todesstrafe möglich zu machen. Niemand wird ernsthaft vertreten, dass etwa unerlaubtes Parken nicht durch die abrupte Bedrohung mit der Todesstrafe abschreckbar ist, genauso, wie mutmaßlich keiner daran zweifelt, dass es bei Morddelikten einen Unterschied macht, wenn sie mit einer kleinen Geldbuße statt mit der Todesstrafe geahndet

---

[928] Die Begriffe „Relative Deterrence", „Marginal Deterrence" und „Differential Deterrence" werden in der anglo-amerikanischen Terminologie regelmäßig gleichbedeutend verwendet.
[929] Zimring/Hawkins (1973, S. 14).

werden. Entscheidende Frage ist die nach der Abschreckung in Relation zur Alternativsanktion, also nach dem potentiellen Effekt von Steigerungen im Sanktionslevel auf das sich anschließende Kriminalitätsverhalten.[930] Begnügt sich eine Studie zur Abschreckungswirkung der Todesstrafe auf interpretatorischer Ebene mit der Feststellung, dass Todesstrafe per se abschreckt, so erhöht sie zwar den Anteil affirmativer Arbeiten, sie beantwortet aber eine Frage von begrenzter Relevanz.

Mit dem Gesagten scheint insoweit auch Cloninger konform zu gehen. Gleichwohl können die von ihm herangezogenen „indirekten Beweise" für einen relativen Abschreckungseffekt der Todesstrafe nicht überzeugen: Die bloße Beobachtung, dass verurteilte Straftäter stets die Umwandlung ihrer Verurteilung zum Tode in eine Gefängnisstrafe beantragen und begrüßen (was sich mit der intuitiven Bewertung der Todesstrafe als härteste Sanktion decken soll) in Kombination mit der mutmaßlichen Erkenntnis der Abschreckungswirkung von Freiheitsstrafen[931] kann schließlich noch nicht als triftiger Beweis dafür ausreichen, dass der Abschreckungseffekt der Todesstrafe den der Alternativen übertrifft.

Wenig schlüssig wirken in dieser Hinsicht auch die beiden affirmativen Zeitreihenstudien von Ehrlich und Wolpin. Während Ehrlich aufbauend auf seiner Theorie des rationalen Mörders beansprucht, den „Differential Deterrent Effect" der Todesstrafe zu belegen,[932] führt er als Einschränkung seiner Resultate abschließend unter anderem das Fehlen von Daten zur Strenge alternativer Sanktionen für Mord an.[933] Auch Wolpin gibt an, die Frage nach dem relativen Abschreckungseffekt der Todesstrafe untersuchen und bejahen zu können.[934] Soweit er hierzu den Einfluss der gewählten Kriminalitätskontrollvariablen (unter anderem Aufklärungsrate, Verurteilungsrate, Hinrichtungsrate) unter Berücksichtigung ihrer jeweiligen Alternative schätzt (er betrachtet den lebenslangen Freiheitsentzug als Alter-

---

[930] Brier/Fienberg (1980, S. 149).
[931] Cloninger (1977, S. 100 f.).
[932] Ehrlich (1975a, S. 397 f.).
[933] Ehrlich (1975a, S. 416).
[934] Wolpin (1978, S. 422).

nativsanktion zur Exekution), fehlen aber auch seiner Untersuchung veröffentlichte Zahlen zu durchschnittlich verbüßter Haftdauer verurteilter Mörder für die herangezogene britische Population – eine Unvollständigkeit, deren Relevanz Wolpin in einer unveröffentlichten Abhandlung zu prüfen behauptet.[935] Die Integration von Daten zur Strenge von Haftstrafen für Mord (beispielsweise die mittlere Länge von Gefängnisstrafen als Abschreckungsvariable; „Lebenslänglich" ist aufgrund regelmäßig vorzeitiger Freilassung nicht im wörtlichen Sinn zu verstehen) qualifiziert eine Untersuchung für die Erforschung des relativen Abschreckungseffekts. Wie bereits im Rahmen der Ausführungen zur Berücksichtigung von Kontrollvariablen konstatiert, erachtet auch Ehrlich die Einführung einer solchen Variablen als Vorteil für eine vollständige Erforschung der Abschreckungsnatur der Todesstrafe; dies gilt allein schon, weil rückläufige Tötungsdeliktszahlen andernfalls auch auf eine Verlängerung der Gefängnisstrafen zurückgeführt werden könnten (vgl. Dritter Teil, Kapitel 2.4.5.1.2). Indem er in seiner Querschnittsuntersuchung tatsächlich einschlägige Daten berücksichtigt und feststellt: „[B]ecause the effect of imprisonment is accounted for explicitly in the analysis, this investigation, more directly than the earlier time-series study, indicates that capital punishment has a differential deterrent effect over and above the actually enforced imprisonment terms",[936] werden die angemeldeten Zweifel an einer Erforschung des (relativen) Abschreckungseffekts in oben angesprochenen beiden Zeitreihenstudien untermauert; ohne Berücksichtigung der Alternativsanktion können ermittelte Resultate nicht als Beweis für einen solchen gedeutet werden. Abgesehen davon leiden aber die US-Daten zur Haftstrafenlänge in eben jener Querschnittsanalyse von Ehrlich unter Unvollständigkeit, sodass von diesem sowohl für das Untersuchungsjahr 1950 als auch für das Untersuchungsjahr 1940 ausschließlich Daten zur Haftstrafenlänge von 1951 und 1952 herangezogen werden;[937] generell scheint die Konstruktion einer adäquaten empirischen Repräsentation der

---

[935] Wolpin (1978, S. 426).
[936] Ehrlich (1977b, S. 778).
[937] Ehrlich (1977b, S. 750 f.).

voraussichtlichen Haftstrafenlänge eines verurteilten Mörders, der nicht hingerichtet wird, für die USA – im Gegensatz zu Kanada – infolge fehlender Daten problematisch zu sein (vgl. Dritter Teil, Kapitel 2.3.1.3.1).

Insofern sind etwa auch die beiden US-Untersuchungen von Bailey, die sich jeweils Hinrichtungswahrscheinlichkeit sowie Strenge und Wahrscheinlichkeit von Freiheitsstrafe für Vergewaltigung respektive Mord widmen und beide übereinstimmend der Todesstrafe den geringsten bis gar keinen Abschreckungseffekt zuweisen,[938] zwar durchaus als Untersuchungen des Abschreckungseffekts der Todesstrafe im Verhältnis zu Gefängnisstrafe einzustufen, aufgrund (auch selbst eingestandener) Vorbehalte gegenüber Vollständigkeit und Qualität der Daten zur Höhe von Haftstrafen[939] können aber ihre Befunde wider einen relativen Abschreckungseffekt der Todesstrafe nicht als zweifelsfrei hingenommen werden.

Die Differenzierung zwischen absolutem und relativem Abschreckungseffekt wird in der Diskussion um die Abschreckungswirkung der Todesstrafe oftmals vermisst.[940] Nur wenn eine affirmative Studie ihren die Abschreckungshypothese bestätigenden Befund begründet auf einen zusätzlichen Effekt der Todesstrafe im Vergleich zur Alternative einer (lebenslangen) Freiheitsstrafe stützt, wird sie dem wissenschaftlichen Anspruch an einschlägige Arbeiten gerecht. Zwar behindern Datenschwächen für die Vereinigten Staaten eine Untersuchungsmethodik, die der geforderten Interpretation den Weg ebnen könnte; es gilt jedoch: Beantworten die angesprochenen Studien von Cloninger und Wolpin wie auch diejenigen, die sich der Gleichung und Variablen von Ehrlichs Zeitreihenuntersuchung bedienen, – wenn auch ungewollt – nur die Frage nach absoluter Abschreckung durch die Todesstrafe, so laufen sie Gefahr, Effekte der Alternativsanktion zu verschleiern, behandeln jedenfalls aber eine eingeschränkt relevante Problematik und können damit ihren Anspruch, die Abschreckungshypothese im Hinblick auf die Todesstrafe zu stützen, nicht einlösen.

---

[938] Bailey (1977, S. 137 f.) und Bailey (1978b, S. 258).
[939] Bailey (1977, S. 118 f.) und Bailey (1978b, S. 249).
[940] Vgl. Zimring/Hawkins (1973, S. 13 f.).

Vierter Teil: Schlussbetrachtung

1. Zusammenfassung

Die Suche nach Gründen für heterogene Ergebnisse der dieser Metaanalyse zugrunde liegenden Primärstudien und die qualitative Bewertung der divergenten Arbeiten wurde systematisch anhand der Studienstruktur betrieben – von der Rolle des Autors und der Studiencharakteristik über erhobene Daten, theoretische Basis und statistische Umsetzung bis hin zur Interpretation der Resultate. Hierbei konnten Diskrepanzursachen in vielerlei Hinsicht ausgemacht werden: Neben offensichtlichen Studienschwächen (etwa Datenmängeln, methodischen Problemen etc.) können zweckdienliche Annahmen oder Studieneigenheiten (wie Datentyp) Relevanz im Hinblick auf bejahende Befunde entfalten; Letztere begründen ebenfalls Zweifel an der Aussagekraft entsprechender Ergebnisse, da sie deren Generalisierbarkeit verhindern. Neben nachgewiesenen Zusammenhängen zwischen methodischem Vorgehen und affirmativen Schätzresultaten (vergleiche beispielsweise die Auswirkungen einer Einbeziehung von Daten der 1960er Jahre in Kombination mit einer log-linearen Spezifikation bei Zeitreihenanalysen) werden plausible Kausalitäten anhand eindeutiger Befundverteilungen vermutet wie etwa im Fall eines Aufbaus der Studien auf die ökonomische Kriminalitätstheorie. Es wird auf potentielle verzerrende Einflüsse durch Auswahlmechanismen hingewiesen, die in der Publikationspraxis begründet sind. Zudem werden Unzulänglichkeiten der Gesamtheit wie auch einzelner die Abschreckungshypothese bestätigender beziehungsweise Vorzüge diverser nicht bestätigender Arbeiten aufgezeigt, was jedenfalls Tendenzen für deren Einschätzung vorzeichnen kann.

Ehe ein endgültiges Fazit zu ziehen ist, werden die ermittelten Ergebnisse zusammengefasst – auch, um der nachfolgenden Forschung zur Abschreckungswirkung der Todesstrafe ein komprimiertes Fundament zu bieten. Da nicht davon auszugehen ist, dass diese mit einem identischen Untersuchungsgegenstand arbeitet, soll die Totale der affirmativen Studien auf die entsprechenden Einzelfälle heruntergebrochen, die Herangehensweise quasi von der Makroebene auf die Mikroebene verlagert werden: Es werden gegenständliche Studien, welche die Abschreckungswirkung im Hinblick auf die Todesstrafe im Ergebnis bejahen, in Zusammenfassung der Erkenntnisse hinsichtlich ihrer Aussagekraft bewertet. Soweit es sich anbietet, werden Parallelen untereinander gezogen, essentielle Befunde wiederholend herausgestellt und zur Konsolidierung der Ergebnisse der im deskriptiven Teil entwickelte Qualitätsindex (vgl. Zweiter Teil, Kapitel 2.1.7) herangezogen.

Der beruflichen Sozialisation des Autors kommt in der Forschung zur Abschreckungswirkung der Todesstrafe große Bedeutung zu, gerade Wirtschaftswissenschaftler scheinen hervorzustechen: Nahezu alle affirmativen Studien lassen sich der Fachdisziplin der Ökonomie zuordnen; Einfluss mag den zur Verfügung stehenden Analysewegen, dem vermeintlich verinnerlichten Menschenbild des logisch denkenden *Homo oeconomicus* und der leitenden ökonomischen Kriminalitätstheorie zukommen, also unbewussten wie auch vorsätzlichen Vorgängen in der Person des Studienautors. Ob sich bei Abschreckungsforschung im Hinblick auf die Todesstrafe als „Debatte zwischen Fachdisziplinen" jegliche (affirmativen) Erkenntnisse letztlich irgendwie auf die (ökonomische) Sozialisation des Forschers zurückführen lassen und eine profunde Untersuchung der Ursachen für Befunddiskrepanzen als überflüssig angesehen werden kann, mag dahingestellt bleiben.

1.1 Studie von Ehrlich und Reproduktionen

Die ökonometrische Zeitreihenuntersuchung von Ehrlich aus dem Jahr 1975 nimmt eine Schlüsselrolle ein. Nicht nur, dass ihre wissenschaftliche Herkunft seinerzeit befremdete, indem sie den weitgehenden Konsens zur Ablehnung einer Abschreckungswirkung der Todesstrafe angriff und mit dem Ergebnis überraschte, dass im Untersuchungszeitraum jede zusätzliche Hinrichtung sieben bis acht potentielle Morde verhindert habe, qualifizierte sich die Studie genauso zur rechtspolitischen Verwertung wie sie im

Schrifttum Replikationsstudien von Befürwortern und Kritikern veranlasste.

Eine Vielzahl von Forschern hat empirische Analysen zur Abschreckungswirkung der Todesstrafe unter Anwendung von Ehrlichs Techniken oder jedenfalls in Anlehnung daran durchgeführt; die Orientierung erstreckt sich auf Datenbasis, theoretische Annahmen und Variablenauswahl wie auch statistisches Vorgehen. Als Erkenntnis lässt sich formulieren: Studien, die Ehrlichs Arbeit in Grundlage und Strategie prinzipiell gleichen, haben qualitativ entsprechende Ergebnisse (das heißt Bestätigung der Abschreckungshypothese im Hinblick auf die Todesstrafe) hervorgebracht.[941] Zu diesen zählen insbesondere die stark affirmative Studie von Yunker von 1976, Ehrlichs Querschnittsanalyse von 1977, die Analyse von Querschnittsdaten des Jahres 1960 durch Cloninger einschließlich derer Korrektur, Wolpins Untersuchung von britischen Daten sowie die beiden Aktualisierungen von kanadischen beziehungsweise US-amerikanischen Daten durch Layson von 1983 und 1985. Es liegt nahe, bei einer Studie mit einem Resultat wie dem von Ehrlich die zugrunde liegende Methodologie besonders auf den Prüfstand zu stellen; doch wurden dabei vielmals Kritikpunkte deutlich, die generell gegen derartige (Zeitreihen- und Querschnitts-)Analysen geltend gemacht werden können, soweit sie sich auf veröffentlichte Statistiken stützen.[942]

Wegen ihres bemerkenswerten Ergebnisses liegt für **Ehrlich**s Studie wie auch für die ihr nachfolgenden mit immer extremeren „Life-Life Trade-offs" (die Resultate reichen von einer Verdopplung von Ehrlichs Resultaten bis hin zu einer annähernden Verzwanzigfachung) die Vermutung eines Einflusses der Publikationspraxis nahe; dass gerade insignifikante Befunde von Verfechtern der Todesstrafe zurückgehalten werden oder einschlägige Publikationsorgane auf präferierte negative Effektschätzungen mit dem Ziel einer Unterrepräsentation von Befunden positiver Korrelation bestehen, scheint nicht ausgeschlossen. In der Diskussion um den Zweck der

---

[941] Beyleveld (1982, S. 102).
[942] Vgl. auch Schumann/Berlitz/Guth/Kaulitzki (1987, S. 20).

Todesstrafe lassen sich die Argumente der affirmativen Seite mit der negativen Generalprävention auf eine bestimmte Funktion reduzieren, sodass gerade oder ausschließlich starke und signifikante Zusammenhänge zur Veröffentlichung selektiert werden dürften. Gegenargumente beschränken sich demgegenüber nicht auf die eventuell fehlende Abschreckungswirkung der Sanktion. Zudem bedarf es zur Ablehnung der Todesstrafe mit generalpräventiver Argumentation noch nicht einmal eines signifikanten (positiven) Ergebnisses, da bereits Insignifikanz das Fehlen eines Effekts impliziert, sodass sich jedenfalls das Problem der Unterschlagung insignifikanter Befunde in dieser Richtung seltener stellen dürfte.

Insbesondere im Zusammenhang mit **Ehrlichs** Analyse ist immer wieder von „Sophistication", von ökonometrischer Komplexität, die Rede. Diese birgt unter dem Deckmantel eines erkenntnisbringenden Fortschritts die Gefahr blinden Vertrauens der Leser in die Resultate. In einer umstrittenen Debatte mögen sich komplexe Ansätze die verbreitete Überzeugung zunutze machen, die Verlässlichkeit der Ergebnisse sei schon durch die Einhaltung der Methode garantiert, sie finden quasi als scheinbarer Indikator für Korrektheit Einsatz. Unmittelbar mit diesem Motiv verknüpft ist auch die Schwierigkeit der Reproduktion komplizierter Schätzverfahren, wobei diese in Ehrlichs Fall umso näherliegt, da dieser auf die Veröffentlichung diverser zur Replikation notwendiger Daten und Angaben verzichtet. Die ökonomische Handlungstheorie ist nicht in der Lage, eine empirische Prüfung zur Abschreckungswirkung der Todesstrafe anzuleiten und etwa die Beliebigkeit der jeweils gewählten determinierenden Faktoren aus der Summe aller möglichen Einflüsse zu spezifizieren. Vor diesem Hintergrund sind diffizile ökonomische Herangehensweisen, vor allem die neuartigen finanzwissenschaftlichen Portfolio-Ansätze in den beiden Untersuchungen von **Cloninger** aus den Jahren 1992 und 2001 zu sehen, innerhalb derer der zur Messung des Risikos von Straftaten verwendete Beta-Koeffizient schon mangels Gewichtung nach Deliktsschwere zweifelhaft ist.

Datensets zur Todesstrafe wie auch zu Schwerkriminalität sind bevorzugt in den Vereinigten Staaten verfügbar, ferner ist empirische Generalpräventionsforschung ganz überwiegend US-amerikanische Forschung. Die große Mehrheit der Untersuchungen bezieht daher wie **Ehrlich** von dort ihr Analysematerial, gerade im Fall von die Abschreckungshypothese bestätigenden Studienbefunden ist die Verteilung mit nur zwei Ausnahmen eindeutig. Wird unter ausführlicher Begründung der Suboptimalität amerikanischer Daten (zumindest für die jeweilige Datenart und Untersuchungsperiode) auf Daten aus anderen Ländern zurückgegriffen, so scheitern die Untersuchungen durchweg bei der Falsifizierung der Nullhypothese. Insbesondere sind kanadische Daten, deren Schätzung in drei von vier Studien zu keiner Bestätigung der Abschreckungshypothese führt, aus diversen Gründen besonders geeignet zum Test der in Rede stehenden Hypothese; sie erlauben vor allem eine befriedigendere empirische Repräsentation von theoretischen Konstruktionen (beispielsweise von Verurteilungs- und Hinrichtungswahrscheinlichkeit).

Disaggregation im Sinn einer Aufschlüsselung von in örtlicher wie auch zeitlicher Hinsicht zusammengefassten Daten kann insoweit Befundrelevanz haben, als sich (hoch-)aggregierte Daten generell als problembehaftet erweisen und Potential zu verfälschten Schätzungen bergen. Wenn auch ungeklärt bleibt, welches die optimale geographische und temporale Analyseeinheit für eine Primäruntersuchung zur Abschreckungswirkung der Todesstrafe darstellt, so stehen der Nutzung von Makrodaten zur Identifizierung von Mikroverhalten generell Zweifel gegenüber; vor allem die von **Ehrlich** gewählte Kombination national aggregierter Daten auf Jahresbasis ist problematisch. Nicht nur, dass bei Zusammenfassung von Bundesstaaten zu einer Einheit eine Vermischung des Effekts von zwischen Staaten variierenden erklärenden Variablen eintritt, wodurch unter Umständen ein abschreckender Effekt (für die ganze Nation) suggeriert wird, der nicht besteht, als besonders schwerwiegend stellen sich bei Aggregation auch Probleme im Zusammenhang mit der korrekten Messung der Variablen zur Hinrichtungsrate dar, infolgedessen ebenso eine fälschliche Bejahung der

Abschreckungshypothese denkbar ist. Neben Ehrlich aggregieren **Yunker** und **Layson** US-amerikanische Daten auf nationalem Level, desgleichen fassen die (einzigen) beiden affirmativen Studien, die nicht mit den USA als Population arbeiten, ihre Daten für die jeweilige Nation (**Wolpin** wählt England und Wales, **Layson** wählt Kanada) zusammen. In diesem Kontext ist zudem die Beobachtung von Bedeutung, dass Studien, die sich einzelner Bundesstaaten als Analyseeinheit bedienen, bei der Bestätigung eines Abschreckungseffekts der Todesstrafe mit gewisser Regelmäßigkeit scheitern. Bezüglich der Gruppierung von (Hinrichtungs- und Tötungsdelikts-)Daten in zeitlicher, vornehmlich jährlicher Hinsicht verspricht die Disaggregation jedenfalls eine optimierte Erfassung der zeitlichen Reihenfolge von abhängiger und unabhängiger Variable, da mit Daten kleinerer temporaler Analyseeinheiten präzisere Schätzungen vorgenommen werden können. Insgesamt bestätigen 13 der 18 Untersuchungen, die mit Daten auf Monats-, Wochen- oder Tagesbasis arbeiten, die Abschreckungshypothese nicht, was sich als Kritik insbesondere an den 21 affirmativen Arbeiten versteht, die mit Daten auf jährlicher Basis arbeiten.

Dass die Ergebnisse pro Abschreckungswirkung der Todesstrafe stark vom Referenzzeitraum abhängen, stellt die wesentliche Erkenntnis einer Vielzahl von Replikationsstudien dar; bei einer Analyse ohne die Zeitspanne ab 1960, innerhalb der vielerorts Hinrichtungen stark zurückgingen, verbleibt regelmäßig kein Zusammenhang zwischen Todesstrafe und einschlägiger Kriminalität. Dieser Befund begründet Zweifel, ob die die Abschreckungshypothese bestätigenden Schätzresultate von **Ehrlich** genau wie von **Layson**, **Wolpin**, aber auch jüngere von **Chressanthis**, verlässliche Schlüsse zulassen, da die Resultate einer Zeitreihenuntersuchung gemäß der ökonometrischen Theorie unabhängig von den untersuchten Zeiträumen sein müssen, wenn sie die zugrunde liegenden kausalen Beziehungen richtig erfassen. Besagte Ergebnisse für die USA – genau wie Großbritannien und Kanada – sind stattdessen völlig abhängig von der Entwicklung in den 1960er Jahren, in denen Hinrichtungen sukzessive eingestellt wurden, gleichzeitig aber die Mordrate stark anstieg. Die Beobachtung des Artefakts der 1960er Jahre tritt umso deutlicher hervor, wenn zugleich die von Ehrlich gewählte log-lineare Spezifikation angenommen wird. Dabei mag als Erklärung dienen, dass durch die Transformation der ursprünglichen Daten in deren logarithmische Werte die Änderungen am unteren Ende der Skala einer Variablen besonders hervorgehoben werden; je kleiner der numerische Wert der betreffenden Variablen wird, umso größer ist die Akzentverschiebung. Die zeitliche Heterogenität der Ergebnisse könnte also auch darauf zurückzuführen sein, dass durch die Verwendung logarithmischer Werte des Exekutionsrisikos den extrem niedrigen Werten dieser Variablen ab 1964 unverhältnismäßiges Gewicht beigemessen wird.

Auch weil in bestimmten Jahren keine Exekutionen stattfanden und sich für die logarithmierte Mordfunktion bei **Ehrlich**, **Wolpin** und **Layson** infolgedessen Probleme ergeben, die Ehrlich und Wolpin durch willkürliche Fiktion einer Hinrichtung pro Jahr zu beheben suchen, wurden neben der Schätzung der multiplikativen Funktion, in die die Logarithmen der Variablen eingehen, vielfach Schätzungen von linearen Funktionen durchgeführt, in die die natürlichen Werte der untersuchten Variablen eingesetzt werden. Weder bei dieser alternativen Spezifikation noch bei der Wahl semilogarithmischer Funktionsformen oder polynomischer Modelle werden die affirmativen Resultate bestätigt, sodass sich der Eindruck verdichtet, dass die Schätzresultate extrem sensibel hinsichtlich der Wahl der logarithmischen Transformation sind. Die Erkenntnis mangelnder Robustheit der Ergebnisse von **Ehrlich** und seinen Anhängern in Kombination mit der schwachen theoretischen Begründung der multiplikativen Funktionsform begründet erhebliche Zweifel an den entsprechenden bejahenden Befunden. Dass die Nullhypothese korrekterweise nicht zu verwerfen sein mag, bestätigt zudem eine von einer konkreten Transformationsform losgelöste Schätzung: Forst wählt ein Vorgehen, das die Annahme einer bestimmten Form für die Mordfunktion entbehrlich macht, und kann die Abschreckungshypothese ebenfalls nicht bestätigen.

Neben den (späten) 1960er Jahren verfügt auch die Einbeziehung der Zeitspanne von 1933 bis 1937 in den Referenzzeitraum über Potential zur Befundbeeinflussung. Kriminalstatistiken und besonders die *UCR* sind studienübergreifend als Einschränkung zu berücksichtigen, ferner ist bei berichteten negativen Zusammenhängen zwischen Verbrechensraten und den einzelnen Sanktionsvariablen sehr genau zu prüfen, ob diese nicht schon durch die Polizeistatistik erzeugt werden; offenbar leiden die *FBI*-Daten zu Kriminalitätsaufkommen (wie auch die Zahlen für erklärende und kontrollierende Variablen) gerade für die frühen Untersuchungsperioden der 1930er Jahre an eklatanten Mängeln – wenn sie überhaupt verfügbar sind. Wie Bowers/Pierce durch Nachrechnung aufzeigen, haben (auch) die ersten Untersuchungsjahre von 1933 bis 1937 **Ehrlich**s Studie in Richtung auf einen Abschreckungseffekt der Todesstrafe beeinflusst. Andere affirmative Studien von **Layson** und **Yunker**, deren Referenzzeitraum ähnlich weit zurückreicht (gerade die aktuellere Studie von Yunker verwendet nationale US-Zeitreihendaten des *FBI* vom Jahr 1930 an), machen sich insofern auch angreifbar.

Auch dass **Ehrlich**s Befund von den Kontrollvariablen, die dieser in seine Untersuchung integriert, abhänge, dass er Faktoren ergebnisorientiert, jedenfalls aber willkürlich einsetze beziehungsweise ignoriere, ist ein häufiger Vorwurf. Neben Faktoren unterschiedlicher personaler Abschreckbarkeit wie das Vorliegen sozialer Einbindung oder die Strenge einer Haftstrafe für Mord einerseits und die Absenz sozialen Halts andererseits kommt in diesem Zusammenhang auch wiederholt die Zahl der Handfeuerwaffen in Privatbesitz wegen der Relevanz dieses Faktors für das Mordaufkommen zur Sprache. Während das Vorliegen sozialer Einbindung und die Strenge einer Haftstrafe für Mord beides Größen sein dürften, die dafür verantwortlich zeigen, dass Personen ungeeignete Adressaten der Abschreckung (durch die Todesstrafe) sind, die also Konformität aus anderen Gründen (als solchen der Todesstrafe) bedingen, mag das Fehlen sozialer Bindungen die Häufigkeit erhöhen, dass Personen in kriminogene Situationen geraten, oder dazu beitragen, dass Personen durch formelle wie informelle Sozialkontrolle von Mord per se nicht abschreckbar sind; bei der Waffenverfügbarkeit dürfte es sich um einen weiteren Faktor handeln, der die Wahrscheinlichkeit festlegt, mit der Personen in Situationen geraten, in denen sich die Entscheidung stellt, ob man mordet oder nicht. Beeinflussen diese Faktoren das Bild individueller Abschreckbarkeit durch die Todesstrafe, so sind Variablen hierzu in die Abschreckungsgleichung aufzunehmen; ihre Nichtberücksichtigung durch Ehrlich kann eine Scheinkorrelation zwischen Todesstrafe und Tötungen verursacht und zu verzerrten Schätzungen geführt haben. Während **Ehrlichs** Querschnittsuntersuchung der umgekehrte Fall einer fälschlichen Einbeziehung von Drittvariablen (Dummy zur staatlichen Hinrichtungswirklichkeit als weitere auf die Abschreckungswirkung abzielende Variable) zum Vorwurf gemacht wird, gilt die Messung eines generellen Verbrechensindexes wiederum als berücksichtigungswürdige Variable (zur Kontrolle auf Faktoren, die einen generellen Kriminalitätsanstieg respektive -rückgang verursachen) – ihre nachträgliche Integration lässt in **Yunkers** Studie von 1976 die Signifikanz der Abschreckungsvariablen schwinden. Ohnehin setzt dieser sein Modell mit Beschränkung auf eine einzige intervenierende Variable dem Verdacht der Missspezifikation aus. Mit **Cloningers** Querschnittsanalyse von 1977 werden die stark bestätigenden Befunde einer weiteren Studie (unter anderem) auf das Fehlen einer Variablen zur Länge von Gefängnisstrafen zurückgeführt; schließlich lässt **Yunkers** Querschnitts- und Zeitreihenuntersuchung von 2001 umfassende Kontrolle auf (zumindest sozioökonomische) Einflüsse vermissen, wobei er möglicherweise übersieht, dass sich mit dem von ihm gewählten beinahe experimentellen Aufbau noch nicht die Berücksichtigung sämtlicher erklärender Faktoren erübrigt.

Obwohl kontrollierte Experimente auf dem Forschungsgebiet zur Abschreckungswirkung der Todesstrafe als moralisch wie rechtlich unmöglich zu verwerfen sind, stellt die Nutzbarmachung experimenteller Strukturen (Todesstrafe-Moratorien, bestimmte Exekutionen) wie in Yunkers Arbeit grundsätzlich einen sinnvollen Versuch dar, in der Analyse „natürlicher" Daten Randomisierung nachzuahmen und sich dadurch dem Ideal eines kontrollierten Experiments anzunähern. Abgesehen davon, dass dieser qualitative Vorsprung aber vor allem Studien innewohnt, die die Abschreckungsnullhypothese im Ergebnis nicht falsifizieren, schneidet sich gerade **Ehrlich** durch Arbeit mit national aggregierten Daten die Berücksichtigung eines zweckmäßigen natürlichen Experiments ab – haben Exekutionen während der 1960er Jahre tatsächlich die Kapitalverbrechensrate ansteigen lassen, so sollte ein solcher Anstieg doch gerade in den Bundesstaaten mit dem stärksten Rückgang der Hinrichtungswahrscheinlichkeit auftreten.

Zu den Dimensionen von Strafanwendung, die den Ausschlag für effektive Abschreckung von Verbrechen geben, gehören neben bloßer Androhung auch Wahrscheinlichkeit und Schnelligkeit von Sanktionen. Nicht allein auf der Strenge respektive bei der Todesstrafe deren bloßer Normierung dürfen einschlägige Untersuchungen zur Abschreckungswirkung aufbauen, die Gewissheit der Sanktion muss Berücksichtigung gefunden haben. **Chressanthis'** Erweiterung von Ehrlichs Zeitreihenanalyse beschränkt als einzige der nach Herausbildung eines entsprechenden Konsenses erschienenen Studien mit primärem Anspruch einer Erforschung der Abschreckungswirkung der Todesstrafe ihre Auswahl unabhängiger Variablen auf Operationalisierungen der gesetzlichen Androhung derselben; das Außerachtlassen der *De-facto*-Anwendung der Todesstrafe mag zu nicht unerheblichen Verzerrungen der Ergebnisse dieser Studie geführt haben, welche die Abschreckungshypothese im Ergebnis bestätigt. Ferner sind die inversen Beziehungen zwischen Hinrichtungen und Tötungsdeliktsraten namentlich bei **Ehrlich** und **Yunker** im Hinblick darauf unter Vorbehalt zu begreifen, dass die Schnelligkeit von Verhängung und Vollstreckung der Todesstrafe nicht als Abschreckungsmittel erwogen wird. Verzögerung der Todesstrafe lässt Verbrechen und Strafe auseinanderdriften, Unverzüglichkeit dagegen den Eindruck der Sanktion erstarken; auch Schnelligkeit ist eine vermutete Bedingung für die Wirksamkeit negativer Generalprävention. Auch wenn über den Abschreckungseffekt dieser Dimension von Strafanwendung nur spekuliert werden kann, so lässt sich doch mutmaßen, dass die Resultate für Sanktionsvariablen durch Auslassen der Schnelligkeit von Todesstrafe (bevorzugt operationalisiert über die Wartezeit im Todestrakt) in einem Abschreckungsmodell verzerrt sein können – neben den beiden genannten auch in 23 weiteren affirmativen Studien.

Während die Abschreckungstheorie nur prognostiziert, dass Verbrechens-raten auf den Grad der Strafdurchsetzung antworten, sind die Begrün-dungsansätze für „Rückkopplungseffekte" von Verbrechen auf Todesstrafe mannigfaltig: Typischerweise wird für inverse Beziehungen mit der Arbeitsbe- beziehungsweise -überlastung im Strafjustizsystem argumen-tiert, was gerade für die Vereinigten Staaten zutrifft, da nahezu alle Bun-desstaaten mit Todesstrafenstatuten „Direct Appeals" vorsehen. Diese hin-dern ihrerseits die effiziente und rechtzeitige Abarbeitung von *„Habeas Corpus"*-Berufungen in Kapitalfällen und reduzieren dadurch die Hinrich-tungswahrscheinlichkeit – umso mehr bei Zunahme von Tötungsdelikten. Auch spielt die Mehrfachbelastung amerikanischer Staatsanwälte durch Verfolgung neuer Kapitalfälle und entsprechender Appellationsverfahren unter dem Blickwinkel der „Overload"-Hypothese eine Rolle. Schließlich könnte neben dem *„Lethality Effect"* der Todesstrafe (Straftäter könnten mehr Morde begehen, um der äußersten Bestrafung zu entgehen) auch wachsende Toleranz gegenüber Schwerkriminalität in delinquenzbelasteten Jurisdiktionen einen negativen kausalen Effekt der abhängigen auf die er-klärende Variable bedingen. Umgekehrt lässt sich eine reziproke Kausal-beziehung der Form begründen, dass ein Mehr an Tötungsdelikten die Be-völkerung frustriert, infolgedessen sie den politischen Druck in Richtung einer vermehrten Anwendung von Exekutionen erhöht; dies wiederum be-einflusst etwa die in Kapitalfällen vorsitzenden Richter, da sie auf die Wählerschaft antworten müssen. Bestrafung würde verschärft, um der Be-drohung von Verbrechen zu begegnen.

Besagte Überlegungen deuten auf eine weitaus komplexere Beziehung zwischen Exekutionsrisiko und Mordraten hin, als es die einfache Ab-schreckungstheorie prophezeit; den Studien zur Abschreckungswirkung der Todesstrafe ist daher ein theoretisches Modell zugrundezulegen, das derartige „Feedback Effects" berücksichtigt. Während **Ehrlich** genau wie **Liu** in dessen Studie von 2004 zur Bewältigung von Kausalitätsproblemen zwar ein simultanes Gleichungssystem bei gleichzeitiger Anwendung der zweistufigen Regressionsmethode formulieren, steht beiden das Problem der korrekten Auswahl von Instrumentvariablen entgegen. Instrumentvariablen sind zur Identifikation jeder non-rekursiven Verknüpfung notwendig. Die 2SLS-Schätzer sind abhängig von den gewählten Instrumentvariablen, deren Einsatz etwaige Simultanitätsbeziehungen aufdecken und gegebenenfalls neutralisieren soll. Sowohl für Ehrlich als auch Liu erscheint aber eine Vielzahl von Instrumentvariablen gleich plausibel. Auch in der Studie von **Ehrlich** und **Brower** von 1987 bleibt die Frage nach der richtigen Auswahl von Instrumentvariablen ungeklärt. Es ist nicht ausgeschlossen, dass die „Identification Restrictions" zur Separation der beiden entgegengesetzten Effekte und mithin zur Isolation des Abschreckungseffekts im simultanen Verhältnis ernstlich fehlerhaft sind. Obgleich 2SLS-Regression bei einem non-rekursiven Modell mit simultan reziproken Beziehungen eher geeignet ist als die gewöhnliche Kleinstquadratmethode, schätzen zudem Layson und Yunker partiell Effekte mit OLS-Regression unter zweifelhaften Begründungen; fälschliche Anwendung der Schätzmethode und damit auch Würdigung wahrscheinlicher Reziprozität zwischen Hinrichtungsrisiko und Mordraten mag zu diesen die Abschreckungshypothese bestätigenden Befunden beigetragen haben.

Ehrlich (in Zeitreihen- und Querschnittsstudie) wie auch **Layson** in seiner aktuelleren Studie sind es im Übrigen auch, die im Umgang mit beispielhaft diskutierten Verletzungen der Modellvoraussetzungen nicht überzeugen. Gerade die schon wegen ihrer Analysemethode kritisierte stark affirmative Studie von **Yunker** propagiert eine Vernachlässigung jeglicher statistischer Probleme im Fall deutlicher empirischer Beweise; dass die Stärke des von ihm festgestellten Zusammenhangs gerade auf diese statistischen Schwierigkeiten zurückzuführen sein könnte, erachtet Yunker als wenig wahrscheinlich und noch weniger problematisch – eine Haltung, die Problembewusstsein vermissen lässt und mangelnde Untersuchungsqualität bedingen kann.

Bereits an dieser Stelle bietet sich ein Blick auf den im deskriptiven Teil entwickelten Qualitätsindex (vgl. Zweiter Teil, Kapitel 2.1.7) an. Methodische Probleme bilden häufig den Ansatzpunkt für die Begründung partiell abweichender Ergebnisse und den Schwerpunkt der Kritik an den divergenten Arbeiten. Um zu Vergleichszwecken eine Qualitätsvariable heranziehen zu können, wurde aus den im Datensatz erfassten Variablen zur Selbsteinschätzung hinsichtlich methodischer Probleme durch den Studienautor (binär kodiert) und zur entsprechenden Auswertereinschätzung ein Qualitätsindex gebildet; dieser beginnt mit der Ziffer 1 (das heißt, es existieren weder Hinweise auf methodische Probleme durch den Autor noch sind methodische Probleme für den Auswerter erkennbar) und endet bei 6 (das heißt, es existieren Hinweise auf methodische Probleme durch den Autor und es sind erhebliche methodische Probleme für den Auswerter erkennbar), vervollständigt durch Wertungsstufen, die zumindest gewisse Probleme indizieren. In dem Bewusstsein, dass es eine perfekte empirische Studie ohnehin nicht geben kann, wie auch unter dem Vorbehalt der Schwierigkeit der Entscheidung für den jeweiligen Auswerter und der Abhängigkeit von der Freimütigkeit des Autors (kurz: der Subjektivität) sollten die Aussagen der Qualitätsvariablen zwar nicht überbewertet werden, sie können gleichwohl als Indizien dienen: Als eine Studie, die im Ergebnis den stärksten (inversen) Zusammenhang feststellt und die auf zahlreichen Ebenen Gegenstand der Kritik ist, ist die Untersuchung von Yunker aus dem Jahr 1976 dem Qualitätsindex zufolge eine der beiden als hochproblematisch (Qualitätsindex Ziffer 6) einzustufenden Arbeiten dieser Metaanalyse. Ferner erweisen sich sämtliche von Ehrlich durchgeführten oder an ihn angelehnten 13 Studien nach dem Index als jedenfalls problembehaftet.[943] Insgesamt stützen diese Vergleichszahlen die getroffenen Aussagen.

---

[943] Es fällt auf, dass – entgegen den Erkenntnissen vorliegender Arbeit – gerade bei den Studien von Ehrlich laut Datensatz (zumindest) für den Auswerter keine methodischen Probleme erkennbar sind. Möglicherweise ist dies darauf zurückzuführen, dass die Arbeiten von Ehrlich sehr komplex sind und diese Komplexität vom Auswerter als Indikator für Korrektheit und das Fehlen von methodischen Problemen gewertet wurde (vgl. Dritter Teil, Kapitel 2.2.1).

Schließlich wurden für **Ehrlich**s Zeitreihenuntersuchung zwei weitere Zusammenhänge zwischen methodischem Vorgehen und affirmativen Schätzresultaten nachgewiesen: Unter dem Aspekt der sogenannten „Linked"-Problematik wird vorgebracht, dass in Kombination mit Variablen, deren Nenner zugleich als Zähler einer anderen Variablen dient, aus Messfehlern Verzerrungen in Richtung einer fälschlichen Bejahung der Abschreckungshypothese resultieren können. Bereits im Fall relativ kleiner (und regelmäßig wahrscheinlicher) Messfehler bei Tötungsdeliktsrate beziehungsweise Verhaftungs- und konditionaler Verurteilungswahrscheinlichkeit würde die Regressionsrechnung aufgrund eines entsprechenden direkten beziehungsweise indirekten Berechnungszusammenhangs schon ein stark inverses Verhältnis im Sinn der Abschreckungshypothese feststellen, selbst wenn die Rate der Tötungsverbrechen tatsächlich in keiner Weise auf die Veränderung der Exekutionsrate reagieren würde. In Übereinstimmung mit der Mehrzahl der ökonometrischen Studien stützt sich vor allem auch **Wolpin**s Untersuchung britischer Daten auf Schätzungen des konditionalen Hinrichtungsrisikos, das unter Verwendung einer mit dem Verurteilungsrisiko verlinkten Variablen geformt wurde; auch für **Ehrlich**s Querschnittsanalyse sind entsprechende Verzerrungen anzunehmen. Überdies wird **Ehrlich** im Zusammenhang mit der Integration zusätzlicher erklärender Variablen in sein Modell vorgehalten, dass selbst bei Validität seiner Resultate ein Anstieg des Exekutionsrisikos einen Anstieg (statt Rückgang) der Mordrate verursachen würde, sollte das Exekutionsrisiko in einem ausreichend inversen Verhältnis zum Verurteilungsrisiko stehen. Der von Ehrlich ermittelte (negative) Koeffizient spiegele die Beziehung zwischen Hinrichtungen und Tötungsdelikten nur unter Konstanthaltung der anderen erklärenden Variablen bei variierendem Exekutionsrisiko wider. In Anbetracht der Tatsache, dass unter bestimmten Bedingungen in einem Strafverfolgungssystem Veränderungen der Hinrichtungsrate durch Veränderungen der Verurteilungsrate kompensiert werden (sogenannte „Trade-Offs"), sei aber davon auszugehen, dass eine Steigerung des Hinrichtungsrisikos einen entsprechend großen Rückgang der Verurteilungsra-

te produziere, infolgedessen ein Anstieg des Exekutionsrisikos netto in einem Anstieg der Tötungsdeliktsrate resultieren würde. Gerade auch
Laysons Untersuchung anhand Daten aus Kanada bis in die 1970er Jahre
als „drastisches Beispiel" eines Substitutionsverhältnisses zwischen Verur-
teilungs- und konditionaler Hinrichtungswahrscheinlichkeit mag insofern
angelastet werden, dass ein Anstieg des Exekutionsrisikos einen Anstieg
der Mordrate – statt des von Layson ermittelten Rückgangs – verursacht
haben müsste.

Ehrlichs Zeitreihenstudie ist in vielfacher Hinsicht außergewöhnlich.
Schon Klein/Forst/Filatov gestehen derselben in ihrer kritischen Abhandlung Außergewöhnlichkeit aber vor allem dahingehend zu, *„als sie einen
umfangreichen Apparat zur Manipulation anwendet: um Werte für fehlende Daten zu schaffen, um verschiedene Zeitverzögerungsstrukturen zu testen, um Verzerrungen oder den Verlust an Aussagekraft aufgrund autoreg-
ressiver Störungen zu vermeiden, um zu verhindern, dass Variablen von
zentralem Interesse keine Werte aufweisen, und um alternative Systeme der
Simultanität zu testen"* [Übersetzung vom Verfasser].[944] Insgesamt lassen
sich die affirmativen Befunde in Ehrlichs und den an diesen angelehnten
Studien weitgehend kausal auf Datenmängel, methodische Unzulänglichkeiten wie auch fragwürdige Modellannahmen zurückführen, jedenfalls
aber sind sie aufgrund der aufgezeigten Schwächen ihrer Aussagekraft beraubt.

1.2 Sonstige affirmative Studien

In Übereinstimmung mit einer vergleichbaren Metaanalyse[945] hängt die Diagnose eines Abschreckungseffekts vorliegend zum Teil vom Datentyp ab,
ein statistisch signifikanter Abschreckungseffekt wird überdurchschnittlich
häufig in Panelstudien festgestellt. Von zwölf reinen Paneldatenanalysen
dieser Integrationsstudie kommen sieben zu einer Bestätigung der Abschreckungshypothese im Hinblick auf die Todesstrafe; annähernd ein

---

[944] Übersetzung nach Klein/Forst/Filatov (1978, S. 339).
[945] Yang/Lester (2008, S. 458).

Drittel der affirmativen Arbeiten bedient sich Paneldaten, während nur knapp neun Prozent der Studien, die die Abschreckungsnullhypothese nicht widerlegen können, Paneldatenanalysen darstellen.

Die Arbeiten von **Mocan/Gittings**, von **Dezhbakhsh/Rubin/Shepherd**, von **Dezhbakhsh/Shepherd**, von **Zimmerman** und von **Shepherd** aus dem Jahr 2004, welche alle umfassend ihre Entscheidung für Paneldaten erläutern und im Ergebnis einen Abschreckungseffekt der Todesstrafe feststellen, wurden einem Test auf verzerrte Darstellungen der Realität infolge Veröffentlichung nicht-repräsentativer Resultate („Reporting Bias") durch Donohue/Wolfers unterzogen; die Ergebnisse des Tests legen nahe, dass die berichteten Resultate unter Verzerrungen infolge „Reporting Bias" leiden.

Mocan/Gittings setzen ihre Untersuchung genau wie **Dezhbakhsh/Shepherd** insoweit zusätzlichen Zweifeln aus, als sie sich zur Überprüfung des Abschreckungseffekts der Todesstrafe der gewöhnlichen Kleinstquadratmethode bedienen, welche keine Schätzung der „Feedback Relationships" erlaubt. Beide Studien gründen auf der Annahme, dass die temporale Abfolge eine ausreichende Basis für Schlussfolgerungen zum kausalen Ablauf liefert. Selbst wenn aber die theoretische Begründung eines verzögerten Effekts des Exekutionsrisikos auf Mordraten akzeptiert wird, eliminiert das „Lagging" einer Variablen nicht zwingend das Problem der Simultanität. Ohnehin ist die Studie von **Dezhbakhsh/Shepherd** in diesem Kontext beachtenswert: Wenn es auch – jenseits der Vorteile temporal disaggregierter Daten – an gesicherten Erkenntnissen zu Existenz und Umfang einer Verzögerungsstruktur zwischen der Todesstrafenanwendung und einschlägigen Deliktsraten mangelt, so ist doch in jedem Fall denjenigen dieser Studie zugrunde liegenden Effektschätzungen die Korrektheit für eine Erforschung der Abschreckungshypothese abzusprechen, bei denen sich die abhängige Variable auf einen der unabhängigen Variablen vorangehenden Zeitraum bezieht. Zudem besteht Anlass zu der Vermutung, dass die wenig zweckmäßige Messung von Hinrichtungen mittels absoluter Zahlen (statt

Verhältniszahlen) als erklärende Variable die Untersuchung von **Dezhbakhsh/Shepherd** in ihrem Ergebnis beeinflusst hat.

Die neuere Paneluntersuchung von **Shepherd**, die mit durchaus tauglichen temporal disaggregierten monatlichen Daten den (kurzfristigen) Abschreckungseffekt von Hinrichtungen zu erforschen versucht, lässt die langfristige Folgezeit gänzlich unberücksichtigt. Ob der vorübergehende Rückgang von Tötungsdelikten auch auf Dauer Geltung erlangt oder vielmehr langfristig kompensiert wird, wird weder vorbehalten noch untersucht. Überdies bedient sich die Studie für ihre Effektschätzungen einer umfassenden abhängigen Variablen unter Einschluss aller Arten von Tötungsdelikten. Von der Schlüssigkeit der Begründung dieser Methodik – dem Täter fehle bei Tatbegehung Kenntnis von seiner genauen späteren Verurteilung – abgesehen, können korrekte Ergebnisse nur erzielt werden, wenn für die abhängige Variable diejenigen Delikte gewählt werden, die auch juristisch als Kapitalverbrechen definiert sind; der Grundsatz, dass sich unabhängige und abhängige Variable auf das gleiche Delikt beziehen müssen, ist präzise einzuhalten. In diesem Zusammenhang ist auch auf die Vorzugswürdigkeit von fünf US-Studien hinzuweisen, die sich der *Supplementary Homicide Reports* (statt der *UCR*) als Datenquelle für ihre abhängige Variable bedienen und die durchweg die Abschreckungshypothese im Hinblick auf die Todesstrafe nicht bestätigen können. Detaillierte Informationen über Tötungsdelikte sind unabdingbare Voraussetzung für deren Disaggregation im Sinne einer Aufschlüsselung statistischer Morddaten nach bestimmten Merkmalen; entsprechend werden die *SHR* genutzt, um die abhängige Variable auf diejenigen Delikte begrenzen zu können, die die Todesstrafe als mögliche Konsequenz haben und daher allein Gegenstand von Abschreckung durch jene sein können.

Die beiden Studien von **Stack** sind die einzigen affirmativen Arbeiten, die die Dimension der Öffentlichkeit von Strafe und ihrer Anwendung berücksichtigen und damit diese Anforderungen an methodische Korrektheit erfüllen. Beide stützen allerdings ihren Befund einer Bestätigung der Abschreckungshypothese ausschließlich auf Effekte in der unmittelbaren Folgezeit einer (publizierten) Hinrichtung, besitzen ohne Würdigung des Netto-Abschreckungseffekts letztendlich also wenig Aussagekraft. Während zudem **Stacks** Untersuchung von 1990 ihre Schätzungen zum Abschreckungseffekt wie schon Shepherd mit der methodisch fragwürdigen pauschalen Operationalisierung des Wirkungsbereichs von Abschreckung, mithin einer undifferenzierten abhängigen Variablen, durchführt, versäumt die frühere Analyse vollständig die Berücksichtigung von Simultanität. Dass sie die Theorie der Generalprävention als Kommunikationstheorie begreift, kann letzterer Studie auch insoweit nicht zugutegehalten werden, als sie gerade im Hinblick auf die Einbeziehung der Medienberichterstattung über Hinrichtungen unter erheblichen Schwächen leidet, ihre affirmativen Ergebnisse damit möglichenfalls nur Artefakte sind.

Die Panelstudie von **Fajnzylber/Lederman/Loayza** aus dem Jahr 2002, welche generell länderübergreifend die Determinanten für Kriminalitätsraten von Industrie- und Entwicklungsländern analysiert, zeichnet sich ähnlich der Untersuchung von **Shepherd** aus demselben Jahr und der soziologischen Arbeit von **Sloan/Reilly/Schenzler** dadurch aus, dass ihre Autoren nicht darauf fokussiert sind, die Frage nach der Abschreckungswirkung der Todesstrafe zu beantworten. Vielmehr werden bei Fajnzylber/Lederman/ Loayza die sozialen und ökonomischen Ursachen globaler Gewaltkriminalitätsraten, bei Shepherd die Auswirkungen der *„Truth-in-Sentencing"* (*TIS*)-Gesetzgebung und bei Sloan/Reilly/Schenzler die Effekte verschiedener staatlicher Aktivitäten auf die alkoholbedingte Sterberate thematisiert. Abschreckungsmessungen finden wegen ihrer mittlerweile gesteigerten Akzeptanz in anderen Forschungsfeldern Berücksichtigung und werden aufgenommen, um ihren Einfluss nicht unberücksichtigt zu lassen. Weder werden entsprechende Koeffizienten interpretiert noch der Erläuterung abschreckender Effekte Aufwand beigemessen, demzufolge die Ergebnisse zur generalpräventiven Wirkung der Todesstrafe mutmaßlich über wenig Wert für vorliegende Forschungsfrage verfügen dürften.

Abschließend ist im Hinblick auf die Gesamtheit der Studien, welche die Abschreckungswirkung der Todesstrafe bestätigen zu können vorgeben, festzustellen, dass sie regelmäßig weder potentielle alternative Begründungen für inverse Verhältnisse zwischen Sanktion und Kriminalität bei der Interpretation ihrer Ergebnisse – genauso wenig in ihren theoretischen Grundlagen, Modellspezifikationen und empirischen Untersuchungsansätzen – berücksichtigen; die „Abschreckungswirkung" der Todesstrafe kann jedoch nur bejaht werden, wenn der festgestellte Verbrechensrückgang seinen Ursprung auch wirklich in der Furcht potentieller Mörder vor der Todesstrafe hat. Auch die stetige Vernachlässigung der disparaten Brutalisierungsthese lässt Schätzkoeffizienten selbst wie auch deren Deutung in den affirmativen (vor allem ökonomischen) Arbeiten untauglich erscheinen. Außerdem werden diese Arbeiten ohne verhältnismäßige Betrachtung in Relation zur lebenslangen Freiheitsstrafe den an sie gerichteten wissenschaftlichen Anforderungen nicht gerecht, sie laufen Gefahr, Effekte der Alternativsanktion zu verschleiern, und können ihren Anspruch, die Abschreckungshypothese im Hinblick auf die Todesstrafe zu stützen, nicht einlösen.

1.3 Fehlerquoten

Es wurde aufgezeigt, dass alle Studien des Untersuchungsgegenstands, die die Abschreckungswirkung der Todesstrafe im Ergebnis bejahen, unter Problemen leiden. Für jede der affirmativen Studien konnte mindestens eine Schwäche dargelegt werden, die ihre Ergebnisse stark in Frage stellt.

In Abbildung 11 werden abschließend die Fehlerquoten je nach Studienbefund dargestellt. Methodische Fehler oder jedenfalls Probleme bilden häufig den Schwerpunkt der Kritik an den divergenten Arbeiten. Erneut werden deshalb die drei Kategorien („weitgehend einwandfrei", „gewisse Probleme", „hochproblematisch") des im deskriptiven Teil entwickelten Qualitätsindexes (vgl. Zweiter Teil, Kapitel 2.1.7) herangezogen, der seinerseits aus Variablen zur Selbsteinschätzung hinsichtlich methodischer Probleme durch den Studienautor und zur entsprechenden Auswertereinschätzung gebildet wurde. Dort wurde festgestellt, dass 17 Studien (21 Prozent) weitgehend einwandfrei sind, 63 Studien (77 Prozent) gewisse

318

Probleme haben und zwei Studien (2 Prozent) als hochproblematisch einzustufen sind. Die Einstufung im Qualitätsindex weist starke Parallelen zu
den Erkenntnissen dieser Metaanalyse auf: Während bereits dargelegt wurde, dass nach dem Index die Untersuchung von Yunker aus dem Jahr 1976
als hochproblematisch und sämtliche von Ehrlich durchgeführten oder an
ihn angelehnten 13 Studien als jedenfalls problembehaftet einzustufen
sind, können hier umfassende Aussagen getroffen werden: Bei 15 der 17
weitgehend einwandfreien Arbeiten handelt es sich um Studien, die die
Abschreckungshypothese im Hinblick auf die Todesstrafe nicht bestätigen
können, dies sind 27 Prozent der verneinenden Studien. Demgegenüber
sind nur 8 Prozent der bejahenden Studien weitgehend einwandfrei. Von
den insgesamt 65 problembehafteten oder sogar hochproblematischen Studien bestätigen 24 die Abschreckungshypothese im Hinblick auf die Todesstrafe, während 41 dies nicht tun. Das bedeutet, dass 92 Prozent der affirmativen Studien irgendwie problembehaftet sind und 73 Prozent der
verneinenden Studien. Insgesamt stützen diese Vergleichszahlen die ge-
wonnene Erkenntnis, dass gerade die die Abschreckungswirkung bejahenden Studien unter Fehlern leiden.

Abbildung 11: Fehlerquoten bei bejahenden und verneinenden Studien

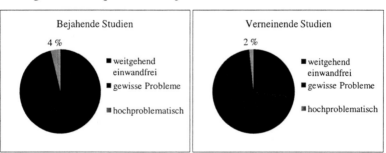

Zahlreiche Forscher haben versucht, die Frage nach einer Abschreckungswirkung der Todesstrafe auf vergleichbarer Basis zu beantworten. Wie
Köberer bereits feststellt, ist es unwahrscheinlich, dass jene in ihren Unter-

suchungen falsch gerechnet haben,[946] sind doch die notwendigen Rechen-
prozeduren so umfangreich, dass sie von Computern nach fertigen Pro-
gramm-„Paketen" ausgeführt werden.[947] Wenn aber Rechenfehler nicht die
Ursache für divergierende Studienresultate und -befunde darstellen, so
müssen diese anderweitig begründet werden: Die vorliegende Integrationsstudie hat ergeben, dass eine Bestätigung der Abschreckungshypothese im
Hinblick auf die Todesstrafe jedenfalls in den hier erfassten Primäranalysen abhängig ist von Disziplin, Publikationspraxis, (offensichtlichen) Analyseschwächen, zweckdienlichen Annahmen beziehungsweise Methoden-
artefakten und gerade die 26 affirmativen Untersuchungen in vielerlei Hinsicht qualitativ problembehaftet sind, sodass der Richtigkeit ihrer Thesen
gegenüber tendenziell Misstrauen angebracht ist.

2. Normative Bewertung

Die Erkenntnisse sollen schließlich mit rechtlichen Grundsätzen in Verbindung gebracht werden, um hieraus zu einer normativ begründeten Bewertung des empirischen Sachverhalts zu gelangen.

Das Recht stellt dasjenige System der sozialen Kontrolle dar, das am
stärksten formalisiert und rational durchgebildet ist.[948] Mit der Justiz verfügt das Recht über einen eigenständigen, spezialisierten und professiona-
lisierten Überwachungs- und Durchführungsstab, der auf staatliche Ge-
waltmittel zurückgreifen kann.

Doch staatliches Handeln bedarf der Legitimation, wenn es in die Rechts-
positionen des Einzelnen eingreift. Führt man sich die Rolle der Strafgewalt im System der Staatsfunktionen vor Augen, gilt Strafe als die schärfs-
te und eingriffsintensivste Maßnahme des Staates. Kein Hoheitsverhältnis
ist stärker ausgeprägt als das, „in dem sich der Staat das Individuum durch
den Zwang zum Erleidenmüssen der Strafe unterwirft".[949] Für den Legiti-

---

[946] Ehrlich (1975b, S. 211, Fn. 7) deutet dies allerdings für seine Kritiker an und
Klein/Forst/Filatov (1978, S. 357) werfen es ihrerseits Ehrlich vor.
[947] Köberer (1982, S. 209 f.).
[948] Vgl. hierzu Meier (2009, S. 210).
[949] Maurach/Zipf (1992, S. 21).

320

mationsbedarf der Strafmaßnahme kommt es auf das Gewicht der (potentiell) verletzten Güter des einzelnen Betroffenen an, hierfür wird man sich
an der impliziten Rangfolge der Rechtsgüter im Strafrecht orientieren können; nicht nur die deutsche Rechtsordnung verankert das Leben (und die
Menschenwürde) an höchster Stelle vor Gesundheit, persönlicher Freiheit
und sonstigen Persönlichkeitswerten. Der durch die Normierung der Todesstrafe mögliche Eingriff in das Recht auf Leben des Straftäters wiegt
schwerer als der Eingriff in seine Freiheit durch Verhängung einer Haftstrafe. Mit der stärkeren Eingriffsintensität lässt sich einerseits eine Verlagerung der Nachweispflicht rechtfertigen: Auf der permanenten Zuweisung
der Beweislast an die Verfechter der Todesstrafe gründen Vorgehen und
Aufbau dieser Arbeit, den Teil der Studien zu untersuchen, der die Abschreckungshypothese im Hinblick auf die Todesstrafe bejaht (vgl. Erster
Teil, Kapitel 3.1).

Mit der Stärke des Eingriffs steigen aber auch die Anforderungen an die
Legitimationsargumente. Denn Legitimation meint hier nicht nur, dass
Strafe als eine Ausnahmereaktion, die eigentlich selbst Normbruch wäre,
einer „Reaktionsnorm" folgen muss: Ein Verhalten, das einen bestimmten
Schutzgegenstand beeinträchtigt oder zu beeinträchtigen droht, muss durch
eine Verhaltensnorm verboten sein; auf einer zweiten Stufe tritt Bewehr-
rung dieser Verhaltensanforderungen mit Strafe hinzu. Legitimation meint
auch, dass diese Strafbewehrung den Anforderungen der Eignung, der Er-
forderlichkeit und der Angemessenheit genüge tut. Bereits auf der Norm-
ebene ist die Strafbewehrung als solche und das angedrohte Strafmaß dem
Übermaßverbot unterworfen. Der Gedanke, dass sich die Rechtfertigung
der gesetzlichen Regelung bei steigender Intensität der Rechtsbeeinträchtigung an entsprechend höherwertigen Belangen auszurichten hat, sie jedenfalls höheren Anforderungen genügen muss, ist rechtsgrundsätzlich.[950] In

---

[950] Vgl. etwa im deutschen Verfassungsrecht die (vornehmliche) Wirkung des im Rechts-
staatsprinzip verankerten Verhältnismäßigkeitsgrundsatzes gegenüber der Gesetzgebung; vgl.
auch die vom Bundesverfassungsgericht (BVerfGE 7, 377) entwickelte (Drei-)Stufentheorie
als eine Konkretisierung des Verhältnismäßigkeitsprinzips im Rahmen der Einschränkung der
Berufsfreiheit.

vorliegendem Zusammenhang kommt der Funktion, die eine Bestrafung erfüllen soll, entscheidende Bedeutung zu; Strafe ist nur über spezifische und ausweisbare Zwecke zu rechtfertigen. Die normativen Strafziele müssen dabei der Eingriffsintensität angemessen sein.

Begründungen für die Todesstrafe als schwerste Sanktion haben zu überzeugen, sie müssen stark wiegen und erwiesen sein. Generell ist der Einsatz von Strafe von vornherein auf den Bereich zulässiger staatlicher Aufgabenerfüllung beschränkt. Schuldausgleich um seiner selbst willen kann Aufgabe der staatlichen Strafe sein, zudem kann der Einsatz von Strafe (auch) zweckrational durch die präventive Rechtsgüterschutzaufgabe des Staates legitimiert sein. Als Grundlage der Legitimation der Todesstrafe wird vorwiegend ihre vermeintliche Abschreckungswirkung gesehen, dieser Sanktionsform könnte eine generalpräventive Rechtfertigung zukommen. Die Furcht vor der härtesten Sanktion soll mit dem Tod sanktionierte Verbrechen verhindern, der Eingriff in das Leben des schwerkriminellen Straftäters soll zur Prävention entsprechender Delikte erforderlich und – auch in Relation zur hohen Gefährlichkeit des inkriminierten Verhaltens – angemessen sein. Zwar nimmt das Strafrecht auch die Funktion wahr, Vergeltungsbedürfnisse zu kanalisieren, die Auseinandersetzung mit Normbruch und -brecher prinzipiell rationaler Kontrolle zu unterwerfen. Welche Verhaltensweisen unter diesem Gesichtspunkt aber Strafe und welche Strafe sie konkret erfordern, steht nicht fest; Bedürfnisse der Generalprävention können deshalb keinesfalls allein über Art und Ausmaß der strafrechtlichen Sanktion entscheiden. Gleichwohl kann die Verhinderung von Straftaten durch Einwirkung auf die Allgemeinheit grundsätzlich als Teil der theoretischen Begründung der Todesstrafe taugen, der gedankliche Ausgangspunkt der generalpräventiven Theorie leuchtet ein.

Entscheidend ist aber, ob auch die Praxis der Begründung folgt, ob die Todesstrafe also tatsächlich so wirkt, wie die Theorie der negativen Generalprävention dies behauptet, oder ob es sich bei dieser Theorie um eine Illusion handelt, die mit der Wirklichkeit nichts zu tun hat. Während Normativität und Empirie in der Theorie als „Sollen" und „Sein" voneinander getrennt sind, sind beide in der Praxis oft miteinander vermischt. Insbesondere beruhen normative Aussagen grundsätzlich auf empirischen Prämissen. In der Rechtswissenschaft wird dieses Ineinandergreifen von Normativität und Empirie teilweise ignoriert: Entweder versucht man, die Empirie durch scheinbare normative Behauptungen zu umgehen oder man greift auf externe Studien zurück, ohne deren Voraussetzungen ausreichend zu verstehen.[951] Der angebliche normative Strafzweck muss unter nachvollziehbaren Voraussetzungen empirisch untersucht werden und belegt sein, andernfalls ist die Strafe nicht verhältnismäßig, es fehlt ihr bereits die behauptete Eignung.

Gerade die relativen Straftheorien stehen hier wegen ihrer Zeitperspektive – sie betreffen die Zukunft – in der Verantwortung. Zu den absoluten Strafzwecken zählen gemeinhin Vergeltung, Ausgleich und Sühne, Gegenstand ist die „metaphysische Idee der Gerechtigkeit".[952] Da die absoluten Theorien metaphysischen Charakter haben, wollen sie die Wirklichkeit gar nicht beeinflussen. Der Sinn der Strafe soll losgelöst sein von ihrer gesellschaftlichen Wirkung. Dementsprechend sind die absoluten Strafzwecke nicht empirisch überprüfbar. Im Gegensatz dazu stehen relative Strafzwecke wegen ihrer Zeitperspektive der empirischen Überprüfung teilweise offen – so die Abschreckungstheorie, die auf Annahmen über tatsächliche Zusammenhänge zwischen Strafrecht und Kriminalitätsumfang beruht – und streben diese auch an. Ist eine Theorie der Empirie zugänglich, wird ihre Legitimation daran gemessen, inwieweit sie die theoretischen Vorhersagen in der Praxis tatsächlich bestätigen kann. Überzeugungskraft kann diese Theorie nur aus empirischen Argumenten beziehen. Insofern muss solch ein relativer Strafzweck empirisch erwiesen sein, um der Rechtfertigung der Strafe zu dienen. Freilich dürfen generell keine unrealistischen Anforderungen an empirische Grundlagen der relativen Strafzwecke gestellt werden, da für sie alle letztlich Schwierigkeiten mit den empirischen Belegen ihrer Wirksamkeit bestehen (und – hält man den Vergeltungsge-

---

[951] Petersen (2010, S. 454).
[952] Vgl. Roxin (2006, S. 73).

danken für nicht ausreichend – andernfalls wohl nur die Abschaffung von Strafrecht generell übrigbliebe). Jedenfalls wird aber bei schwerwiegenden Eingriffen in die Rechte des Normbrechers ein überzeugender und einwandfreier Nachweis der Wirksamkeit verlangt werden können, dies gilt umso mehr für den verfolgten Strafzweck im Fall der eingriffsintensivsten Bestrafung mit dem Tod. Beanspruchen die Verfechter der Todesstrafe diese also mit der Begründung ihrer Abschreckungswirkung, bedarf es empirischer Erkenntnisse, die eindeutige und sichere Rückschlüsse auf die Effektivität zulassen.

Die Verdichtung auf die Frage nach gesicherten empirischen Befunden für die Abschreckungswirkung der Todesstrafe ist auch abseits der rechtlichen Argumentationskette nachvollziehbar: Nicht nur, dass aus normativer Sicht Rechtseingriffe unter der Bedingung ihrer Legitimation stehen und die Begründungsanforderungen mit der Eingriffsstärke wachsen, schon das allgemeine Bedürfnis nach Rechtfertigung führt automatisch zu einer Frage nach dem „Warum" oder „Wozu" gerade der äußersten Sanktion. Stehen dann Argumente zur Begründung und zur Ablehnung des Instituts gegenüber, werden bevorzugt diejenigen von ihnen herangezogen, die dem Beweis zugänglich sind. Auf diese Argumente wird das Hauptaugenmerk gelegt, diese haben das höchste Überzeugungspotential, wenn sie erwiesen sind. So liegt es auch im Fall der Debatte um die Todesstrafe und die Rechtfertigung mit ihrer generalpräventiven Wirkung.

Zahlreiche empirische Studien nehmen sich – unter durchaus nachvollziehbaren Voraussetzungen – der Erforschung der Frage an, ob die Todesstrafe tatsächlich Verbrecher abschreckt. Diese Metaanalyse hat ergeben, dass eine Bestätigung der Theorie der negativen Generalprävention für die Todesstrafe nicht nur von zahlreichen Faktoren abhängig zu sein scheint, sondern dass sich die die Abschreckungshypothese bejahenden Forscher mit ihren Befunden auch vielfacher Kritik aussetzen. Ihre empirischen Untersuchungen zur Abschreckungsproblematik sind hinsichtlich methodischer Zuverlässigkeit, Verallgemeinerungsfähigkeit und damit Aussagefähigkeit mit Vorbehalten zu versehen. In keinem Fall lassen ihre Ergebnisse eindeutige Rückschlüsse auf die Abschreckungswirkung der Todesstrafe zu, die den erörterten Legitimationsbedarf der Sanktion decken könnten. Während in Deutschland die Todesstrafe als solche nicht prinzipiell an Verhältnismäßigkeitsprinzip oder Würdegarantie zu messen ist, sondern das Verbot der Todesstrafe in Artikel 102 des Grundgesetzes insoweit ein „Verhältnismäßigkeitsverbot" und eine abschließende Spezialregelung des personalen Achtungsanspruchs bildet,[953] bleibt im Hinblick auf eine Vielzahl anderer Rechtsordnungen Raum für die Diskussion einer ausreichenden Legitimation der Todesstrafe. Die Suche nach Begründungen für die äußerste Sanktion ist nach wie vor Gegenstand von Debatten, sei es – im kriminalpolitisch konzipierten Reaktionssystem – unter rechtlichen Gesichtspunkten oder im alltäglichen Dialog. Gerade in Anbetracht der Stärke des drohenden Eingriffs muss die Grundlage der Legitimation der Todesstrafe stark und hinreichend gesichert sein. Die in dieser Arbeit untersuchten Studien können keine sicheren Erkenntnisse liefern. Mit den Publikationen zur negativen generalpräventiven Wirkung der Todesstrafe kann der erforderliche Beweis für eine Abschreckungswirkung dieser eingriffsintensivsten Sanktion nicht geführt werden.

3. Fazit

Metaanalysen von Abschreckungsstudien wurden bislang lediglich partiell durchgeführt und auf Teilbereiche erstreckt, Integrationsstudien zur Abschreckungshypothese im Hinblick auf die Sanktion der Todesstrafe beschränken sich regelmäßig auf bloße Literaturübersichten, erweiterte Reviews oder gezielte Teilanalysen. Während sich Cameron[954] nur ökonometrischen Abhandlungen zu Wirkungen der Todesstrafe systematisch widmet, bemühen sich Donohue/Wolfers[955] um eine Beurteilung bestehender empirischer Beweise im Hinblick auf deren Robustheit nur mittels Replikation weniger aktueller Arbeiten. Insbesondere betreibt keine der existenten Metaanalysen zur Abschreckungswirkung der Todesstrafe großen

---

[953] Vgl. Azzola, in: Wassermann (1989, Art. 102 Rn. 51).
[954] Cameron (1994).
[955] Donohue/Wolfers (2005).

Aufwand zur Ermittlung von Ursachen für divergierende Studienbefunde. Die relativ junge Metaanalyse von Yang/Lester[956] zum Abschreckungseffekt von Hinrichtungen beispielsweise erstreckt sich bei vergleichbarem Untersuchungsgegenstand (104 Studien, davon 52 übereinstimmend) auf lediglich acht Seiten und erweckt dadurch stellenweise den Anschein einer bloßen tabellarischen Literaturübersicht. Für vorliegende Integrationsstudie bildet das ihr zugrunde liegende Forschungsprojekt zum methodenkritischen Vergleich von Untersuchungen zur negativen Generalprävention den Rahmen: 82 Studien mit zugehörigen 792 Effektschätzungen einschließlich einer Vielzahl an Variablen zu Studiendesign und Untersuchungsergebnissen wurden in der Datenbank erfasst. Die Auswertung dieser empirischen Primärergebnisse kann sowohl im deskriptiven Teil als auch für die Begründung der Befunddiskrepanzen in der zentralen qualitativen Metaanalyse nutzbar gemacht werden. Die Fülle an Studien und Daten bietet beachtenswerte Chancen des Erkenntnisgewinns, ist aber auch nicht gegen das Risiko von Fehlinterpretationen gefeit.

Ein Fazit kann hier nicht den Anspruch der Absolutheit haben: Trotz ihres umfangreichen Untersuchungsgegenstands erfasst die Integrationsstudie nicht alle vorhandenen Untersuchungen zur Abschreckungswirkung der Todesstrafe; zudem werden vorwiegend die Studien analysiert, die eine Abschreckungswirkung der Todesstrafe bejahen. Abgesehen davon, dass etwa Unzulänglichkeiten von Kriminalstatistiken und geringe Inzidenz der Todesstrafe studienübergreifend eine Einschränkung bedeuten, haften auch den Studien, denen eine Falsifikation der Nullhypothese nicht gelingt oder die im Ergebnis eine stimulierende Wirkung der Todesstrafe ausmachen, höchstwahrscheinlich Schwächen an. Wie stellenweise bereits dargetan, sind auch diese mittelbar oder vergleichend diskutierten Studien konträren Ausgangs unter Umständen nicht generalisierbar oder basieren teilweise auf fragwürdigen Modellannahmen. Dieser Vorbehalt ergibt sich bereits aus der Selbstverständlichkeit, dass eine perfekte empirische Studie nicht existiert.

---

[956] Yang/Lester (2008).

Vermeintliche Belege für eine negative generalpräventive Wirkung der Todesstrafe aber haben in den Primäranalysen erwiesenermaßen nicht die Realität erfasst, gerade die wenigen affirmativen Analysen unterliegen bei der Wertung ihrer Resultate Einschränkungen. Den Befürwortern der Todesstrafe obliegt es jedoch, die Situation des *non liquet* um deren Abschreckungswirkung aufzulösen; diese Sanktionsform bedürfte einer starken und vor allem gesicherten Legitimationsgrundlage. Für vorliegenden Untersuchungsgegenstand kann in jedem Fall eine negative Schlussfolgerung gezogen und die zu Anfang zitierte Erkenntnis von Janet Reno bestätigt werden: Die Abschreckungshypothese im Hinblick auf die Todesstrafe ist nicht belegt.

Anhang

1. Literaturverzeichnis

Aarons, Dwight (1998): Getting out of This Mess: Steps toward Addressing and Avoiding Inordinate Delay in Capital Cases. Journal of Criminal Law and Criminology 89/1, S. 1-80.

Alisch, Katrin/Arentzen, Ute/Winter, Eggert (2004): Gabler-Wirtschafts-Lexikon. S-Z. (16. Auflage). Wiesbaden: Gabler.

Althaus, Paul (1955): Die Todesstrafe als Problem der christlichen Ethik. München: Bayerische Akademie der Wissenschaften.

Amelang, Manfred (1986): Sozial abweichendes Verhalten. Entstehung – Verbreitung – Verhinderung. Berlin u. a.: Springer.

Amnesty International (1989): Wenn der Staat tötet. Todesstrafe contra Menschenrechte. Ein Bericht von Amnesty International. Frankfurt/M.: Fischer Taschenbuch Verlag.

Amsterdam, Anthony G. (1977): Capital Punishment. Stanford Magazine 5, S. 42-47.

Ancel, Marc (1962): Capital Punishment. United Nations Report. Department of Economic and Social Affairs. New York: United Nations.

Antony, Jürgen/Entorf, Horst (2003): Zur Gültigkeit der Abschreckung im Sinne der ökonomischen Theorie der Kriminalität: Grundzüge einer Meta-Studie. S. 167-185 in: Albrecht, H.-J./Entorf, H. (Hrsg.), Kriminalität, Ökonomie und Europäischer Sozialstaat. Heidelberg: Physica-Verlag.

Ashenfelter, Orley/Harmon, Colm/Oosterbeek, Hessel (1999): A Review of Estimates of the Schooling/Earnings Relationship, with Tests for Publication Bias. Labour Economics 6/4, S. 453-470.

Atteslander, Peter (2008): Methoden der empirischen Sozialforschung. (12. Auflage). Berlin: Schmidt.

Avio, Kenneth L. (1979): Capital Punishment in Canada: A Time-Series Analysis of the Deterrent Hypothesis. Canadian Journal of Economics 12/4, S. 647-676.

Avio, Kenneth L. (1987): The Quality of Mercy: Exercise of the Royal Prerogative in Canada. Canadian Public Policy – Analyse de Politiques 13/3, S. 366-379.

Avio, Kenneth L. (1988): Measurement Errors and Capital Punishment. Applied Economics 20/9, S. 1253-1262.

Bailey, William C. (1974): Murder and the Death Penalty. Journal of Criminal Law and Criminology 65/3, S. 416-423.

Bailey, William C. (1975): Murder and Capital Punishment: Some further Evidence. American Journal of Orthopsychiatry 45/4, S. 669-688.

Bailey, William C. (1976): Use of the Death Penalty v. Outrage at Murder. Some Additional Evidence and Considerations. Crime and Delinquency 22/1, S. 31-39.

Bailey, William C. (1977): Deterrence and the Violent Sex Offender: Imprisonment vs. the Death Penalty. Journal of Behavioral Economics 6/1, S. 107-143.

Bailey, William C. (1978a): Deterrence and the Celerity of the Death Penalty: A Neglected Question in Deterrence Research. Discussion Paper No. 532-78. Madison: Institute for Research on Poverty, University of Wisconsin.

Bailey, William C. (1978b): Some Further Evidence on Imprisonment vs. the Death Penalty as a Deterrent to Murder. Law and Human Behavior 2/3, S. 245-260.

Bailey, William C. (1980a): Deterrence and the Celerity of the Death Penalty. Social Forces 58/4, S. 1308-1333.

Bailey, William C. (1980b): A Multivariate Cross-Sectional Analysis of the Deterrent Effect of the Death Penalty. Sociology and Social Research 64/2, S. 183-207.

Bailey, William C. (1982): Capital Punishment and Lethal Assaults Against Police. Criminology 19/4, S. 608-625.

Bailey, William C. (1983): Disaggregation in Deterrence and Death Penalty Research: The Case of Murder in Chicago. Journal of Criminal Law and Criminology 74/3, S. 827-859.

Bailey, William C. (1990): Murder, Capital Punishment, and Television: Execution Publicity and Homicide Rates. American Sociological Review 55/5, S. 628-633.

Bailey, William C. (1991): The General Prevention Effect of Capital Punishment for Non-Capital Felonies. S. 21-38 in: Bohm, R. M. (Hrsg.), The Death Penalty in America: Current Research. Cincinnati: Anderson.

Bailey, William C. (1998): Deterrence, Brutalization, and the Death Penalty: Another Examination of Oklahoma's Return to Capital Punishment. Criminology 36/4, S. 711-733.

Bailey, William C./Peterson, Ruth D. (1989): Murder and Capital Punishment: A Monthly Time-Series Analysis of Execution Publicity. American Sociological Review 54/5, S. 722-743.

Bailey, William C./Peterson, Ruth D. (1994): Murder, Capital Punishment, and Deterrence: A Review of the Evidence and an Examination of Police Killings. Journal of Social Issues 50/2, S. 53-74.

Bailey, William C./Peterson, Ruth D. (1997): Murder, Capital Punishment, and Deterrence: A Review of the Literature. S. 135-161 in: Bedau, H. A. (Hrsg.), The Death Penalty in America. Current Controversies. New York u. a.: Oxford University Press.

Baldus, David C./Cole, James W. L. (1975): A Comparison of the Work of Thorsten Sellin and Isaac Ehrlich on the Deterrent Effect of Capital Punishment. Yale Law Journal 85/2, S. 170-186.

Bandura, Albert (1973): Aggression: A Social Learning Analysis. Englewood Cliffs: Prentice Hall.

Baurmann, Michael (1981): Folgenorientierung und subjektive Verantwortlichkeit. Baden-Baden: Nomos.

Bayley, David H. (1976): Forces of Order: Police Behavior in Japan and the United States. Berkeley u. a.: University of California Press.

Beattie, Ronald H. (1960): Criminal Statistics in the United States – 1960. Journal of Criminal Law, Criminology and Police Science 51/1, S. 49-65.

Beccaria, Cesare (1764a/1988): Über Verbrechen und Strafen. (nach der Ausgabe von 1766 übersetzt und herausgegeben von Wilhelm Alff). Frankfurt/M.: Insel.

Beccaria, Cesare (1764b/1905): Über Verbrechen und Strafen. (übersetzt von Karl Esselborn). Leipzig: Engelmann.

Becker, Gary S. (1968): Crime and Punishment: An Economic Approach. Journal of Political Economy 76/2, S. 169-217.

Bedau, Hugo A./Radelet, Michael L. (1987): Miscarriages of Justice in Potentially Capital Cases. Stanford Law Review 40/1, S. 21-179.

Beelmann, Andreas/Bliesener, Thomas (1994): Aktuelle Probleme und Strategien der Metaanalyse. Psychologische Rundschau 45/4, S. 211-233.

Bentham, Jeremy (1823/1948): An Introduction to the Principles of Morals and Legislation. New York: Hafner.

Beyleveld, Deryck (1982): Ehrlich's Analysis of Deterrence. Methodological Strategy and Ethics in Isaac Ehrlich's Research and Writing on the Death Penalty as a Deterrent. British Journal of Criminology 22/2, S. 101-123.

Biderman, Albert D./Lynch, James P. (1991): Understanding Crime Incidence Statistics. Why the UCR Diverges from the NCS. New York u. a.: Springer.

Black, Theodore/Orsagh, Thomas (1978): New Evidence on the Efficacy of Sanctions as a Deterrent to Homicide. Social Science Quarterly 58/4, S. 616-631.

Bloch, Herbert A./Geis, Gilbert (1962): Man, Crime and Society. The Forms of Criminal Behavior. New York: Random House.

Blomberg, S. Brock/Hess, Gregory D. (2002): The Temporal Links Between Conflict and Economic Activity. Journal of Conflict Resolution 46/1, S. 74-90.

Blumstein, Alfred/Cohen, Jacqueline/Nagin, Daniel (1978): Report of the Panel. S. 1-90 in: Blumstein, A./Cohen, J./Nagin, D. (Hrsg.), Deterrence and Incapacitation: Estimating the Effects of Criminal Sanctions on Crime Rates. Washington D. C.: National Academy of Sciences.

Bock, Michael (1994): Prävention und Empirie – Über das Verhältnis von Strafzwecken und Erfahrungswissen. Juristische Schulung 34/2, S. 89-99.

Bojčević, Alexander (2007): Die Todesstrafe in noch 73 Staaten. Eine aktuelle Standortbestimmung aus der Sicht von amnesty international. S. 15-22 in: Jacobs, H. C. (Hrsg.), Gegen Folter und Todesstrafe. Aufklärerischer Diskurs und europäische Literatur vom 18. Jahrhundert bis zur Gegenwart. Frankfurt/M. u. a.: Lang.

Bondolfi, Alberto (1996): Stichwort „Todesstrafe". Sp. 901-906 in: Fahlbusch, E. (Hrsg.), Evangelisches Kirchenlexikon. Internationale theologische Enzyklopädie. Band 4. (3. Auflage). Göttingen: Vandenhoeck & Ruprecht.

Bower, Robert T. (1985): The Changing Television Audience in America. New York: Columbia University Press.

Bowers, William J. (1988): The Effect of Execution is Brutalization, not Deterrence. S. 49-89 in: Haas, K. C./Inciardi, J. A. (Hrsg.), Challenging Capital Punishment. Legal and Social Science Approaches. Newbury Park u. a.: Sage.

Bowers, William J./Carr, Andrea/Pierce, Glenn L. (1974): Executions in America. Lexington: Lexington Books.

Bowers, William J./Pierce, Glenn L. (1975): The Illusion of Deterrence in Isaac Ehrlich's Research on Capital Punishment. Yale Law Journal 85/2, S. 187-208.

Bowers, William J./Pierce, Glenn L. (1980): Deterrence or Brutalization: What is the Effect of Executions? Crime and Delinquency 26/4, S. 453-484.

Box, George E. P./Cox, David R. (1964): An Analysis of Transformations. Journal of the Royal Statistical Society (Series B) 26/2, S. 211-243.

Box, George E. P./Jenkins, Gwilym M. (1970): Time Series Analysis: Forecasting and Control. San Francisco u. a.: Holden-Day.

Brier, Stephen S./Fienberg, Stephen E. (1980): Recent Econometric Modeling of Crime and Punishment. Support for the Deterrence Hypothesis? Evaluation Review 4/2, S. 147-191.

Bright, Stephen B./Keenan, Patrick J. (1995): Judges and the Politics of Death: Deciding Between the Bill of Rights and the Next Election in Capital Cases. Boston University Law Review 75/3, S. 759-835.

Brown, Stephen E./Esbensen, Finn-Aage/Geis, Gilbert (2007): Criminology. Explaining Crime and Its Context. (6. Auflage). Cincinnati: Anderson.

Bruns, Hans-Jürgen (1967): Strafzumessungsrecht. Allgemeiner Teil. Köln u. a.: Heymann.

Büchert, Herbert (1956): Die Todesstrafe – geschichtlich, religiös und rechtlich betrachtet. Berlin u. a.: Luchterhand.

Bundeskriminalamt (2009): Polizeiliche Kriminalstatistik 2008. Bundesrepublik Deutschland. (56. Ausgabe). Wiesbaden: Bundeskriminalamt.

Caldwell, Robert G. (1965): Criminology. New York: Ronald Press.

Cameron, Samuel (1988): The Economics of Crime Deterrence: A Survey of Theory and Evidence. Kyklos 41/2, S. 301-323.

Cameron, Samuel (1994): A Review of the Econometric Evidence on the Effects of Capital Punishment. Journal of Socio-Economics 23/1-2, S. 197-214.

Cardarelli, Albert P. (1968): An Analysis of Police Killed by Criminal Action: 1961-1963. Journal of Criminal Law, Criminology and Police Science 59/3, S. 447-453.

Chamlin, Mitchell B./Grasmick, Harold G./Bursik, Robert J., Jr./Cochran, John K. (1992): Time Aggregation and Time Lag in Macro-Level Deterrence Research. Criminology 30/3, S. 377-395.

Cheatwood, Derral (1993): Capital Punishment and the Deterrence of Violent Crime in Comparable Counties. Criminal Justice Review 18/2, S. 165-181.

Chressanthis, George A. (1989): Capital Punishment and the Deterrent Effect Revisited: Recent Time-Series Econometric Evidence. Journal of Behavioral Economics 18/2, S. 81-97.

Cloninger, Dale O. (1975): The Deterrence Effect of Law Enforcement: An Evaluation of Recent Findings and Some New Evidence. American Journal of Economics and Sociology 34/3, S. 323-335.

Cloninger, Dale O. (1977): Deterrence and the Death Penalty: A Cross Sectional Analysis. Journal of Behavioral Economics 6/1, S. 87-105.

Cloninger, Dale O. (1987): Capital Punishment and Deterrence: A Revision. Journal of Behavioral Economics 16/4, S. 55-57.

Cloninger, Dale O. (1992): Capital Punishment and Deterrence: A Portfolio Approach. Applied Economics 24/6, S. 635-645.

Cloninger, Dale O./Marchesini, Roberto (2001): Execution and Deterrence: A Quasi-Controlled Group Experiment. Applied Economics 33/5, S. 569-576.

Cochran, John K./Chamlin, Mitchell B./Seth, Mark (1994): Deterrence or Brutalization? An Impact Assessment of Oklahoma's Return to Capital Punishment. Criminology 32/1, S. 107-134.

Collier, Paul/Hoeffler, Anke (2002): Greed and Grievance in Civil War. Arbeitspapier. Washington D. C.: World Bank.

Collmann, Hans-Jürgen (1973): Internationale Kriminalstatistik. Geschichtliche Entwicklung und gegenwärtiger Stand. Stuttgart: Enke.

Conklin, John E. (2007): Criminology. (9. Auflage). Boston u. a.: Pearson.

Cooper, Harris/Hedges, Larry V. (1994): Potentials and Limitations of Research Synthesis. S. 521-529 in: Cooper, H./Hedges, L. V. (Hrsg.), The Handbook of Research Synthesis. New York: Russell Sage Foundation.

Corman, Hope/Mocan, H. Naci (2000): A Time-Series Analysis of Crime, Deterrence, and Drug Abuse in New York City. American Economic Review 90/3, S. 584-604.

Cover, James P./Thistle, Paul D. (1988): Time Series, Homicide, and the Deterrent Effect of Capital Punishment. Southern Economic Journal 54/3, S. 615-622.

Coyne, Randall/Entzeroth, Lyn (1996): Report Regarding Implementation of the American Bar Association's Recommendations and Resolutions Concerning the Death Penalty and Calling for a Moratorium on Executions. Georgetown Journal on Fighting Poverty 4/1, S. 3-73.

Curti, Henning (1999): Abschreckung durch Strafe. Eine ökonomische Analyse der Kriminalität. Wiesbaden: Gabler.

Dann, Robert H. (1935): The Deterrent Effect of Capital Punishment. Friends Social Service Series 29, S. 1-20.

Decker, Scott H./Kohfeld, Carol W. (1984): A Deterrence Study of the Death Penalty in Illinois, 1933-1980. Journal of Criminal Justice 12/4, S. 367-377.

Decker, Scott H./Kohfeld, Carol W. (1990): The Deterrent Effect of Capital Punishment in the five most active Execution States: A Time Series Analysis. Criminal Justice Review 15/2, S. 173-191.

Deimling, Gerhard (1989): Cesare Beccaria. Werk und Wirkung. S. 11-35 in: Deimling, G. (Hrsg.), Cesare Beccaria. Die Anfänge moderner Strafrechtspflege in Europa. Heidelberg: Kriminalistik-Verlag.

Dezhbakhsh, Hashem/Rubin, Paul H./Shepherd, Joanna M. (2003): Does Capital Punishment Have a Deterrent Effect? New Evidence from Postmoratorium Panel Data. American Law and Economics Review 5/2, S. 344-376.

Dezhbakhsh, Hashem/Shepherd, Joanna M. (2003): The Deterrent Effect of Capital Punishment: Evidence from a "Judicial Experiment". Arbeitspapier. Atlanta: Emory University.

Diekmann, Andreas (2009): Empirische Sozialforschung. Grundlagen, Methoden, Anwendungen. (20. Auflage). Reinbek bei Hamburg: Rowohlt.

Dietz, Alexander (2005): Der homo oeconomicus. Theologische und wirtschaftsethische Perspektiven auf ein ökonomisches Modell. Gütersloh: Gütersloher Verlagshaus.

Doleschal, Eugene (1979): Soziales Kräftegleichgewicht und Kriminalität. Kriminologisches Journal 11/2, S. 81-101.

Dölling, Dieter (1990): Generalprävention durch Strafrecht: Realität oder Illusion? Zeitschrift für die gesamte Strafrechtswissenschaft 102/1, S. 1-20.

Dölling, Dieter (1995): Was läßt die Kriminologie von den erwarteten spezial- und generalpräventiven Wirkungen des Jugendkriminalrechts übrig? S. 143-160 in: Bundesministerium der Justiz (Hrsg.), Das Jugendkriminalrecht als Erfüllungsgehilfe gesellschaftlicher Erwartungen? 3. Kölner Symposium. Bonn: Forum.

Dölling, Dieter/Entorf, Horst/Hermann, Dieter/Häring, Armando/Rupp, Thomas/Woll, Andreas (2007): Zur generalpräventiven Abschreckungswirkung des Strafrechts – Befunde einer Metaanalyse. S. 193-209 in Kury, H. (Hrsg.), Härtere Strafen – weniger Kriminalität? Zur Verschärfung der Sanktionseinstellungen. Soziale Probleme 2006 Heft 2. Herbolzheim: Centaurus.

Dölling, Dieter/Entorf, Horst/Hermann, Dieter/Rupp, Thomas (2009): Is Deterrence Effective? Results of a Meta-Analysis of Punishment. European Journal on Criminal Policy and Research 15/1-2, S. 201-224.

Dölling, Dieter/Entorf, Horst/Hermann, Dieter/Rupp, Thomas/Woll, Andreas (2007): Metaanalyse empirischer Abschreckungsstudien – Untersuchungsansatz und erste empirische Befunde. S. 633-648 in: Lösel, F./ Bender, D./Jehle, J.-M. (Hrsg.), Kriminologie und wissensbasierte Kriminalpolitik. Entwicklungs- und Evaluationsforschung. Mönchengladbach: Forum.

Dölling, Dieter/Hermann, Dieter (2003): Befragungsstudien zur negativen Generalprävention: Eine Bestandsaufnahme. S. 133-165 in: Albrecht, H.-J./Entorf, H. (Hrsg.), Kriminalität, Ökonomie und Europäischer Sozialstaat. Heidelberg: Physica-Verlag.

Dölling, Dieter/Hermann, Dieter/Simsa, Christiane (1993): Das 28. Kolloquium der südwestdeutschen und schweizerischen Kriminologischen Institute. Monatsschrift für Kriminologie und Strafrechtsreform 76/3, S. 177-182.

Donohue, John J./Wolfers, Justin (2005): Uses and Abuses of Empirical Evidence in the Death Penalty Debate. Stanford Law Review 58/3, S. 791-846.

Dörmann, Uwe (1974): Polizeiliche Kriminalstatistik. Kriminalistik – Zeitschrift für die gesamte kriminalistische Wissenschaft und Praxis 28/10, S. 433-439.

Dörmann, Uwe (1991): Internationaler Kriminalitätsvergleich. Daten und Anmerkungen zum internationalen Kriminalitätsvergleich. S. 9-49 in: Kühne, H.-H./Miyazawa, K., Kriminalität und Kriminalitätsbekämpfung in Japan. Versuch einer soziokulturell-kriminologischen Analyse. (2. Auflage). Wiesbaden: Bundeskriminalamt.

Dörmann, Uwe (1998): Polizeiliche Kriminalstatistik – vor, während und nach der Ära Herold. S. 149-184 in: Bundeskriminalamt (Hrsg.), Festschrift für Horst Herold zum 75. Geburtstag. Das Bundeskriminalamt am Ausgang des 20. Jahrhunderts. Wiesbaden: Bundeskriminalamt.

Dörmann, Uwe (2004): Probleme der Polizeilichen Kriminalstatistik und der Dunkelfeldforschung im geeinten Deutschland. S. 251-270 in: Dörmann, U. (Hrsg.), Zahlen sprechen nicht für sich. Aufsätze zu Kriminalstatistik, Dunkelfeld und Sicherheitsgefühl aus drei Jahrzehnten. Neuwied: Luchterhand.

Dörmann, Uwe/Kube, Edwin (1977): Aktuelle Probleme der Kriminalstatistik und Kriminalitätsmessung bei der polizeilichen Aufgabenerfüllung. Archiv für Kriminologie 159/5-6, S. 151-162.

Dreier, Horst (2008): Grundgesetz Kommentar. Band III. (2. Auflage). Tübingen: Mohr Siebeck.

Dubber, Markus D. (2005): Einführung in das US-amerikanische Strafrecht. München: C. H. Beck.

Düsing, Bernhard (1952): Die Geschichte der Abschaffung der Todesstrafe in der Bundesrepublik Deutschland. Offenbach/M.: Bollwerk-Verlag.

Durkheim, Émile (1893/2004): Über soziale Arbeitsteilung. Studie über die Organisation höherer Gesellschaften. (mit einer Einleitung von Niklas Luhmann „Arbeitsteilung und Moral", Durkheims Theorie; mit einem Nachwort von Hans-Peter Müller und Michael Schmid „Arbeitsteilung, Solidarität und Moral", eine werkgeschichtliche und systematische Einführung in die „Arbeitsteilung" von Émile Durkheim). (4. Auflage). Frankfurt/M.: Suhrkamp.

Ehrlich, Isaac (1973): Participation in Illegitimate Activities: A Theoretical and Empirical Investigation. Journal of Political Economy 81/3, S. 521-565.

Ehrlich, Isaac (1974): Participation in Illegitimate Activities: An Economic Analysis. S. 68-134 in: Becker, G. S./Landes, W. S. (Hrsg.), Essays in the Economics of Crime and Punishment. New York: Columbia University Press.

Ehrlich, Isaac (1975a): The Deterrent Effect of Capital Punishment: A Question of Life and Death. American Economic Review 65/3, S. 397-417.

Ehrlich, Isaac (1975b): Deterrence: Evidence and Inference. Yale Law Journal 85/2, S. 209-227.

Ehrlich, Isaac (1977a): The Deterrent Effect of Capital Punishment: Reply. American Economic Review 67/3, S. 452-458.

Ehrlich, Isaac (1977b): Capital Punishment and Deterrence: Some Further Thoughts and Additional Evidence. Journal of Political Economy 85/4, S. 741-788.

Ehrlich, Isaac/Brower, George D. (1987): On the Issue of Causality in the Economic Model of Crime and Law Enforcement: Some Theoretical and Experimental Evidence. American Economic Review 77/2, S. 99-106.

Ehrlich, Isaac/Liu, Zhiqiang (1999): Sensitivity Analyses of the Deterrence Hypothesis: Let's Keep the Econ in Econometrics. Journal of Law and Economics 42/1 (Part 2), S. 455-487.

Ehrlich, Isaac/Mark, Randall (1977): Fear of Deterrence: A Critical Evaluation of the "Report of the Panel on Research on Deterrent and Incapacitative Effects". Journal of Legal Studies 6/2, S. 293-316.

Eide, Erling/Aasness, Jørgen/Skjerpen, Terje (1994): Economics of Crime. Deterrence and the Rational Offender. Amsterdam u. a.: North-Holland.

Eisele, Hermann (1999): Die general- und spezialpräventive Wirkung strafrechtlicher Sanktionen – Methoden – Ergebnisse – Metaanalyse. Dissertation, Universität Heidelberg.

Eisenberg, Ulrich (2005): Kriminologie. (6. Auflage). München: C. H. Beck.

Engel, Uwe/Reinecke, Jost (1994): Panelanalyse: Grundlagen, Techniken, Beispiele. Berlin u. a.: de Gruyter.

Entorf, Horst (1996): Kriminalität und Ökonomie: Übersicht und neue Evidenz. Zeitschrift für Wirtschafts- und Sozialwissenschaften 116/3, S. 417-450.

Entorf, Horst/Spengler, Hannes (2000): Socioeconomic and Demographic Factors of Crime in Germany: Evidence from Panel Data of the German States. International Review of Law and Economics 20/1, S. 75-106.

Entorf, Horst/Spengler, Hannes (2005): Eine ökonometrische Analyse der Wirkung des deutschen Strafverfolgungssystems auf das Kriminalitätsaufkommen. Arbeitspapier. Berlin: Deutsches Institut für Wirtschaftsforschung.

Espy, M. Watt, Jr. (1980): Capital Punishment and Deterrence: What the Statistics Cannot Show. Crime and Delinquency 26/4, S. 537-544.

Exner, Franz (1949): Kriminologie. (3. Auflage). Berlin u. a.: Springer.

Fair, Ray C. (1970): The Estimation of Simultaneous Equation Models with Lagged Endogenous Variables and First Order Serially Correlated Errors. Econometrica 38/3, S. 507-516.

Fajnzylber, Pablo/Lederman, Daniel/Loayza, Norman (1998): Determinants of Crime Rates in Latin America and the World. An Empirical Assessment. Arbeitspapier. Washington D. C.: World Bank.

Fajnzylber, Pablo/Lederman, Daniel/Loayza, Norman (2002): What Causes Violent Crime? European Economic Review 46/7, S. 1323-1357.

Federal Bureau of Investigation (1999): Crime in the United States 1998. Uniform Crime Reports. Online in Internet. URL: http://www.fbi.gov/ucr/Cius_98/98crime/98cius01.pdf (Stand 04.07.2010).

Federal Bureau of Investigation (2004): Uniform Crime Reporting Handbook. Online in Internet. URL: http://www.fbi.gov/ucr/handbook/ucr handbook04.pdf (Stand 04.07.2010).

Ferracuti, Franco/Hernandez, Rosita P./Wolfgang, Marvin E. (1962): A Study of Police Errors in Crime Classification. Journal of Criminal Law, Criminology and Police Science 53/1, S. 113-119.

Feuerbach, Paul J. A. (1799): Revision der Grundsätze und Grundbegriffe des positiven peinlichen Rechts. Erster Theil. Erfurt: Henningsche Buchhandlung.

Firebaugh, Glenn/Beck, Frank D. (1994): Does Economic Growth Benefit the Masses? Growth, Dependence, and Welfare in the Third World. American Sociological Review 59/5, S. 631-653.

Fisher, Franklin M./Nagin, Daniel (1978): On the Feasibility of Identifying the Crime Function in a Simultaneous Model of Crime Rates and Sanction Levels. S. 361-399 in: Blumstein, A./Cohen, J./Nagin, D. (Hrsg.), Deterrence and Incapacitation: Estimating the Effects of Criminal Sanctions on Crime Rates. Washington D. C.: National Academy of Sciences.

Fisher, Joseph C. (1976): Homicide in Detroit. The Role of Firearms. Criminology 14/3, S. 387-400.

Forst, Brian E. (1976): Participation in Illegitimate Activities: Further Empirical Findings. Policy Analysis 2/3, S. 477-492.

Forst, Brian E. (1977): The Deterrent Effect of Capital Punishment: A Cross-State Analysis of the 1960's. Minnesota Law Review 61/5, S. 743-767.

Forst, Brian E. (1983): Capital Punishment and Deterrence: Conflicting Evidence? Journal of Criminal Law and Criminology 74/3, S. 927-942.

Fox, James A. (1977): The Identification and Estimation of Deterrence: An Evaluation of Yunker's Model. Journal of Behavioral Economics 6/1, S. 225-242.

Fox, James A./Radelet, Michael L. (1989): Persistent Flaws in Econometric Studies of the Deterrent Effect of the Death Penalty. Loyola of Los Angeles Law Review 23/1, S. 29-44.

Fricke, Reiner/Treinis, Gerhard (1985): Einführung in die Metaanalyse. Methoden der Psychologie, Band 3. Bern u. a.: Huber.

Friedman, Lee S. (1979): The Use of Multiple Regression Analysis to Test for a Deterrent Effect of Capital Punishment: Prospects and Problems. S. 61-87 in: Messinger, S. L./Bittner, E. (Hrsg.), Criminology Review Yearbook. Volume 1. Beverly Hills: Sage.

Friedrichs, Jürgen (1990): Methoden empirischer Sozialforschung. (14. Auflage). Opladen: Westdeutscher Verlag.

Geerken, Michael/Gove, Walter R. (1977): Deterrence, Overload, and Incapacitation: An Empirical Evaluation. Social Forces 56/2, S. 424-447.

Gibbs, Jack P. (1968): Crime, Punishment, and Deterrence. Southwestern Social Science Quarterly 48/4, S. 515-530.

Gibbs, Jack P. (1975): Crime, Punishment, and Deterrence. New York u. a.: Elsevier.

Glaeser, Edward L. (2006): Researcher Incentives and Empirical Methods. Harvard Institute of Economic Research Discussion Paper 2122. Cambridge: Harvard University.

Glaser, Daniel/Zeigler, Max S. (1974): Use of the Death Penalty v. Outrage at Murder. Crime and Delinquency 20/4, S. 333-338.

Glass, Gene V. (1976): Primary, Secondary and Meta-Analysis of Research. Educational Researcher 5/10, S. 3-8.

Göppinger, Hans (1980): Kriminologie. (4. Auflage). München: C. H. Beck.

Göppinger, Hans/Bock, Michael (2008): Kriminologie. (6. Auflage). München: C. H. Beck.

Grasberger, Ulrike (1996): Verfassungsrechtliche Problematiken der Höchststrafen in den USA und in der Bundesrepublik Deutschland. Todesstrafe und lebenslange Freiheitsstrafe. Bonn: Forum.

Graves, William F. (1956): A Doctor Looks at Capital Punishment. Journal of the Loma Linda University School of Medicine 10, S. 137-142.

Greenberg, David F./Kessler, Ronald C./Logan, Charles H. (1981): Aggregation Bias in Deterrence Research: An Empirical Analysis. Journal of Research in Crime and Delinquency 18/1, S. 128-137.

Grogger, Jeffrey (1990): The Deterrent Effect of Capital Punishment: An Analysis of Daily Homicide Counts. Journal of the American Statistical Association 85/410, S. 295-303.

Hackl, Peter (2005): Einführung in die Ökonometrie. München u. a.: Pearson Studium.

342

Haege, Gisela (2000): Methodische Grundlagen der Meta-Evaluation. Online in Internet. URL: http://www.grin.com/e-book/99043/methodische-grundlagen-der-meta-evaluation (Stand 22.06.2010).

Haffke, Bernhard (1976): Tiefenpsychologie und Generalprävention. Eine strafrechtstheoretische Untersuchung. Aarau u. a.: Sauerländer.

Hauf, Claus-Jürgen (1992): Kriminalitätserfassung und Kriminalitätsnachweis auf polizeilicher Ebene. Eine Problemanalyse. Bonn: Forum.

Hegre, Håvard/Ellingsen, Tanja/Gates, Scott/Gleditsch, Nils P. (2001): Toward a Democratic Civil Peace? Democracy, Political Change, and Civil War, 1816-1992. American Political Science Review 95/1, S. 33-48.

Heinz, Wolfgang (1975a): Bekanntgewordene Kriminalität und praktische Erkenntnisinteressen. Erwägungen zur Umsetzung amtlicher Kenntnisse über Kriminalität in numerische Informationen. Monatsschrift für Kriminologie und Strafrechtsreform 58/4-5, S. 225-246.

Heinz, Wolfgang (1975b): Das System der Strafrechtspflegestatistiken: Koordination als Aufgabe und Problem. Allgemeines Statistisches Archiv 59, S. 95-118.

Heinz, Wolfgang (1977): Kriminalstatistiken – Indikatoren der Kriminalität und ihrer Entwicklung? S. 93-110 in: Bundeskriminalamt (Hrsg.), Polizei und Justiz. Arbeitstagung des Bundeskriminalamtes Wiesbaden vom 12. bis 15. Oktober 1976. Wiesbaden: Bundeskriminalamt.

Heinz, Wolfgang (2003): Soziale und kulturelle Grundlagen der Kriminologie – Der Beitrag der Kriminalstatistik. S. 149-185 in: Dittmann, V./Jehle J.-M. (Hrsg.), Kriminologie zwischen Grundlagenwissenschaften und Praxis. Mönchengladbach: Forum.

Heinz, Wolfgang (2004): „Alle 5 Sekunden geschieht eine Straftat" – „Wer hier wohnt, lebt auf Nummer sicher". Von Schwierigkeiten und Fehlern der Berichterstattung über Kriminalität. S. 359-412 in: Dörmann, U. (Hrsg.), Zahlen sprechen nicht für sich. Aufsätze zu Kriminalstatistik, Dunkelfeld und Sicherheitsgefühl aus drei Jahrzehnten. Neuwied: Luchterhand.

Helfer, Christian (1975): Stichwort „Todesstrafe". S. 326-353 in: Sieverts, R./Schneider, H. J. (Hrsg.), Handwörterbuch der Kriminologie. Dritter Band. (2. Auflage). Berlin: de Gruyter.

Henshel, Richard L./Carey, Sandra H. (1975): Deviance, Deterrence and Knowledge of Sanctions. S. 54-73 in: Henshel, R. L./Silverman, R. A. (Hrsg.), Perception in Criminology. New York: Columbia University Press.

Hermann, Dieter (1989): Die Korrelations- und Regressionsanalyse. S. 144-188 in: Frenzel, G./Hermann, D. (Hrsg.), Statistik mit SPSS-X. Stuttgart u. a.: Fischer.

Hermann, Dieter (1992): Die Kompatibilität zwischen normativen Straftheorien und Kriminalitätstheorien. Goltdammer's Archiv für Strafrecht 1992, S. 516-532.

Hermann, Dieter (2010): Die Abschreckungswirkung der Todesstrafe – ein Artefakt der Forschung? S. 791-808 in: Dölling, D./Götting, B./Meier, B.-D./Verrel, T. (Hrsg.), Verbrechen – Strafe – Resozialisierung. Festschrift für Heinz Schöch zum 70. Geburtstag am 20. August 2010. Berlin u. a.: de Gruyter.

Herold, Horst (1976): Ist die Kriminalitätsentwicklung – und damit die Sicherheitslage – verläßlich zu beurteilen? Kriminalistik – Zeitschrift für die gesamte kriminalistische Wissenschaft und Praxis 30/8, S. 337-345.

Hoenack, Stephen A./Kudrle, Robert T./Sjoquist, David L. (1978): The Deterrent Effect of Capital Punishment: A Question of Identification. Policy Analysis 4/4, S. 491-527.

Hoenack, Stephen A./Weiler, William C. (1980): A Structural Model of Murder Behavior and the Criminal Justice System. American Economic Review 70/3, S. 327-341.

Hohmann, Olaf (2002): Die Geschichte der Todesstrafe in Deutschland. S. 247-268 in: Boulanger, C./Heyes, V./Hanfling, P. (Hrsg.), Zur Aktualität der Todesstrafe. Interdisziplinäre und globale Perspektiven. (2. Auflage). Berlin: Berlin-Verlag Arno Spitz.

Hunter, John E./Schmidt, Frank L. (2004): Methods of Meta-Analysis. Correcting Error and Bias in Research Findings. (2. Auflage). Thousand Oaks u. a.: Sage.

Jayewardene, Cleobis H. S. (1973): Life or Death – Society's Reaction to Murder? Canadian Journal of Criminology and Corrections 15/3, S. 265-273.

Jeffery, Clarence R. (1965): Criminal Behavior and Learning Theory. Journal of Criminal Law, Criminology and Police Science 56/3, S. 294-300.

Jehle, Jörg-Martin (1994): Plädoyer für bessere Kriminalstatistiken. Probleme und Perspektiven amtlicher Datensammlungen in der Strafrechtspflege. Neue Kriminalpolitik 6/2, S. 22-26.

Jehle, Jörg-Martin (1995): Improving Criminal Justice Statistics – Needs and Prospects. S. 11-28 in: Jehle, J.-M./Lewis, C. (Hrsg.), Improving Criminal Justice Statistics. National and International Perspectives. Wiesbaden: KrimZ.

Jescheck, Hans-Heinrich/Weigend, Thomas (1996): Lehrbuch des Strafrechts. Allgemeiner Teil. (5. Auflage). Berlin: Duncker & Humblot.

Jung, Heike (2007): Kriminalsoziologie. (2. Auflage). Baden-Baden: Nomos.

Kaiser, Günther (1996): Kriminologie. Ein Lehrbuch. (3. Auflage). Heidelberg: C. F. Müller.

Kaminski, Robert J./Marvell, Thomas B. (2002): A Comparison of Changes in Police and General Homicides: 1930-1998. Criminology 40/1, S. 171-190.

Katz, Lawrence/Levitt, Steven D./Shustorovich, Ellen (2003): Prison Conditions, Capital Punishment, and Deterrence. American Law and Economics Review 5/2, S. 318-343.

Kaya, Maria (2007): Verfahren der Datenerhebung. S. 49-64 in: Albers, S./Klapper, D./Konradt, U./Walter, A./Wolf, J. (Hrsg.), Methodik der empirischen Forschung. (2. Auflage). Wiesbaden: Gabler.

Keller, Dieter (1968): Die Todesstrafe in kritischer Sicht. Berlin: de Gruyter.

Kerner, Hans-Jürgen (1973): Verbrechenswirklichkeit und Strafverfolgung. Erwägungen zum Aussagewert der Kriminalstatistik. München: Goldmann.

Kerner, Hans-Jürgen (1991): Kriminologie-Lexikon. (4. Auflage). Heidelberg: Kriminalistik-Verlag.

King, David R. (1978): The Brutalization Effect: Execution Publicity and the Incidence of Homicide in South Carolina. Social Forces 57/2, S. 683-687.

Kirchgässner, Gebhard (2008): Homo Oeconomicus. Das ökonomische Modell individuellen Verhaltens und seine Anwendung in den Wirtschafts- und Sozialwissenschaften. (3. Auflage). Tübingen: Mohr Siebeck.

Kleck, Gary (1979): Capital Punishment, Gun Ownership, and Homicide. American Journal of Sociology 84/4, S. 882-910.

Klein, Lawrence R./Forst, Brian E./Filatov, Victor (1978): The Deterrent Effect of Capital Punishment: An Assessment of the Estimates. S. 336-360 in: Blumstein, A./Cohen, J./Nagin, D. (Hrsg.), Deterrence and Incapacitation: Estimating the Effects of Criminal Sanctions on Crime Rates. Washington D. C.: National Academy of Sciences.

Klein, Lawrence R./Forst, Brian E./Filatov, Victor (1982): The Deterrent Effect of Capital Punishment: An Assessment of the Evidence. S. 138-159 in: Bedau, H. A. (Hrsg.), The Death Penalty in America. (3. Auflage). New York u. a.: Oxford University Press.

Knorr, Stephen J. (1979): Deterrence and the Death Penalty: A Temporal Cross-Sectional Approach. Journal of Criminal Law and Criminology 70/2, S. 235-254.

Köberer, Wolfgang (1982): Läßt sich Generalprävention messen? Zur neueren Diskussion der abschreckenden Wirkung von Strafe – am Beispiel der Todesstrafe in den USA –. Monatsschrift für Kriminologie und Strafrechtsreform 65/4, S. 200-218.

König, René (1966): Das Interview. Formen, Technik, Auswertung. (5. Auflage). Köln: Kiepenheuer & Witsch.

Kowalski, Gregory S./Duffield, Don (1990): The Effect of Rural Population on Homicide Rates across the Rural-Urban Continuum: A County Level Analysis. American Journal of Criminal Justice 15/1, S. 172-194.

Krakovsky, Marina (2004): Register or Perish. Looking to Make the Downside of Therapies Known. Scientific American 291/6, S. 18-20.

Krause, Jens-Uwe (2004): Kriminalgeschichte der Antike. München: C. H. Beck.

Kreuzer, Arthur (2004): Prävention durch Repression. S. 205-218 in: Schöch, H./Jehle, J.-M. (Hrsg.), Angewandte Kriminologie zwischen Freiheit und Sicherheit. Mönchengladbach: Forum.

Kriele, Martin (2003): Grundprobleme der Rechtsphilosophie. Münster u. a.: LIT-Verlag.

Kunz, Karl-Ludwig (2008): Kriminologie. Eine Grundlegung. (5. Auflage). Bern u. a.: Haupt.

Land, Kenneth C./Teske, Raymond H. C., Jr./Zheng, Hui (2009): The Short-Term Effects of Executions on Homicides: Deterrence, Displacement, or Both? Criminology 47/4, S. 1009-1043.

Layson, Stephen K. (1983): Homicide and Deterrence: Another View of the Canadian Time-Series Evidence. Canadian Journal of Economics 16/1, S. 52-73.

Layson, Stephen K. (1985): Homicide and Deterrence: A Reexamination of the United States Time-Series Evidence. Southern Economic Journal 52/1, S. 68-89.

Leamer, Edward E. (1982): Sets of Posterior Means with Bounded Variance Priors. Econometrica 50/3, S. 725-736.

Leamer, Edward E. (1983): Let's Take the Con Out of Econometrics. American Economic Review 73/1, S. 31-43.

Leder, Karl B. (1980): Todes-Strafe. Ursprung, Geschichte, Opfer. Wien u. a.: Meyster.

Levitt, Steven D. (1996): The Effect of Prison Population Size on Crime Rates: Evidence from Prison Overcrowding Litigation. Quarterly Journal of Economics 111/2, S. 319-351.

Levitt, Steven D. (2001): Alternative Strategies for Identifying the Link Between Unemployment and Crime. Journal of Quantitative Criminology 17/4, S. 377-390.

Liu, Zhiqiang (2004): Capital Punishment and the Deterrence Hypothesis: Some New Insights and Empirical Evidence. Eastern Economic Journal 30/2, S. 237-258.

Logan, Charles H. (1975): Arrest Rates and Deterrence. Social Science Quarterly 56/3, S. 376-389.

Loos, Fritz (2005): Stichwort „Todesstrafe". IV. Juristisch. Sp. 451-453 in: Betz, H. D. (Hrsg.), Religion in Geschichte und Gegenwart. Handwörterbuch für Theologie und Religionswissenschaft. Band 8. (4. Auflage). Tübingen: Mohr Siebeck.

Mannheim, Hermann (1965): Comparative Criminology. A Text Book. Volume one. London: Routledge & Kegan Paul.

Manski, Charles F. (1978): Prospects for Inference on Deterrence through Empirical Analysis of Individual Criminal Behavior. S. 400-424 in: Blumstein, A./Cohen, J./Nagin, D. (Hrsg.), Deterrence and Incapacitation: Estimating the Effects of Criminal Sanctions on Crime Rates. Washington D. C.: National Academy of Sciences.

Manstetten, Reiner (2002): Das Menschenbild der Ökonomie. Der homo oeconomicus und die Anthropologie von Adam Smith. Freiburg u. a.: Alber.

Marschelke, Jan-Christoph (2008): Jeremy Bentham – Philosophie und Recht. Das Strafrecht vor neuen Herausforderungen, Band 18. Berlin: Logos Verlag.

Martis, Roderich (1991): Die Funktionen der Todesstrafe. Eine kritische Analyse zur Realität der Todesstrafe in der Gegenwart. Bonn: Forum.

Martschukat, Jürgen (2000): Inszeniertes Töten. Eine Geschichte der Todesstrafe vom 17. bis zum 19. Jahrhundert. Köln u. a.: Böhlau.

Marvell, Thomas B./Moody, Carlisle E. (2001): The Lethal Effects of Three-Strikes Laws. Journal of Legal Studies 30/1, S. 89-106.

Maurach, Reinhart/Zipf, Heinz (1992): Strafrecht. Allgemeiner Teil. Teilband 1. (8. Auflage). Heidelberg: C. F. Müller.

Mayer, Thomas (1980): Economics as a Hard Science: Realistic Goal or Wishful Thinking?, Economic Inquiry 18/2, S. 165-178.

Mayntz, Renate/Holm, Kurt/Hübner, Peter (1971): Einführung in die Methoden der empirischen Soziologie. (2. Auflage). Opladen: Westdeutscher Verlag.

McAleer, Michael/Veall, Michael R. (1989): How Fragile are Fragile Inferences? A Re-Evaluation of the Deterrent Effect of Capital Punishment. Review of Economics and Statistics 71/1, S. 99-106.

McFarland, Sam G. (1983): Is Capital Punishment a Short-Term Deterrent to Homicide? A Study of the Effects of Four Recent American Executions. Journal of Criminal Law and Criminology 74/3, S. 1014-1032.

McGahey, Richard M. (1980): Dr. Ehrlich's Magic Bullet: Economic Theory, Econometrics, and the Death Penalty. Crime and Delinquency 26/4, S. 485-502.

McKee, David/Sesnowitz, Michael L. (1977a): Capital Punishment: The Canadian Experience. Journal of Behavioral Economics 6/1, S. 145-152.

McKee, David/Sesnowitz, Michael L. (1977b): On the Deterrent Effect of Capital Punishment. Journal of Behavioral Economics 6/1-2, S. 217-224.

McManus, Walter S. (1985): Estimates of the Deterrent Effect of Capital Punishment: The Importance of the Researcher's Prior Beliefs. Journal of Political Economy 93/2, S. 417-425.

Meier, Bernd-Dieter (2007): Kriminologie. (3. Auflage). München: C. H. Beck.

Meier, Bernd-Dieter (2009): Strafrechtliche Sanktionen. (3. Auflage). Berlin u. a.: Springer.

Mergen, Armand (1963): Dokumentation über die Todesstrafe. Mit einer rechtsvergleichenden Darstellung des Problems der Todesstrafe in aller Welt. Darmstadt u. a.: Stoytscheff.

Mergen, Armand (1995): Die Kriminologie. Eine systematische Darstellung. (3. Auflage). München: Vahlen.

Merriman, David (1988): Homicide and Deterrence: The Japanese Case. International Journal of Offender Therapy and Comparative Criminology 32/1, S. 1-16.

Mikesell, John/Pirog-Good, Maureen A. (1990): State Lotteries and Crime: The Regressive Revenue Producer is Linked With a Crime Rate Higher by 3 Percent. American Journal of Economics and Sociology 49/1, S. 7-19.

Miron, Jeffrey A. (2001): Violence, Guns, and Drugs: A Cross-Country Analysis. Journal of Law and Economics 44/2, S. 615-633.

Mocan, H. Naci/Gittings, R. Kaj (2003): Getting off Death Row: Commuted Sentences and the Deterrent Effect of Capital Punishment. Journal of Law and Economics 46/2, S. 453-478.

Mouzos, Jenny Dimitra (2009): 5.1 Homicides. S. 647-665 in: Schneider, H. J. (Hrsg.), Internationales Handbuch der Kriminologie. Band 2: Besondere Probleme der Kriminologie. Berlin: de Gruyter.

Müller, Jens (1996): Ökonomische Grundlagen der Generalprävention. Frankfurt/M. u. a.: Lang.

Müller-Dietz, Heinz (1985): Integrationsprävention und Strafrecht. Zum positiven Aspekt der Generalprävention. S. 813-827 in: Vogler, T. (Hrsg.), Festschrift für Hans-Heinrich Jescheck zum 70. Geburtstag. Zweiter Halbband. Berlin: Duncker & Humblot.

350

Müller-Tuckfeld, Jens Christian (1998): Integrationsprävention. Studien zu einer Theorie der gesellschaftlichen Funktion des Strafrechts. Frankfurt/M. u. a.: Lang.

Murray, Douglas R. (1975): Handguns, Gun Control Laws and Firearm Violence. Social Problems 23/1, S. 81-93.

Nagin, Daniel (1978): General Deterrence: A Review of the Empirical Evidence. S. 95-139 in: Blumstein, A./Cohen, J./Nagin, D. (Hrsg.), Deterrence and Incapacitation: Estimating the Effects of Criminal Sanctions on Crime Rates. Washington D. C.: National Academy of Sciences.

National Institute of Corrections (1995): State Legislative Actions on Truth in Sentencing: A Review of Law and Legislation in the Context of the Violent Crime Control and Law Enforcement Act of 1994. Washington D. C.: U. S. Department of Justice.

Naucke, Wolfgang u. a. (1971): „Verteidigung der Rechtsordnung" (§§ 14, 23 StGB). Kritik an der Entstehung und Handhabung eines strafrechtlichen Begriffs. Berlin: Duncker & Humblot.

Neumann, Ulfrid/Schroth, Ulrich (1980): Neuere Theorien von Kriminalität und Strafe. Darmstadt: Wissenschaftliche Buchgesellschaft.

Neumayer, Eric (2003): Good Policy Can Lower Violent Crime: Evidence from a Cross-National Panel of Homicide Rates, 1980-97. Journal of Peace Research 40/6, S. 619-640.

Newburn, Tim (2007): Criminology. Cullompton u. a.: Willan.

Newton, George D./Zimring, Franklin E. (1969): Firearms and Violence in American Life. A Staff Report to the National Commission on the Causes and Prevention of Violence. Washington D. C.: U. S. Government Printing Office.

Palmer, Jan (1977): Economic Analyses of the Deterrent Effect of Punishment: A Review. Journal of Research in Crime and Delinquency 14/1, S. 4-21.

Pampel, Fred C./Williams, Kirk R. (2000): Intimacy and Homicide: Compensating for Missing Data in the SHR. Criminology 38/2, S. 661-680.

Passell, Peter (1975): The Deterrent Effect of the Death Penalty: A Statistical Test. Stanford Law Review 28/1, S. 61-80.

Passell, Peter/Taylor, John B. (1977): The Deterrent Effect of Capital Punishment: Another View. American Economic Review 67/3, S. 445-451.

Peck, Jon K. (1976): The Deterrent Effect of Capital Punishment: Ehrlich and His Critics. Yale Law Journal 85/3, S. 359-367.

Petersen, Niels (2010): Braucht die Rechtswissenschaft eine empirische Wende? Der Staat 49/3, S. 435-455.

Peterson, Ruth D./Bailey, William C. (1991): Felony Murder and Capital Punishment: An Examination of the Deterrence Question. Criminology 29/3, S. 367-395.

Phillips, David P. (1980): The Deterrent Effect of Capital Punishment: New Evidence on an Old Controversy. American Journal of Sociology 86/1, S. 139-148.

Phillips, David P. (1983): The Impact of Mass Media Violence on U.S. Homicides. American Sociological Review 48/4, S. 560-568.

Phillips, Llad/Votey, Harold L., Jr./Howell, John (1976): Handguns and Homicide: Minimizing Losses and the Costs of Control. Journal of Legal Studies 5/2, S. 463-478.

Pieper, Hans-Joachim (2003): „Hat er aber gemordet, so muß er sterben". Klassiker der Philosophie zur Todesstrafe. Bonn: DenkMal.

Poggio, Eugene C./Kennedy, Stephen D./Chaiken, Jan M./Carlson, Kenneth E. (1985): Blueprint for the Future of the Uniform Crime Reporting Program. Final Report of the UCR Study. Washington D. C.: U. S. Department of Justice.

Pollert, Achim/Kirchner, Bernd/Polzin, Javier M. (2004): Das Lexikon der Wirtschaft. Grundlegendes Wissen von A bis Z. (2. Auflage). Bonn: Bundeszentrale für politische Bildung.

Popitz, Heinrich (1968): Über die Präventivwirkung des Nichtwissens. Dunkelziffer, Norm und Strafe. Tübingen: Mohr Siebeck.

352

Prisching, Manfred (1982): Sozioökonomische Bedingungen der Kriminalität – Über empirische Divergenzen und theoretische Kontroversen –. Monatsschrift für Kriminologie und Strafrechtsreform 65/3, S. 163-176.

Pudel, Volker (1978): Motivanalyse des Anzeigeverhaltens. S. 205-210 in: Schwind, H.-D./Ahlborn, W./Weiß, R. (Hrsg.), Empirische Kriminalgeographie. Bestandsaufnahme und Weiterführung am Beispiel von Bochum („Kriminalitätsatlas Bochum"). Wiesbaden: Bundeskriminalamt.

Quetelet, Adolphe J. (1835a): Sur l'Homme et le Développement de ses Facultés, ou Essai de Physique sociale. Tome premier. Paris: Bachelier.

Quetelet, Adolphe J. (1835b): Sur l'Homme et le Développement de ses Facultés, ou Essai de Physique sociale. Tome second. Paris: Bachelier.

Reinbacher, Tobias (2010): Das Strafrechtssystem der USA. Eine Untersuchung zur Strafgewalt im föderativen Staat. Berlin: Duncker & Humblot.

Roberts, Laura/Mosena, Riccardo/Winter, Eggert (2010a): Gabler-Wirtschafts-Lexikon. A-Be. (17. Auflage). Wiesbaden: Gabler.

Roberts, Laura/Mosena, Riccardo/Winter, Eggert (2010b): Gabler-Wirtschafts-Lexikon. Bf-E. (17. Auflage). Wiesbaden: Gabler.

Roberts, Laura/Mosena, Riccardo/Winter, Eggert (2010c): Gabler-Wirtschafts-Lexikon. F-H. (17. Auflage). Wiesbaden: Gabler.

Roberts, Laura/Mosena, Riccardo/Winter, Eggert (2010d): Gabler-Wirtschafts-Lexikon. P-Sk. (17. Auflage). Wiesbaden: Gabler.

Robison, Sophia M. (1966): A Critical View of the Uniform Crime Reports. Michigan Law Review 64/6, S. 1031-1054.

Rosenberg, Michael S. (2005): The File-Drawer Problem Revisited: A General Weighted Method for Calculating Fail-Safe Numbers in Meta-Analysis. Evolution. 59/2, S. 464-468.

Rosenthal, Robert (1979): The "File Drawer Problem" and Tolerance for Null Results. Psychological Bulletin 86/3, S. 638-641.

Rosenthal, Robert/DiMatteo, M. Robin (2001): Meta-Analysis: Recent Developments in Quantitative Methods for Literature Reviews. Annual Review of Psychology 52, S. 59-82.

Roxin, Claus (2006): Strafrecht. Allgemeiner Teil. Band I. (4. Auflage). München: C. H. Beck.

Rüping, Hinrich/Jerouschek, Günter (2007): Grundriss der Strafrechtsgeschichte. (5. Auflage). München: C. H. Beck.

Rupp, Thomas (2008): Meta Analysis of Crime and Deterrence. A Comprehensive Review of the Literature. Dissertation, Technische Universität Darmstadt.

Rustenbach, Stephan J. (2003): Metaanalyse. Eine anwendungsorientierte Einführung. Methoden der Psychologie, Band 16. Bern u. a.: Huber.

Sachs, Michael (2009): Grundgesetz Kommentar. (5. Auflage). München: C. H. Beck.

Sack, Fritz (1978): Probleme der Kriminalsoziologie. S. 192-492 in: König, R. (Hrsg.), Handbuch der empirischen Sozialforschung. Band 12: Wahlverhalten, Vorurteile, Kriminalität. (2. Auflage). Stuttgart: Enke.

Sah, Raaj K. (1991): Social Osmosis and Patterns of Crime. Journal of Political Economy 99/6, S. 1272-1295.

Savin, N. E./White, Kenneth J. (1977): The Durbin-Watson Test for Serial Correlation with Extreme Sample Sizes or Many Regressors. Econometrica 45/8, S. 1989-1996.

Savitz, Leonard D. (1958): A Study in Capital Punishment. Journal of Criminal Law, Criminology and Police Science 49/4, S. 338-341.

Scargle, Jeffrey D. (2000): Publication Bias: The "File-Drawer" Problem in Scientific Inference. Journal of Scientific Exploration 14/1, S. 91-106.

Schäfer, Herbert (1991): Exegese einer Kriminalstatistik – Pflicht und Kür. Kriminalistik – Zeitschrift für die gesamte kriminalistische Wissenschaft und Praxis 45/7, S. 458.

Schernikau, Frank (1992): Zur Verbindung von Ethik und Ökonomie am Beispiel der Wohlfahrtstheorie. Ein dogmenhistorischer Abriß von Adam Smith bis in die Gegenwart unter besonderer Berücksichtigung von kardinaler Meßbarkeit und interpersoneller Vergleichbarkeit. Frankfurt/M. u. a.: Lang.

Schmidt, Petra (1996): Die Todesstrafe in Japan. Hamburg: Deutsch-Japanische Juristenvereinigung.

Schneider, Hans J. (1987): Kriminologie. Berlin: de Gruyter.

Schneider, Hans J. (2007): 2.1 Kriminalitätsmessung: Kriminalstatistik und Dunkelfeldforschung. S. 289-332 in: Schneider, H. J. (Hrsg.), Internationales Handbuch der Kriminologie. Band 1: Grundlagen der Kriminologie. Berlin: de Gruyter.

Schnell, Rainer/Hill, Paul B./Esser, Elke (2008): Methoden der empirischen Sozialforschung. (8. Auflage). München u. a.: Oldenbourg.

Schoch, Friedrich/Schmidt-Aßmann, Eberhard/Pietzner, Rainer (2009): Verwaltungsgerichtsordnung Kommentar. Band II. (Loseblattsammlung.) München: C. H. Beck.

Schröder, Arne (2007): Prinzipien der Panelanalyse. S. 261-276 in: Albers, S./Klapper, D./Konradt, U./Walter, A./Wolf, J. (Hrsg.), Methodik der empirischen Forschung. (2. Auflage). Wiesbaden: Gabler.

Schroeder, Friedrich-Christian (2001): Nachwort. S. 145-162 in: Dachs, J., Tod durch das Fallbeil. Der deutsche Scharfrichter Johann Reichhart (1893-1972). München: Ullstein.

Schuessler, Karl F. (1952): The Deterrent Influence of the Death Penalty. Annals of the American Academy of Political and Social Science 284, S. 54-62.

Schumann, Karl F. (1996): Wenn der Papiertiger faucht – oder: Klappt Abschreckung durch Strafrecht? Kriminologisches Journal 28/4, S. 293-295.

Schumann, Karl F./Berlitz, Claus/Guth, Hans-Werner/Kaulitzki, Reiner (1987): Jugendkriminalität und die Grenzen der Generalprävention. Neuwied u. a.: Luchterhand.

Schwind, Hans-Dieter (2009): Kriminologie. Eine praxisorientierte Einführung mit Beispielen. (19. Auflage). Heidelberg: Kriminalistik-Verlag.

Sebastian, Steffen P. (2009): Application of Multiple Regressions (Zur Anwendung multipler Regressionsmodelle). Online in Internet. URL: http://ssrn.com/abstract=1337849 (Stand 16.07.2010).

Seitz, Steven T. (1972): Firearms, Homicides, and Gun Control Effectiveness. Law and Society Review 6/4, S. 595-613.

Sellin, Thorsten (1949): Status and Prospects of Criminal Statistics in the United States. S. 290-307 in: Festskrift tillägnad F. D. Presidenten, Förutvarande Statsrådet Juris Doktor Karl Schlyter. Stockholm: Marcus.

Sellin, Thorsten (1955): Testimony of Thorsten Sellin before Royal Commission on Capital Punishment. S. 17-24 in: The Royal Commission on Capital Punishment, 1949-1953. Report of the Great Britain Parliament. (Papers by Command 8932). London: H. M. Stationery Office.

Sellin, Thorsten (1959): The Death Penalty. Philadelphia: American Law Institute.

Sellin, Thorsten (1967): Capital Punishment. New York u. a.: Harper & Row.

Sellin, Thorsten/Wolfgang, Marvin E. (1964): The Measurement of Delinquency. New York u. a.: Wiley.

Sellin, Thorsten/Wolfgang, Marvin E. (1971): Weighting Crime. S. 167-176 in: Radzinowicz, L./Wolfgang, M. E. (Hrsg.), Crime and Justice. Volume 1: The Criminal in Society. New York: Basic Books.

Shelley, Louise I. (1981): Crime and Modernization: The Impact of Industrialization and Urbanization on Crime. Carbondale u. a.: Southern Illinois University Press.

Shepherd, Joanna M. (2002): Police, Prosecutors, Criminals, and Determinate Sentencing: The Truth about Truth-In-Sentencing Laws. Journal of Law and Economics 45/2, S. 509-534.

Shepherd, Joanna M. (2004): Murders of Passion, Execution Delays, and the Deterrence of Capital Punishment. Journal of Legal Studies 33/2, S. 283-321.

Shin, Kilman (1978): Death Penalty and Crime: Empirical Studies. Fairfax: George Mason University Center for Economic Analysis.

Siller, Peter/Keller, Bertram (1999): Rechtsphilosophische Kontroversen der Gegenwart. Baden-Baden: Nomos.

Sloan, Frank A./Reilly, Bridget A./Schenzler, Christoph (1994): Effects of Prices, Civil and Criminal Sanctions, and Law Enforcement on Alcohol-Related Mortality. Journal of Studies on Alcohol 55/4, S. 454-465.

Sorensen, Jon/Wrinkle, Robert/Brewer, Victoria/Marquart, James (1999): Capital Punishment and Deterrence: Examining the Effect of Executions on Murder in Texas. Crime and Delinquency 45/4, S. 481-493.

Spengler, Hannes (2004): Ursachen und Kosten der Kriminalität in Deutschland. Drei empirische Untersuchungen. Dissertation, Technische Universität Darmstadt.

Stack, Steven (1987): Publicized Executions and Homicide, 1950-1980. American Sociological Review 52/4, S. 532-540.

Stack, Steven (1990): Execution Publicity and Homicide in South Carolina: A Research Note. Sociological Quarterly 31/4, S. 599-611.

Stack, Steven (1993): Execution Publicity and Homicide in Georgia. American Journal of Criminal Justice 18/1, S. 25-39.

Stanley, Tom D. (2001): Wheat from Chaff: Meta-Analysis as Quantitative Literature Review. Journal of Economic Perspectives 15/3, S. 131-150.

Stanley, Tom D. (2005): Beyond Publication Bias. Journal of Economic Surveys 19/3, S. 309-345.

Stolzenberg, Lisa/D'Alessio, Stewart J. (2004): Capital Punishment, Execution Publicity and Murder in Houston, Texas. Journal of Criminal Law and Criminology 94/2, S. 351-379.

Stöwe, Heinz (1977): Ökonometrie. Eine einführende Darstellung. Meisenheim/G.: Hain.

Stratenwerth, Günter (1981): Strafrecht. Allgemeiner Teil I. Die Straftat. (3. Auflage). Köln u. a.: Heymann.

Stratenwerth, Günter/Kuhlen, Lothar (2004): Strafrecht. Allgemeiner Teil I. Die Straftat. (5. Auflage). Köln u. a.: Heymann.

Sunstein, Cass R./Vermeule, Adrian (2005): Is Capital Punishment Morally Required? Acts, Omissions, and Life-Life Tradeoffs. Stanford Law Review 58/3, S. 703-750.

Sutherland, Edwin H./Cressey, Donald R. (1978): Criminology. (10. Auflage). Philadelphia u. a.: Lippincott.

Taylor, John B. (1978): Econometric Models of Criminal Behavior: A Review. S. 35-82 in: Heineke, J. M. (Hrsg.), Economic Models of Criminal Behavior. Amsterdam u. a.: North-Holland.

The Yale Law Journal Company, Inc. (1975): Statistical Evidence on the Deterrent Effect of Capital Punishment. Editors' Introduction. Yale Law Journal 85/2, S. 164-169.

Thomson, Ernie (1997): Deterrence versus Brutalization. The Case of Arizona. Homicide Studies 1/2, S. 110-128.

Thomson, Ernie (1999): Effects of an Execution on Homicides in California. Homicide Studies 3/2, S. 129-150.

Tittle, Charles R./Logan, Charles H. (1973): Sanctions and Deviance: Evidence and Remaining Questions. Law and Society Review 7/3, S. 371-392.

Tittle, Charles R./Rowe, Alan R. (1974): Certainty of Arrest and Crime Rates: A Further Test of the Deterrence Hypothesis. Social Forces 52/4, S. 455-462.

Tröndle, Herbert (2004): Grundprobleme der Rechtsphilosophie. Buchbesprechung. Neue Juristische Wochenschrift 57/1-2, S. 40-41.

Tullock, Gordon (1974): Does Punishment Deter Crime? Public Interest 36, S. 103-111.

van den Haag, Ernest/Conrad, John P. (1983): The Death Penalty: A Debate. New York u. a.: Plenum Press.

Vanberg, Viktor J. (1982): Verbrechen, Strafe und Abschreckung: Die Theorie der Generalprävention im Lichte der neueren sozialwissenschaftlichen Diskussion. Tübingen: Mohr Siebeck.

von Heintschel-Heinegg, Bernd (2003): Münchener Kommentar zum Strafgesetzbuch. Band 1. München: C. H. Beck.

Waldorf, Brigitte/Byun, Pillsung (2005): Meta-Analysis of the Impact of Age Structure on Fertility. Journal of Population Economics 18/1, S. 15-40.

Wassermann, Rudolf (1989): Kommentar zum Grundgesetz für die Bundesrepublik Deutschland. Reihe Alternativkommentare. Band 2. (2. Auflage). Neuwied u. a.: Luchterhand.

Wolfgang, Marvin E. (1958): Patterns in Criminal Homicide. Philadelphia: University of Pennsylvania.

Wolpin, Kenneth I. (1978): Capital Punishment and Homicide in England: A Summary of Results. American Economic Review 68/2, S. 422-427.

Wonnacott, Ronald J./Wonnacott, Thomas H. (1970): Econometrics. New York u. a.: Wiley.

Yang, Bijou (1998): Economic Analysis of the Deterrent Effect of the Death Penalty. S. 83-105 in: Lester, D. (Hrsg.), The Death Penalty: Issues and Answers. (2. Auflage). Springfield: Charles C. Thomas.

Yang, Bijou/Lester, David (1994): Capital Punishment and Deterrence: A Comment on Cloninger's Paper. Applied Economics Letters 1/1, S. 12-13.

Yang, Bijou/Lester, David (2008): The Deterrent Effect of Executions: A Meta-Analysis Thirty Years after Ehrlich. Journal of Criminal Justice 36/5, S. 453-460.

Young, Kan Hua/Young, Lin Ying (1975): Estimation of Regressions Involving Logarithmic Transformation of Zero Values in the Dependent Variable. American Statistician 29/3, S. 118-120.

Yunker, James A. (1976): Is the Death Penalty a Deterrent to Homicide? Some Time Series Evidence. Journal of Behavioral Economics 5/1, S. 45-81.

Yunker, James A. (2001): A New Statistical Analysis of Capital Punishment Incorporating U.S. Postmoratorium Data. Social Science Quarterly 82/2, S. 297-311.

Zay, Nicolas (1963): Gaps in Available Statistics on Crime and Delinquency in Canada. Canadian Journal of Economics and Political Science 29/1, S. 75-89.

Zeisel, Hans (1976): The Deterrent Effect of the Death Penalty: Facts v. Faiths. Supreme Court Review, S. 317-343.

Zimmerman, Paul R. (2004): State Executions, Deterrence, and the Incidence of Murder. Journal of Applied Economics 7/1, S. 163-193.

Zimmermann, Ekkart (1972): Das Experiment in den Sozialwissenschaften. Stuttgart: Teubner.

Zimring, Franklin E./Hawkins, Gordon J. (1968): Deterrence and Marginal Groups. Journal of Research in Crime and Delinquency 5/2, S. 100-114.

Zimring, Franklin E./Hawkins, Gordon J. (1973): Deterrence. The Legal Threat in Crime Control. Chicago u. a.: University of Chicago Press.

Zipf, Heinz (1989): Die Integrationsprävention (positive Generalprävention). S. 479-490 in: Melnizky, W./Müller, O. F. (Hrsg.), Strafrecht, Strafprozeßrecht und Kriminologie. Festschrift für Franz Pallin zum 80. Geburtstag. Wien: Manz.

2. Tabellenverzeichnis

3. Abbildungsverzeichnis

Kriminalwissenschaftliche Schriften

hrsg. von Prof. Dr. Heinz Schöch (Universität München), Prof. Dr. Dieter Dölling (Universität Heidelberg), Prof. Dr. Bernd-Dieter Meier (Universität Hannover) und Prof. Dr. Torsten Verrel (Universität Bonn)

Michael Käufl
Determinanten des ärztlichen Entscheidungsverhaltens bei palliativ- und intensivmedizinisch versorgten Patienten

Bereits seit Jahrzehnten wird in Deutschland über die (straf-) rechtlichen Grenzen medizinischer Behandlungsentscheidungen am Lebensende diskutiert. Die Arbeit geht der Frage nach, wie sich die Schwierigkeit und Unübersichtlichkeit der Rechtslage in der klinischen Praxis auswirkt. Sie gibt einen Überblick über die praktische Relevanz der in Rechtsprechung und Lehre entwickelten Fallgruppen der Sterbehilfe in Palliativ- und Intensivmedizin und untersucht den Umgang mit dem Spannungsverhältnis zwischen dem Tötungsverbot einerseits und dem Gebot der Achtung der Patientenautonomie andererseits.

Bd. 40, 2013, 424 S., 39,90 €, br.,
ISBN 978-3-643-12085-4

Alissa Schöttle
Die Schuldfähigkeitsbegutachtung in Jugendstrafverfahren – Eine Bestands- und Qualitätsanalyse

Aufgrund der Komplexität der menschlichen Psyche übersteigt die Beurteilung der Schuldfähigkeit häufig die richterliche Sachkunde. Für diesen Fall schreibt das Gesetz die Hinzuziehung eines Sachverständigen vor, der dem Gericht das nötige Fachwissen vermitteln soll. Die Arbeit widmet sich dem bislang nur ansatzweise erforschten Feld der Schuldfähigkeitsbegutachtung in Jugendstrafverfahren und hat dabei vor allem die Gutachtenqualität im Blick. Neben der Berücksichtigung traditioneller Qualitätsstandards befasst sie sich mit der zeitlichen Entwicklung und dem gerichtlichen Übernahmeverhalten.

Bd. 41, 2013, 328 S., 29,90 €, br.,
ISBN 978-3-643-12303-9

LIT Verlag Berlin – Münster – Wien – Zürich – London
Auslieferung Deutschland / Österreich / Schweiz: siehe Impressumsseite